异形索塔超宽幅预应力混凝土箱梁斜拉桥施工关键技术

戴祖生　周　游　主编

人民交通出版社股份有限公司
China Communications Press Co.,Ltd.

内 容 提 要

本书介绍了异形索塔超宽幅预应力混凝土箱梁斜拉桥施工关键技术，由武汉理工大学教授团队编写，主要内容包括北街水道特大桥和潮连西江特大桥两座混凝土斜拉桥的建设技术。本书从研究及应用的角度详细介绍了各分部分项工程所涉及的主要施工技术，尤其是变截面主塔施工技术、新型挂篮施工技术及斜拉索张拉控制技术，值得学习和借鉴。

本书内容结合工程实际，简单易懂，可作为桥梁工程领域工程技术人员和高校相关专业师生研究、应用和教学的参考用书。

图书在版编目(CIP)数据

异形索塔超宽幅预应力混凝土箱梁斜拉桥施工关键技术／戴祖生，周游主编．—北京：人民交通出版社股份有限公司，2018.12

ISBN 978-7-114-15174-3

Ⅰ.①异… Ⅱ.①戴… ②周… Ⅲ.①索塔—预应力混凝土桥—箱梁桥—斜拉桥—桥梁施工 Ⅳ.①U448.27

中国版本图书馆CIP数据核字(2018)第275218号

书　　名：异形索塔超宽幅预应力混凝土箱梁斜拉桥施工关键技术
著 作 者：戴祖生　周　游
责任编辑：任雪莲　张江成
责任校对：刘　芹
责任印制：张　凯
出版发行：人民交通出版社股份有限公司
地　　址：(100011)北京市朝阳区安定门外外馆斜街3号
网　　址：http://www.ccpress.com.cn
销售电话：(010)59757973
总 经 销：人民交通出版社股份有限公司发行部
经　　销：各地新华书店
印　　刷：北京虎彩文化传播有限公司
开　　本：787×1092　1/16
印　　张：16.75
字　　数：390千
版　　次：2018年12月　第1版
印　　次：2018年12月　第1次印刷
书　　号：ISBN 978-7-114-15174-3
定　　价：79.00元

编委会名单

前　言

桥梁建设是基础设施建设中的重要组成部分。广中江高速公路的建成对加快江门、佛山、中山和广州几个地区之间的交通联系,对于促进珠三角交通一体化进程,完善路网布局、改善区域交通运输条件具有十分重要的意义。

由广东省长大公路工程有限公司承建的主体工程桥梁工程 TJ11 合同段全长 6.5km,包括两座特大斜拉桥,其中北街水道特大桥设计为主跨 380m 的独柱双塔中央双索面半漂浮体系混凝土斜拉桥,潮连西江特大桥设计为主跨 320m 的独柱双塔中央双索面半漂浮体系混凝土斜拉桥。在项目建设过程中,取得了多项技术创新成果,其中最具代表性的内容包括:

(1)为解决多变、异形索塔施工问题,设计了一套新型辅助支架系统方案,获发明专利一项;

(2)创新性地提出复合式牵索挂篮的方案,解决了挂篮的抗扭和悬臂端的挠度过大问题,并取得发明专利一项。

本书编者将两座特大桥建设过程中的关键施工技术作为主要内容,对施工中出现的难点与解决措施进行了分析总结,形成并编写成书。本书各章具体内容如下:

第 1 章和第 2 章介绍了在工程项目段的特大桥梁桩基础施工中,针对桥址处地质状况复杂、地层倾斜度大、基岩强度大等施工难题,创新性地改进了孔位钻进技术。采用新型钻锤及护壁泥浆,成功解决了钻进过程中经常产生爆锤、锤牙断裂等情况,提高了成孔效率,有效节约了施工成本,保证了施工的正常进行。

第 3 章对主墩整体式高桩承台施工技术进行了阐述,主要包括承台钢套箱的设计与计算及施工、承台大体积混凝土温控技术及承台施工难点及解决方法等,使得承台从设计到施工完成过程可视化,为今后大体积承台施工设计提供了工程实例。

第 4 章介绍了多变、异形索塔施工技术。为配合“天圆地方”人文设计理念的索塔施工,自主创新性地提出了新型辅助支架系统,用平行爬轨取代了不断变换的爬轨,将普通分散拆装内模设计成了伞形自动收张内模,对劲性骨架也进行了相应的设计,从而保证了索塔线形的平顺。

第5章、第6章主要介绍了北街水道桥及潮连西江桥主梁施工技术。其中北街水道桥采用复合式牵索挂篮施工,挂篮1~5号块采用异索法施工,成功解决了斜拉索横向索距变化大及延长线贯穿底板切断预应力的问题;取得了发明专利——“混凝土斜拉桥的牵索挂篮异索施工方法”及“中央索面超宽幅箱梁牵索挂篮施工工法”。

本书内容全面、真实,在撰写过程中收集了施工过程中大量原始资料,是科学研究和工程实践相结合的成功例证,对广大桥梁科技工作者、高校师生及工程技术人员都具有实用价值。

编　者

2018年8月

目　　录

第1章　绪　　论

1.1　工 程 概 况

1.1.1　项目背景

广中江高速公路分东西走向和南北走向，其中东西走向起点连接佛开高速公路，经江门、顺德、中山，至广州番禺大岗镇，连接东新高速公路；另一段呈南北走向，起点连接江珠高速公路和江中高速公路，经江门、中山，至佛山顺德均安，终点连接广中江高速公路佛山段，广中江高速全长70.11km，设计为双向六车道高速公路，设计速度为100km/h。对加快江门、佛山、中山和广州几个地区之间的交通联系，促进珠三角交通一体化进程，完善路网布局、改善区域交通运输条件具有十分重要的意义。

广中江高速公路项目第TJ11合同段位于北延线上连接佛江高速公路，起讫里程为MK6+500.0~MK13+000.0，全长6.5km。本工程布局呈“一岛两河三岸形式”：一岛为潮连岛，将西江分为两叉，形成北街水道和潮连西江水道，即两河道；三岸即为两河道形成的江门岸、潮连岛岸及中山岸。本工程包含北街水道桥和潮连西江桥两座特大斜拉桥，以及江海路高架桥、潮连高架桥、古镇高架桥。

广中江高速公路项目第TJ11合同段线路图如图1-1-1所示。

图1-1-1　广中江高速公路项目第TJ11合同段线路图

1.1.2　工程概况

1）北街水道桥

北街水道（特大）桥为（60+150+380+150+60）m的双塔中央索面预应力混凝土斜拉

桥，全长800m，采用半漂浮体系，主梁为三向（纵向、横向及竖向）预应力混凝土结构。主梁采用大悬臂单箱五室预应力混凝土箱梁，混凝土强度等级为C55。北街水道桥效果图见图1-1-2，总体布置见图1-1-3。

图1-1-2　北街水道桥效果图

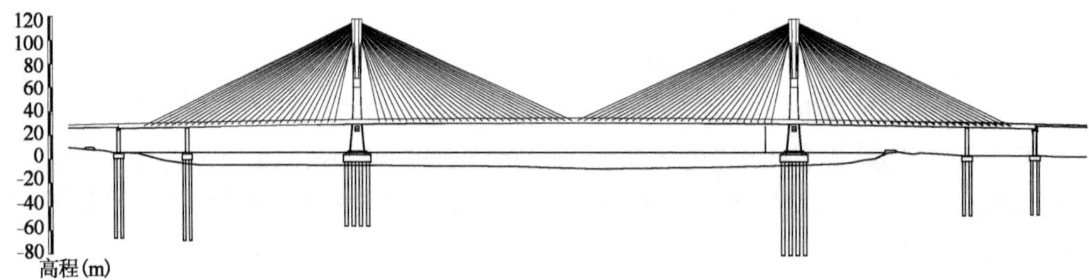

图1-1-3　北街水道桥总体布置图

（1）主梁概况

北街水道桥主桥中跨、次边跨及边跨主梁采用大悬臂单箱五室预应力混凝土梁。预应力混凝土梁全宽41m，顶宽40.8m，底板宽21.6m，梁高4.0m。箱梁内设置4道实腹板，中腹板厚0.4m（在靠近索塔区适当加厚），边腹板厚0.25m，底板及斜底板厚度为0.26m（在靠近索塔无索区适当加厚）。斜底板同时兼具底板、腹板的功能，拉索锚固于中腹板。北街水道桥主桥混凝土梁构造如图1-1-4所示。

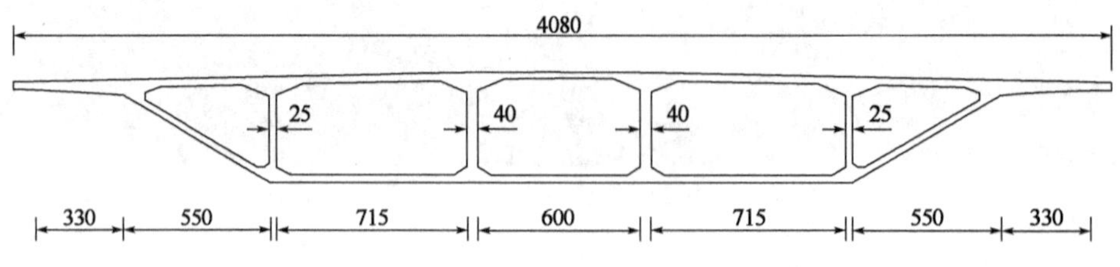

图1-1-4　北街水道桥主桥混凝土梁构造图（尺寸单位：cm）

（2）主塔概况

北街水道桥采用塔梁支撑体系，索塔采用双塔中央索面，包括塔座、下塔柱、中塔柱、上塔柱和索塔附属结构设施(避雷设施、航空警示灯等)。塔柱总高度为111.188m,塔顶高程为117.762m,桥面以上高度为84.615m。索塔自塔顶向下20m为正八边形截面,由此向下30m为正八边形向正方形过渡段,再由此向下7.5m为正方形截面直线段,由此至塔底由正方形变化到矩形截面(圆曲线顺桥向 $R=474.05$m,圆曲线横桥向 $R=1373.10$m)。塔顶截面为八边形(内切圆半径9m),截面过渡到正方形截面处(塔柱最小尺寸),边长6.9m,塔底尺寸为13.0m×9.0m(顺桥向×横桥向)。根据受力和总体刚度需要,塔柱设置实心牛腿。牛腿悬臂长3.5m,牛腿采用变高度结构,高2.0~5.0m,顶底板宽4.0m。索塔钢锚箱高9.45m,顺桥向长度为5.98m,横桥向宽6.08m;考虑到常规吊装设备的可行性,将索塔钢锚箱分为8个锚室。

(3)斜拉索概况

上塔柱横桥向外侧面上段直线斜率为1/47.619,上塔柱与中塔柱过渡段为直线段,中塔柱及下塔柱为圆曲线变化段,用半径为1373.10m的圆弧光滑连接。从侧面来看,上塔柱两侧面线为竖直直线,下塔柱为圆曲线变化段。

北街水道桥中跨及边跨均布设斜拉索,斜拉索采用辐射形布置,双塔中央索面,在内侧锚固,全桥共2×116=232根斜拉索,标准索距6.0m,最长索约205.2 m,单根最大重量为231.4kN。最大规格为PES7-337,根据索力分为PES7-187、PES7-211、PES7-241、PES7-253、PES7-283、PES7-301、PES7-313、PES7-337共8种规格。成品斜拉索除按《斜拉索热挤聚乙烯高强钢丝拉索技术条件》(CB/T 18365—2001)的要求,进行外观、长度、超张拉、弹性模量、静载性能等检测外,其动载性能尚应满足:疲劳应力幅值均为200MPa,斜拉索保护层不应有明显损伤,锚具无明显损坏,锚杯与螺母旋合正常。成品斜拉索应具有优良可靠的防腐体系,其使用寿命应满足不小于30年的要求。为抑制拉索的风、雨激振和涡激振动,北街水道桥采用气动措施、阻尼器并用的综合减振方案。

2)潮连西江桥

潮连西江桥为(50+120+320+120+50)m的双塔中央索面预应力混凝土斜拉桥,全长660m,采用半漂浮体系,主梁为三向(纵向、横向及竖向)预应力混凝土结构。主梁采用大悬臂单箱五室预应力混凝土箱梁,混凝土强度等级为C55。潮连西江桥效果见图1-1-5,总体布置见图1-1-6。

图1-1-5 潮连西江桥效果图

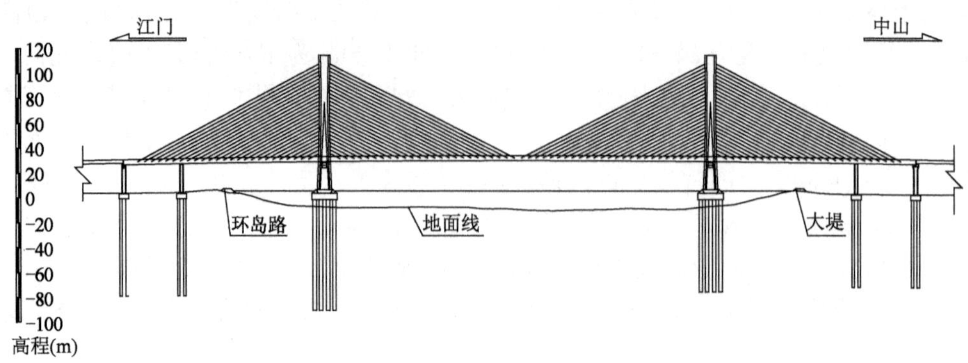

图 1-1-6 潮连西江桥总体布置图

(1)主梁概况

潮连西江桥主桥中跨、次边跨及边跨主梁采用大悬臂单箱五室预应力混凝土梁。预应力混凝土梁全宽41m,顶宽40.8m,底板宽21.6m,梁高4.0m。箱梁内设置4道实腹式板,中腹板厚0.4m(在靠近索塔区适当加厚),边腹板厚0.25m,底板及斜底板厚度为0.26m(在靠近索塔无索区适当加厚)。斜底板同时兼具底板、腹板的功能,拉索锚固于中腹板。潮连西江桥主桥混凝土梁构造如图1-1-7所示。

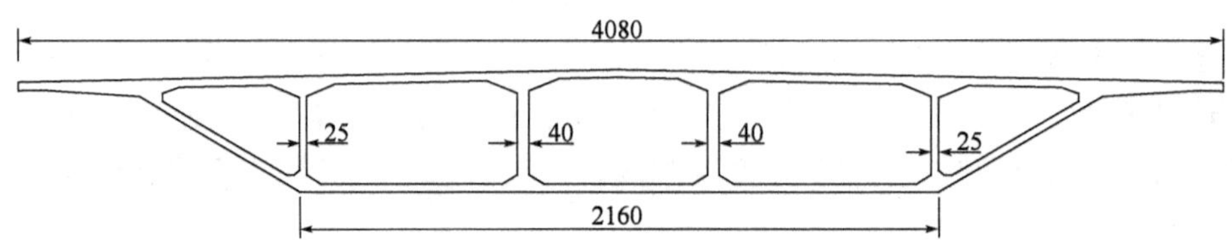

图 1-1-7 潮连西江桥主桥混凝土梁构造图(尺寸单位:cm)

(2)索塔工程概况

塔柱总高度为107.928m,塔顶高程为114.502m,桥面以上高度为81.107m。索塔自塔顶向下39m为圆截面段,由此至塔底为圆截面变化到矩形截面段,塔顶截面直径为6.5m,圆截面开始向矩形截面变化段直径为5.5m,塔底尺寸为12m×9m,整个桥塔两侧凸边尺寸相同,均为1.5m×3.5m。根据受力和总体刚度需要,塔柱设置实心牛腿。牛腿悬臂长度为3.5m,牛腿采用变高度结构,高2.0~5.0m,宽4.0m。上塔柱至中塔柱过渡段为圆曲率变化段,半径为1521.25m,中塔柱及下塔柱为圆曲线变化段,用半径为1358.32m的圆弧光滑连接。

(3)斜拉索工程概况

潮连西江桥中跨及边跨均布设斜拉索,斜拉索采用竖琴形布置,双塔中央索面,在内侧锚固全桥共192(2×96)根斜拉索,标准索距6.0m,最长索约174.539m,单根最大重量为183.3kN。最大规格为PES7-439,根据索力分为PES7-283、PES7-301、PES7-313、PES7-337、PES7-349、PES7-367、PES7-439共7种规格。成品斜拉索除应按《斜拉索热挤聚乙烯高强钢丝拉索技术条件》(GB/T 18365—2001)的要求,进行外观、长度、超张拉、弹性模量、静载性能等检测外,其动载性能尚应满足:疲劳应力幅值均为200MPa,斜拉索保护层不应有明显损伤,锚具无明显损坏,锚杯与螺母旋合正常。成品斜拉索应具有优良可靠的防腐体系,其使用寿命应满足不小于 30 年的要求。为抑制拉索的风、雨激振和涡激振动,潮连西江桥采用气动措施、阻尼器并用的综合减振方案。

1.2 技术标准

(1)道路等级:高速公路。

(2)设计速度:100km/h。

(3)行车道数:双向六车道。

(4)行车道宽度:(2×3×3.75)m。

(5)桥梁宽度:40.8m。

(6)最大纵坡:≤2.5%。

(7)桥面横坡:2%。

(8)设计荷载:公路—Ⅰ级。

(9) 通航净空:单孔双向通航,净宽不小于 330m,通航净高 22m。

(10)设计风速:该地区距地面 10m 高处的百年一遇 10min 最大平均风速为 31.3m/s。成桥状态:桥上无车时,采用 100 年一遇基本风速 $V_{10}=31.3\text{m/s}$,地表粗糙度为 C 类,系数 $\alpha=0.16$;桥上有车时,当风荷载参与汽车荷载组合时,桥面高度处的风速 $V_z=25\text{m/s}$;桥梁各构件的阻力系数,根据《公路桥梁抗风设计规范》(JTG/T D60-01—2004)选用。

(11)地震设防烈度:地震设防烈度为 7 度,抗震设防措施等级为 8 级。根据《工程场地地震安全性评价报告》揭示的地震动参数,确定计算模型,分别计算以下两种设防水准的结构地震响应:

水准 1:50 年超越概率 10%(重现期 475 年);

水准 2:100 年超越概率 5%(重现期 2000 年)。

(12)设计洪水频率:300 年一遇。

1.3 环境条件

1.3.1 地质状况

本工程场区地貌属于珠三角海路互相沉积平原区,地质构造运动微弱,总体工程地质条件较好。主要不良地质现象为饱和砂土液化和饱和软弱的淤泥质土层,均分布范围广、厚度较大。

桥位区覆盖层厚度多在 25~30m 之间,覆盖层上部主要为流塑状淤泥层,层厚 17m 左右,下部主要为松散—中密的砂类土,覆盖层底部高程为 -32~-37m。本工程场区基岩为花岗岩,岩面起伏大。工程范围土层由覆盖层和基岩组成。覆盖层包括淤泥、黏土、砂、砾、卵石等土层,其中淤泥层较厚。基岩有花岗岩、变质砂岩等岩体结构。不良地质现象为饱和砂土液化和饱和软弱的淤泥质土层,均分布范围广、厚度较大。桩基地质情况见表 1-3-1。

桩基地质情况　表 1-3-1

地质类型	地层分布厚度(m)			
	潮连西江桥		北街水道桥	
	C3	C4	B3	B4
淤泥层	13.65	19	19.5	14.6
细砂层	10.35	—	1.2	2.05
粉质黏土	—	—	4.7	14.8
卵石层	1.3	2.6	—	1.35
强风化变质砂岩	32.7	39	—	—
中风化变质砂岩	11	2.6	—	—
微风化变质砂岩	13.68	20.55	—	—
全风化花岗岩	—	—	2	4.7
强风化花岗岩	—	—	4.2	24.25
中风化花岗岩	—	—	6.8	19.5
微风化花岗岩	—	—	20.1	7.2

1.3.2 水文状况

北街水道桥桥位区域河流为北街水道,属于西江干流。北街水道江面宽约 660m,水深 5 ~ 8m,水流平缓,流量大。洪水期最大水流速度可达 3m/s。河水一日两涨两落,潮差 1 ~ 2m;最低通航水位 +0.244m,设计洪水位为 +6.014m。查阅相关的水文资料可知,历年来的水文情况如表 1-3-2 所示。

北街水道桥历年水文情况　表 1-3-2

年份(年)	8 月	9 月	10 月	11 月	12 月
1991	2.53	1.78	1.21	1.02	0.52
1992	2.38	2.01	1.11	1.35	0.66
1993	2.35	2.50	1.02	0.78	0.68
1994	3.54	1.56	1.21	0.82	0.68
1995	3.27	1.62	1.38	0.91	0.71
1996	2.36	2.12	1.01	0.65	0.65
1997	3.22	2.17	0.98	1.02	0.62
1998	2.36	2.32	0.88	0.72	0.52
1999	1.67	2.60	1.53	1.11	0.71
2000	1.62	2.21	1.62	0.73	0.65
2001	2.05	2.11	1.31	0.83	0.70
2002	3.54	2.05	1.62	1.07	0.72
2003	1.76	1.30	1.20	1.10	0.68
2004	1.73	1.35	1.00	0.85	0.58

续上表

年份(年)	8月	9月	10月	11月	12月
2005	1.25	1.08	1.05	0.68	0.70
2006	2.69	1.14	0.96	0.88	0.56
2007	1.50	1.47	0.95	0.89	0.51
2008	1.72	2.45	1.19	1.81	0.69
2009	1.82	2.39	1.09	0.73	0.48
2010	1.70	1.19	1.27	0.99	0.45
2011	1.08	1.18	1.34	0.80	0.60
2012	2.00	1.21	1.16	0.83	0.94
当月20年最高	3.54	2.60	1.62	1.81	0.94

潮连西江桥处于西江主干流域上,江面宽约430m,水深6~10.5m。河水一日两涨两落,潮差1~2m,最低通航水位+0.244m,设计洪水位为+6.014m。潮连西江桥主墩处河床面高程为-6~-8m,承台底面高程为-1.426m,两者相差7m左右;施工常水位为+2.0m,低水位为+0.5m,施工时钢套箱(以下也将其简称为"套箱")最不利工况水位按+4.5m考虑(套箱第一次封底完抽干水时)。

2012年北街水道汛期实测水位为+1.5~+2.5m,结合承台设计高度和洪水位情况,设计施工最高洪水位按+4.5m考虑,若水位超过时将采取暂停施工的措施。

1.3.3 气候、气象条件

工程所在地地处低纬度,属亚热带季风气候,光照充足,热量丰富。历年平均温度为21.8℃,全年气温最高月为7月,日均温度达28.4℃;气温最低月为1月,日均温度为13.2℃。

常见的灾害天气有冬季和春季的低温冷冻,夏季和秋季的台风、暴雨、洪涝。台风是影响施工最严重的灾害性气候,造成损失的台风年均3~7次,台风侵袭在7~9月最多。暴雨多出现在4~9月,占全年的90%,暴雨汛期雨量达1443.5mm,占全年总雨量的82%。

第2章　大斜面复杂地质大直径灌注桩施工技术

2.1　地质条件

桥梁基础是桥梁结构直接与地基接触的最下层部分，是桥梁五大主要构件之一，它起着支撑桥跨结构保持体系结构稳定和传递荷载的重要作用，桥梁基础的施工质量直接决定着桥梁的强度、刚度、稳定性、耐久性和安全度。根据地形、地质、水文情况的复杂程度，桥梁基础的施工方法、难度、施工技术也各不相同。

2.1.1　工程概况

北街水道独柱双塔斜拉桥（60m + 150m + 380m + 150m + 60m）下部构造由两个主塔墩（B3和B4墩）、两个辅助墩和两个过渡墩组成。主塔采用整体式矩形带圆倒角承台，尺寸为24.3m×32.6m×6m。两个辅助墩分别为B2、B5墩，其中B2墩采用整体式矩形带圆倒角承台，尺寸为9.7m×22.0m×5m；B5墩采用分离式矩形带圆倒角承台，顺桥向与横桥向尺寸均为9.1m，厚度为4m。两个过渡墩分别为B1、B6墩，过渡墩均采用分离式矩形带圆倒角承台，顺桥向与横桥向尺寸均为9.1m，厚度为4.0m。桩基详细参数见表2-1-1。

桩基参数表　　表2-1-1

墩号	分类	桩　号	桩径（m）	桩长 L（m）	桩顶高程 H（m）	C30 水下混凝土（m^3）	备注
B1	a	1～8	2.2	67	0.475	254.7	桩孔灌注桩
B2	a	1～4	2.2	61	-0.756	231.9	
	b	5～8	2.2	68	-0.756	258.5	
B3	a	1、2、6、7、11、12、16、17	3	50	-2.426	353.4	
	b	4、5、9、10、14、15、19、20	3	54	-2.426	381.7	
	c	3、8、13、18	3	43	-2.426	303.9	
B4	a	1～20	3	79	-2.426	558.4	
B5	a	1～8	2.2	46	-1.725	174.9	
B6	a	5～8	2.2	37	-0.925	140.6	
	b	1～4	2.2	46	-0.925	174.9	

桩基工程采用钻孔灌注桩形式，借助于机械成孔，吊放钢筋笼，水下浇筑混凝土。桩基混凝土采用C30水下混凝土，钢筋笼主筋采用 $\phi28$ 钢筋，钢筋笼伸入承台2.5m。桩基承台布置见图2-1-1。

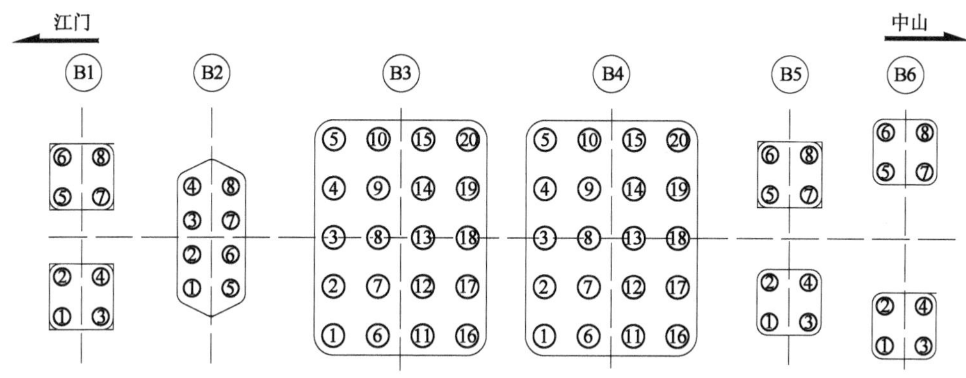

图 2-1-1　桩基承台布置图

2.1.2　水文地质条件

1)气候、气象与水文条件

工程所在地属亚热带季风气候,历年平均温度为 21.8℃,全年最热月为 7 月,日均温度达 28.4℃;最冷月为 1 月,日均温度为 13.2℃。易受严重的灾害性台风天气影响,台风侵扰常发生在每年 7 ~9 月。桥梁建设附近地表及地下水十分丰富,跨越西江干流之一的北街水道河,北街水道河为Ⅰ级航道,施工严重受到河流条件限制;江面宽约为 660m,水深为 5 ~8m,水流平缓,流量丰富,河水一日两涨两落,潮差为 1 ~2m;河流汛期为每年 5 ~10 月。桥位处水流最大流速可达 3m/s,最大流速发生在涨落潮过程中。设计洪水位为 +6.014m。

2)地质

工程范围土层由覆盖层和基岩组成。覆盖层包括填土、淤泥、黏土、砂、砾、卵石等土层,其中淤泥层较厚。基岩有花岗岩、变质砂岩等岩体结构,岩石承载力基本容许值在 5MPa 以内,桩基持力层岩石抗压强度一般在 50 ~120MPa 之间。桥址区处于地质构造运动微弱、地壳相对稳定区。不良地质仅局部发育,桥址区总体工程地质条件好,下部基岩稳定。桥址区内主要不良地质现象为饱和砂土液化和饱和软弱的淤泥质土层,均分布范围广、厚度较大。各桩位地层分布情况见表 2-1-2。

各桩位地层分布情况　　表 2-1-2

地质类型	地层分布厚度(m)				
	B2 辅助墩	B3 索塔主墩	B4 索塔主墩	B5 辅助墩	B6 过渡墩
耕植土	—	—	—	1.2	2
淤泥质粉砂	—	—	—	5.35	4
淤泥	4.6	17.8	14.6	6.55	7.7
淤泥质细砂	—	1.2	2.05	—	—
淤泥质土	—	1.7	—	—	—
粉质黏土	3.9	—	5.95	6.9	4.3

续上表

地质类型	地层分布厚度(m)				
	B2 辅助墩	B3 索塔主墩	B4 索塔主墩	B5 辅助墩	B6 过渡墩
细砂	4.6	—	—	—	1.8
卵石	—	—	1.35	—	—
砂砾	—	2.6	—	—	1.2
粉质黏土	6.3	4.7	—	—	1.6
全风化花岗岩	4.5	2	4.7	5.9	4.6
强风化花岗岩	19.2	4.2	24.25	6.9	5.1
中风化花岗岩	8.2	6.8	19.5	14.4	13.1
微风化花岗岩	15.77	20.1	7.2	24.06	25.18
微风化变质砂岩	—	26.47	—	—	—

由表2-1-2可以看出,工程范围内土层由覆盖层和基岩组成,覆盖层包括淤泥、黏土、砂、砾、卵石等土层,基岩也有花岗岩、变质砂岩等岩体结构,地质状况复杂,饱和砂土液化和饱和软弱的淤泥质等不良地质现象较多,且分布范围广、厚度较大,给桩基施工造成很多困难。

2.2 大直径钻孔灌注桩成孔工艺

钻孔灌注桩由于其施工速度快,适应性强,质量稳定,受环境影响小等特点被广泛运用于公路桥梁及其他工程领域。钻孔灌注桩借助于大型钻(冲)孔机械在各种地质状况下钻(冲)孔成型,达到设计要求后在孔内吊放钢筋骨架,灌注混凝土而形成,是目前深基础施工中最常用的一种形式。桥梁工程的上部结构和桥面系的施工都是建立在稳定的桩基础之上,没有合格的桩基础工程,就没有合格的桥梁工程。作为交通基建工程中的重要组成部分,桥梁工程本身造价高,设计施工难度大,并且一旦工程完工后发现质量缺陷,修复难度高,进而造成重大的经济损失,因此,桥梁工程施工不仅要保证施工的安全进行,也必须保证工程的质量。钻孔灌注桩施工作为桥梁的基础部分,必须对其严格监测,控制好施工质量。

2.2.1 钻孔灌注桩施工准备

1)施工放样

桩基施工必须保证钻孔位置的精准,采用1980年西安平面坐标系,国家1985高程系统。在设计单位提交的平面及高程控制网成果的基础上,再结合现场施工的需要对控制网进行加密,建立桩基施工的测量控制网。

桩基础定位采用全站仪,用坐标法放出各桩的平面位置,实地标出各桩定位标志,并做好护桩,用于钻孔;采用普通等外水准测量控制桩基高程。桩基施工过程精度控制要求为:

桩的中心位置:偏差不得大于2.5cm;

孔径:不小于设计桩径;

倾斜度:钻孔倾斜度小于1/200;

孔深:端承桩超过设计深度不小于50mm。

2)场地、设备准备

(1)水上栈桥

为方便施工,在斜拉桥桥位的两岸分别向斜拉桥江中施工点搭设栈桥,满足斜拉桥主塔、辅助墩、过渡墩基础、塔墩身及全桥上部构造施工的交通、运输需要,搭设两段水中钢栈桥。钢栈桥宽6m,标准跨径为15m,单向通行,通行荷载为公路—Ⅰ级;基础由钢管桩和横联组成,主承重梁为贝雷桁架梁,桥面系由工字钢、8mm 防滑钢板以及栏杆等附属结构组成。栈桥实体结构形式见图2-2-1。

图2-2-1　钢栈桥实体结构图

(2)水中平台

为满足北街水道独柱双塔斜拉桥 B1/B2/B3/B4 墩的桩基、承台、下构及上构施工时的材料堆放、车辆行驶和设备作业需要,在水中搭设水中施工平台,平台两侧分别设置检修通道和人行通道。为防止受船舶撞击,平台江岸两侧设置靠船桩。B3、B4 墩桩基施工平台设计长75m、宽31.7m,平台顶面高程分别为+6.93m 和+7.08m。每个平台配置一台跨径29m 的50t 龙门吊。B1 施工平台长48m、宽19.8m,平台面顶面高程为+6.93m。B2 施工平台长51m、宽17.9m,平台面顶面高程为+7.08m。平台分为行车区、桩基钻孔区及材料堆放区三大区域。行车区上部为简支贝雷梁上搭设工字钢分配梁与8mm 防滑钢面板结构,下部为钢管打入桩和型钢桁架结构;桩基钻孔区上部为贝雷梁上铺设45号工字钢承重梁及36号工字钢冲机轨道梁,下部为钢管打入桩和钢管横联结构;材料堆放区上部以贝雷桁架作为承重梁,顺桥向设置槽钢桁架连接贝雷梁,其上铺设工字钢分配梁与8mm 防滑钢面板结构,下部为钢管打入桩和钢管桁架结构。平台实体结构见图2-2-2。

图2-2-2　平台实体结构图

(3)岸上便道、平台填筑

根据现场实际情况,岸上施工区域多为鱼塘,地基承载力差,无法通行施工车辆,施工前需要修筑施工便道。施工便道宽 4.5m,路线两边设置排水沟。路面采用 15cm 水泥稳定碎石及 20cm 水泥混凝土结构,便道标准断面形式见图 2-2-3。

施工平台面与便道路面设计齐平,B5/B6 墩平台平面尺寸为 34.1m×29.1m,边坡设计为 1:1。主要采用墩外侧填筑的方式形成施工平台,结构形式为 40cm 石渣稳定层 + 填土基层,施工平台平面示意见图 2-2-4。

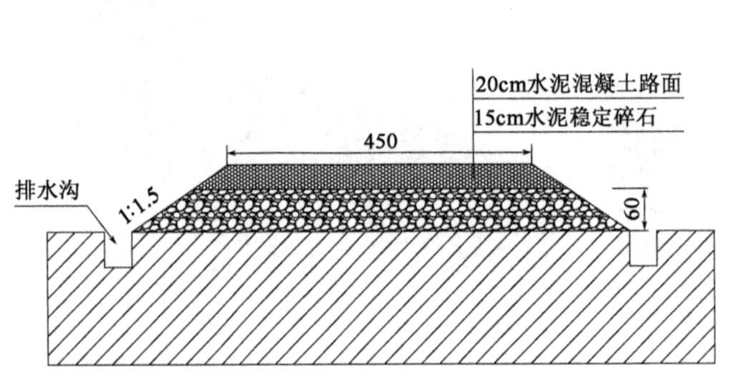

图 2-2-3 便道标准横断面图(尺寸单位:cm)

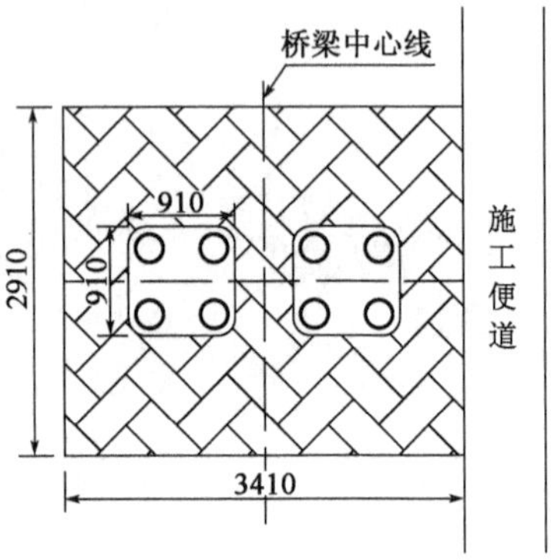

图 2-2-4 施工平台平面示意图(尺寸单位:cm)

路基段采用抽水晾晒、换填、碾压等措施进行处理,确保路基承载力和稳定性能要求。路基填筑并经养护达到要求后方可开放交通。

(4)施工龙门吊

北街水道桥主墩 B3/B4 墩配置两台 50t 龙门吊进行起吊作业,对于龙门吊,应选择专业厂家进行设计、加工、安装及调试,报验合格后可投入使用,并应做好使用期间的检查保养工作。龙门吊实体结构见图 2-2-5。

图 2-2-5 龙门吊实体结构图

3)钢护筒制作与埋设

北街水道桥 B3/B4 主墩桩基采用的钢护筒规格为内径 ϕ330cm、壁厚 16mm(对刃脚部位进行局部加强)。选用其余桩位的钢护筒规格为内径 ϕ250cm 壁厚 12mm(除岸上钢护筒外,对刃脚部位进行局部加强)。B3/B4 钢护筒每根长约 27m,节段组合为 7m(刃脚段) + 10m + 10m。B1/B2 墩钢护筒每根长约 22m,节段组合为 10m(刃脚段) + 12m。B5/B6 墩钢护筒每根长约 3m。

钢护筒在专业厂家及制作场进行加工制作,然后由汽车、船舶等运输工具转运至施工现场进行下放,钢护筒加工及存放见图 2-2-6。下放施工起吊设备采用汽车吊、履带吊、浮吊及龙门吊等吊装设备,根据吊重、吊距及起重能力选用。钢护筒采用振动锤进行振打,钢护筒下放及振打施工见图 2-2-7。

图 2-2-6　钢护筒加工及存放图

图 2-2-7　钢护筒下放及振打施工图

在水中进行钢护筒下放,利用导向架对桩基钢护筒的垂直度及平面位置进行精确控制,在岸上采用直接埋设及拉缆控制法进行钢护筒埋设并振打到位。钢护筒下放精度控制指标为:中心偏差不大于 5cm,倾斜度不大于 1/200。

4)泥浆制备

(1)泥浆配合比

钻孔灌注桩的施工过程中,泥浆主要起到悬浮泥渣和护壁的作用,泥浆的制备也是保证公路桥梁钻孔灌注桩施工质量以及施工安全的关键步骤。施工人员应根据施工现场的具体情况,按照施工设计要求,合理调配泥浆。重点掌握好泥浆的稠度,水、黏土、添加剂等比例要合适,以保证泥浆具有足够的黏度,保护钻孔的稳定性。对于冲击钻孔情况,钻孔过程中及清孔后泥浆性能指标按规范要求控制,见表 2-2-1。

泥浆性能指标表 表 2-2-1

地 层 情 况		泥浆性能指标				
		相对密度	黏度(Pa·s)	含砂率(%)	胶体率(%)	酸碱度(pH)
钻孔过程	一般地质	1.05~1.20	16~22	8~4	≥96	8~10
	易坍孔地层	1.20~1.40	22~30	≤4	≥95	8~11
清孔后泥浆指标		1.03~1.15	17~20	<2	>98	

北街水道桥桩基础采用冲击钻机进行施工,选用黏土进行造浆。经对比试验,按黏土∶水=1∶3 的比例混合,将混合料搅拌 1h 后所形成的泥浆,其性能满足桩基成孔过程中易坍地层泥浆性能要求。因此,桩基成孔泥浆拟选用该配合比进行使用。试验泥浆性能指标见表 2-2-2。

试验泥浆性能指标表 表 2-2-2

黄土∶水	黄土质量(g)	水质量(g)	pH 值	相对密度	黏度(Pa·s)	含砂率(%)	24h 胶体率(%)
1∶3	200	600	5	1.20	27	4.5	90

在实际施工过程中,相对密度可通过适当增加或减少黏土比例而使之增大或减小;对于泥浆 pH 值偏小的情况,可按一定的比例(如黄土∶纯碱=1∶0.018)加入纯碱(Na_2CO_3),拌和均匀后可使泥浆 pH 值提高到 9 左右;对于含砂率偏高的情况,可利用泥浆处理器除砂,使含砂率降低到 2% 以下;对于黏度值,随着搅拌时间的延长,其值会越来越大,否则会越小;对于胶体率偏小的情况,在搅拌时间加长的情况下,且在加入纯碱后,胶体率会大幅提升,可提高至 98% 以上。

(2)泥浆控制与管理

①泥浆的制备、使用、管理、性能测试应严格按操作工艺施工,并及时进行记录。

②保持护筒内水头的高度始终高于高潮位 2m 以上,以保持护壁压力,并低于护筒顶面 0.3m,以防泥浆溢出。在清孔时,保持孔内水头高度,以防坍孔。

③根据不同的地质情况及时调整泥浆配合比,使泥浆指标满足要求。

④在钻进过程后,认真测定和记录泥浆的性能指标,为泥浆性能的维护提供可靠依据。钻进时钻孔班每两个小时测定进浆口及排浆口的泥浆相对密度、黏度、含砂率、pH 值等指标。试验人员早、中、晚各检测一次泥浆的主要控制指标,均做详细的记录。停钻后,每天测定一次泥浆指标。

⑤因为泥浆中的水分在压差作用下,不断渗失,黏土和钻渣不断分散、侵入泥浆,使泥浆中的固相物质含量提高,所以在钻进过程中,应根据泥浆性能和地质情况适当地补充失去的水分,以保证泥浆中固相物质的含量在合理的范围。加水时,应慢慢加入,严禁在短时间内大量加水,使泥浆在短时间内性能出现大的变化,从而使孔壁不稳定。

⑥完善泥浆循环系统设备，减少泥浆流失和污染。当泥浆指标接近规定限值时必须及时处理。考虑到护筒内泥浆体积大，要选择好处理时机。

⑦清孔后的泥浆性能指标以平均值为准，在钻孔的顶、中、底部取样检测。

(3)泥浆系统布置

泥浆系统利用相邻孔钢护筒设置。根据相邻孔不同时开钻的实际情况，选择相邻孔钢护筒作为沉淀池。钻孔位钢护筒、相邻沉淀池钢护筒通过溜槽、泥浆泵管形成循环系统。沉淀池钢护筒通过泥浆泵及专设管路与泥浆船上废浆池相连，将废弃泥浆抽至船上废浆池进行处理。处理后的泥浆再由泥浆泵通过专设的回流管路抽至钢护筒沉淀池内。钻孔过程中的大颗粒钻渣可通过溜槽中的滤网排出，大量泥砂通过泥浆净化器排出循环系统。作为沉淀池的钢护筒，可以是已完成浇桩施工的钢护筒，也可以是未开钻的钢护筒。对于未开钻的钢护筒，由于其沉入河床 15m 深，所以具有足够的防漏性能，符合使用要求，如果钢护筒内深度太大，可预先在其中回填，以得到所需深度。泥浆循环系统平面布置见图 2-2-8。

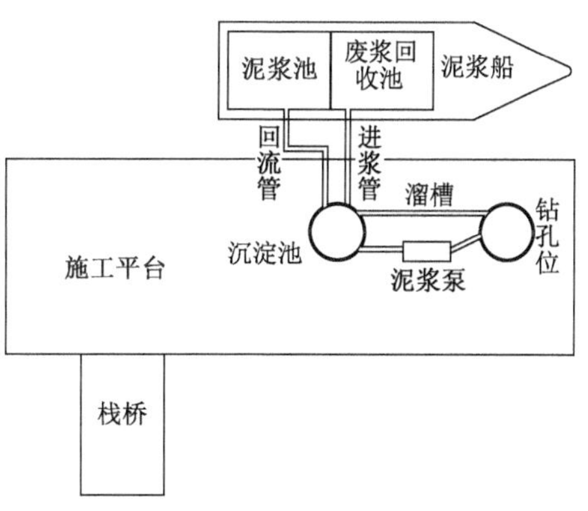

图 2-2-8　泥浆循环系统平面布置图

5)钢筋笼制作

(1)钢筋笼形式

钢筋笼设计为圆形，由竖向主筋、内撑加劲箍(二者组成骨架结构)、外布螺旋钢筋共同组成。钢筋笼采用 HRB335ϕ28 和 HPB235ϕ10 两种规格钢筋制作，ϕ28mm 主钢筋采用机械套筒连接，其他部位采用焊接或绑扎连接。每根桩设置 4 根 ϕ60mm 声测管，与钢筋笼主筋固定。声测管应高出承台底 50cm。施工中如为方便检测工作，声测管应接长至钢护筒水面以上的顶口部位。采用同强度等级滚轮式混凝土垫块进行钢筋笼定位。每根桩基均设置 ϕ150mm 取芯管 1 根。

(2)钢筋笼加工

钢筋笼在钢筋加工厂采用长线法加工制作，采用分节方式运输至施工现场，由龙门吊或汽车吊进行分节接长下放。钢筋笼分节按照以下原则进行：钢筋笼顶端喇叭口部位主筋先按直钢筋下料，待承台施工阶段，再在现场对其进行折弯，使之形成喇叭形，然后再完成箍筋等钢筋安装；主钢筋 N1、N2、N3 等钢筋的分节标准长度为 12m；每个接头位置接头数量为截面主筋根数的 50%，每个节段接头端共有两排接头；每个节段同一端两排接头之间错开距离为 1m。

钢筋笼制作场地设在钢筋加工厂内。首先对钢筋笼原材料堆放、下料、钢筋笼制作及成品堆放等场地作统一规划，以便于施工顺利开展。然后，钢筋笼在加工制作场内布置加工线，利用长线胎架整体分节制作。钢筋笼加工台座示意见图 2-2-9。

主筋下料按设计尺寸要求摆放在台座第一节的位置上，待下半圆部分钢筋主筋安装完毕，调整加劲箍筋位置，并焊接固定，接着将上半圆主筋摆放固定在加劲箍上，并焊接固定，然后盘上螺旋箍筋，螺旋箍筋与主筋采用点焊方式固定。注意第一节钢筋笼前端要用挡板挡住，使前端平齐，声测管穿过挡板。桩基声测管均匀设置在钢筋笼内侧，四根通长，声测管与钢筋笼的主筋通过“U”形卡焊接固定。按照同样的方法，主筋通过直螺纹套筒连接，进行下节钢筋笼的制作。在钢筋笼加工过程中，确保钢筋笼垂直度及主筋直螺纹套筒连接的精度，以保证现场钢筋笼的顺利接长并下放。

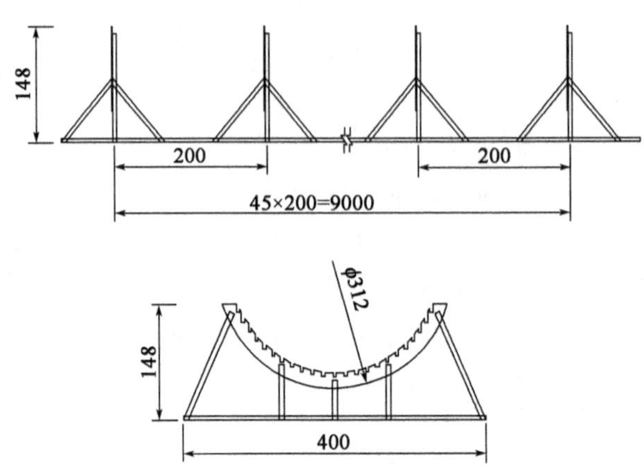

图 2-2-9　钢筋笼加工台座示意图(尺寸单位:cm)

对于制作好的钢筋笼，应无套筒的一端套上塑料保护帽保护螺牙，并按安装要求分节、分类编号，统一堆放。同一根桩钢筋笼堆在一起，并严禁多层堆放。为防止钢筋笼运输安装过程中发生变形，在钢筋笼加劲箍设置三角形内撑。

(3)钢筋笼制作技术规定

①所有钢筋的加工、安装和质量验收等均应严格执《公路桥涵施工技术规范》(JTG/T F50—2011)和《公路工程质量检验评定标准》(JTG F80/1—2004)，机械连接式套筒满足《钢筋机械连接通用技术规程》(JGJ 107—2010)的有关规定，且同一截面内主筋接头数量不得超过全部主筋数量的50%。

②钢筋笼质量控制标准：主筋间距±20mm；箍筋间距0～20mm；骨架外径±5mm；骨架倾斜度±1%；骨架长度±10mm；底面高程±50mm。

③钢筋笼制作控制点：螺纹接头的质量、焊缝的质量、钢筋丝头的加工质量、主筋连接的质量等。

④在钢筋笼吊装过程中，钢筋笼承受较大重力作用。结构构件之间的主要传力部位为主筋与加强箍之间的焊缝，即结构在受力过程中之所以保持整体性，主要依靠该焊缝的作用。因此尽可能增加焊缝范围，并保证焊缝质量。

2.2.2　大直径钻孔灌注桩成孔工艺

1)钻孔方法确定

北街水道桥斜拉桥各塔墩桩基都属于大直径钻孔灌注桩。对于大直径钻孔灌注桩，国内最常用的钻孔方法有多种，通过经验研究，可通过不同的地质状况和施工条件，参照表2-2-3选择合适的施工方法。

成桩方式与适用条件　　表 2-2-3

成孔方式(设备)		适 用 条 件	孔径(cm)	孔深(m)
泥浆护壁成孔桩	机动推钻	黏性土,砂土,砾石粒径小于 10cm、含量小于 30% 的碎石土	60~160	30~40
	正循环回转钻	黏性土,粉砂,细砂,中砂,粗砂,含少量砾石、卵石粒径小于 2cm(少于 20%)的土、软岩	80~200	30~100
	反循环回转钻	黏性土、砂类土,含少量砾石、卵石(少于 20%,粒径小于钻杆内径的 2/3)的土	80~250	泵吸:<40; 气举:100
	冲抓钻	黏性土、粉土、砂土、填土、碎石土及风化岩	80~200	30~40
	冲击钻		80~200	30~40
	旋挖钻			
	正循环潜水钻	黏性土、淤泥、淤泥质土及砂土,卵石粒径小于 10cm、含量小于 20% 的碎石土	60~150	50
干作业成孔桩	长螺旋钻孔	地下水位以上的黏性土、砂土及人工填土非密实的碎石类土、强风化岩		
	钻孔扩底	地下水位以上的坚硬、硬塑的黏性土及中密以上的砂土风化岩		

(1)正循环钻进施工

正循环钻进施工利用钻头切削土体钻进,泥浆泵将泥浆压进钻杆顶部泥浆笼头,通过钻杆中心从钻头喷入钻孔内,泥浆携带钻渣沿钻孔上升,从护筒顶部排浆孔排出至沉淀池,钻渣在沉淀池沉淀,而泥浆流入泥浆池循环使用。该方法适用于淤泥、黏性土、砂土以及砾、卵石粒径小于 10cm、含量少于 20% 的碎石土。其优点是钻进与排渣同时进行,在适用的土层中钻进速度较快,但需要设置泥浆槽、沉淀池等,施工占用场地较多且机具设备较复杂。

(2)反循环钻机施工

反循环钻法与正循环钻法不同的是泥浆输入钻孔内,然后从钻杆的下口吸入,通过钻杆中心排出至沉淀池内。该方法适用于黏性土、砂土以及砾、卵石粒径小于转杆内径 2/3、含量少于 20% 的碎石土、软岩。其钻进与排渣效率较高,但接长钻杆时装卸麻烦,钻渣容易堵塞管路。另外,因为泥浆是从下往上流的,孔壁坍塌的可能性较正循环法大,为此需要较高质量的泥浆。

(3)冲抓锥钻进

冲抓锥是一种最简单的钻孔机械,由三角立架、锥头、卷扬机三部分组成。施工时使用三角立架固定滑轮,绕过滑轮的钢丝绳下端吊着由三块钢锥片组成的锥头,锥头张开的最大外围尺寸与桩径相同。锥头对准桩孔中心,由重力下沉打入孔内土层,然后抓土上升,反复循环,钻进成孔。该方法的特点是:成孔所需机具简单,成本较低,但施工自动化程度较低,需要人工配合作业,劳动强度大,施工速度慢,适用于砂砾石和砂土地层。

特别需要注意的是:施工中应以小冲程稳而准地开孔,待锥具全部进入护筒后,在松锥进行正常冲抓。提锥应缓慢,冲击高度一般控制在 1.0~2.5m。

(4)冲击钻孔

冲击钻孔的设备由冲击钻头、三脚立架、卷扬机三部分组成。该方法适用于砂砾石和岩石地层,其工作原理是:用卷扬机钢丝绳通过三脚立架上的滑轮将锥头提起,然后放开卷扬机,使锥头自然下落,锥头的冲击作用将砂砾石或岩石砸成碎末、细渣,靠泥浆将其悬浮起来排出孔外。锥体一般为圆柱形,锥头呈十字形,利于破碎岩石。一般可先用 60 ~ 80cm 的细锥头钻进,然后再用大锥头扩孔至设计孔径,这样既可以保证孔壁稳定,防止坍孔,又可以提高功效。卷扬机可以人工操作也可以选用自动操作设备,因而该方法节省人力,可以 24h 连续作业,施工效率较高,工程中普遍适用。

施工时应注意以小冲程开孔,使成孔坚实、竖直、圆顺并起导向作用。钻进深度超过钻锥全冲程以后才能正常冲击,若遇坚硬漂卵石层,可采用中、大冲程,但最大冲程不宜超过 4 ~ 6m。钻进冲程应及时排除钻渣,并添加黏土造浆,防止孔壁坍塌和沉积,使钻锥经常冲击新鲜地层。冲击遇到地层表面不平整的漂石、硬岩时,应先投入黏土夹小石片,将表面垫平后再钻进,防止出现偏孔、斜孔。

根据桩位地质状况及现有设备情况,北街水道斜拉桥桩基施工拟采用冲击钻机的冲击钻孔方法进行成孔。

2)钻孔施工工艺

(1)注意事项

钻孔灌注桩开钻时,应先在孔内灌注合格的黏土悬浮泥浆。钻进时应保持钻锥稳定、慢速,使初开孔壁坚实、竖直,起到导向的作用,避免碰撞护筒。钻进过程中应随时注意孔内水压差,以防止产生涌沙。要随时检查孔内泥浆,保持各项指标符合要求,泥浆过浓则影响进度,过稀则容易塌孔。同时,泥浆应始终高出孔外水位或地下水位 1.0 ~ 1.5m。

此外,钻孔施工应遵循以下要求:

①钻孔就位前,应对钻孔的各项准备工作进行检查,包括场地与钻机坐落处的平整和加固,机具的检查与安装。

②必须及时填写施工记录表,交接班时应交代钻进情况及下一班应注意事项。

③钻机底座及顶端要平稳,在钻进和运行中不应产生位移和沉陷。

④钻孔作业应分班连续进行,经常对钻孔泥浆性能指标进行检查,不符合要求要及时处理。

(2)施工工艺流程

钻孔灌注桩的施工工艺流程如图 2-2-10 所示。

3)大直径钻孔灌注桩成孔施工

(1)冲击钻机就位、检查与调试

冲击钻机通过汽车、船舶运输至指定墩位后,利用龙门吊或汽车吊现场拼装完备。在拼装完成后,应对钻锤直径、钻锤焊接质量、钻锤转向装置、提升钢丝绳等进行检查验收。钻机拼装完备并检验合格后,根据测量放样点调整钻机位置,并将钻机底盘调成水平状态,底座用枕木或钢材垫实塞紧。使冲锤垂直对准桩位,确保施工中不发生倾斜、移位等影响施工质量的情况,并在冲击成孔过程中经常检查钻机底盘水平和稳定性。

以上工作完成后,由测量人员对桩位进行复查,保证满足规范要求后,通过钻机试运行,将钻机调试至工作状态。

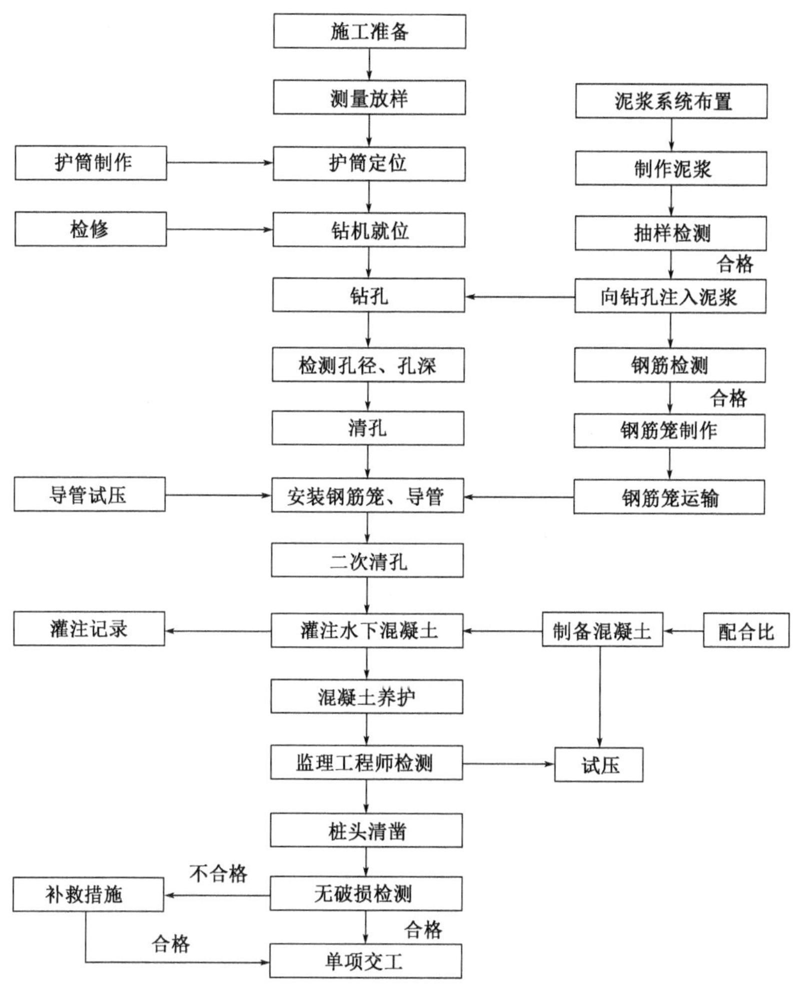

图 2-2-10　钻孔灌注桩的施工工艺流程图

(2)开孔与造浆

在测量定位放样好的位置处,开挖一个圆形基坑将护筒埋入,对于水中及河滩中造浆的情况,则直接在钢护筒内投入黏土,用钻锤以小冲程反复冲击造浆,逐渐形成泥浆用以循环。岸上桩孔先用钻锤以小冲程反复冲击,在孔内形成一定深度(2～3m),然后直接投入黏土并加水,再用钻锤以小冲程反复冲击造浆,逐渐形成泥浆用以循环。泥浆面应低于护筒顶面 0.3m,以防溢出。

(3)正常钻进

在钢护筒内钻进宜采用 1～2m 的中小冲程,起锤要平稳,以防钻锤撞击护筒。钻孔通过护筒脚时应慢速进尺,当护筒脚为软弱土层时尤其应注意孔壁的稳定,防止漏浆及坍孔等现象。宜采用 1～2m 的中小冲程,必要时在护筒脚上 1m 左右开始投入片石或袋装水泥,用冲锥以小冲程反复冲击,使泥膏、片石挤入孔壁。必要时须重复回填、反复冲击 2～3 次,使护筒脚处土层密实。

在砂、砾等松散层正常钻进时,必要时可按1:1 投入黏土和小片石(粒径不大于15cm),用钻锤以小冲程反复冲击,使泥膏、片石挤入孔壁。必要时须重复回填、反复冲击2~3次。对砂、卵石土层和岩层等,泥浆损失较大,冲击过程要不断添加黏土,以保持泥浆指标符合使用要求。

冲程大小和泥浆稠度可依通过的土层情况而定。当钻孔通过护筒刃脚和砂、砂砾石或含砂量较大的卵石层时,宜采用1~2m 的中小冲程,并调整泥浆指标,反复冲击使孔壁坚实,防止坍孔。

当通过基岩等土层时,可采用4~5m 的大冲程,使基岩破碎。进入岩层或岩层发生变化时要立即通知质检人员与监理工程师进行现场查看,并与地质勘探资料进行对比,捞取岩样,以小塑料袋装存,贴好标签进行密封。标签上要标好捞取时间、孔内进尺、岩样风化程度、岩层高程等。

任何情况下,最大冲程不宜超过6m,防止卡钻、冲坏孔壁或使孔壁不圆。

为正确提升钻锤的冲程,宜在钢丝绳上涂红油漆(或系红绳)作为长度标志,防止冲程过大而造成断绳。

因其他原因停钻,钻头不得停留在孔底,必须提升到泥浆面以上;再次开钻时,应由低冲程逐渐加大到正常冲程,以免卡钻。

在冲进过程中,要有专人在泥浆槽里不断捞渣,避免泥浆槽里沉淀过多而影响泥浆循环。

钻孔作业必须分班连续进行,机长要认真及时填写钻孔记录。

(4)终孔

当钻孔达到设计高程后,通过检孔器、钢尺、测量绳或测孔仪等工具和仪器对孔深、孔径、孔身倾斜度进行量测,并根据地质资料和现场岩样判定入岩深度。在各项检查合格后,施工员及时通知质检工程师,由质检工程师通知监理工程师,通过各方现场分析和判断,确定是否终孔。

若发现施工中预计终孔位的实际地质情况与详勘资料不符,施工员需及时通知质检工程师,由质检工程师通知监理、设计、业主等单位到现场确认,为调整桩底高程获取第一手资料。此后再根据调整后的终孔高程进行钻孔,再次符合终孔条件后方可进行终孔。

(5)清孔

清孔采用大功率空压机、风管、风包、导管及已有泥浆循环系统进行气举反循环清孔,把钻孔内钻渣、泥渣等清出孔外,并将孔内泥浆指标调整至所要求数据范围内。主墩桩基清孔采用黑旋风泥浆分离机,要求一次清孔后泥浆含砂率小于2%,泥浆相对密度为1.25~1.30。

2.2.3 成孔过程事故预防及处理

对于钻孔灌注桩,无论采用何种方法钻孔,开孔的孔位必须准确。开孔时均应慢速钻进,待导向部位或钻头全部进入地层后,方可全速钻进,但由于地质构造的复杂性和施工期间各种因素的影响,钻孔过程中也常有故障发生,施工中应勤监测,及时确认故障类型采取补救措施,以减少损失和保证质量。其中常见的故障有:

1)钢丝绳磨损及断裂

由于钢丝绳不断承受钻锤的冲击荷载产生磨损,最终无法承受冲击荷载而产生断裂,造成

钻锤掉落孔中。根据经验,钢丝绳断裂多发生在钻锤连接处及钻架顶联结器处。主要预防措施有:

(1)成孔一次后,将钢丝绳前段截去 1 ~ 2m,或将钢丝绳卡子卡起 3 ~ 4m,以改变易磨损部分的位置。

(2)对磨损位置勤保养,通过涂润滑油等措施减少摩擦。每个台班至少检查钢丝绳质量一次,检查时需清洗干净,逐段进行检查,发现异常及时更换或维修。

2)产生梅花孔

产生梅花孔的主要原因是钻锤不能正常转动,受到其他异物、覆盖层及岩层等影响。产生梅花桩后,采用钻锤修孔或回填至产生梅花桩位置重新成孔进行处理。主要预防措施有:

(1)根据测量数据准确摆放钻机,施工过程中,每个台班至少检查一次桩中平面位置。

(2)检查钻锤的转向装置,并清洗干净,防止卡死。

(3)采用孔内造浆时一次投放黏土数量不宜过多,冲进过程及时清理钻渣,减少钻锤旋转阻力。

(4)冲进至黏土层时,不宜采用大冲程冲击,并可投入少量片石进行施工。

3)发生坍孔

坍孔的表征是孔内水位突然下降又回升,孔口冒细密水泡,出渣量显著增加而不见进尺,钻机负荷显著增加等。发生坍孔的主要原因,有泥浆护壁质量差、内外水头压力差不够、钻锤冲撞孔壁等。若发生坍孔,应先判明坍塌位置,坍孔不严重时,确保平台的安全稳定性未受到影响后再回填砂和黏质土(或沙砾和黄土)混合物到坍孔处以上 1 ~ 2m,等待数日采取改善措施后继续钻进。如坍孔严重,应全部回填,待回填物沉积密实后再行钻进。若发现平台在塌孔时受到影响,应立即停止作业,撤离人员并切断电源,等待进一步研究处理方案。主要预防措施有:

(1)使用优质的黏土进行造浆,清除钻渣后及时调整泥浆性能。

(2)护筒内外保持足够水头差压力,阻断内外水力联系,保证护壁牢固。

(3)施工中严禁违章、违规操作,杜绝野蛮施工,防止钻锤等冲撞孔壁。

(4)遇易坍地层,采用小冲程进尺,使黏土、膏、石等挤入孔壁起到护壁作用。

4)缩孔或扩孔

发生缩孔的主要原因有钻锤磨损引起直径减小、遇特殊地层等。发生扩孔的主要原因是钻锤直径大于桩径、施工地层易坍塌、钻锤向四周摆动大、岩层断裂加大孔径等。发生缩孔后的主要处理措施有:

(1)及时修补磨损的钻锤,发现缩孔时进行上下扫孔,确保孔径满足要求。

(2)发现地层易产生缩孔时,采用小冲程进尺,适当回填加固孔壁等。

发生扩孔后的预防措施有:

(1)钻锤直径应以设计及规范规定为准,修补时量测钻锤直径,防止超出规定。

(2)遇易坍塌地层时,参考本节“3)发生坍孔”的处理和预防措施。

(3)施工中及时调整钻机,保持其位置准确及平稳。钻锤起落时需小心操作,减少钻锤的摆动。

(4)岩层断裂带发育时,不宜采取大冲程求进尺速度,防止岩层发生断裂。

5)孔位偏斜

发生孔位偏斜的主要原因有导向装置如护筒垂直度不满足要求、钻机施工中发生位移、覆盖层不均匀、基岩倾斜等。对发生偏斜的孔位必须回填修孔至满足设计及规范要求。主要的预防措施有:

(1)导向装置垂直度必须满足要求,必须预先检查,不满足时须调整处理。

(2)钻机须保持固定、平稳。每个台班检查一次钻机平面位置,不符合要求则及时调整。

(3)遇覆盖层不均匀或基岩倾斜时,通过反复回填黄泥、片石混合物、水泥砂浆等进行修正,使落锤面平整,以及落锤面各部位材质强度差别不大。

6)钻孔漏浆

遇到护筒内水头不能保持时,宜采取护筒周围回填土夯筑密实、增加护筒沉埋深度、适当减小护筒内水头高度、增加泥浆相对密度和黏度、倒入黏土使钻锥慢速转动、增加孔壁黏质土层厚度等措施,冲击钻孔,也可填入片石、卵石,反复冲击,增加护臂。

7)卡钻

卡钻的情况时常发生在冲击钻孔时,卡钻原因:形成了梅花孔,或钻锥磨损未及时焊补、孔径直径变小,而新钻锥又过大,冲锥倾倒,遇到探头石,或孔内掉入物件卡住等。卡钻后不宜强提,可用小锥冲击或用冲、吸的方法将钻锥周围的钻渣松动后再提出。

2.3 大斜面、硬岩复杂地质钻孔灌注桩施工技术

2.3.1 工程难点

1)冲锤爆裂

北街水道桥主墩超大直径(ϕ3.0m)桩基施工位置地质复杂,基岩强度普遍大于100MPa,部分相邻桩微分化岩层高度相差10m,同一个墩微分化岩面高度高差最大达到了26m,岩面起伏剧烈,导致冲锤在冲进过程中非常容易发生冲锤爆裂现象(图2-3-1),极大考验着专业队伍的资金实力和成孔效率。

图2-3-1 冲锤爆裂

2）进尺效率低

主墩入岩深度较深，平均入岩层深度约 30m，其中中风化和微分化深度约 20m，岩层地质均为花岗岩和砂岩。微分化基岩 RQD 大于 90%，完整性好，基岩的进尺效率难以保证。

西江水道桥 C3、C4 主墩强风化变质砂岩深度均超过 30m，覆盖层为砂层、卵石层，局部为淤泥质土。覆盖层厚 18 ~ 37m。整个覆盖层透水性很强，砂层有可能为流沙层，采用 360t 振动锤也难以一次性振穿砂层，很难保证入土深度，在护筒入土深度不够的情况下，施工过程中护筒脚很容易出现漏浆，继而扰动砂层，造成平台钢管基础下沉，影响平台的稳定性，且大型振动锤击振力大，易使护筒脚变形、卷边。

2.3.2　大倾斜、硬岩地质钻进技术

1）冲锤爆锤问题的解决方案

在正式开工后，每个施工平台先用一台钻机进行试钻，结果北街水道桥两个主墩 B3-1 号、B4-12 号桩在冲锤入岩后均发生冲锤爆锤事件，锤脚断裂，且 B3-1 号桩连续发生两个冲锤爆裂。经综合协调安排后，四川泸州地勘专业队续冲 B3-1 号桩不到两天，冲锤锤脚再次断裂；B3 墩在未出桩的情况下已爆锤 5 个。冲锤爆裂如图 2-3-2 所示。

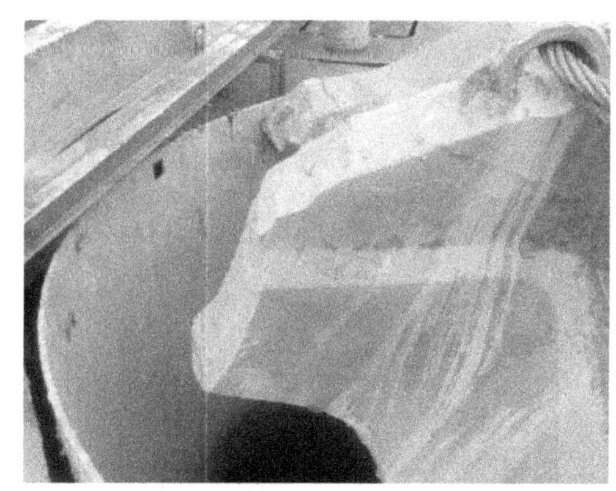
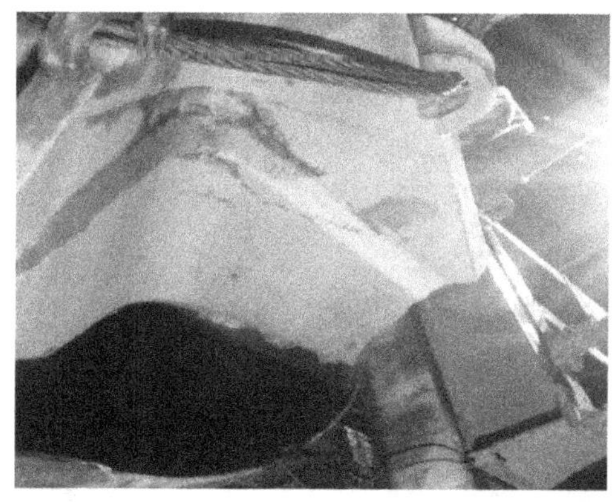

图 2-3-2　冲锤爆裂

通过分析地质构造、锤体冲进中爆锤的过程及可能存在原因，判定冲锤爆锤的各种因素后，决定采取以下措施：

（1）孔内钻小孔

地质进入微分化岩面后，先在桩内钻 10 ~ 12 个 10cm 直径小孔，如图 2-3-3 所示，呈几何形状布置，破坏底部基岩的整体性，再冲进后使基岩从小孔中先破坏。

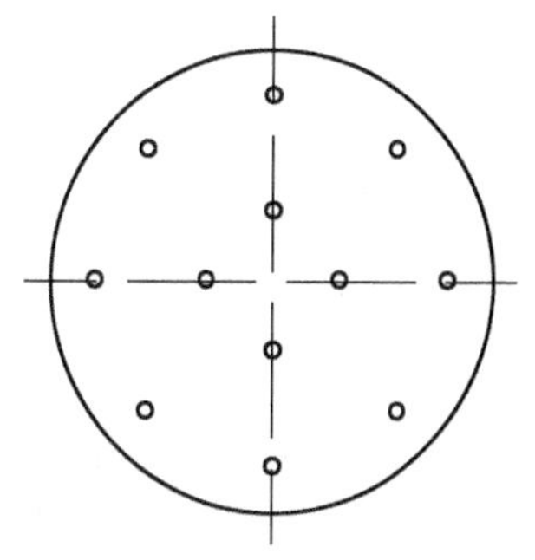

图 2-3-3　在桩内钻小孔的钻孔布置

（2）冲锤锤牙斜焊

通过对冲锤锤牙分布进行分析，原来的冲锤锤牙一般为平行布置，锤牙一块连着一块，由于焊接等原因，两块锤牙间一般有 5 ~ 8cm间隙，而冲锤锤脚断裂的位置均在两个锤牙的间隙处，该处成为冲锤整体质量的短板。

通过锤脚斜焊,在整个冲锤底部全断面位置无间隙,不存在局部特别容易破坏的地方,使冲锤的短板得以弥补。

锤牙直焊、锤牙斜焊分别如图2-3-4、图2-3-5所示。

图2-3-4　锤牙直焊

图2-3-5　锤牙斜焊

(3)增强锤体及锤牙质量

新制冲锤及采购锤牙均通过调整工艺增加强度并提高性能。新制冲锤铸造时增加锰、镍等硬质合金,采用二次回火,提高冲锤的强度和韧性。新购锤牙采用45Cr合金钢,增强锤牙的硬度和耐磨性能。

新制锤牙如图2-3-6所示。

图2-3-6　新制锤牙

(4)斜岩冲进方法

在斜岩地质冲进时,主要采取了三种方法。

①减少冲程。降低冲击钻机冲进的冲程,将冲程由2m左右减小到1~1.2m,以减小在斜岩地质情况下的瞬时冲击力。

②斜岩处理。检查岩面垂直情况,由于岩面反复向各方向变化,每隔几十厘米厚岩面倾斜的方向即发生变化,需要十分密切关注冲进时岩面的倾斜情况。在每台冲击钻机安排专人不间断地检查钢丝绳的摆动情况,从而判断地面岩层的倾斜情况,然后再根据基底倾斜情况及时

投入片石将基底填平后再继续冲进,避免在倾斜地质情况下不停冲进。

③采购高强度片石。由于基岩强度高于 100MPa,如填入桩中普通片石,片石很容易就被冲碎后循环出孔外,起不到任何作用,片石强度是否满足要求非常重要。在工地周边地区如江门、白水带、佛山等地寻找强度较高的片石,基本可满足使用要求。

通过改善焊锤工艺、改进斜岩冲进方法,爆锤数量明显减少,成孔效率显著提高,为桩基施工的顺利完成打下了基础。

2)桩基进尺效率保证

每个墩第一条桩试桩时,平均成孔周期达到了 55d,成孔周期过长,进尺效率较低,故采取以下方法。

(1)调整泥浆性能

提高泥浆的性能,增加孔内钻渣排渣效率,避免反复冲进。主要采用高性能黄土和增加泥浆浓度来提高泥浆性能,并通过 CMC 试验测得最佳泥浆配比,试验如图 2-3-7 所示。实际施工钻进过程中泥浆的相对密度调整到 1.4 左右,黏度大于 40Pa · s,含砂率低于 6%,除渣速度大大提高。

图 2-3-7　CMC 试验

泥浆黏度提高后,循环出来的渣样由粉碎渣转变为直径 1cm 左右的渣样,在基岩层,进尺速度由原来的 15 ~ 20cm/8h 提高到了 30 ~ 40cm/8h。成孔速度有了明显提高。

调整前、调整后渣样分别如图 2-3-8、图 2-3-9 所示。

图 2-3-8　调整前渣样

图 2-3-9　调整后渣样

(2)垫钢板冲进黏土层

潮连西江水道桥黏土层及全风化变质砂岩层较厚,厚度达到了 20 ~ 30m,冲锤冲到此岩面后粘锤情况严重,在入此地质层后放一些废旧护筒钢板至孔底再用冲锤继续冲进,地质层不再粘锤,可以连续冲进,过了全风化岩层后再用电磁铁将废旧钢板吸出来周转使用,过黏土层时间由原来的 10d 左右缩短到 3 ~ 4d。

(3)反循环冲进砂层

用冲锤进行小冲程冲进将桩底的砂层扰动起来,利用空压机反循环直接将桩底的砂层泥浆抽出来过除砂器,砂层冲进由强行冲进变成了除砂工序,空压机泥浆循环速度可以达到160m^3/h,振动除砂器除砂效率非常高。在实际施工中,砂层的进尺情况由基本无法进尺到1d时间完成5~6m砂层的冲进,且避免了冲击砂层振动导致的相邻孔漏浆塌孔,有效避免了整个平台存在的塌孔风险。

小结:通过采取以上措施,项目的单孔成孔周期明显缩短。在桩直径大、深度深,且地质情况极为复杂的情况下,缩短了单桩成孔周期,保证了施工的进度。

3)成孔中漏浆处理

(1)过护筒脚前调整泥浆性能

桩基冲锤离护筒脚还有3~4m时,加入黄泥造浆并采用除砂器进行除砂。将泥浆指标调整到位后,再用小冲程快速冲过护筒脚(泥浆指标:相对密度大于1.3,含砂率小于2%,黏度大于30Pa·s),泥浆具有良好的护壁性能,极好地避免了成孔漏浆的情况。

(2)漏浆后降水头加黄土堵漏

发生意外漏浆的情况,加入黄土将泥浆尽可能调稠,再正循环泥浆冲进孔泥浆,采取循环两小时、间隔两小时的方式进行循环,慢慢地将冲进孔漏浆的情况堵住后提水头至1m左右。

通过在冲锤过护筒脚前调整泥浆性能,提高了泥浆的护壁效果,在正常冲进阶段较少了发生漏浆情况,为冲桩的正常进行提供了保证。

4)促进安全文明施工

(1)制作防护标准件

在充分利用公司制作的标准护栏(图2-3-10)、电箱的基础上,设计制造了标准化走道、太阳灯架、导管架(图2-3-11)、氧气乙炔房等标准化构件。

图2-3-10 标准护栏

图2-3-11 导管架

(2)做好现场布置规划

根据每个平台的实际情况做好场地规划布局,在安装平台场地设置办公区、焊锤区、材料堆放区、小型机具堆放区(图2-3-12)、氧气乙炔堆放区等,最大限度地满足实用与整洁美观的要求。

(3)优化施工组织、确保施工质量、提高施工效率

①策划桩基同时开钻数量,减少冲进轮数。

由于首条桩试冲后发现地质资料与原设想相差过大，地质条件复杂，单孔成孔周期长。解决的途径是：每个平台需要尽可能多的冲击钻机和钻机，减少冲进轮数，施工过程中根据实际情况动态调整。

图 2-3-12　小型机具堆放区

最初的施工策划是每个主墩高峰期使用 4 台冲击钻机（图 2-3-13），每个主墩完成成孔周期是 4.5～5 轮。试冲后，成孔潮连西江桥 C3、C4 主墩调整到 5 台冲击钻机，冲进轮数为不到 4 轮。成孔难度更大的北街水道桥 B3、B4 主墩调整到 7 台冲击钻机（图 2-3-14），冲进轮数为 3 轮。成孔轮数的减少带来的是桩基总施工时间大大减少，为桩基施工的尽快完成提供了保证。

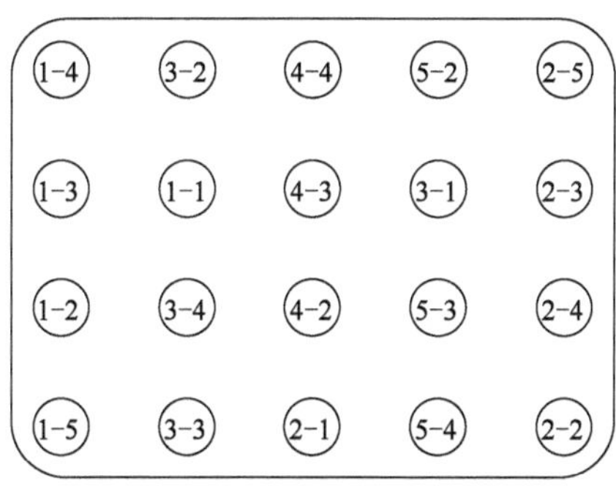

图 2-3-13　4 台冲击钻机布置

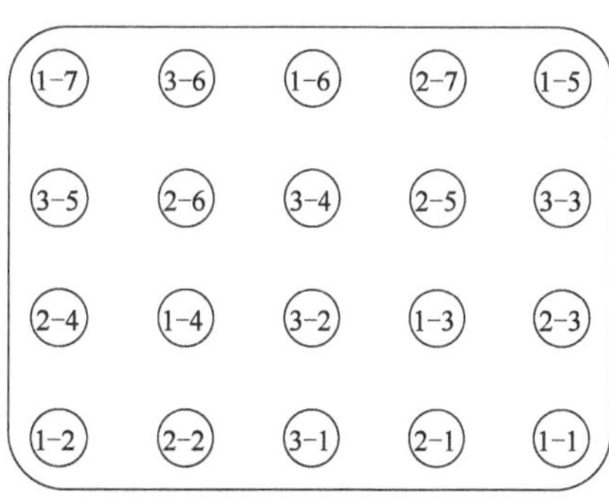

图 2-3-14　7 台冲击钻机布置

由于桩总体布置较密，桩间距不到 3m，为确保相邻孔成孔不发生漏浆等事故，在拟同时开孔的相邻桩中间进行水泥浆悬喷。

②充分发挥冲击钻机、钻机的优缺点，冲钻结合。

在砂、卵石、风化岩层中钻进时，钻机的速度明显优于冲击钻机；而在岩层中，冲击钻机的速度优势更明显。结合两者的优缺点，在西江水道桥 C3 主墩采用先钻后冲的冲钻结合成孔工艺，即采用 KP3500 钻机钻进至岩面后，改用冲击钻机冲进至终孔。这样可充分发挥两种施工工艺的优势，也大大加快了桩基施工进度。该成孔工艺细节如下：

a. 泥浆转换。钻机钻进时采用膨润土造浆，冲击钻机采用黄泥即可，在二者进行转换时，可采用泥浆泵将其他孔内保存的优质黄泥浆抽至该孔孔底，同时将膨润土泥浆抽至其他孔内保存,这样可使泥浆反复循环使用,节约资源,降低成本。

b.冲、钻机转换。在龙门吊的配合下,整个转换过程仅需要1d,因此,转换过程不影响桩基施工,且总体上加快了桩基施工进度。实际施工时,可根据泥浆指标及渣样的实际情况,适当提早或者推迟转换时间。

③采取措施,确保桩基施工质量。

a.泥浆控制。冲孔过程中,由现场施工员严格按照技术交底要求每天测试泥浆性能,及时调整。混凝土浇筑前,确保孔底干净,停止循环半小时再测一次孔底,检查有无沉渣,如无问题,方可开盘浇筑。

b.确保混凝土浇筑成功。按照导管水密性试验、配合比反复试验比选,选择温度较低时段开盘,备用发电机及人员值班,龙门吊设置备用10t电动葫芦天车等。

2.4 桩基施工

2.4.1 钢筋笼安装

1)钢筋笼下放

桩基成孔后,经终孔检验合格,即可开始下放钢筋笼。钢筋笼采用龙门吊或汽车吊下放。

为避免钢筋笼在吊装过程中变形,钢筋笼从运输车上起吊时使用专用吊架,以防止钢筋笼顶端变形。钢筋笼吊架结构示意见图2-4-1。

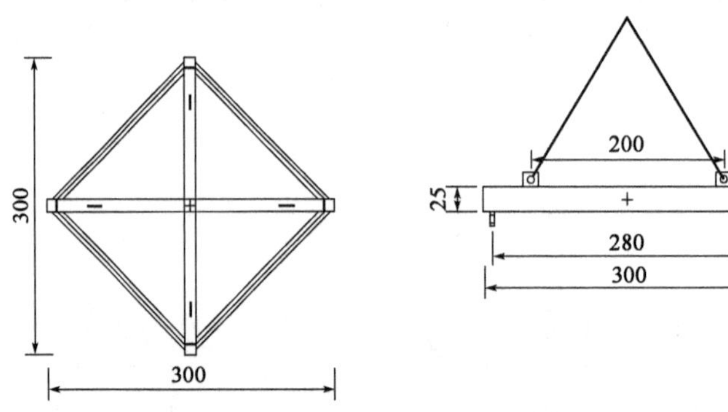

图2-4-1 钢筋笼吊架结构示意图(尺寸单位:cm)

钢筋笼下放时,按制作时既定的顺序,从底向上依次安装,对接时需用人工扭紧钢筋直螺纹套筒。钢筋笼的对接可利用手拉葫芦进行微调。每下放一节钢筋笼,向声测管内灌注清水,以检查声测管接头密封性能。如需在承台施工,在桩基施工过程中就开始进行桩基检测工作,则需要将声测管接长至钢护筒顶口部位。钢筋笼下放时速度放慢,防止碰撞孔壁。在钢筋笼接长过程中,需将钢筋笼固定支撑在钢护筒或施工平台上。钢筋笼下放临时支撑示意见图2-4-2。钢筋笼最后一节完成接长后,在钢筋笼顶部上游侧、下游侧、江侧、岸侧4个方向上绑扎4根测绳,以便当钢筋笼没入水中,将测绳引至护筒顶或平台上,作为钢筋笼下放高程及平整度控制的指示物。为保证桩顶钢筋笼平面位置的精确性,可在钢筋笼顶部下放至桩顶位置时，由设在钢筋笼上相应于桩顶位置的导向卡沿钢护筒内壁，将钢筋笼导向正确位置。为使导向卡尺寸设置正确，须确定钢护筒对应于桩顶截面的实际位置。该实际位置根据钢护筒顶面位置和钢护筒倾斜度推定。

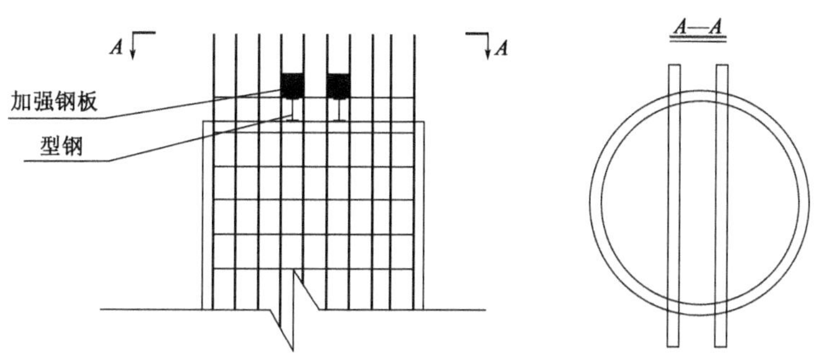

图 2-4-2　钢筋笼下放临时支撑示意图

钢筋笼吊装到位后，由预先设在钢筋笼顶的 4 束吊绳将钢筋笼吊放在钢护筒顶口上，保持钢筋笼定位在设计位置上，见图 2-4-3。吊绳采用回绕方式设置。当桩基混凝土浇筑完成后，可将吊绳回收。吊绳在钢筋笼上的吊点须设置加强钢板结构。为防止钢筋笼在浇筑水下混凝土时上浮，可在钢筋笼顶部预先焊设 2 ~ 4 根型钢，并将其引出水面，再在钢护筒上设置反力装置，将型钢压住，从而防止钢筋笼上浮。

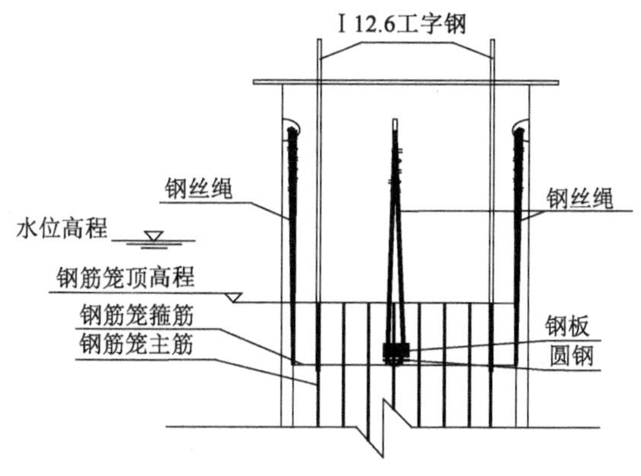

图 2-4-3　钢筋笼固定示意图

2）钢筋笼下放安装注意事项

（1）每节钢筋笼起吊前必须严格检查吊点结构的焊缝质量、吊点位置、加劲箍与主筋焊接质量情况，发现问题及时进行焊接加强。

（2）焊接声测管和取芯管时必须清理干净焊渣，并通知监理工程师验收。钢筋笼转运、对接时必须固定好声测管及取芯管，以免其掉落。声测管、取芯管布置好后要及时封堵，以免泥浆及其他杂物进入其中，影响检测和取芯。

（3）钢筋笼顶面中心控制：钢筋笼下放接近底面时，应根据测量组提供的桩位施工放样中心确定钢筋笼顶面位置，焊接好限位钢筋，以保证钢筋笼顶面中心偏位在规范范围内。

（4）钢筋笼制作时，必须在螺旋筋上，每圆周不少于 4 个，垂直方向每 2m 布置一道圆形混凝土保护块,在下放钢筋笼时作为导向装置,以保护孔壁不被钢筋刮伤,下放钢筋笼时,动作要缓慢,以防止钢筋笼强烈撞击孔壁而造成坍孔。

(5)钢筋笼在下放过程中,应及时割除钢筋笼内撑,内撑割除时严禁落入孔内,从而影响混凝土灌注施工。

(6)严格控制机械连接式套筒质量和现场箍筋安装间距的质量。

3)机械连接式套筒施工注意事项

钢筋套筒连接是钢筋混凝土结构施工中钢筋连接的一种方式,使用方便、灵活、简单,节省工期,节约成本,提高效率,应用广泛。

(1)参加钢筋套筒连接施工的人员必须经过培训合格后上岗。

(2)连接之前检查套筒的质量,套筒表面无裂缝,螺牙饱满,表面内螺纹不得有锈蚀及其他肉眼可见的缺陷,保证丝扣干净,完整无损。

(3)钢筋应预先调直,保证切口断面与钢筋轴线垂直,若钢筋断头变形、弯曲过大或断头不平,应用砂轮机进行切割,打磨平整,严禁使用钢筋切割机或者是气割进行切割。

(4)加工钢筋螺纹的丝头、牙形、螺距等必须与套筒牙形、螺距一致,且经配套的量规检验合格。

(5)ϕ28 钢筋直螺纹套筒长 67mm,螺距 3mm,螺纹钢端头加工 11 个螺纹,长 33mm,保证螺牙数量,公差 $+2P$(螺距)。

(6)套筒使用管钳或力矩扳手进行施工,将两个钢筋丝头在套筒中间位置相互拧紧,拧紧后单边外漏丝扣长度不应超过 $2P$(螺距)。钢筋应与套筒的轴线保持一致,以减少偏心和弯折。

(7)套筒不得露天堆放。

2.4.2 水下混凝土浇筑

1)混凝土配合比

混凝土配合比设计按《普通混凝土配合比设计规程》(JGJ 55—2011)执行,不仅应满足施工性能和力学性能,而且要满足耐久性能要求,同时须符合《普通混凝土长期性能和耐久性能试验方法标准》(GB/T 50082—2009)规定。

经试验室试配、监理平行试验和外委送审,拟采用 C30 水下桩基混凝土,具体配合比见表 2-4-1。

C30 水下桩基混凝土配合比 表 2-4-1

水灰比	单位体积混凝土各项材料用量(kg/m^3)						砂率(%)	坍落度(mm)	实测密度(kg/m^3)	强度(MPa)	
	水泥	细集料	粗集料	水	粉煤灰	减水剂				7d	28d
0.38	350	750	1017	165	80.0	8.600	42	205	2360	40.5	—
配合比	1.00	2.14	2.91	0.47	0.23	0.025					

2)机具设备准备

(1)导管

导管选用无缝钢管制作,导管内径为 ϕ35cm。其水密性、承压和抗拉性能是否满足要求,需通过试验验证,以保证混凝土灌注过程中不漏水、不爆管。导管长度根据孔底高程和漏斗设置高程确定。导管长度和顺序由测量组记录，作为拆管的依据。

(2)漏斗及储料斗

漏斗、储料斗用 5mm 的 A3 钢板和型钢制成。储料斗及漏斗容量通过计算确定。桩基桩径为 3m，计算出首批混凝土量至少为 13.7m^3。为确保首批混凝土浇筑成功，储料斗按 18m^3 加工；桩基直径为 2.2m，计算出首批混凝土量至少为 8.6m^3，储料斗按 10m^3 加工。漏斗的法兰盘应与导管的法兰盘对接。

3)水下混凝土灌注

钢筋笼下放到位并固定好后，下放灌注水下混凝土的导管。利用导管，采用气举反循环方式进行孔底清渣及孔内泥浆循环。当孔内泥浆指标符合要求，且孔底沉淀厚度小于 5cm 后，可进行水下混凝土灌注。

桩基工程使用的混凝土强度为 C30，对所采用的原材料，必须严格按规范要求进行原材的抽检试验，检验合格方可使用。混凝土的坍落度要求控制在 180 ~ 220mm 范围内。

灌注水下混凝土前，先使导管、储料斗、漏斗就位。导管与孔底的离空高度控制在 40cm 左右。漏斗底口设置最低高程为 +7.9m。根据漏斗高度确定储料斗设置高度。储料斗设置高度，可通过其下支架进行调整。

灌注水下混凝土时，混凝土由输送泵泵送至桩位旁就位好的储料斗内。混凝土通过储料斗阀门流至漏斗、导管。第一次灌注时，将储料斗和漏斗中灌满混凝土，并在其他工作都完全准备好以后即可剪球进行灌注。剪球前，漏斗中预留 15cm 不装混凝土，在储料斗阀门先打开后才能剪球，避免料斗打不开而造成剪球失败(剪球过程必须由一名施工员统一指挥)。

当首盘混凝土灌注以后，孔口的泥浆不再溢出时，测量人员应立即进行测量，检查埋管深度是否满足要求(不小于 1m)。测量组在测量混凝土面相对高程时，必须在桩基上选 3 个以上的测点进行测量，测量结果取混凝土面高程值中的小值进行导管埋深计算。

第一次灌注后，即可持续进行混凝土浇筑。在浇筑过程中，随着混凝土面的上升，利用吊装设备向上提升导管，导管埋置深度控制在 2 ~ 6m 之间。随着混凝土面的上升，需将顶部多出的导管拆除。拆除导管后，需将其清洗后保存好，以备下次使用。

浇筑混凝土的顶面高程应比设计高程高 0.5m 以上，并在灌注结束后立即把高出部分的混凝土清除至设计高程以上 20cm 的位置，以减少以后桩头凿除的工作量。高出的 20cm 混凝土在承台施工时凿除。在混凝土浇筑过程中，被置换出来的泥浆通过循环系统流入泥浆船中存放，以备清除或重复使用。

4)灌注水下混凝土的注意事项

(1)首批混凝土一定要数量充足，以满足灌注后导管埋入混凝土中 1.0m 以上的要求。灌注后应及时测量混凝土面的高度，以确定首批混凝土埋管深度，如不符合要求，则立即使用空压机通过导管吸出已灌注混凝土，然后重新灌注。

(2)使用混凝土导管前，一定要对其进行水密性试验，并检查止水胶垫是否完好、有无老化现象，以保证灌注过程中不漏水、不破裂。

(3)在混凝土灌注过程中，设专人测量孔深，准确掌握混凝土面上升高度，严格控制导管埋深在 2.0 ~ 6.0m 之间，防止埋管过深导致上层部分混凝土初凝，导管提不起来的事件发生，同时做好混凝土灌注记录，备查。

(4)在混凝土拌和过程中,实行试验人员值班制,确保混凝土按设计配合比拌制,并经常抽查混凝土工作性能指标,严禁将不合格的混凝土供应到灌注现场。

(5)提升和下放导管时,动作要慢,以免勾挂钢筋笼或提空导管。

(6)混凝土开始灌注后,不得中途停顿,须连续灌注,争取在短时间内完成。为此在混凝土灌注前,必须全面严格检查各种机械,排除故障、隐患。在灌注过程中,维修人员跟班作业,出现故障时及时抢修。

(7)钢筋笼下放到位后,应将骨架固定在护筒上,以防浇筑混凝土时钢筋笼上浮。

(8)为保证声测管的通畅,在下放完钢筋笼后应对声测管进行灌水检查,合格后进行签字确认。在进行二次清孔过程中,应注意不得损坏声测管。在浇筑完混凝土后,应用 $\phi 15.2$ 钢绞线或其他物体穿插声测管,防止声测管堵塞。确认声测管无问题后,将管顶进行严密封盖,防止杂物进入声测管,确保声测管完好。

5)事故预防及处理

(1)发生导管进水

主要原因是:①首批混凝土储量不足,或虽然混凝土储量足够,但导管底口距孔底的距离过大,混凝土下落后不能埋没导管底口,以致泥水从底口进入。②导管接头不严,接头间橡皮垫被导管高压气囊挤开,或焊缝破裂,水从接头或焊缝中流入。③导管提升过猛,或量测出错,导管底口高出混凝土面,底口涌入泥水。

为避免发生导管进水,事先要采取相应措施加以预防。万一发生,要当即查明事故原因,采取以下处理方法:

若是第一种原因引起的,应立即将导管提高,在导管内安装内风管和出水弯头,然后通气清孔,将孔底混凝土清出,此后再重新进行混凝土浇筑。

若是第二种原因引起的,应将原管提出,改用新管清除孔底混凝土,再用新管重新浇筑混凝土。

若是第三种原因引起的,应用原管清除孔底混凝土,再用原管重新浇筑混凝土。

(2)发生卡管

在灌注过程中,混凝土在导管中下不去,称为卡管。卡管有以下两种情况:①初灌时隔水栓卡管,或由于混凝土本身的原因,如坍落度过小、流动性差、夹有大卵石、拌和不均匀,以及运输途中产生离析、导管接缝处漏水、雨天运送混凝土未加遮盖等,使混凝土中的水泥浆被冲走,粗集料集中而造成导管堵塞。②机械发生故障或其他原因使混凝土在导管内停留时间过久;或灌注时间持续过长,最初灌注的混凝土已经初凝,增大了导管内混凝土下落的阻力,混凝土堵在管内。

发生卡管的处理及预防办法:

①针对第一种情况,用吊绳抖动导管,或在导管上安装附着式振捣器等使隔水栓下落。如仍不能下落时,则须将导管连同其内的混凝土提出到孔外,进行清理修整。

②针对第二种情况,灌注前应仔细检修灌注机械,并准备备用机械,发生故障时立即调换备用机械;同时采取措施,加速混凝土灌注速度。

以上处理工作完成后,须将已浇筑混凝土清除,然后再重新浇筑桩基混凝土。

(3)埋管过深

导管埋入混凝土过深会导致管内混凝土出管困难,甚至出现堵管、卡管现象,且可能由于导管底口处混凝土处在凝结状态,将导管裹住,使导管上提困难,或因为导管上提而造成处于凝结过程中的混凝土产生破坏,造成断桩。

施工中严格控制埋管深度,控制在 2 ~6m 范围之内,并加快混凝土灌入速度。

(4)夹渣夹泥

清孔不彻底,孔底含有泥渣。在混凝土浇筑过程中,孔壁泥渣掉落至已浇混凝土顶面。当含有泥渣的混凝土达到一定凝结程度后,其被后浇混凝土穿破、穿过,因而该部分含有泥渣的混凝土被留在了桩身某一高程处,从而形成桩身的夹渣、夹泥情况。

对夹渣夹泥的预防措施是保证清孔后的泥浆质量符合要求,并保证清孔质量符合要求。另外,在混凝土浇筑过程中,避免导管碰撞钢筋笼造成孔壁坍塌,也要防止孔口杂物掉落至孔内。对已发生或估计会发生夹泥夹渣的桩,应采取措施、判明情况,用压浆补强方法处理。

(5)发生断桩

造成断桩的因素有很多,工程上常见引起断桩的因素:混凝土质量不满足要求,引起卡管,导致混凝土无法继续浇筑;首盘混凝土方量少,不够完全埋住导管;埋管太深,导致上层混凝土初凝无法提升导管;浇筑过程埋管过少,提空导管以及导管被卡住等。

断桩事件的预防和处理措施主要有:

①严格按照施工配合比进行混凝土生产,混凝土的生产、运输、使用时间必须在规定时间内。

②对于首盘混凝土的方量,必须满足设计要求。

③及时进行量测,确认埋管深度。严控埋管深度在 2 ~6m 范围内,记录好导管节段和拆管情况。

④钢筋笼内撑下放前应进行检查,并做记录。导管的提升应缓慢,定位时放置在钻孔中心。

⑤整个浇筑过程应科学组织,一气呵成,完成整个浇筑过程。

2.4.3　桩基质量控制措施

综合分析,为保证Ⅰ类桩的比例,主要的质量控制点或注意点有:

(1)混凝土配合比应合理,质量稳定,强度波动范围小,工作性能良好,不易发生离析,成型阶段水泡及气泡应较少。

(2)混凝土原材供应应稳定、持续,不能轻易更换原材种类,否则会因粒径变化、质量波动造成声波变化。

(3)需配置性能优异的泥浆用于成孔,并及时进行更换或调整,减少泥浆含砂量和防止产生塌孔。

(4)必须严控清孔指标,不达标不能浇筑混凝土,减少孔底沉渣厚度。

(5)声测管制作安装要规范,要求牢固、顺直、等距、平行、密封良好。

(6)钻锤钻杆提升下放、钢筋笼下放应小心、缓慢,严禁冲撞孔壁。导管下放提升应小心缓慢,防止提空导管或产生孔洞,并宜作上下小幅度移动,增加混凝土密实度。

(7)泥浆循环系统要稳定,根据实际情况及时调整,剪球前泥浆循环停止时间不宜超过10min。

(8)桩基浇筑完成后,初凝阶段不得在相邻桩位施工,并减少外在震源,防止桩基混凝土产生裂缝等。

(9)桩基检测前及检测时,做好各种准备工作(如灌注清水、校对仪器等),保证检测工作的顺利进行。

第3章　主墩整体式高桩承台施工技术

3.1　承台工程概述

3.1.1　北街水道桥

北街水道桥设计为800m(60m+150m+380m+150m+60m)独柱双塔中央双索面半漂浮体系混凝土斜拉桥。其B3、B4主墩都位于西江流域上,两个主墩基础均采用20根直径3m的嵌岩桩,桩长43~79m,桩基顶面高程为-2.426m,其中设计桩身埋入承台20cm。

北街水道桥主墩承台为整体式高桩承台,设计桩身埋入承台20cm,承台设计为矩形圆角结构。长宽尺寸为32.6m×24.3m,承台厚6m。承台下设2m封底混凝土,其上设高3m的多边形塔座。采用C40混凝土,单个承台混凝土方量约4800m^3。北街水道桥主墩承台结构设计图见图3-1-1。

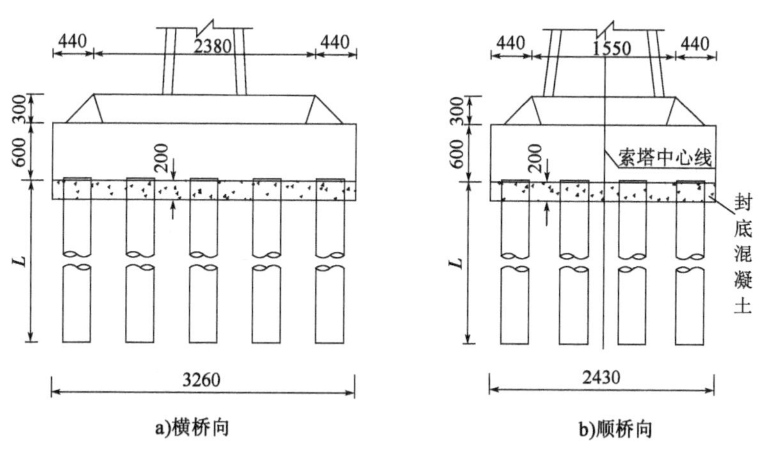

图3-1-1　北街水道桥主墩承台结构设计图(尺寸单位:cm)

考虑承台底面和河床面高差较大,同时承台面积较大,施工时水位高、水流急,且河床面上覆盖淤泥层较厚,不利于采用无底套箱和钢板桩施工。综合考虑施工条件、经济指标、施工工艺等因素,主墩承台采用有底钢套箱进行施工。

根据桥位处河道的情况,有底钢套箱设计时特制定如下设计原则:

(1)承台分两次浇筑,第一次2m,第二次4m。封底分两次浇筑,第一次1.7m,第二次0.3m,封底采用C20水下混凝土。

(2)模板为大块钢模板(简称为钢模,余下类同),分块制作,共加工2套,套箱高度均为8.7m,共设有两种标准模板,1种转角模板。模板块与块之间通过法兰螺栓连接,中间垫5mm

橡胶垫止水。

(3)底承重系统采用混凝土结构:底板采用20cm厚的预制底板,主梁采用截面尺寸40cm×60cm的预制混凝土梁,次梁采用现浇混凝土截面尺寸为40cm×40cm,底板和主梁都采用C30混凝土结构。

(4)体系转换前上承重系统直接采用在桩基钢护筒铺设2I36a工字钢梁,体系转换后采用焊接在桩基钢护筒上的2Ⅰ36a牛腿代替。支承力柱始终采用桩基钢护筒。

(5)套箱内支撑采用螺旋钢管和∟100×10mm角钢桁架,共设有两道,圈梁采用工字钢,其位置与内撑梁对应,圈梁间采用贴板等强焊接连接。

(6)套箱下放时需要穿好吊杆,吊杆考虑采用JL32精扎螺纹钢。套箱下放时设40个千斤顶同步下放,下放采用200t螺旋千斤顶。

(7)套箱拼装时采用在钢护筒上开孔对穿Ⅰ25工字钢牛腿作为支撑。

3.1.2 潮连西江桥

潮连西江桥设计为600m(50m+115m+320m+115m+55m)独柱双塔中央双索面半漂浮体系混凝土斜拉桥。其C3、C4主墩都位于西江流域上,两个主墩基础均采用18根直径3m的嵌岩桩,桩长70~89m,桩基顶面高程为-1.426m,其中设计桩身埋入承台20cm。

潮连西江桥主墩承台为整体式高桩承台,设计桩身埋入承台20cm,承台设计为八边形结构,整体尺寸为21.4m×29m,承台厚5m。承台下设2m封底混凝土,其上设高3m的多边形塔座。承台混凝土为C40,封底混凝土采用C20。单个承台混凝土用量约3600m^3。潮连西江桥主墩承台结构设计图见图3-1-2。

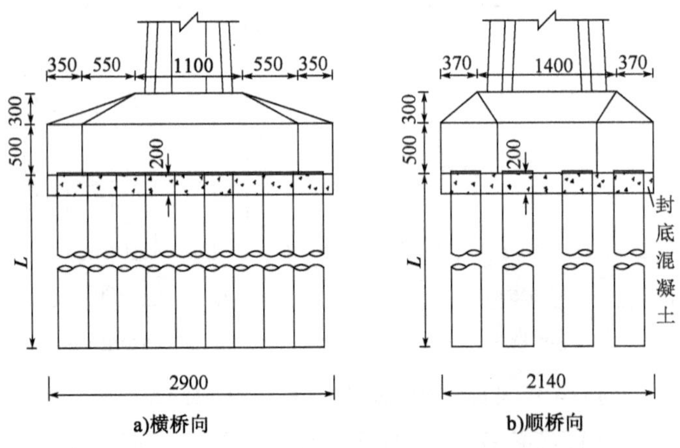

图3-1-2 潮连西江桥主墩承台结构设计图(尺寸单位:cm)

同样,潮连西江桥主墩承台也采用有底钢套箱进行施工。根据桥位处河道的情况,有底钢套箱设计时特制定如下设计原则:

(1)承台分两次浇筑,第一次2m,第二次3m。封底分两次浇筑,第一次1.7m,第二次0.3m。

(2)模板为大块钢模,分块制作,共加工2套,套箱高度均为7.8m,共设有两种标准模板,两种转角模板。模板块与块之间通过法兰螺栓连接,中间垫5mm橡胶垫止水。

(3)底承重系统采用混凝土结构:底板采用 20cm 厚的预制底板,主梁采用截面尺寸为 40cm×60cm 的预制混凝土梁,次梁采用现浇混凝土截面尺寸为 40cm×40cm,底板和主梁均采用 C30 混凝土结构。

(4)体系转换前上承重系统直接采用在桩基钢护筒铺设 2 I 45 工字钢梁,体系转换后采用焊接在桩基钢护筒上的 2 I 25 牛腿代替。支承力柱始终采用桩基钢护筒。

(5)套箱内支撑采用螺旋钢管,共设有两道,圈梁采用工字钢,其位置与内撑梁对应,圈梁间采用法兰连接。

(6)套箱下放时需要穿好吊杆,吊杆考虑采用 JL32 精扎螺纹钢。套箱下放时设 12 个千斤顶同步下放,下放采用 200t 螺旋千斤顶。

(7)套箱拼装时采用在钢护筒上穿入 I 25 工字钢牛腿作为支撑。

3.2　承台钢套箱设计与计算

北街水道桥与潮连西江桥主墩承台均为整体式高桩承台,且均采用有底钢套箱进行施工,承台钢套箱的设计与计算类似。本章以下内容均以北街水道桥进行说明。

3.2.1　钢套箱设计

北街水道桥主墩承台长 32.6m,宽 24.3m,高 6.0m,承台底高程 -2.426m,顶高程为 +3.574m。分两次对承台进行封底,封底混凝土厚度 1.7m+0.3m,结合目前桩基的施工进度,承台在 4~7 月进行施工。对西江水道水文记录中的 4~7 月最高水位、最低水位进行分析,最高施工水位定为 +3.5m,最低施工水位取 +0.0m。

套箱周长 109.2m,高 8.626m,套箱模板一次制作完成。混凝土浇筑最大高度为 2m,模板面板为 6mm 厚钢板,模板横向加劲肋为高 7.5cm、厚 6mm 钢板条,间距 60cm,法兰处间距 30cm,内撑位置处模板局部加强。竖向加劲肋采用 I 12.6a 工字钢,间距 30cm。

整个钢套箱设 3 道外圈梁,第一道外圈梁采用I25a 工字钢,第二道、第三道外圈梁采用 2I45a 工字钢,分别位于 +4.024m、+0.974m、-0.026m 位置处。共设三道内撑,第三道内撑采用内撑采用 ϕ630mm×8mm 钢管,第二道内撑采用型钢桁架,第一道内撑采用 ϕ426mm×8mm 钢管,圈梁圆弧段部分均采用 δ1.2cm 钢板制作与直线段工字钢圈梁进行等高度、等强度连接。

承台套箱主要由四部分组成,分别为上吊系统、下吊架系统(上吊架、底板、预制底板主梁、次梁等)、模板系统、内支撑(以下简称“支撑”)及圈梁系统。套箱吊架结构如图 3-2-1 所示。

(1)上吊系统

体系转换前:通过在桩基钢护筒上设置的 2 I 36a 工字钢(承重梁)作为直接的受力结构,套箱下放时利用千斤顶对 2 I 25a 反力梁的反顶作用将套箱下放至指定高程。面梁和反力梁可利用平台钻孔区拆除的材料制作。为防止梁面高程不统一,桩基施工完成后需将护筒割至统一高程(+4.5m)。

体系转换后:承台第一层封底完成后,通过在桩基钢护筒上焊接 2 I 36a 工字钢牛腿,将工字钢组合梁的受力转换到牛腿上。

套箱上吊系统工字钢侧面图如图 3-2-2 所示。

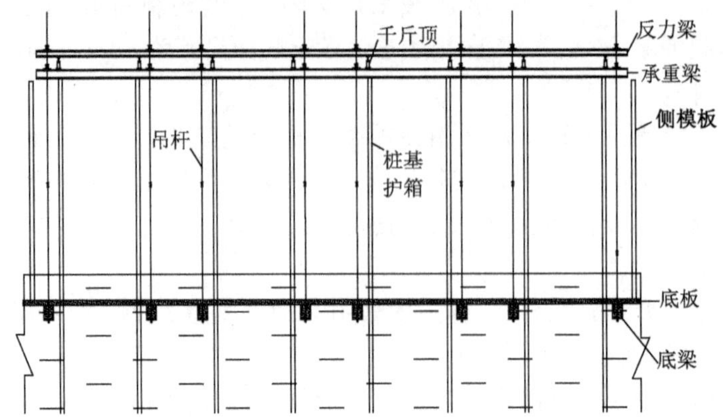

图 3-2-1　套箱吊架结构图

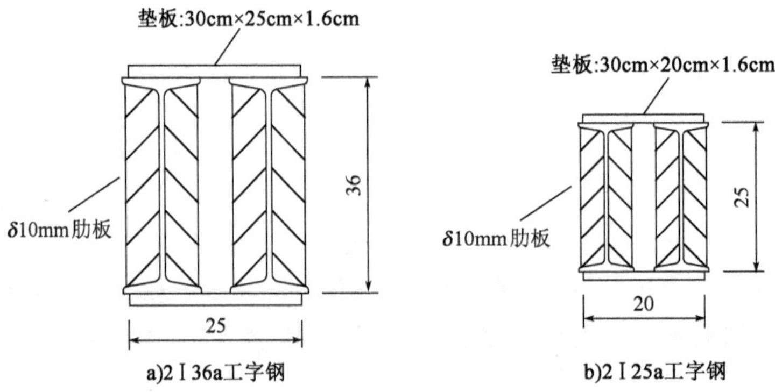

图 3-2-2　套箱上吊系统工字钢侧面图(尺寸单位:cm)

(2)吊杆

吊杆采用 JL32 精轧螺纹钢,吊杆从上承重梁及承重底梁中穿过,将上下承重结构联系在一起,支承点以螺母、垫板固定。套箱下放时采用 40 根吊杆,下放完成后 40 根吊杆协同受力。注意体系转换的螺母、垫板需预先穿设好。

(3)预制底板主梁

底板主梁所受荷载主要有套箱模板自重、预制底板自重、封底混凝土自重、第一层承台混凝土自重、浮力、施工动荷载。主梁采用截面尺寸为 40cm × 60cm 的混凝土梁,采用 C30 混凝土。主梁在预制场内加工好,利用平板车或货船转运至现场安装。

(4)底板次梁

为增加套箱底架的整个体稳定性,次梁考虑采用 C30 混凝土现场立模浇筑。其截面尺寸为 40cm × 40cm。

(5)底板

底板承受上部封底混凝土和套箱侧板传来的荷载,根据计算确定采用 20cm 厚的钢筋混凝土板,每个承台底板按实测桩位平面尺寸分块在岸上预制场预制。单个承台共 58 块底板,底板混凝土强度等级采用 C30。底板纵向铺设在混凝土底梁上,相互之间以及与护筒之间预留 15cm 的安装间隙,作为施工缝处理,在进行封底混凝土前处理好各道施工缝。

(6)侧模板

套箱侧模板的总高度为8.7m,横向进行分块预制,每个主墩考虑各加工1套。各块套箱侧板通过法兰螺栓连接起来。模板面板采用6mm的钢板,法兰部分采用∟7.5等边角钢,竖向加劲采用Ⅰ12a工字钢,工字钢间采用75cm×5mm钢带作为加劲肋。

(7)内撑及圈梁

北街水道桥套箱内支撑布置如图3-2-3所示。根据受力需要,套箱共设置3道内撑,均采用螺旋钢管制作。其中,第一道内撑采用ϕ630mm钢管,高程为-0.026m;第二道内撑采用∟100×10mm角钢桁架,高程为+0.974m;第三道内撑采用ϕ426mm螺旋钢管。套箱的圈梁

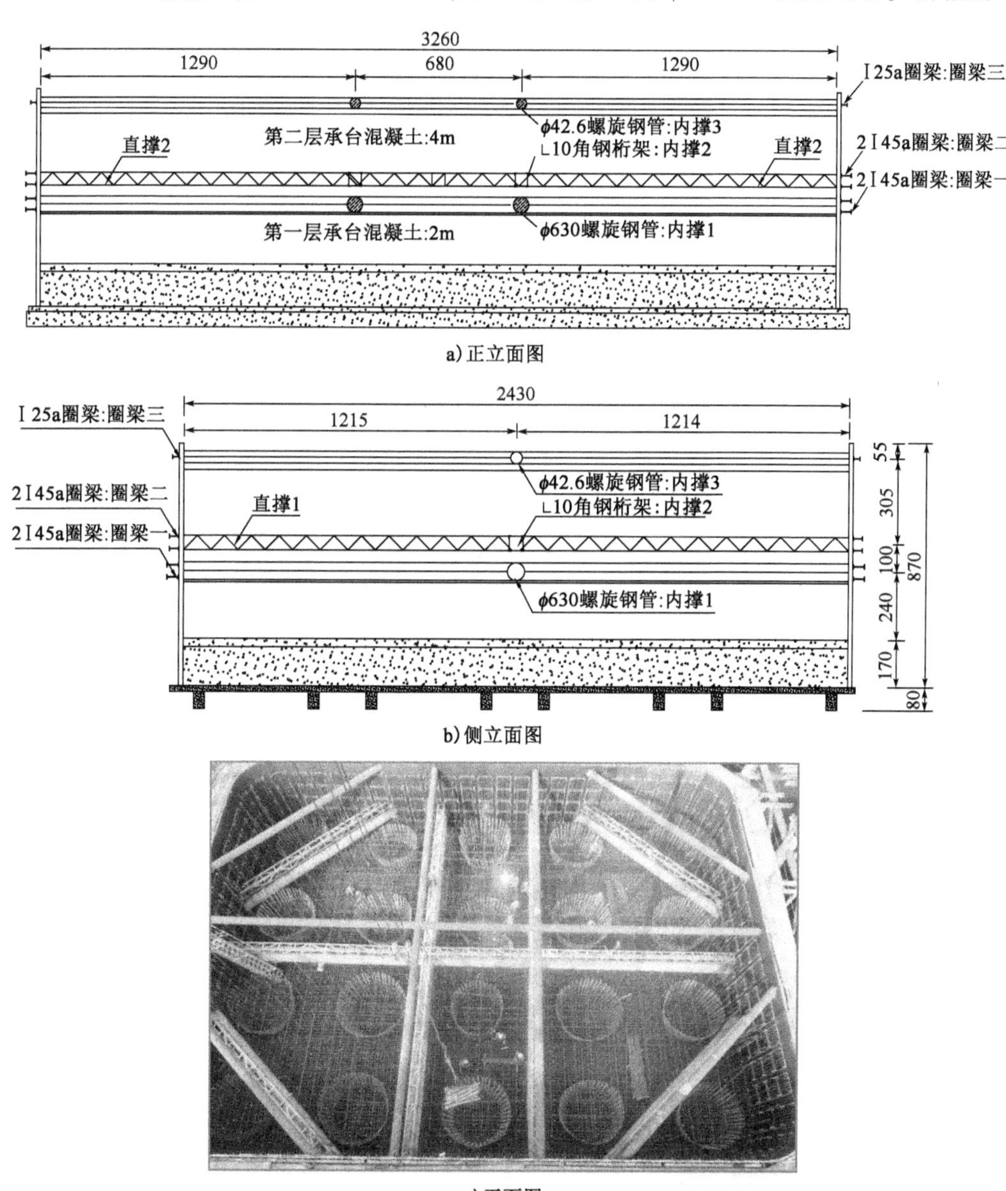

图3-2-3 北街水道桥套箱内撑布置图(尺寸单位:cm)

共设三道，其设置位置与内撑位置对应。其中，第一道圈梁采用 2 Ⅰ45a 工字钢加工，第二道圈梁采用 2 Ⅰ45a 工字钢加工，第三道圈梁采用Ⅰ25a 工字钢加工。

3.2.2 钢套箱吊架系统计算

钢套箱吊架系统作为钢套箱的关键部位，对其设计结构的验算至关重要。在确定计算参数和计算荷载的基础上，进行封底验算，并在各个工况下分析了底板及底梁的受力，计算参数如表 3-2-1 所示，计算荷载如表 3-2-2 所示。

计 算 参 数 表 3-2-1

项 目	计算公式、计算结果
承台底部总面积	$S_1=786\text{m}^2$
桩头护筒面积	$S_2=20\times\pi\times1.65^2=171\text{m}^2$
扣除桩基护筒面积	$S=S_1-S_2=786-171=615\text{m}^2$
钢套箱周长	$L_1=109.2\text{m}$
桩头护筒周长	$L_2=20\times\pi\times3.3=207.2\text{m}$

注：所有桩头位置混凝土考虑均由桩基承受，不计入整个承重系统的受力范围。封底混凝土与钢板桩及桩基护筒的摩擦系数取 $\mu=0.1\text{MPa}$。

计 算 荷 载 表 3-2-2

项 目	具 体 计 算
第一次封底混凝土重力	$G_1=615\times1.4\times2.4\times10^4=22664(\text{kN})$
第二次封底混凝土重力	$G_2=615\times0.3\times2.4\times10^4=4428(\text{kN})$
第一层承台混凝土重力	$G_3=615\times2\times2.6\times10^4$（桩头上部承台混凝土由桩基承受）$=31980(\text{kN})$
钢套箱下放时底板重力	$G_4=(825-20\times3.14\times1.75^2)\times0.2\times2.6\times10^4=3290(\text{kN})$
下放至水面以下后扣除水浮力后底板重力	$G_4^1=(825-20\times3.14\times1.75^2)\times0.2\times(2.6-1)\times10^4=20250(\text{kN})$
模板系统（含圈梁内撑）重力	$G_5=1666(\text{kN})$
主、次梁重力	$G_6=2151\text{kN}$（其中，主梁采用钢筋混凝土梁，截面尺寸为 40cm×60cm，边主梁长 33.4m，共 2 条，中主梁长 33.4m，共 6 条，次梁采用钢筋混凝土梁，次梁长度 20.3m，共 6 条）
钢套箱下放至水面以下后，主次梁所受的水浮力	$G_{6水}=33.4\times0.4\times0.6\times8\times1.0\times10^4+20.3\times0.4\times0.4\times6\times1.0\times10^4=836(\text{kN})$
扣除水浮力后的主、次梁重力	$G_7=215.1\times10^4-83.6\times10^4=1315(\text{kN})$

注：素混凝土荷载取 24kN/m^3，钢筋混凝土荷载取 26kN/m^3。

1）封底验算

（1）抗浮验算

最不利工况：当第一层封底混凝土浇筑完成等强后并抽干水，且处于设计最高水位（+3.5m）时，整个套箱的抗浮是最不利的。

最大水浮力：$F_{max}=[3.5-(-4.126)]\times10\text{kN/m}^2\times615\text{m}^2=46900\text{kN}$

第一层封底混凝土（1.4m）与桩基护筒间的最大摩擦力（μ 取 0.1MPa）：

$G_8 = 3.14 \times 3.3 \times 1.4 \times 20 \times 0.1 \times 10^6 = 29014(\text{kN})$

此时 $G_1 + G_8 = 2066.4 \times 10^4 + 2901.4 \times 10^4 = 49678(\text{kN}) > F_{max} = 4690\text{kN}$，满足要求。

(2)封底混凝土强度验算

在设计最高水位(+3.5m)时验算第一层封底混凝土(-4.126m)抽干水后是否会因水的浮力而发生“反拱”破坏。

水压力：$q = (3.5 + 4.126 + 0.2) \times 10 = 78.26(\text{kN/m}^2)$

(考虑 20cm 预制混凝土底板参与协同抗弯)，则封底混凝土所受的荷载：

$q_f = 78.26 - 24 \times 1.6 = 39.86(\text{kN/m}^2)$

则 $q_0 = 39.86 \times 1.2 = 47.83(\text{kN/m}^2)$，取 1.2 倍安全系数

C20 封底混凝土的抗拉强度设计值：$f_{td} = 1.06\text{MPa}$。

如图 3-2-4 所示，取桩基护筒间距最大之间的板作为计算单元，计算长度 l 偏大按桩间距 6.8m 取值，按照简支梁来进行计算。

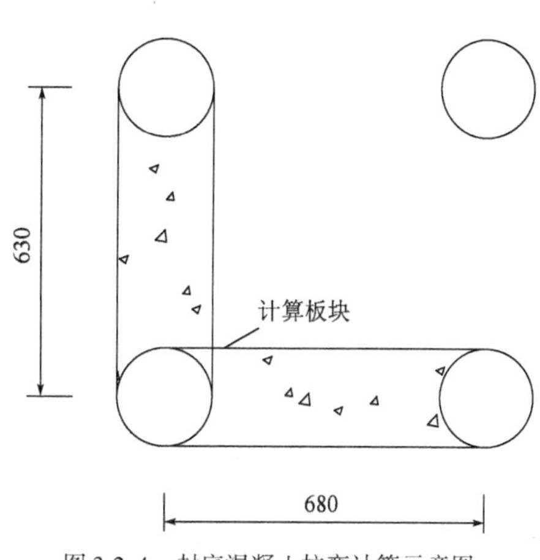

图 3-2-4　封底混凝土抗弯计算示意图(尺寸单位：cm)

$$M_{max} = \frac{q_0 l^2}{8} = \frac{47.83 \times 6.8^2}{8} = 276.5(\text{kN} \cdot \text{m})$$

封底混凝土截面特性：

$$W = \frac{1}{6}bh^2 = \frac{1 \times (1.4 + 0.2)^2}{6} = 426667(\text{cm}^3)$$

$$\sigma = \frac{M_{max}}{W} = \frac{276.5 \times 10^3}{426667} = 0.65(\text{MPa}) < f_{td} = 1.06\text{MPa}$$

满足要求。

2)工况分析

为分析底板、底梁的受力情况，对各个工况进行计算。各个工况组合如表 3-2-3 所示。

工 况 组 合　　表 3-2-3

工况序号	受力情况
一	套箱下放时，采用 40 个吊点。 $G = G_4 + G_5 + G_6 = 166.6 \times 10^4 + 329 \times 10^4 + 215.1 \times 10^4 = 7107(\text{kN})$ 平均每个吊点受力：$N = 710.7/40 \times 10^4 = 17.77(\text{kN})$
二	低水位浇筑第一层封底时，采用 40 个吊点。 $G = 1205.4 \times 10^4 + G_4^1 + G_5 + G_7 = 1205.4 \times 10^4 + 202.5 \times 10^4 + 166.6 \times 10^4 + 131.5 \times 10^4 = 17060(\text{kN})$ 式中的 12054kN 为第一次封底混凝土扣除水浮力作用后的重力： $615 \times 1.4 \times (24 - 10) = 12054(\text{kN})$ 平均每个吊点受力：$N = 1706/40 \times 10^4 = 426.5(\text{kN})$

续上表

工况序号	受力情况
三	低水位(0m)时浇筑第一层(2m厚度)承台混凝土时,采用40个吊点,每个吊点设一个转换牛腿,计算转换牛腿受力。 第一层承台混凝土重力:$G_3 = 615 \times 2 \times 2.6 \times 10^4 = 31980(\text{kN})$(桩头上部承台混凝土由桩基承受) 封底混凝土(两次共1.7m)与桩基护筒间的最大摩擦力(μ取0.1MPa): $F = 0.9 \times 3.14 \times 3.3 \times 1.7 \times 20 \times 0.1 \times 10^6 = 31708(\text{kN})$(取0.9倍的折减系数进行计算) 水浮力:$F_{浮} = [0.0-(-4.126)]\text{m} \times 10\text{kN/m}^3 \times 615\text{m}^2 = 25375(\text{kN})$ 封底重:$G_{10} = 615 \times 1.7 \times 2.4 \times 10^4 = 25092(\text{kN})$ $G = G_3 + G_4^1 + G_5 + G_7 + G_{10} = 62078(\text{kN})$ 则 $\Delta G = G - F_{浮} - F = 6207.8 \times 10^4 - 3170.8 \times 10^4 - 2537.5 \times 10^4 = 49950(\text{kN})$ 平均每个吊点处牛腿受力:$N = 499.5/40 \times 10^4 = 125(\text{kN})$

限于篇幅,仅对工况一的受力分析进行详细描述。

(1)混凝土主梁受力分析

混凝土主梁采用尺寸40cm×60cm的C30混凝土预制而成,分中主梁和边主梁两种。长度均为33.4m,由于预制长度过长,采用分节预制。主梁分为11.7m+12m+9.1m两节,拼装时浇注30cm湿接缝。湿接缝浇注完成并等强后进行底板拼装,故不再进行分节单独计算,仅进行套箱下放时底梁受力分析。套箱下放采用24根吊杆,此时底梁承受底板、底梁及模板自重,如图3-2-5所示。

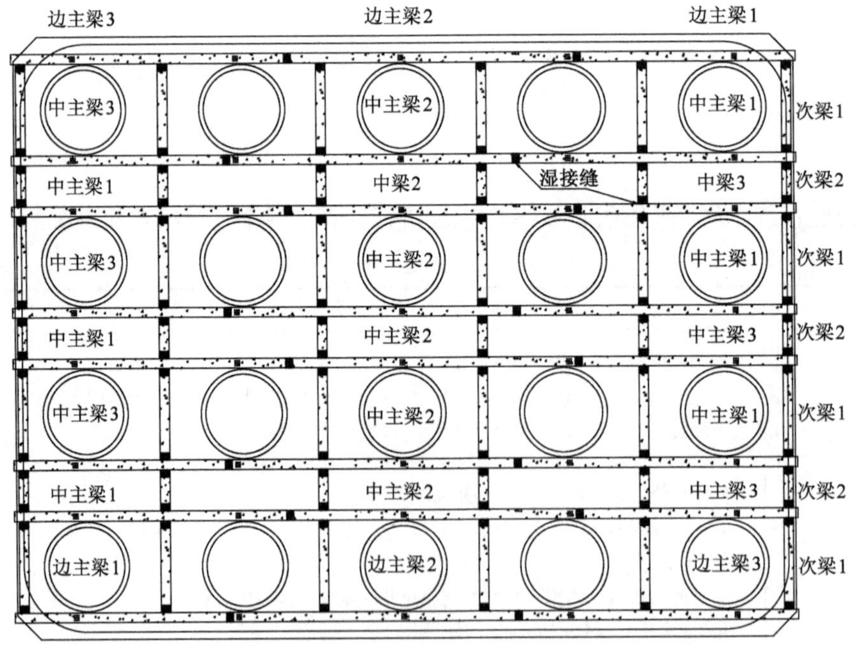

图3-2-5 下吊梁平面布置图

(2)中主梁受力分析

中主梁除了受其自重外,还受到次梁和预制底板及模板的荷载,各部分荷载如表 3-2-4 所示。中主梁荷载作用范围见图 3-2-6,且图 3-2-7 展示了中主梁荷载简化状况。

中主梁所受荷载　　表 3-2-4

荷载类型	荷载大小
模板荷载	q_1 = 15.3kN/m × 3.15m = 48.2kN(考虑集中荷载作用在主梁上)
主梁荷载	q_2 = 0.6m × 0.4m × 26kN/m^3 = 6.24kN/m
次梁荷载	q_3 = 0.4m × 0.4m × 2.75m × 26kN/m^3 = 11.44kN(考虑集中荷载作用在主梁上)
预制板荷载	q_0 = 3.15m × 0.2m × 26kN/m^2 = 16.28kN/m q_0^1 = 1.5m × 0.2m × 26kN/m^2 = 7.8kN/m

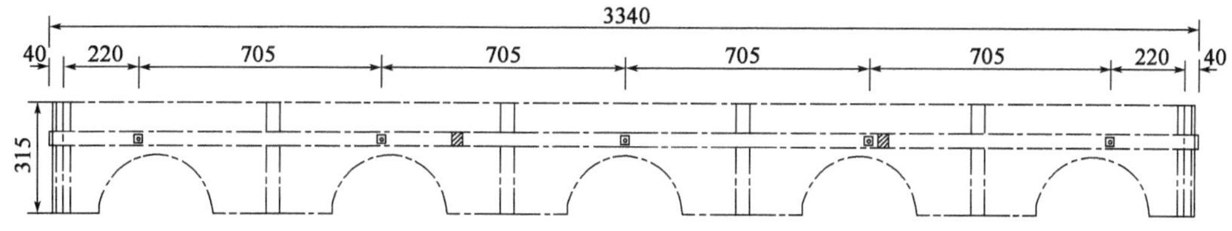

图 3-2-6　中主梁荷载作用范围(尺寸单位:cm)

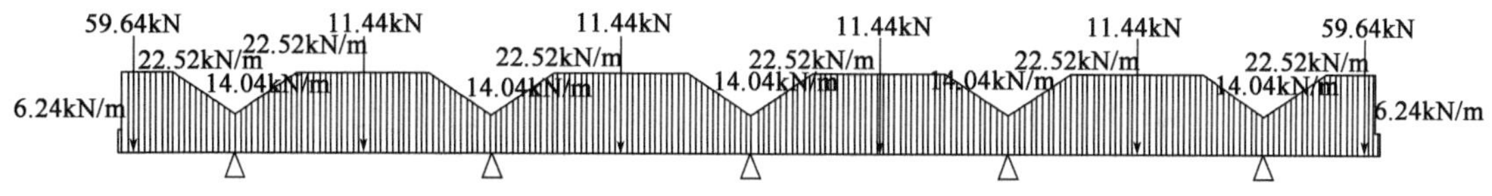

图 3-2-7　中主梁荷载简化示意图

根据图示荷载分布情况,对中主梁进行受力计算。其中,中主梁截面尺寸为 40cm × 60cm,则其截面惯性矩 $I_x = 1/12 \times b \times h^3 = 720000\text{cm}^4$;HRB335 钢筋的弹性模量 E 为 210000MPa;C20 混凝土的弹性模量 E 为 255000MPa,C20 钢筋混凝土主梁弹性模量 E 保守取 210000MPa 进行结构计算。

中主梁的受力利用 TOOLS 建模计算,建模计算界面如图 3-2-8 所示。由于主梁荷载沿中心对称均匀布置,先计算均布荷载对混凝土主梁的受力作用,再计算集中荷载对混凝土主梁的受力作用,其结果如表 3-2-5 所示。

中主梁受力计算结果　　表 3-2-5

受力状况	最大弯矩 M_{max} (kN·m)	最大剪力 Q_{max} (kN)	吊杆受力 (kN)				
均布荷载	97.5	72.5	133.7	135.2	141.2	135.2	133.7
集中荷载	161	59.6	93.9	26.7	30.6	26.7	93.9
总计	258.5	132.1	227.6	161.9	171.8	161.9	227.6

注:变形 δ_m = 0.9 + 0.2 = 1.1(mm),满足要求。

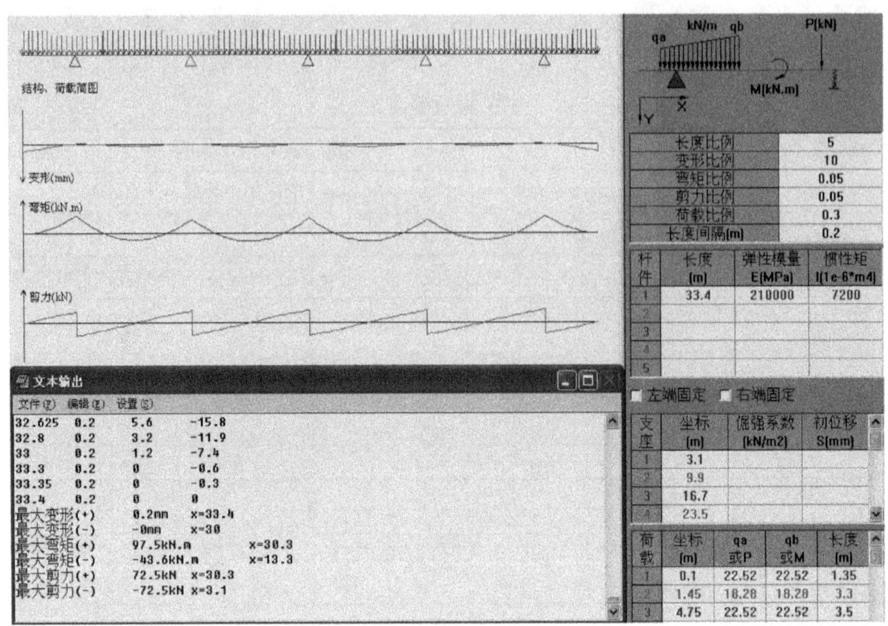

a)均布荷载作用

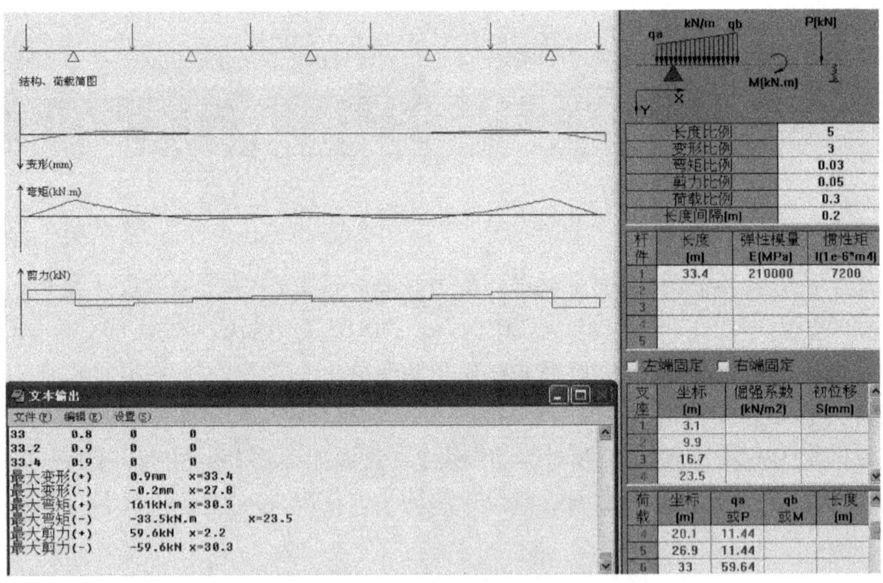

b)集中荷载作用

图 3-2-8　中主梁受力分析 TOOLS 计算图

(3)边主梁受力分析

边主梁除了受其自重外,还受到次梁和预制底板及模板的荷载,各部分荷载大小如表 3-2-6 所示。其荷载作用范围见图 3-2-9,且图 3-2-10 展示了边主梁荷载简化状况。由于边主梁与中主梁受力分析的计算方法相似,故只列出中主梁受力计算结果,见表 3-2-7。

边主梁所受荷载　　表3-2-6

荷载类型	荷载大小
模板荷载	$q_1 = \frac{15.3\text{kN/m} \times 35.68\text{m}}{33.4} = 16.334\text{kN}$（考虑模板荷载沿主梁均匀分布）
主梁荷载	$q_2 = 0.6\text{m} \times 0.4\text{m} \times 26\text{kN/m}^3 = 6.24\text{kN/m}$
次梁荷载	$q_3 = 0.4\text{m} \times 0.4\text{m} \times 1.9\text{m} \times 26\text{kN/m}^3 = 7.904\text{kN}$（考虑集中荷载作用在主梁上）
预制板荷载	$q_0 = 3\text{m} \times 0.2\text{m} \times 26\text{kN/m}^3 = 15.6\text{kN/m}$ $q_0^1 = 1.05\text{m} \times 0.2\text{m} \times 26\text{kN/m}^3 = 5.46\text{kN/m}$

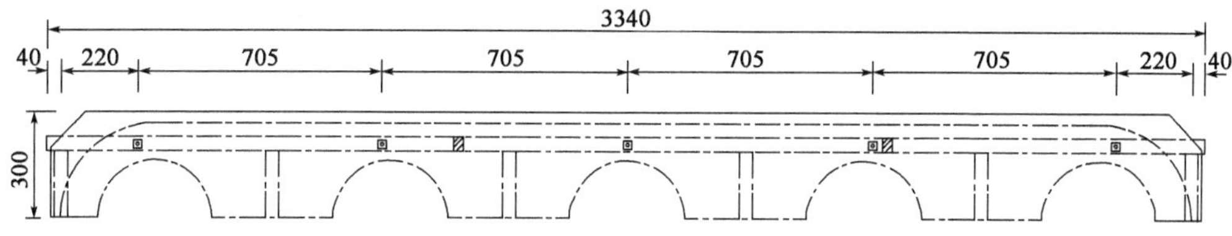

图3-2-9　边主梁荷载作用范围（尺寸单位：cm）

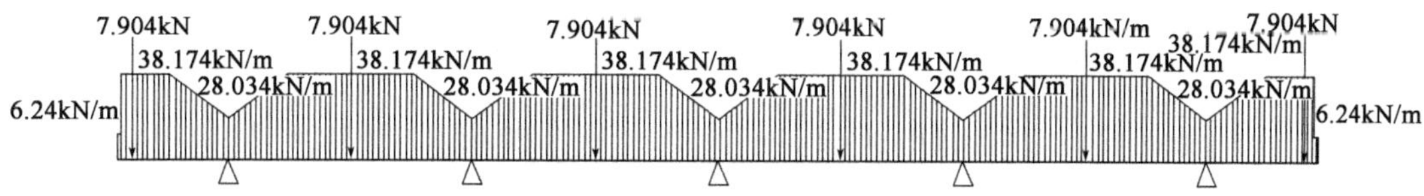

图3-2-10　边主梁荷载简化示意图

中主梁受力计算结果　　表3-2-7

受力状况	最大弯矩 M_{max}（kN·m）	最大剪力 Q_{max}（kN）	吊杆受力（kN）				
均布荷载	159.9	117.7	216.1	220	229.2	220	216.1
集中荷载	21.3	7.9	14.6	4.2	9.8	4.2	14.6
总计	181.2	125.6	230.7	224.2	239	224.2	230.7

注：变形 $\delta_m = 0.1 + 0.4 = 0.5$（mm），满足要求。

（4）主梁配筋验算

根据上面对底板主梁的验算可得：最大弯矩为258.5kN·m，最大剪力为132.1kN，即主梁弯矩设计值为258.5kN·m。对主梁配筋进行验算：

主梁尺寸拟为宽40cm，高为60cm，采用C30混凝土，钢筋采用HRB335级ϕ25钢筋，上、下各布置6条主筋，具体配筋如图3-2-11所示。

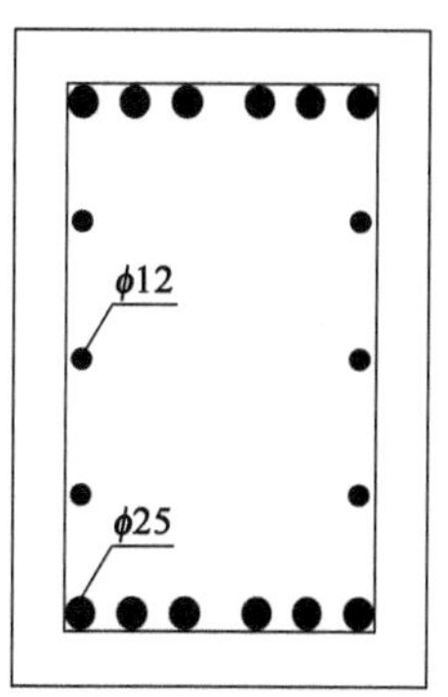

图3-2-11　主梁配筋示意图

此时：$f_{cd} = 13.8\text{MPa}$；$f_{sd} = 280\text{MPa}$

取 $a_s = 50\text{mm}$；$h_0 = 600 - 50 = 550(\text{mm})$；$A_s = 2945(\text{mm}^2)$

配筋率：$\rho = A_s/bh_0 = 2945/400/550 = 1.3\% > \rho_{min}(=0.2\%)$

受压区高度：$x = \dfrac{f_{sd} \cdot A_s}{f_{cd} \cdot b} = \dfrac{280 \times 2945}{13.8 \times 400} = 149(\text{mm}) \leqslant \xi_b h_0 = 0.56 \times 550 = 308(\text{mm})$

$$M_u = f_{cd} bx\left(h_0 - \frac{x}{2}\right) = 13.8 \times 400 \times 149 \times \left(550 - \frac{149}{2}\right) = 391(\text{kN} \cdot \text{m}) > M_{max} = 258.5\text{kN} \cdot \text{m}$$

安全系数：$K = 391/258.5 = 1.513 > 1.2$，满足要求。

假设剪力完全由混凝土承担，计算单位板的最小抗剪能力：

$V_u = (0.51 \times 10^{-3})\sqrt{f_{cu,k}}bh_0 = 0.51 \times 10^{-3} \times \sqrt{25} \times 400 \times 550 = 561\text{kN} \gg Q_{max} = 209.7(\text{kN})$，故主梁配筋满足受力要求。

(5)吊杆受力验算

吊杆采用JL32的精扎螺纹钢筋，其抗拉强度设计值$f_{pk} = 770\text{MPa}$，设计有效截面面积为804mm^2，折算成抗拉能力为：

$[N] = 804 \times 770 = 619(\text{kN})$

由表3-2-5计算可知，吊杆的最大受力为227.6kN <619kN。

安全系数为619/230.1 =2.69，满足要求。

(6)反力梁验算

套箱下放时，反力梁采用2 I 25工字钢，下放时中主梁吊杆最大受力为227.6kN，边主梁吊杆最大受力为230.1kN。反力梁及吊点布置如图3-2-12所示。

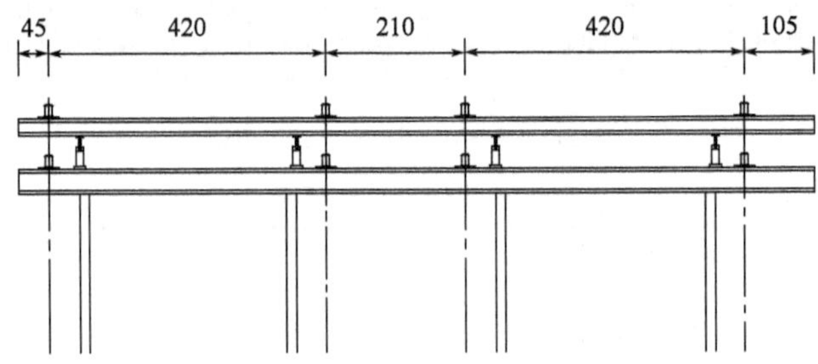

图3-2-12　反力梁及吊点布置示意图(尺寸单位：cm)

双拼 I 25a工字钢截面性质如下：

$I = 5020 \times 2 = 10040(\text{cm}^4)$，$W = 402 \times 2 = 804(\text{cm}^3)$

$S = 230.7 \times 2 = 461.4(\text{cm}^3)$，$d = 8 \times 2 = 16(\text{cm})$

双拼 I 25a工字钢受力最不利状态为全部承受最大吊重，此工况下利用TOOLS建模计算，如图3-2-13所示。

受力验算：

$M_{max} = 104\text{kN} \cdot \text{m}$，$Q_{max} = 230.7\text{kN}$

$$\sigma = \frac{M_{max}}{W} = \frac{104 \times 1000}{402 \times 2} = 129.35(\text{MPa}) < 215/1.2 = 179(\text{MPa})$$

$$\tau = \frac{QS}{Id} = 1.2 \times \frac{230.7 \times 1000 \times 461.4}{10040 \times 16 \times 10} = 66.27(\text{MPa}) < 125/1.2 = 104(\text{MPa})$$

满足要求。

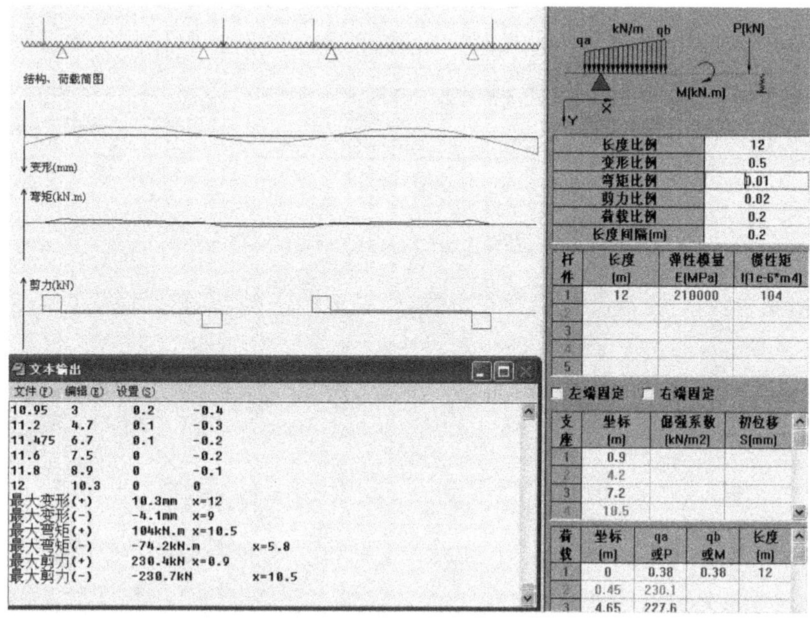

图 3-2-13　反力梁受力分析 TOOLS 计算图

(7) 拼装牛腿验算

套箱模板采用现场拼装，在桩基钢护筒上穿插Ⅰ25a 工字钢作为拼装牛腿，工字钢上铺设底梁，拼装牛腿安装具体布置如图 3-2-14 所示。

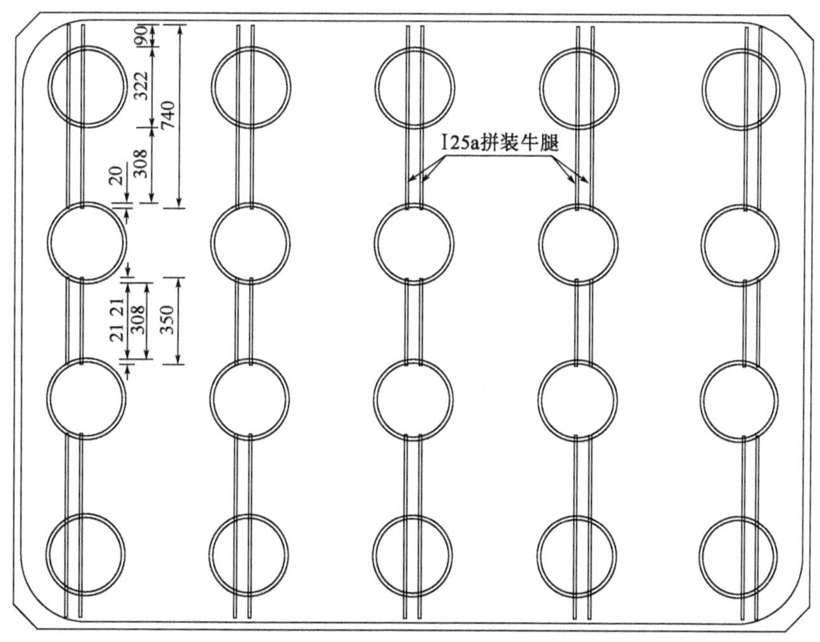

图 3-2-14　拼装牛腿安装布置示意图(尺寸单位:cm)

拼装主梁、次梁、预制底板和套箱时,由前面计算可得中主梁处牛腿最大受力为 227.6kN,边主梁处牛腿最大受力为 230.1kN。拼装牛腿受力见图 3-2-15。

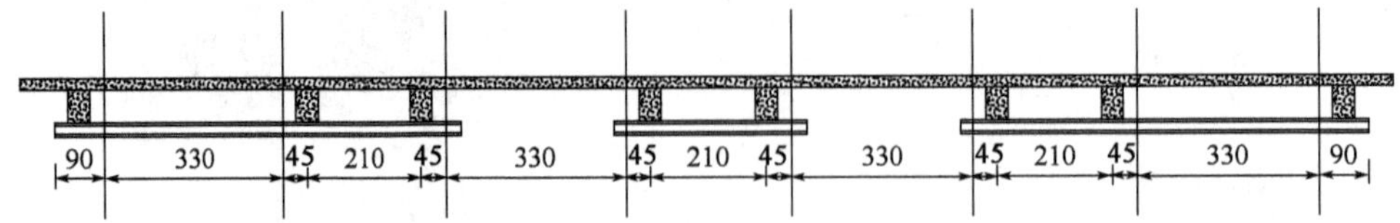

图 3-2-15　拼装牛腿受力示意图(尺寸单位:cm)

外侧牛腿受力验算:根据图示位置和荷载,利用 TOOLS 建模进行计算,见图 3-2-16。

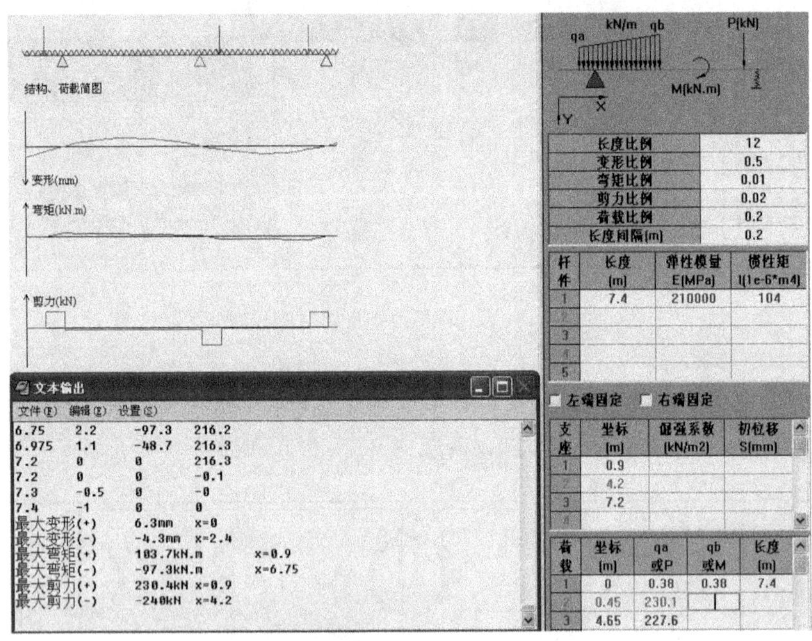

图 3-2-16　外侧牛腿受力 TOOLS 计算图

$$M_{\max} = 103.7\text{kN} \cdot \text{m}, Q_{\max} = 240\text{kN}$$

$$\sigma = \frac{M_{\max}}{W} = \frac{103.7 \times 1000}{402 \times 2} = 129(\text{MPa}) < 215\text{MPa}$$

$$\tau = \frac{QS}{Id} = \frac{240 \times 1000 \times 461.4}{10040 \times 16 \times 10} = 68.9(\text{MPa}) < 125\text{MPa}$$

取 1.2 倍的整体安全系数,则:

$$\sigma = 129 \times 1.2 = 154.8(\text{MPa}) < 215\text{MPa}$$

$$\tau = 68.9 \times 1.2 = 82.68(\text{MPa}) < 125\text{MPa}$$

满足要求。

内侧牛腿受力验算:根据图示位置和荷载,利用 TOOLS 建模进行计算,见图 3-2-17。

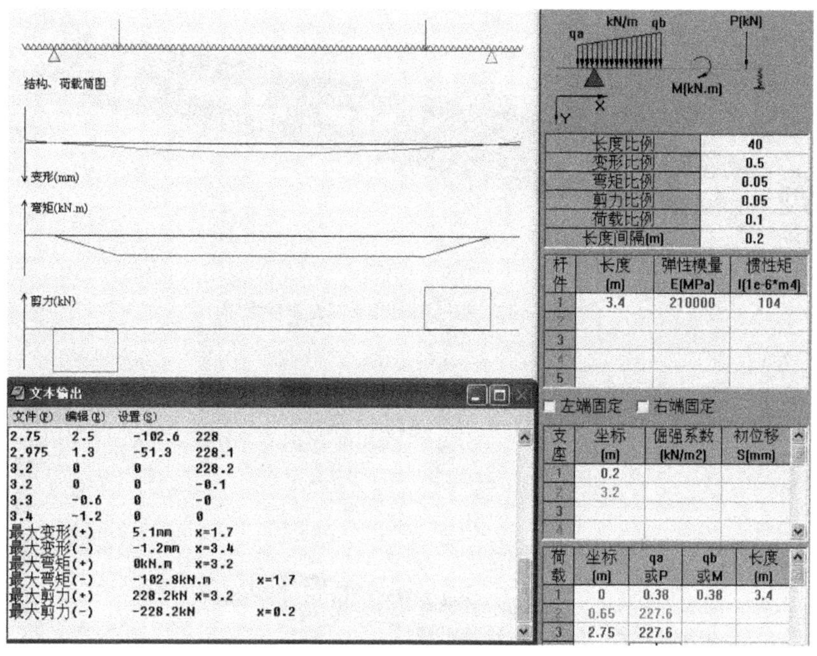

图 3-2-17　内侧牛腿受力 TOOLS 计算图

$$M_{max} = 102.8\text{kN}\cdot\text{m}, Q_{max} = 228.2\text{kN}$$

$$\sigma = \frac{M_{max}}{W} = \frac{102.8 \times 1000}{402 \times 2} = 127.86(\text{MPa}) < 215\text{MPa}$$

$$\tau = \frac{QS}{Id} = \frac{228.2 \times 1000 \times 461.4}{10040 \times 16 \times 10} = 65.54(\text{MPa}) < 125\text{MPa}$$

取 1.2 倍的整体安全系数，则：

$$\sigma = 127.86 \times 1.2 = 153.43(\text{MPa}) < 215\text{MPa}$$

$$\tau = 65.54 \times 1.2 = 78.65(\text{MPa}) < 125\text{MPa}$$

满足要求。

3.2.3　第二道（型钢桁架）内撑受力验算

(1)斜内撑抗压计算

第二道内撑采用∟100×10 角钢桁架，所受轴力（压）最大的内撑为四条斜撑，总计 548kN。

∟100×10mm 角钢桁架内撑受力模型布置如图 3-2-18 ~ 图 3-2-21 所示。

由以上计算结果可知最大组合应力 141MPa <215MPa，满足要求。

由以上计算结果可知内撑圈梁最大变形 11.8mm。

由以上计算结果可知最容易出现的不利状态下，荷载安全系数为 3.28。

(2)斜撑整体稳定性验算

角钢桁架内撑两端通过焊接固定在工模板面，方案中对内撑两端焊接的情况均偏保守，取为梁两端一端固结、一端铰接来进行整体稳定性验算。

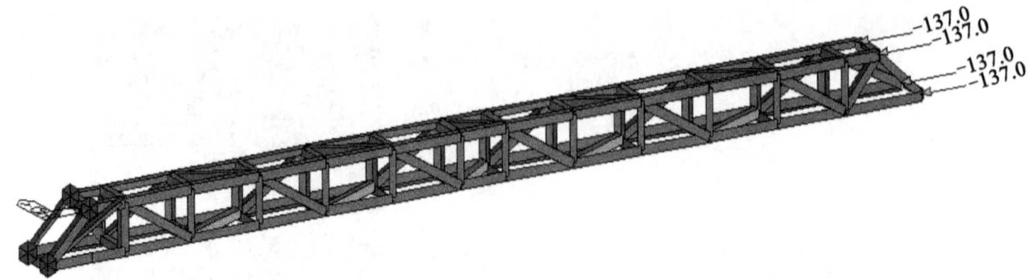

图 3-2-18　角钢桁架内撑荷载分布图

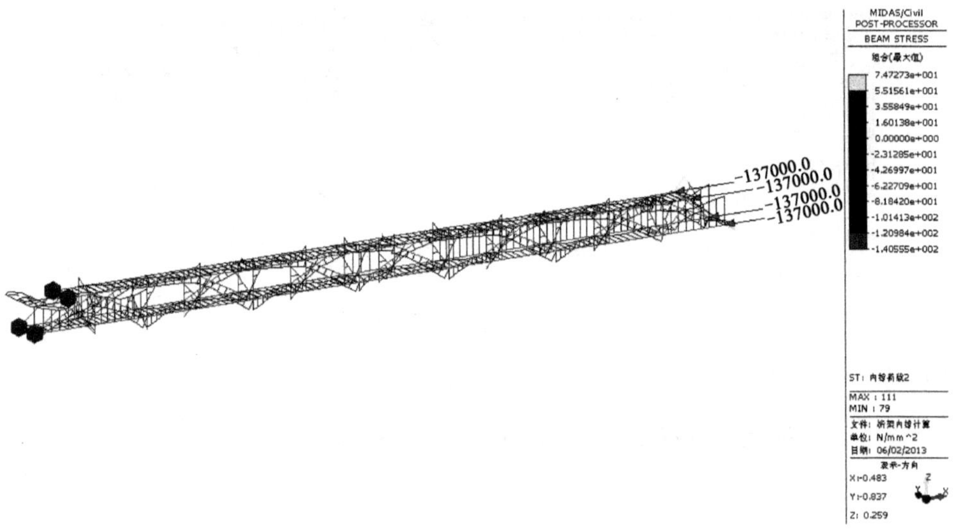

图 3-2-19　角钢桁架组合应力图

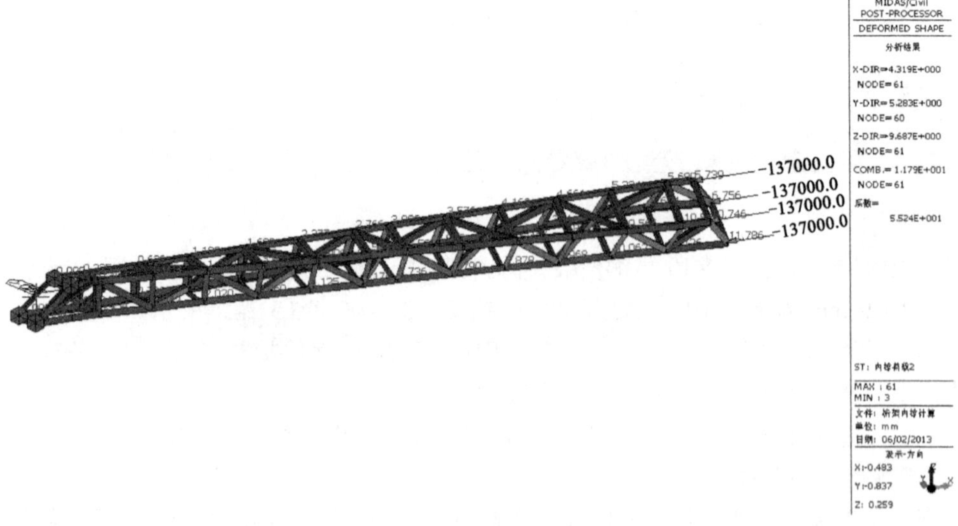

图 3-2-20　角钢桁架变形图

图3-2-21　角钢桁架屈曲分析

视荷载集中作用在桁架截面中心上，按 $p=548\text{kN}$ 作为计算荷载对内撑进行稳定性验算。

桁架柱受压偏心矩 $=1.18\text{cm}\times5=5.9\text{cm}$（取最大变形5倍安全系数）

桁架柱受压截面面积 $=4\times19.3\text{cm}^2=77.2\text{cm}^2$

桁架柱惯性矩：$I=48985\text{cm}^4$

故桁架柱压应力为：$\dfrac{P}{A}=\dfrac{548000\text{N}}{7720\text{mm}^2}=71\text{MPa}$，$M=548\times0.059=32.33(\text{kN}\cdot\text{m})$，$i=\sqrt{\dfrac{49895\text{cm}^4}{77.2\text{cm}^2}}=25.4\text{cm}$。

桁架柱自由长度：$l=l_0\times\alpha=12.9\text{m}\times0.7=9.0\text{m}$，计算长度系数取 $\mu=2.0$，则：$\lambda=\dfrac{\mu l}{i}=\dfrac{2\times9.0}{0.254}=70.8$

查《钢结构设计规范》（GB 50017—2003），对定义为b类截面的稳定系数表格有：$\phi_1=0.75$。

$$\sigma=\frac{N}{\phi_1 A}+\frac{M}{\mu W}=\frac{548000}{0.75\times7720\times10^{-6}}+\frac{54.8\times10^3\times25\times10^{-2}}{2.0\times48985\times10^{-8}}=94.65(\text{MPa})+14(\text{MPa})$$

$$=108.65\text{MPa}<215\text{MPa}$$

整体稳定性满足要求。

(3)斜撑抗拉计算

由以上计算结果可知内撑最大轴力位置为四道斜撑处，轴力最大为 $32.96\times10^4\times2=660(\text{kN})$，为轴向拉力，完全由四条∟100×10mm角钢承担。

拉应力：$\sigma=\dfrac{P}{A}=\dfrac{660}{7720}=85.5(\text{MPa})<215\text{MPa}$

满足要求。

3.3 承台钢套箱施工

承台钢套箱是整个承台施工的关键部位，钢套箱的施工质量直接影响后续承台大体积混凝土的施工，如何控制钢套箱的施工质量，成为施工单位的施工重点。

承台钢套箱的施工流程较多，主体包括准备工作、套箱吊架系统、模板安装施工、内撑及圈梁系统施工、套箱下放、体系转换及套箱拆除等。承台钢套箱施工工艺流程见图3-3-1。

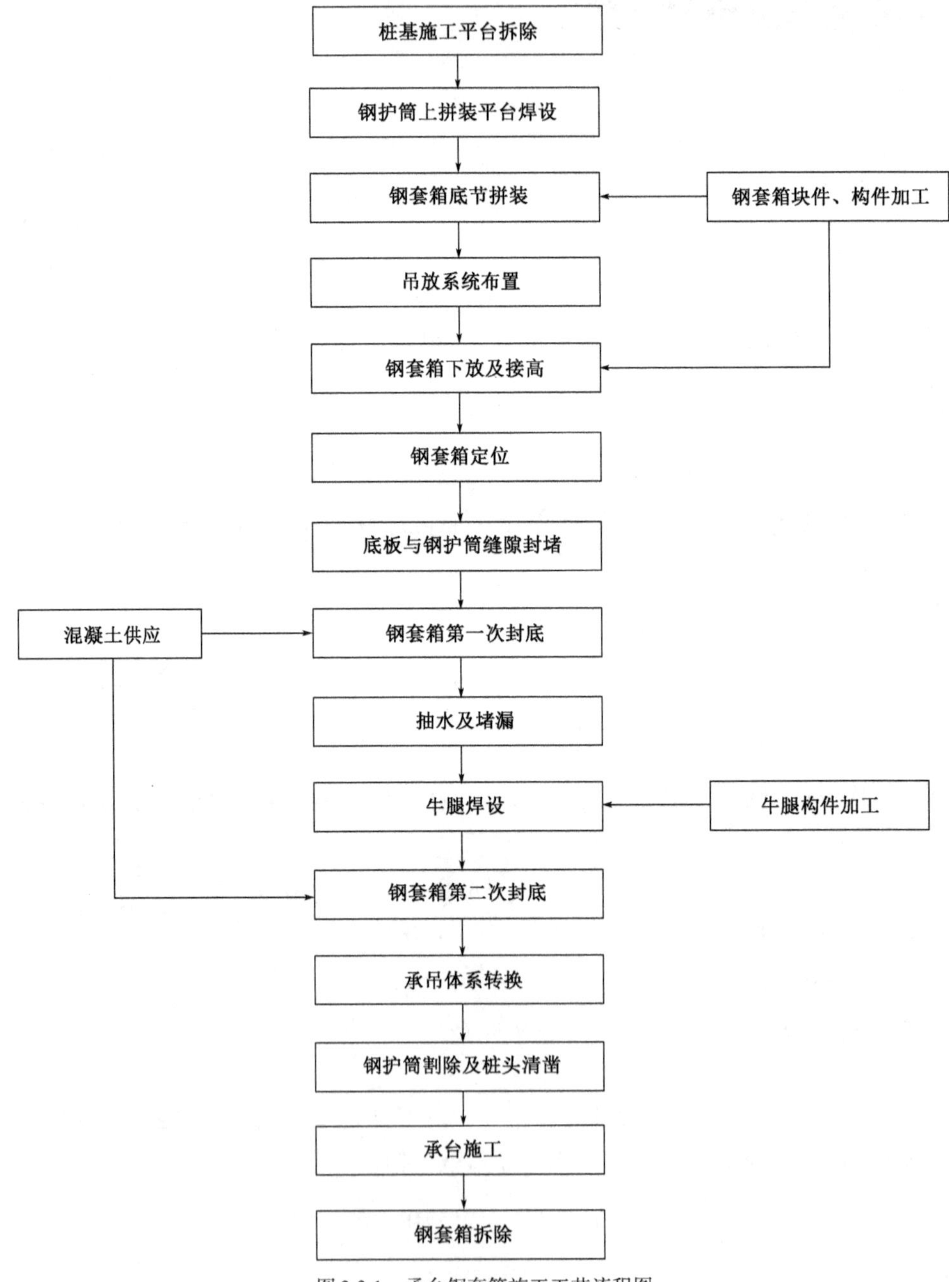

图3-3-1　承台钢套箱施工工艺流程图

3.3.1　准备工作

承台钢套箱施工的准备工作是钢套箱施工必不可少的工作，准备工作能够为钢套箱的施工提供良好的施工环境和加工施工所需的材料，是控制钢套箱施工质量的源头。准备工作主要包括平台拆除，底梁、底板的预制，上承重梁加工制作，拼装牛腿的安装，模板的加工，清凿桩头、割平钢护筒。

1）平台的拆除

桩基施工完成经声测合格后即可拆除桩基施工平台，也可以根据现场实际情况，先开始半幅平台的拆除。平台的拆除可按照从上到下的拆除顺序，并注意各联结方式。

平台拆除工作主要包括贝雷梁拆除和清理河床及拔钢管桩，各部分描述如下：一是，贝雷梁拆除应提前对贝雷销涂除锈剂或柴油，方便拆除；对于难以拆除的贝雷梁可用气割将贝雷销熔化。二是，清理河床时应先用测锤对承台区域的河床面全部测一遍，若河床为淤泥细沙层，则可用泥石泵抽走；若是贝壳碎石层，则要用长臂挖掘机清理。三是，拔钢管桩可先用液压双夹锤夹住管桩振动 10min 左右，然后龙门吊缓慢起钩，边振边起。振动过程中可能会出现管桩顶撕裂，需在管桩顶包一层钢板加强。对于拔不出或拔断的管桩采取水下切割，若河床面未到设计高程，潜水员要从管桩里面下到河床面以下位置切割，避免切割两次。

2）底梁、底板的预制

底板、底梁提前在场地内预制，上承重工字钢梁利用平台拆除出来的材料制作。预制构件时确保预埋件的位置及数量准确，预制构件质量控制要点如下：

（1）吊杆预留孔的孔径为 5cm，可采用 PVC 管或圆钢管制作。预留孔定位时需确保其位置的准确，要求其位置偏差不大于 0.5cm。吊杆预留孔与主梁主筋有冲突时，可挪动钢筋位置，但不可以割断主筋。

（2）次梁采用现浇方式，因此在主预制时需确保次梁预埋钢筋位置和数量的准确性，预埋筋安装好后需进行复检，要求其偏差不大于 1cm。次梁预埋筋外露长度要求偏差不大于 1cm。同一排主梁间采用湿接缝连接，主梁预制时需预留次梁主筋，其外露长度偏差不大于 1cm。

（3）在预制承台四周边上的底板时，每间隔 0.65m 需进行预埋钢板，钢板定位时需保证其偏位不大于 1cm。同时为防止承台模板安装时出现较大的空隙，底板预制时应保证其底面和顶面的平整度（小于 1%）。

（4）钢护筒与其边上的预制底板存在 10cm 间隙，在底板预制时应定位好其圆环大小（内径 3.50m）。底板浇筑完后，应在其顶面插入 20cm 长的 $\phi12$ 钢筋，纵横间距为 40cm，插入深度为 10cm。

（5）底梁、底板预制时对钢筋构件的形状、尺寸、直径、根数、间距以及位置进行全面检查，看是否符合设计要求。钢筋绑扎、搭接长度、焊接质量必须符合规范要求。

3）拼装牛腿安装

在桩基施工期间预先在低潮位时对穿安装牛腿，牛腿顶高程根据实际情况尽量降低，暂取 +1.8m 高程。

4）模板的加工

（1）套箱在钢结构加工场分块加工制作，包括模板、圈梁和内支撑。

(2)模板加工顺序：胎架现场制作→下料→钢板对接→钢板弯曲→竖向肋(Ⅰ12 和∟75×75×5)电焊固定→水平肋(75mm×5mm 钢板)按设计图纸焊接→模板下胎架→竖向肋按设计图纸焊接固定。

焊接方法严格按焊接工艺要求执行，焊接后产生的角变形可用火焰调平。焊接好的钢板模板接缝必须保证不漏水，接缝应打磨处理，面板间的错台不得超过 2mm。

(3)套箱模板共加工两套。

5)清凿桩头、割平钢护筒

在各个平台桩基施工将要结束时，先安排将各个桩头进行清凿，对桩头长度不够的桩基提前安排接桩头，然后可以将钢护筒割平到设计需要的高程。

桩头清理如图 3-3-2 所示。钢套箱拼装如图 3-3-3 所示。

图 3-3-2　桩头清理图

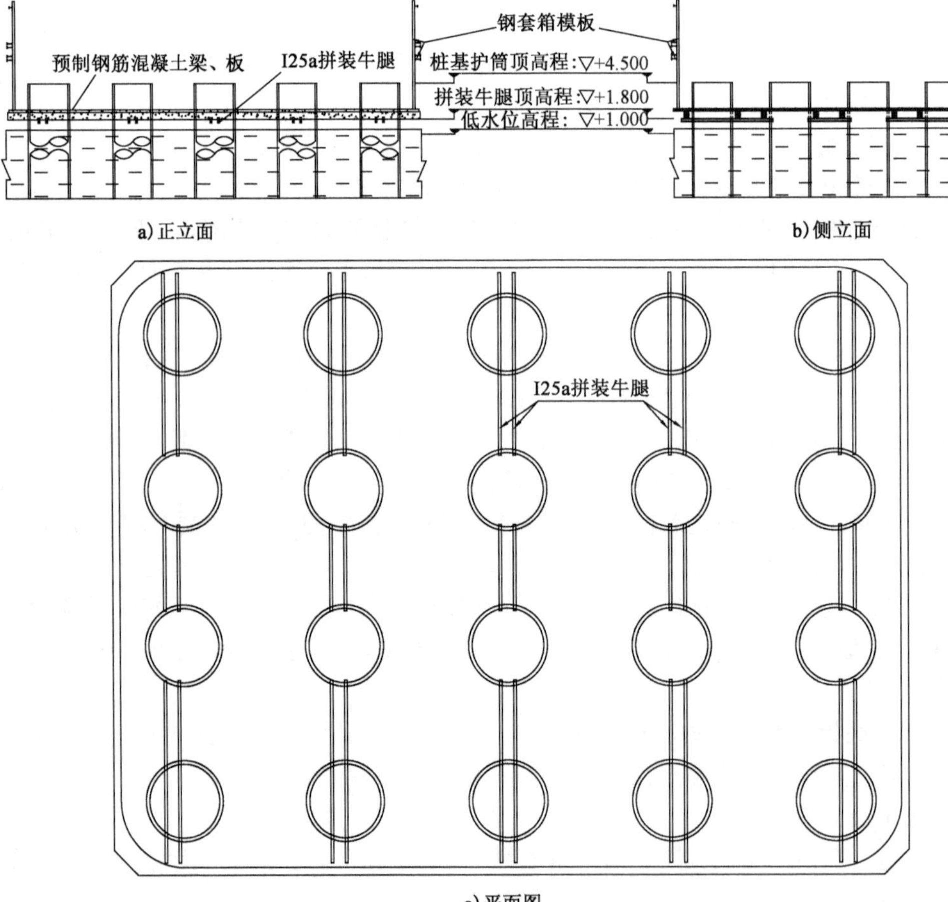

a)正立面

b)侧立面

c)平面图

图 3-3-3　钢套箱拼装图

3.3.2　套箱吊架系统

套箱上吊架系统体系转换前为护筒顶部的 2 I 36a 工字钢,体系转换后为焊接在钢护筒上的 2 I 36a 牛腿,其套箱下吊架系统为预制混凝土底梁。

上承重梁的施工是桩基施工完成后,将钢护筒割至统一高程 +4.5m,然后在护筒顶部放置 2 I 36a 工字钢,注意并使之牢固。为加快安装进度 2 I 36a 工字钢和 2 I 25a 反力梁可预先拼装制作好。体系转换后利用在护筒上穿孔穿牛腿(25a)作为上承重结构,其牛腿顶面高程取 -1.476m,在浇筑完第一次封底混凝土抽水后进行焊接。下承重梁的底板主梁采用截面尺寸为 60cm×40cm 的混凝土梁,主梁采用分段预制,其连接采用湿接头连接,主梁应在预制场内加工好后再转运到现场拼装。预制时需注意预埋钢筋的位置。底板次梁采用截面尺寸为 40cm×40cm 的混凝土梁,采用现场立模现浇方法施工。

套箱吊架承重系统安装施工包括:

(1)焊接牛腿:在主墩桩基础施工过程中,在低潮位时焊接安装临时安装牛腿,牛腿顶高程暂定为 +1.80m。主墩桩基混凝土灌注完后立即拆除承台范围内的桩基施工平台,将桩基护筒割平,注意每个墩的所有钢护筒高程必须相同。

(2)安装底梁:平台拆除完后,立即进行底梁的安装。

(3)安装底板:底板共 58 块,为方便安装,底板与底板预留 15cm 的湿接缝,底板与护筒之间预留 15cm 空隙。底板与护筒间的空隙通过预先加工好的环形箍进行封堵。环形钢箍预先放在底板上,等到套箱下放完毕后,再派潜水员下水进行安装锁紧。

(4)上承结构的安装:待套箱侧模安装完成后,便可进行上承结构的安装。安装时需保证工字钢与钢护筒固定牢固。

(5)安装吊杆:上承重梁安装好后,穿上吊杆并拉紧。在安装吊杆时应注意先将体系转换牛腿工字钢(2 I 36a)和垫板及螺母一起穿上并随套箱下放。

(6)体系转换浇筑完第一层封底并抽干水后,在桩基护筒上焊接 2 I 36a 牛腿,将上承重体系转换到牛腿上。

钢套箱吊架系统材料用量见表 3-3-1。

钢套箱吊架系统材料用量表　　表 3-3-1

编　号	名　称	规　格	总　量	总质量(t)	两个总质量(t)
1	2 I 25a 反力梁	12m/条	20 条/240m	9.14	18.24
2	2 I 36a 承重梁	12m/条	20 条/240m	14.4	28.8
3	精轧吊杆	11.5m/条	40 条/460m	2.22	4.44
4	液压千斤顶	250t/个	24 个		50 个(一套)
5	精轧螺母	ϕ32	120 个		
6	精轧垫片	ϕ32	120 块		
总计				25.76	51.52

3.3.3　模板安装施工

套箱的底板安装完成后,便可进行模板的安装,套箱承台模板总高 8.7m。模板利用龙门吊进行吊装。模板的安装工艺如下:

(1)模板先在工厂分块制作好,在场地内预拼好后,再利用货车转运到平台进行拼装。

(2)模板应根据测量组预先在底板上放样出的承台轮廓线进行定位安装。

(3)模板应按照一定的顺序进行安装,模板安装时通过预制底板上的预埋钢板进行模板脚的定位及固定。模板吊装到位后,由于模板脚已通过预埋钢板固定到位,模板顶端通过1t手拉葫芦调节并经吊垂球证实垂直后,方可安装下一块模板,以后每块模板的安装均紧靠前一块,经调垂直后通过接口螺丝联结在一起。每安装一块模板后,在模板与底板或护筒之间焊接斜撑进行临时固定。

(4)套箱模板脚的定位通过在预埋钢板上焊接10号槽钢作为临时定位卡,以此控制钢套箱下口线的平面位置,保证模板底定位准确且不跑模,如图3-3-4所示。而钢套箱上口固定及控制采用在钢护筒顶口焊制的定位导向装置,该装置伸出的端面与钢套箱下口定位卡保持在同一垂直线上,使其既起到对钢套箱壁体拼装时的临时支撑作用,又对钢吊箱下放时垂直度进行控制,如图3-3-5所示。为更好地控制套箱下放时的垂直度及稳定性,在套箱拼装到位后在套箱顶部搭设临时支撑。

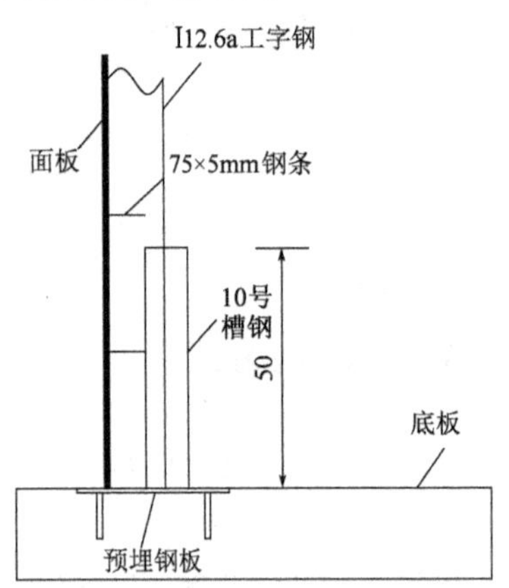

图3-3-4　模板脚定位卡(尺寸单位:cm)

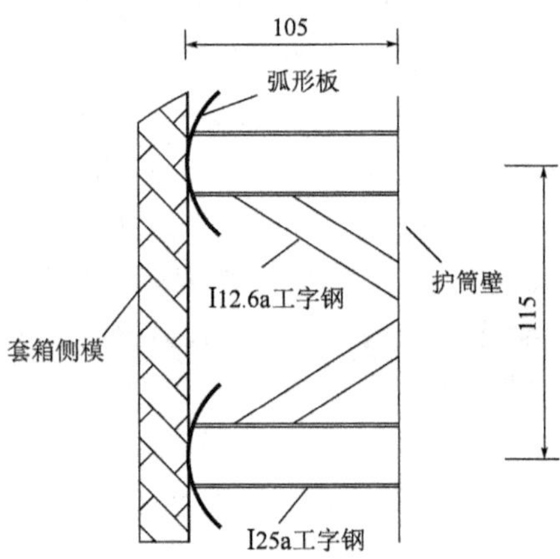

图3-3-5　模板定位导向装置(尺寸单位:cm)

(5)模板拼装完成后立即安装外圈梁和内撑系统,外圈梁和内撑的安装必须按照图纸中的顺序进行。

(6)为防止漏水,模板间的法兰接头需加5mm厚的橡胶垫。打紧螺钉后再涂玻璃胶。

(7)模板整体安装固定好后,便可进行套箱的整体下放等工作。

3.3.4　内撑及圈梁系统施工

主墩承台采用有底套箱施工,侧模的联结采用法兰联结,由于周长过长、流水影响以及浇筑混凝土时产生的侧压力,会产生柔性变形,造成套箱漏水,给施工带来不利影响,故在钢套箱内设计内撑。内撑采用螺旋钢管制作,具体如下:

第一道:内撑采用ϕ630mm钢管,圈梁采用2 I 45a工字钢,均安装在-0.026m高程处,内撑安装在套箱模板下放3m后进行,等浇筑完第一层承台混凝土后拆除。钢套箱内第一道内撑安装示意如图3-3-6所示。

第二道:内撑采用∟100×10mm角钢桁架,圈梁采用2 I 45a工字钢。均安装在+0.974m高程处。圈梁在模板拼装好后安装。内撑的安装在浇筑完封底混凝土后进行。

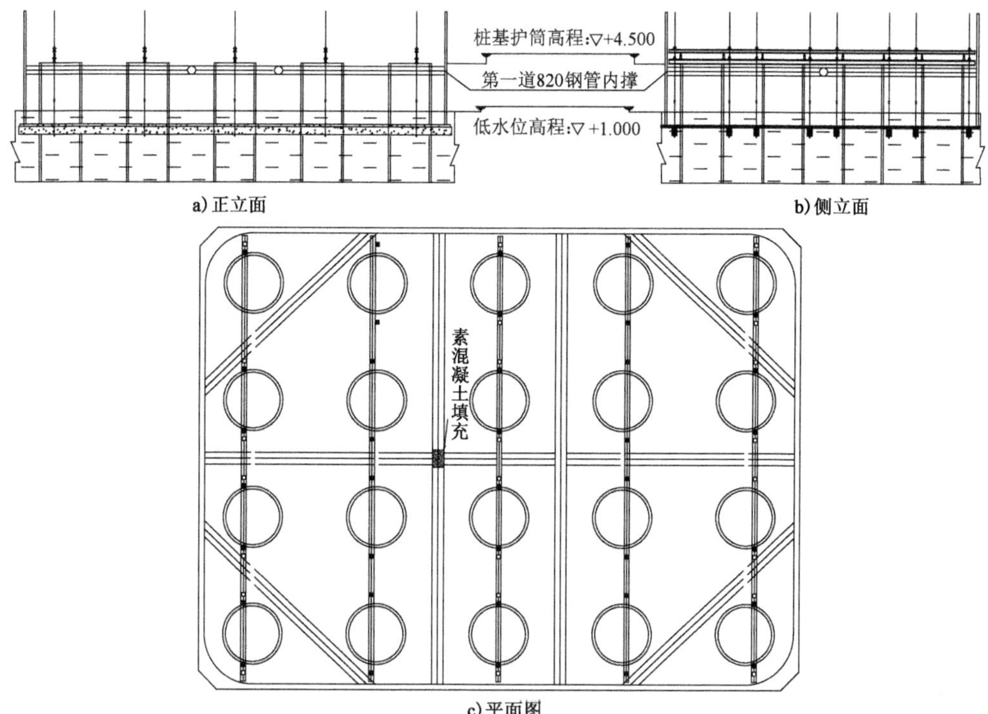

图3-3-6 钢套箱内第一道内撑安装示意图

第三道:内撑采用 ϕ426mm,圈梁采用Ⅰ25a工字钢,均安装在+4.024m高程处。圈梁在模板拼装好后安装。内撑的安装在浇筑完封底混凝土后进行。

由于该套箱内支撑跨度较大,为防止因钢管自重产生过大下挠,导致钢管从轴心受压变成偏心受压,在内撑的跨中部设置临时支撑(Ⅰ25a工字钢),单个承台共设2道。该临时支撑的安装在内撑安装好后进行。

3.3.5 套箱的下放

1)下放准备

(1)下放前对相关人员做好下放技术交底工作。

(2)下放前必须对面梁、反力梁、钢套箱、导向装置、千斤顶等结构进行一次全面检查,主要检查结构的焊缝和连接是否稳固以及千斤顶性能。

(3)为确保混凝土底板准确预留孔位并顺利下放,需要详细测量每个护筒的平面位置及垂直度,根据测量结果判定是否需要调整底板铺设位置,具体的测量结果可见附表1。

2)下放步骤

(1)在下放前先将套箱向上提起5cm,然后割除牛腿,开始下放。

(2)用40个200t的螺旋千斤顶,每8个为一组,通过千斤顶反力梁分别控制40条吊杆,顶升千斤顶,反力梁采用2Ⅰ25a工字钢。

(3)依靠该吊杆上的反力梁挡位螺母提住整个套箱,然后松开各吊杆上承重螺母,使之上移10cm左右,慢慢松千斤顶,吊杆上承重螺母重新受力时,整个套箱已被下放10cm左右。如此反复,直到套箱到达指定的位置。

钢套箱下放前、后结构布置分别如图 3-3-7、图 3-3-8 所示。

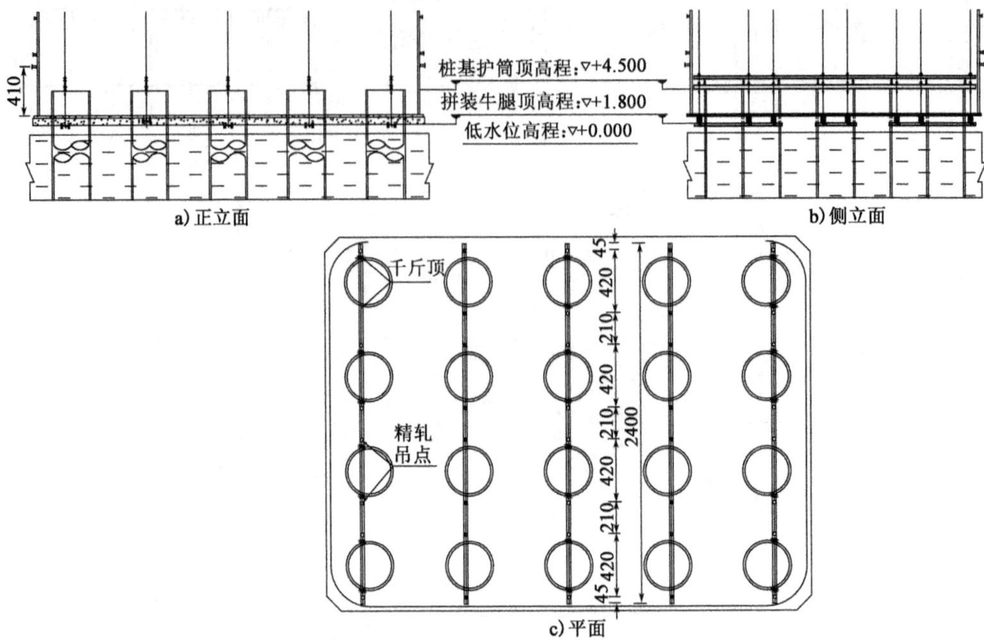

图 3-3-7　钢套箱下放前结构布置图(尺寸单位:cm;高程单位:m)

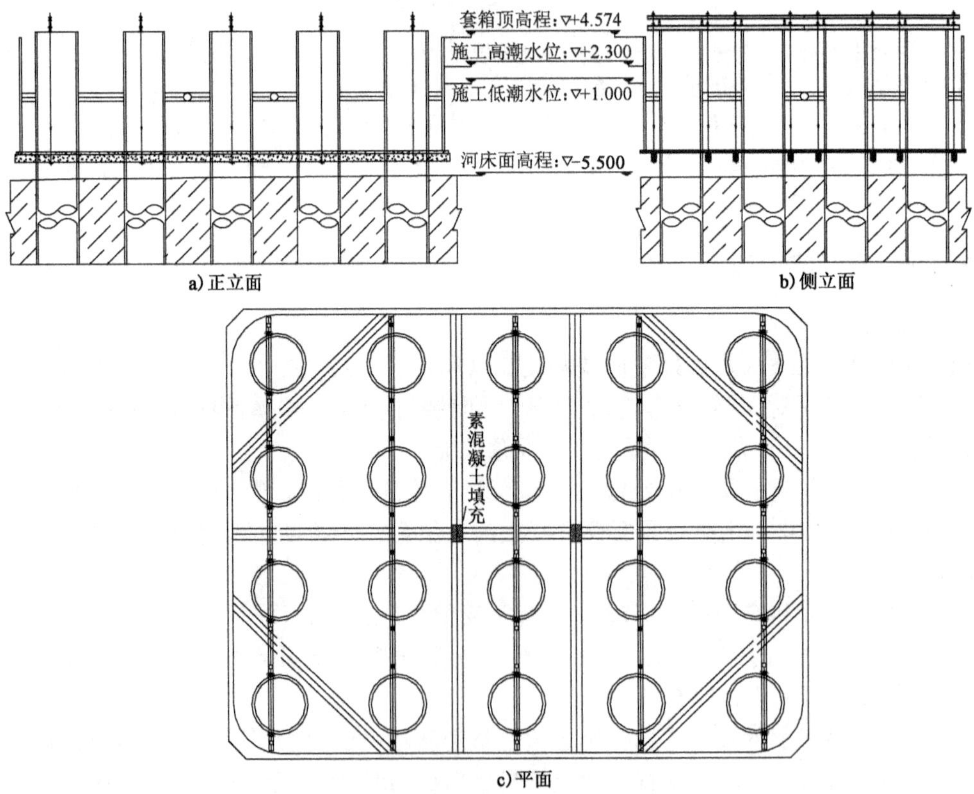

图 3-3-8　钢套箱下放后结构布置图(高程单位:m)

3)钢套箱下放时测量控制

钢套箱底梁安装调平后,在底梁上放样出承台的纵横中轴线便于底板安装,底板安装完成后在底板上放样出承台的边线角点并弹线,进行套箱模板的安装定位,在安装过程中利用线锤进行模板垂直度的控制;在钢套箱安装完毕后,在钢套箱顶面复测角点坐标符合精度要求时进行下一道工序,否则进行模板调整,直至满足精度要求。钢套箱下放时先在吊杆预先统一做好刻度,刻度以一个千斤顶的行程为标准(一般为15cm),在下放过程中为了确保整个钢套箱下放平整,每下放5个行程后进行钢套箱顶面高程测量,根据高差进行千斤顶行程的调整,直至整个钢套箱下放到设计高程。整个钢套箱下放到设计高程后进行钢套箱角点坐标复测,满足测量精度后进行内撑加固准备下一道工序,若不满足,则进行模板调整,直至满足精度要求后进行加固工作,准备下一道工序。

4)纠偏措施

缓慢下放钢套箱,并由测量组实时进行监控,一发现有不均匀情况,立即停下来调整。具体做法为:每下放10cm作为一个行程,在桩基护筒上标白油漆线,每50cm高度再做一个标记,方便指挥人员检查下放是否平整。下放时应注意上承重梁的平衡,发现千斤顶受力不平衡,应暂定下放,避免个别千斤顶受力过大,甚至破坏。钢套箱下放到位后,应检查套箱控制点的平面位置及高程,偏差过大时,可通过千斤顶进行调整。

5)劳动力组织

顶升时每9人一组,8人顶升,1人观察协作,整个下放过程需要45名工人。另需技术人员5名,每人负责1排的下放工作;现场指挥1人,负责整个套箱下放的指挥工作;焊工2人。

6)下放注意事项

下放时要有专人统一指挥,统一协调下放的行程。下放时吊杆预先统一做好刻度,刻度以10cm为标准间距。由于下放的行程较长,每下放50cm的行程需要测量复测整个套箱模板顶面的高程,及时调整整个套箱的水平,避免吊杆和底梁受力不均匀。整个下放过程分为三个步骤:步骤一,下放2m的行程后,将螺母拧紧;步骤二,再次下放2m的行程,将螺母拧紧;步骤三,用螺旋千斤顶直至将套箱下放到指定的高程,拧紧承重螺母;然后拆除反力梁,同时派潜水员下水将桩基护筒和底板间的空隙用钢围箍封死,准备进行承台封底。

3.3.6　体系转换

第一次封底成功后,经过3d时间的等强,即可开始抽水。抽干水后,马上安排焊接体系转换牛腿,焊接牛腿时一定要保证焊接质量与精度。

牛腿焊好之后,就开始进行体系转换,具体做法如下:向下拧紧精轧螺纹钢筋螺母,要注意各个点的螺母都要收紧,然后开始松掉上吊架上的螺母,顺序应遵循从中间到两端的原则,待所有螺母都松掉之后,即表示已完成体系转换,即可拆除上吊架体系,准备进行承台钢筋绑扎施工。

体系转换过程中需要对钢护筒沉降进行观测,观测方案如下:

(1)在桩基浇筑完成后,将桩基护筒进行同一高程割除,并根据套箱施工承重体系,在每一根受力护筒上做好标记并编好号,测量护筒顶高程作为套箱浇筑时沉降观测的原始值。

(2)套箱下放到设计高程后,对已做好编号的护筒进行第一次高程测量,所测结果与原始值的差值为套箱、底梁、底板及承重系统等整个体系重量对护筒的影响。第一层封底完成后进行第二次测量，所测结果分别与原始值、第一次测量结果相比较，得出封底对护筒的受力影响及封底后整个承重系统对护筒的影响。

(3)等到封底混凝土等强达到设计强度80%后对套箱抽水，若套箱无大的漏水进行第三次测量，计算此时套箱整体体系对护筒的影响，得出护筒沉降并焊接牛腿进行体系转换。

钢套箱体系转换后布置图如图3-3-9所示。

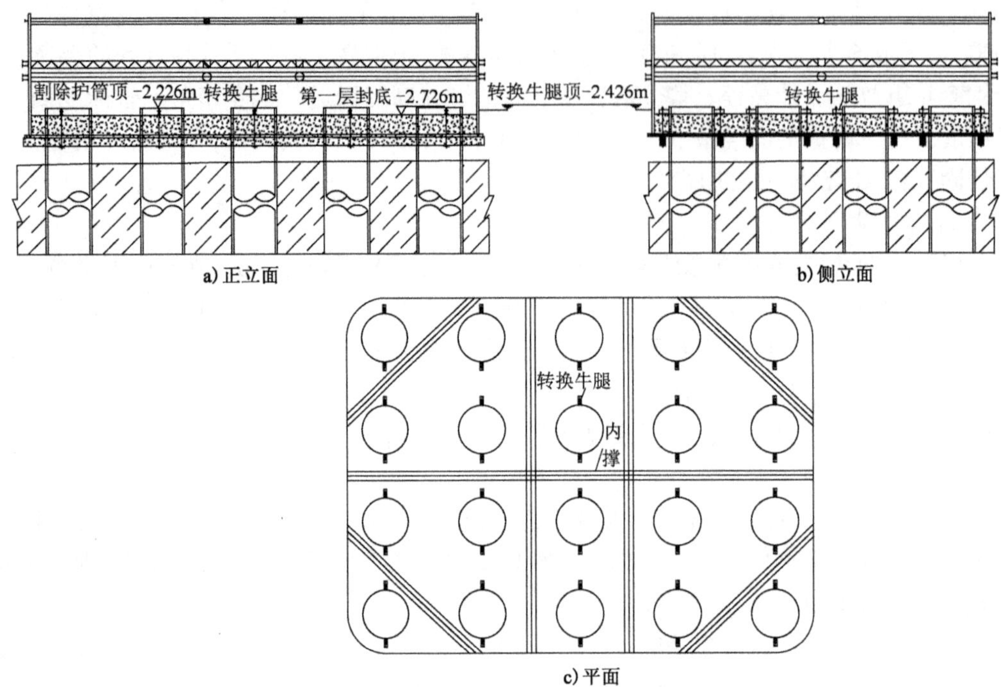

图3-3-9　钢套箱体系转换后布置图

3.3.7　套箱拆除

钢套箱的拆除是承台施工的一大难点，也是施工安全的一个重大危险源，所以必须每一个步骤都要小心谨慎，按部就班。

步骤一：清除钢套箱四周及顶部杂物。

步骤二：解除钢套箱与钢套箱外围侧平台钢管桩的施工临时连接。

步骤三：钢套箱拆除顺序与安装顺序相反，先拆除3道圈梁，后拆除模板。先用龙门吊(或汽车吊或手拉葫芦)吊住该块模板，然后利用小平台(或小船)人工拆除模板间的螺栓和对拉螺杆，最后完成该块的吊装。

3.4　承台大体积混凝土材料设计与施工

3.4.1　混凝土配合比优化及原材料选择

随着社会经济水平的飞速发展，大体积混凝土结构早已广泛应用于土木工程的各个领域，高层建筑的深坑基础、大跨径桥梁的承台及核电站的冷却塔等都是大体积混凝土结构。由于混凝土的水化反应,大体积混凝土的水化放热集中,加上混凝土本身对热的传导慢,使得内部热量较难传导到构件表面,但表面与外界环境接触面大、散热快,导致混凝土自身内外温差大。当混凝土内外温差较大时,会产生较大的温度应力,如果混凝土抗拉强度小于内外温差导致的温度应力会导致混凝土结构产生温度裂缝,影响结构安全和正常使用。通过降低胶凝材料用量来降低水化温升,往往会导致降低混凝土的密实度,孔隙率增大,加速侵蚀离子在混凝土内部的传输,使大体积混凝土的耐久性降低。因此,易开裂和耐久性低是大体积混凝土应用中亟待解决的两个问题,需根据当地环境合理进行原材料的选择和配合比优化。

1)原材料选择

(1)水泥选取。选择低热水泥可以降低水化热,能有效减少混凝土的内外温差,有效防止温度裂缝的产生。采用 P · O42.5R 型水泥,水泥散装入场且提前 6d 灌入,使其自然冷却,确保拌和前的水泥温度不高于外界平均温度的 28℃。

(2)集料选择。改善集料级配。在保障混凝土质量的前提下,可选用粒径稍大的集料。粗集料取 5 ~25mm 连续级配碎石,含泥量控制在 1% 以下,压碎值不大于 20%;细集料选用中砂,细度模数在 2.5 ~2.8。

(3)掺加粉煤灰。粉煤灰不仅可以提高混凝土的施工和易性,显著改善混凝土的工作性能和耐久性,同时可以取代水泥,节省水泥用量,从而降低水化热。粉煤灰采用Ⅱ级粉煤灰,细度为 18.2%(筛余),烧失量为 1.2%。

(4)外加剂优选。采用聚羧酸型高效减水剂,减水率为 30%,该减水剂减水率高,能有效降低每立方米混凝土水泥用量,从而降低混凝土的水化热温升。

2)配合比优化

承台大体积混凝土配合比设计时,通过优选原材料、调整胶凝材料用量及比例、使用聚羧酸型高效减水剂等优化混凝土配合比,减少水泥用量增加粉煤灰用量,延长混凝土凝结时间,从而降低混凝土的水化反应释放的热量,推迟混凝土的绝对温升时间,合理有效地降低混凝土最高温峰,确保其温度不超过温控标准温度。优化后的承台大体积混凝土配合比见表 3-4-1。

承台大体积混凝土配合比 表 3-4-1

混凝土原材	水泥	砂	石	水	外加剂	粉煤灰	合计
单位体积用量(kg/m^3)	340	757	1045	158	8.8	100	2408.8

3.4.2 承台大体积混凝土温度控制技术

1)模型仿真分析设计

(1)仿真软件介绍

潮连西江桥承台大体积混凝土内部温度场、应力场计算以及承台内部的水化热仿真分析,均由 MIDAS/Civil 2006(中文版)完成。MIDAS/Civil 2006(中文版)为有限元分析程序,内含水化热分析包,同时程序内嵌 JTG 04(RC),即《公路钢筋混凝土及预应力混凝土桥涵设计规范》(JTG D62—2004)中的钢筋混凝土部分(RC),根据对承台内部混凝土水化热的仿真分析结果,优化相关参数,将其作为承台温度控制的依据,采取相应的温控措施,以避免承台温度裂缝的产生。

MIDAS/Civil 2006(中文版)用于水化热分析时所需要的参数由两个部分组成:一部分是外部参数,必须根据外部条件进行输入;另一部分为内部参数,可以选择由程序内嵌的相关规范标准自动引用,也可以根据实际情况选择自行计算输入。

(2)仿真分析的相关参数

计算模型中所取材料特性和热特性参数如表 3-4-2 所示。

材料特性和热特性参数 表 3-4-2

特性		位置	
		承台	封底
比热[kJ/(kg·K)]		1.05	0.97
密度(kg/m³)		2408.8	2549
热传导率(导热系数)[kJ/(m·h·K)]		10.46	10.04
对流系数[kJ/(m²·h·℃)]	承台顶面	52.8	—
	承台上侧面	52.8	
	承台下侧面	200	—
外界温度(℃)		25	—
浇注温度(℃)		25	—
28d 抗压强度(MPa)		40	—
强度发展系数 ACI		$a=4.5,b=0.95$	—
28d 弹性模量(MPa)		3.2×10^{4}	2.55×10^{4}
热膨胀系数		1.2×10^{-5}	1.0×10^{-5}
每立方米混凝土水泥用量(kg/m³)		340	—
热源函数系数		$K=42℃,a=0.759$	

表 3-4-2 中:

①密度取配合比实际密度;外界温度为几天实测平均值;每立方米混凝土水泥用量为配合比数据换算所得;强度发展系数为程序参照美国混凝土协会标准(ACI)提供的参考值;对流系数为程序提供的参考值;其他数据均为相关规范或手册提供的参考值。

②表中单位均为程序规定的单位。

③热源函数系数中的 K 为混凝土的最大绝热温升,其计算如下:

$$K=\frac{m_{\mathrm{c}}Q}{C\rho}(1-\mathrm{e}^{-mt})\approx42(℃)$$

a 为程序设定的导温系数,与水泥的品种有关,程序推荐取 0.759。

(3)施工拟定的条件

①混凝土浇筑日期。本次计算分析过程模拟承台混凝土施工时分两次浇筑。

②冷却水管布置。承台混凝土冷却水管采用 ϕ43.2mm 的薄壁钢管(壁厚2.0mm),公称直径(内径)为 $D_N = 32$mm。冷却水为河水,冷却水管布置两层,距承台上下面各为0.5m,两层水管间距1m,水管水平间距为2m,距外边缘各0.5m。

③冷却水流量。按照冷却水管的公称直径,管内水取其经济流速 $V = 0.6$m/s,则冷却水的对流系数按下式计算:$H_p = 4.75V + 43 = 45.85$[W/(m·K)]。

④混凝土浇筑速度。根据设备搅拌以及浇筑工艺,混凝土浇筑速度按80m³/h考虑。

⑤承台保温。混凝土顶面待终凝后覆盖草袋和塑料薄膜进行保温养护(考虑测温方便,顶面不宜覆盖大块油布),混凝土侧面模板外吊挂油布进行保温。

(4)仿真计算分析结果

①温度云图

根据承台的对称性,刨取承台模型1/4块,并提取温度随时间推移在大体积混凝土内部的变化情况,如图3-4-1所示。

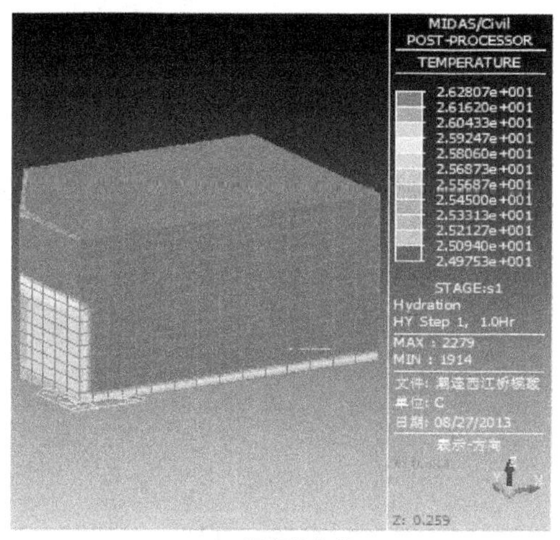

a)1h温度等值线

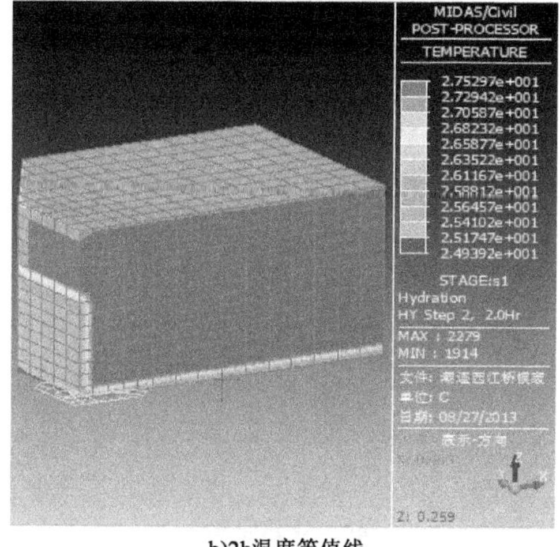

b)2h温度等值线

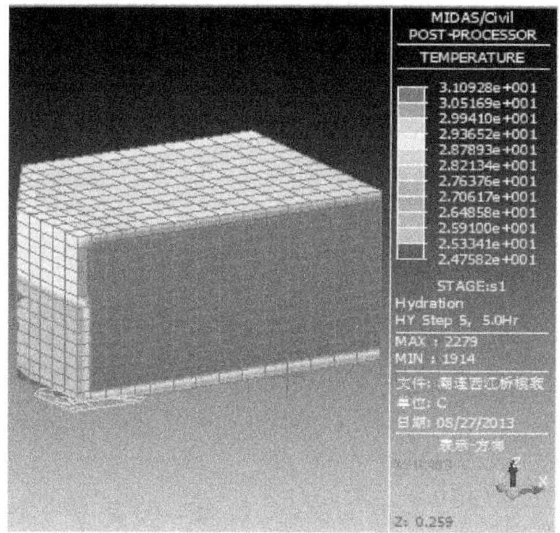

c)5h温度等值线

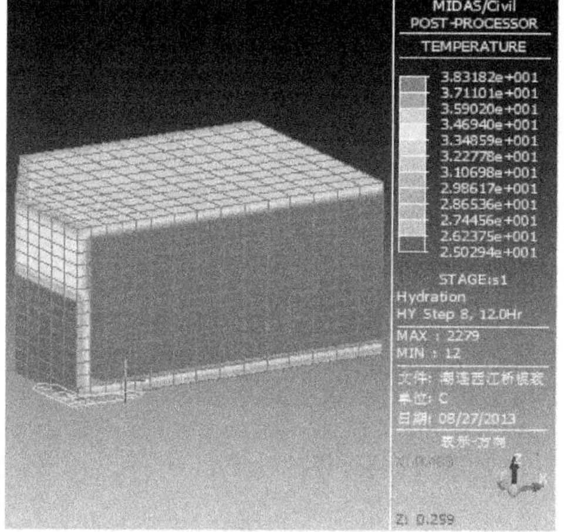

d)12h温度等值线

图 3-4-1

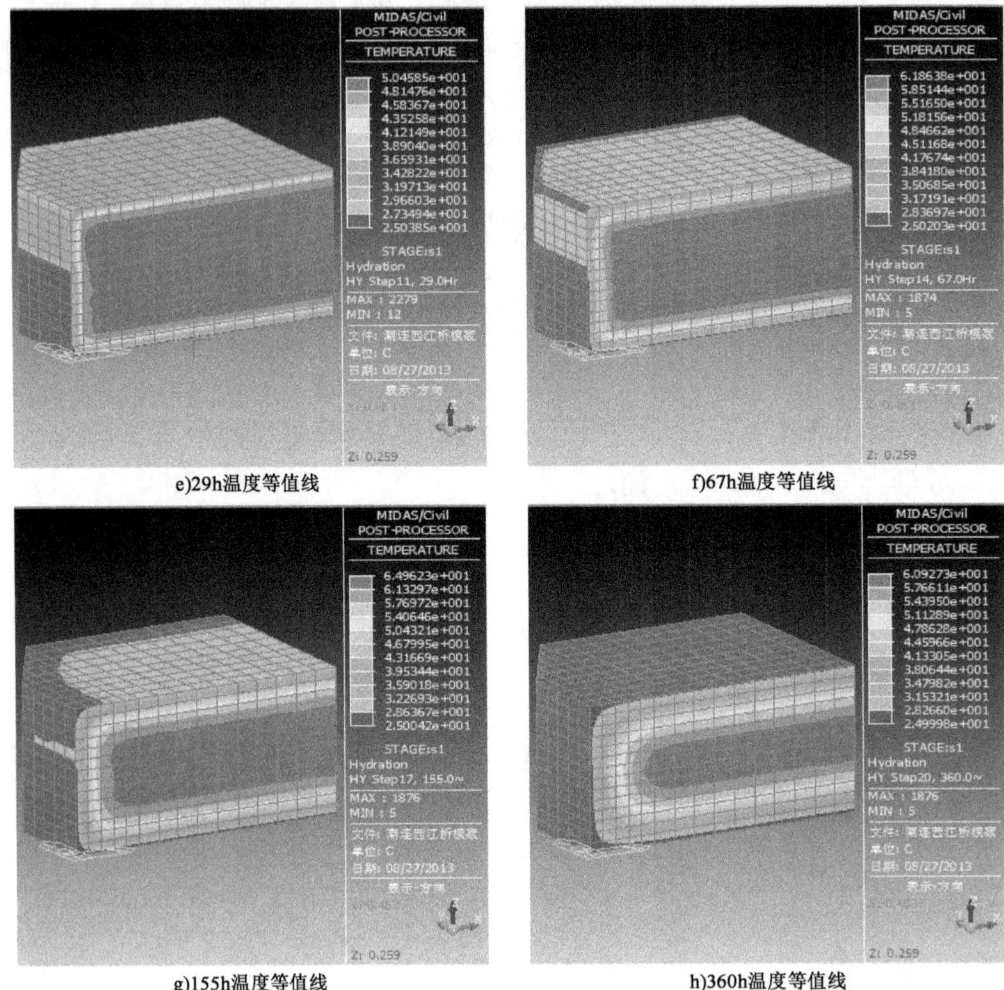

e)29h温度等值线　f)67h温度等值线

g)155h温度等值线　h)360h温度等值线

图 3-4-1　温度等值线随时间变化图群

由上述 8 个温度等值线可以看出，承台混凝土中心温度高于中心周围其他部位的温度，但由于上下布置了三层冷却管，温度分布相对合理。

承台中间部位的温度分布相对均匀，表明建模模拟管冷荷载的位置以及流量参数是合理的。

②温度图表

温度时程变化如图 3-4-2 所示。曲线上最大点（51℃）为 1890 号节点、时点为 120h，此点在模型图上为承台表面中心向下 3m 处（图 3-4-3 所示点位置）；在浇筑 250h 后，温度逐渐趋于平缓。

（5）温度控制标准

根据模拟分析结果，在施工期内为保证承台不出现有害温度裂缝，对如下因素进行控制。

①混凝土浇筑温度。其是指混凝土浇筑后，在第二层混凝土覆盖前，距混凝土表面 5cm 处的温度（结合潮连西江桥施工工艺）。应控制混凝土浇筑温度不超过 16℃。

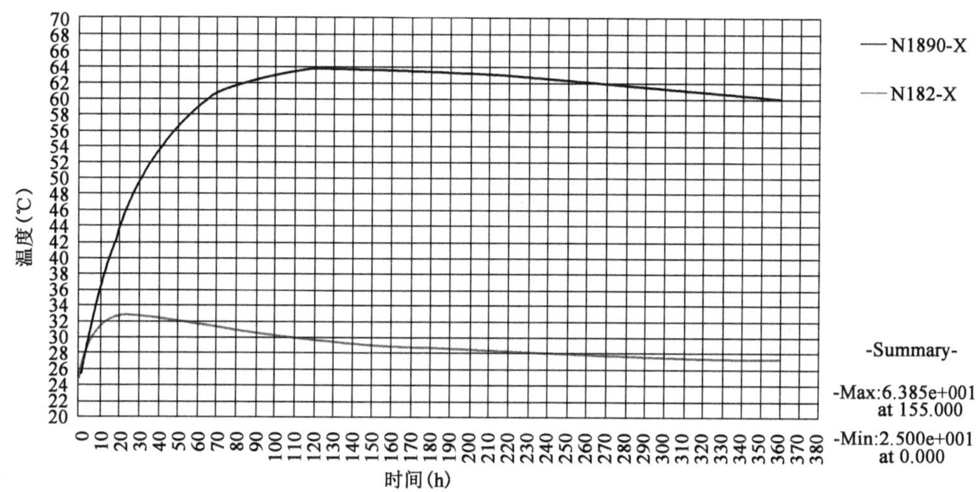

图3-4-2 温度时程变化图

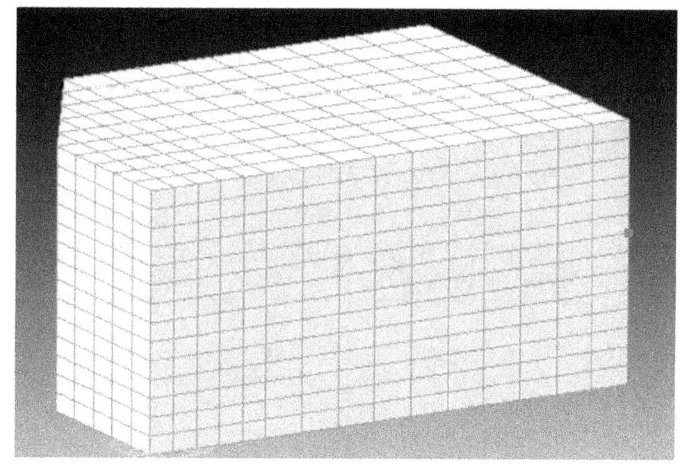

图3-4-3 温度最大点位置

②混凝土内外温差。其是指混凝土内部平均最高温度与接近承台顶面的温度(但不是气温)之差。按照《混凝土结构工程施工质量验收规范》(GB 50204—2015)的规定:"大体积混凝土表面和内部温差控制在设计要求的范围内,当设计无具体要求时,温差不宜超过25℃。"

③混凝土内部最高温度。其是指浇筑层混凝土温度升高到最高时的断面平均最高温度,而不是指混凝土某一点的最高温度。应控制混凝土内部最高温度不超过50℃。

④混凝土最大绝热温升按照实际计算值不大于42℃。

(6)温度测试试验设计

①温度测试内容

在承台混凝土中布设温度测点,根据温度分析结果,反映各层混凝土的温控效果,以便出现异常情况及时采取有效措施。温度传感器测点布置分两层进行,最外层传感器距离混凝土边界距离为5cm,每层共布置温度传感器19个;另外在表面关键点布置混凝土表面温度测试控制点4个,则共布置温度传感器42个。温度传感器具体布置如图3-4-4、图3-4-5所示。

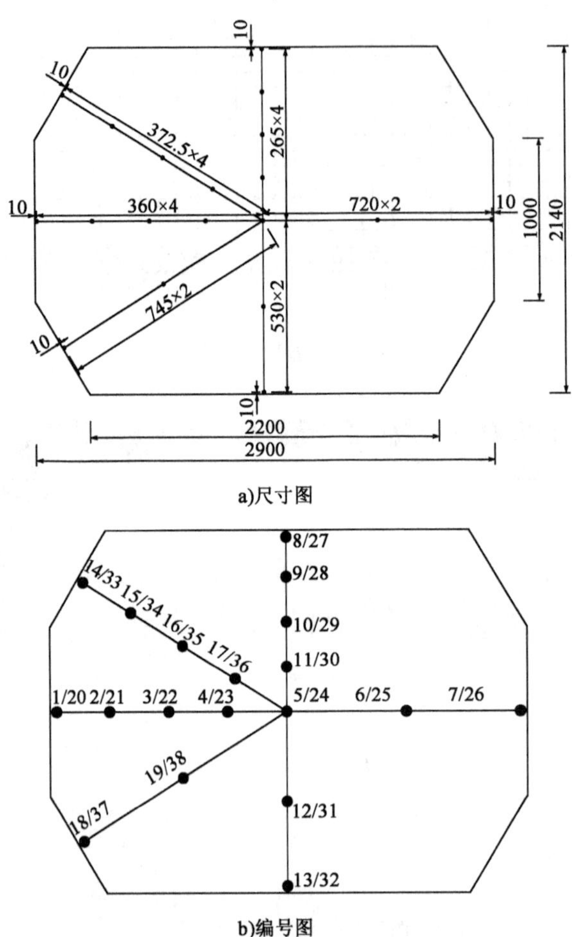

图3-4-4　温度传感器平面布置测点(尺寸单位:cm)

注:编号图中编号形式为:2.5m层测点/1.25m层测点。

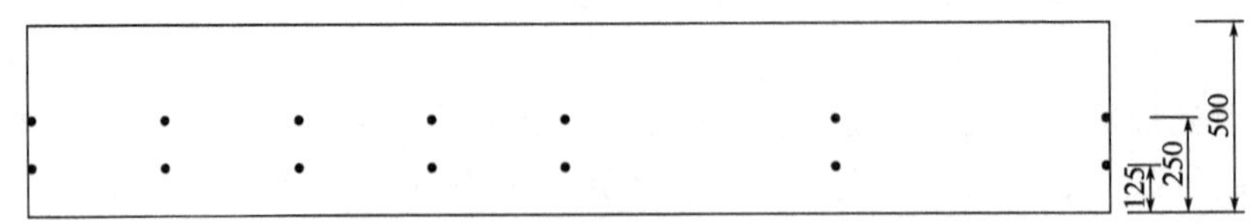

图3-4-5　温度传感器立面布置测点(尺寸单位:cm)

在监测混凝土温度变化的同时,还应监测气温、冷却水管进、出口水温、混凝土浇筑温度等。

②现场测试要求

各项测试应在混凝土浇筑后立即进行,连续不断。混凝土温度测试时,峰值出现以前每2h监测一次,峰值出现后每4h监测一次,持续5d。

③测试仪器

试验测试仪器见表3-4-3。

试验测试仪器列表 表3-4-3

测试仪器	型号	产地	数量
温度传感器	AYRT-1	中国	42个
DataTaker	DT615	美国	1台
DataLogger	HE804	中国	1台
导线	4芯线	中国	200m

(7)现场测试结果

①C4墩浇筑下部2m块实测数据

a.下部2m温度测试测点布置说明

本次测量在离承台底部1.25m高度平面位置一共布置了19个K型热电偶温度传感器,从混凝土浇筑开始连续进行5d测量。鉴于截面对称属性,现将截面1/4块的测点数据整理如下:以1、2、3测点方向为横桥向,以3、4、5测点方向为纵桥向,以3、7、6测点方向为对角线方向;以2、4、7测点为2分点;以1、5、6测点距离承台外缘为10cm。承台1/4块各温度测点布置如图3-4-6所示。

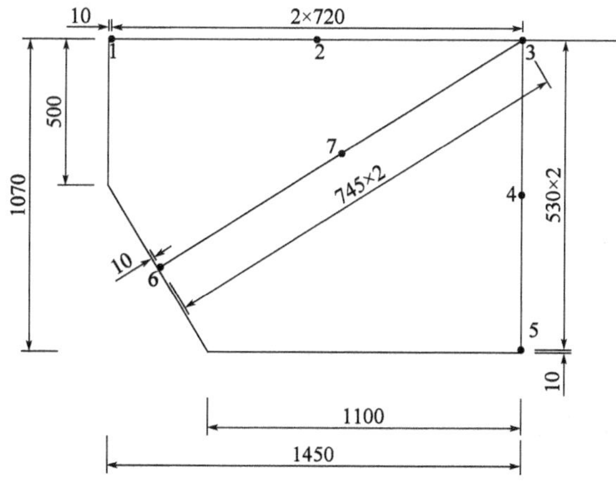

图3-4-6 承台1/4块各温度测点布置示意图(尺寸单位:cm)

注:1,2,3,4,5,6,7号测点分别对应总测点布置的20,22,24,31,32,37,38号测点。

b.下部2m块各测点温度数据列表及温度—时间关系图

各测点在浇筑过程中每隔20min采集一次数据;但为了数据可读性,将各测点每小时数据汇总于附表2中;各测点温度随时间变化曲线如图3-4-7~图3-4-13所示。

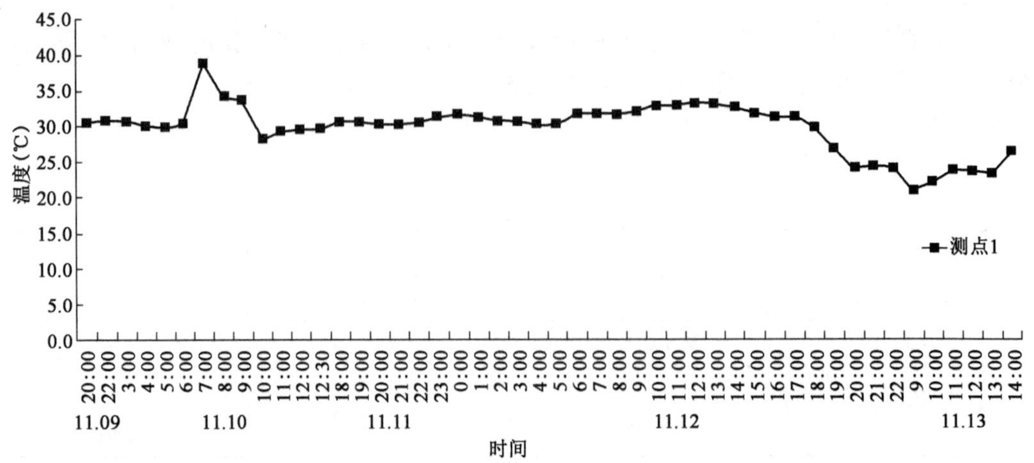

图 3-4-7　测点 1 温度—时间变化曲线

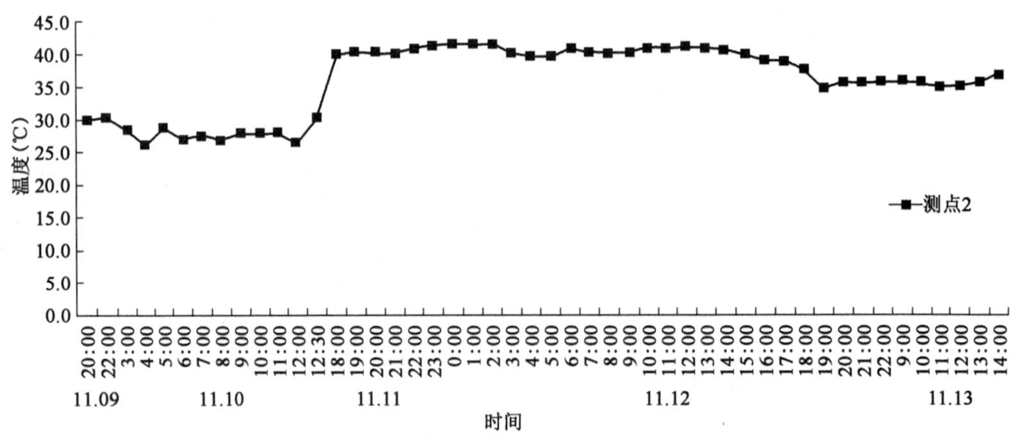

图 3-4-8　测点 2 温度—时间变化曲线

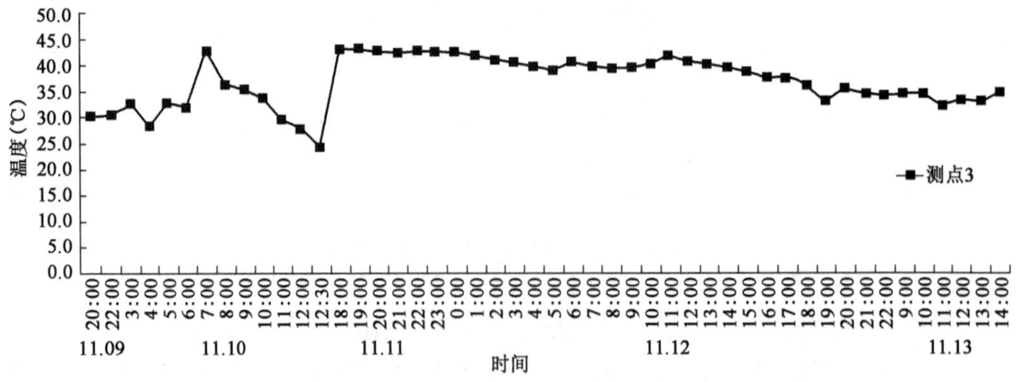

图 3-4-9　测点 3 温度—时间变化曲线

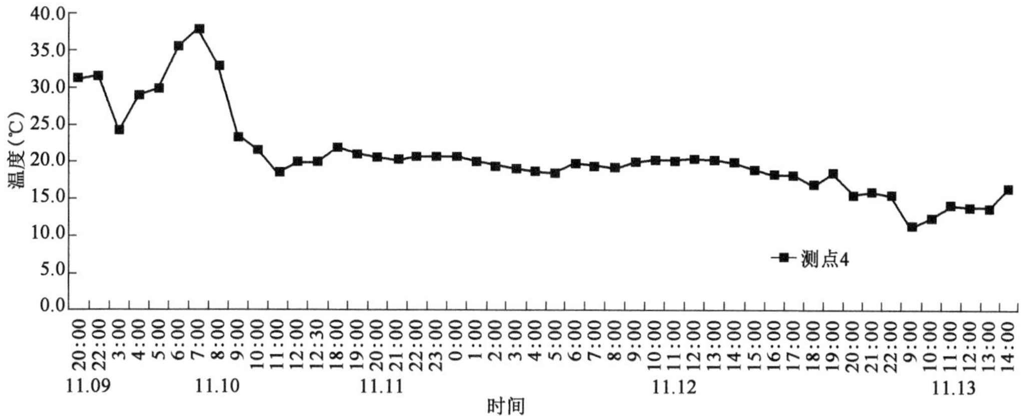

图3-4-10　测点4温度—时间变化曲线

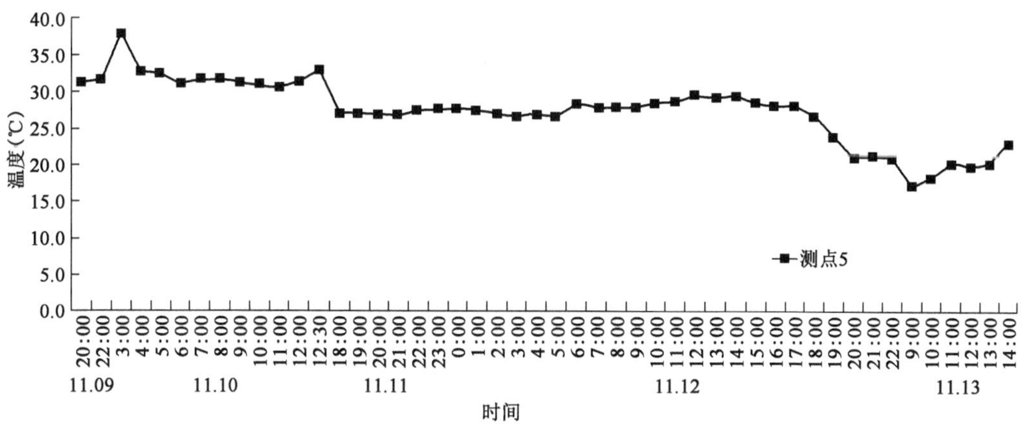

图3-4-11　测点5温度—时间变化曲线

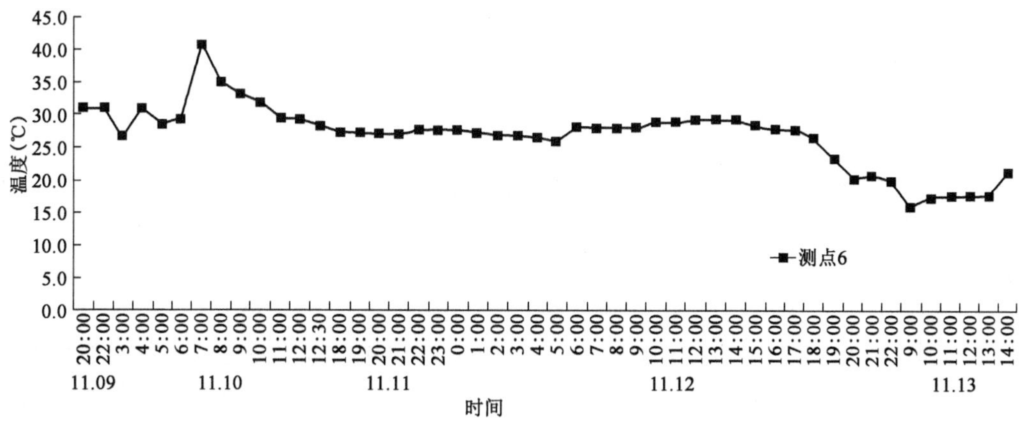

图3-4-12　测点6温度—时间变化曲线

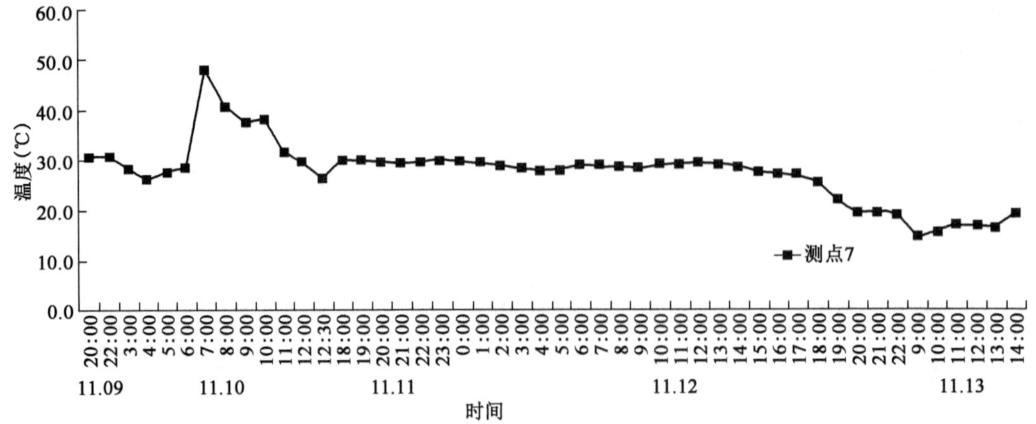

图 3-4-13　测点 7 温度—时间变化曲线

②C4 墩浇筑上部 3m 块实测数据

a. 上部 3m 温度测试测点布置说明

上部 3m 块温度测试点的布置如图 3-4-4 所示，表面 4 个测控点位置分别在全截面中心，横向 1/4 点，纵向 1/4 点和斜向 1/4 点，传感器 1 ~ 传感器 4 分别对应图 3-4-6 中 5、10、3、16 号测点位置的表面以下 10cm 处。

b. 上部 3m 块各测点温度数据列表

各测点在浇筑过程中每隔 20min 采集一次数据；但为了数据可读性，将各测点每小时数据汇总于附表 3 中。

(8)总结分析

根据前后两次浇筑过程及养护期连续 5d 的温度控制测量数据结果，可以得出：

①混凝土浇筑过程中，后浇筑混凝土的入模温度与先浇筑混凝土的温度差不超过 16℃。

②混凝土内外温差不超过 25℃，最大内外温差记录为传感器 3 号测点与内部 2 号测点的温差值为 22.6℃。

③混凝土内部最高温度(是指浇筑层混凝土温度升高到最高时的断面平均最高温度，而不是指混凝土某一点的最高温度)不超过 50℃；承台西北 1/4 块局部第 15 号测点在刚浇筑完成时刻记录最高温度为 65.2℃，但是通过对应的传感器 4 号测点可以看到，此区域里传感器表温度差最大只有 19.2℃，小于规范要求的 25℃，后判断 15 号测点单点读数偏高可能因为温度感应片出现故障。

④整承台混凝土浇筑过程中，混凝土最大绝热温升不大于 42℃；由于浇筑过程中浇筑顺序有异，所有传感器并非同时埋进混凝土内部，因此在前 48h 的数据中可以看到，传感器反映出来的温度升降趋势并不会完全一致；如先浇筑的 5、6、7 号测点先于测试的第 26h 前后达到水化热峰值，而后浇筑的 15、16、17 号测点则迟约 24h 后达到水化热峰值。

⑤外围温度 1、7、8、13、14、20 号测点布置于钢围堰以内 10cm 处主筋上。浇筑过程中恰遇寒流天气，故各点均受河水温度降低有局部影响，于测试的第二天夜晚至第三天早晨出现温度稍低于其余各处的现象，但高于河水温度。

⑥混凝土水化热最高温度均出现在浇筑完成后 24 ~ 48h 之间，48h 后趋于稳定，但由于气

温升温的影响，后期温度稍有上升并伴随有数值波动；同时，受浇筑振捣的影响，有几个热电偶传感器出现损坏，数值不可取，但不影响对整个大体积混凝土块段的温度监测。

现场埋设热电偶传感器如图 3-4-14 所示。

图 3-4-14　现场埋设热电偶传感器照片

现场测试仪器及工作照片如图 3-4-15 所示。

图 3-4-15　现场测试仪器及工作照片

2）温度控制方案

北街水道桥主墩承台长 32.4m、宽 24.3m、厚 6.0m，混凝土强度等级为 C40，共 4700m^3，第二层承台混凝土（4m 厚），浇注量约 3144m^3，属于大体积混凝土施工。大体积混凝土施工时遇到的普遍问题是温度裂缝。由于混凝土的体积大，聚集的水化热大，在混凝土内外散热不均匀以及受到内外约束时，混凝土内部会产生较大的温度应力，导致裂缝产生，为结构埋下了严重的质量隐患。因此，大体积混凝土施工中的温度监控是控制裂缝产生的关键。

（1）合理选择原材料，优化混凝土配合比。

①水泥。选用水化热低、安全性好的水泥，并在满足设计强度要求的前提下，尽可能地减

少水泥用量,以减少水泥的水化热。

②集料。尽量选用粒径大、级配较好的粗集料。

③外加剂。掺加适量的磨细的粉煤灰和减水剂,以减少水泥用量。

(2)施工方法。

混凝土水平分层浇筑,第一层2m,第二层4m,封底1.7m+0.3m。

(3)混凝土结构内部埋设冷却水管和温控点,通过冷却水循环,降低混凝土内部温度,减小内表温差,及时调整冷却水的流量,控制温差。

①埋设冷却水管。冷却循环水管采用镀锌水管(自来水管),埋设在混凝土浇筑层的中心位置稍靠下。每层水管的进、出水口互相错开,且出水口有调节流量的水阀和测流量设备。

②冷却水管安装时,钢筋骨架固定牢靠,以防因混凝土灌注时水管变形及脱落而发生堵水和漏水,并做通水试验。

③每层循环水管被混凝土覆盖并振捣完毕,开始初凝即在该层水管内通水。循环冷却水的流量控制在10~20L/min,使进、出水的温差小于10℃。自混凝土浇筑开始,冷却水管中连续通冷却水14d。

④冷却水管使用完毕,需压注水泥浆封闭。

(4)养护。

混凝土浇筑完后,表面蓄水养护。

3.4.3 封底混凝土施工

北街水道桥主墩承台采用C30水下混凝土封底,封底厚度2.0m控制,套箱扣除孔位后面积为615m^2,其中第一层封底按1.7m控制,浇筑量约1046m^3。采用垂直导管法施工,从承台的一端开始,依次拔球,交错灌注,到另一端结束。

承台分两次封底,第一次封底1.7m厚,为水下封底;第二次封底0.3m厚,采用干封。在完成第一次封底后焊接牛腿进行体系转换。

第二次封底所用干封是普通的混凝土浇筑工作,在此不做详细介绍,下面重点介绍第一次封底情况。

1)灌注点布置

导管布置根据混凝土按1:5的流动坡度考虑,导管内径为ϕ300mm,单根导管长约6.5m,导管作用半径4.5m,整个套箱共设有34个浇筑点。导管使用前须经过水密试验。整个钢套箱内浇筑点按相互搭接的原则进行布置。钢套箱封底灌注点布置如图3-4-16所示。

2)封底浇筑设备

灌注设备包括3台混凝土输送泵(1台为备用),350m泵管,10台混凝土运输车、7个容量为6m^{3}的储料斗,52套漏斗导管(L=6.5m),一台龙门吊。

(1)混凝土生产设备:用2套搅拌站同时进行生产,生产能力约80m^3/h。

(2)混凝土运输设备:用10台10m^{3}容量的混凝土搅拌车进行运输。

(3)混凝土泵送设备:用3台输送泵进行泵送,泵送能力每台约60m^3/h,每台输送泵供应2个储料斗。

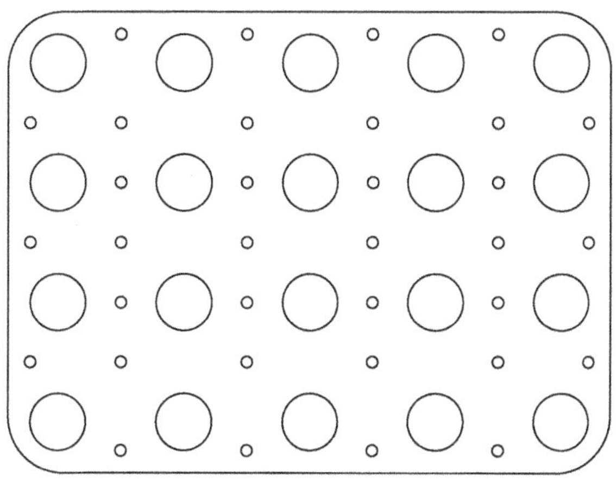

图 3-4-16 钢套箱封底灌注点布置图

3)其他准备工作

(1)封底前必须保证钢套箱内外连通管打开,使整个封底过程中内外水头保持一致,消除因套箱内外水头变化对底板荷载、封底混凝土质量的影响。

(2)根据天气、潮汐等水文资料制订浇筑计划:封底混凝土浇筑前应了解天气情况,避免在雨天和大风等不利天气情况下进行施工,封底混凝土施工应选择低水位、流速小、水位变化小的时候进行。西江流域内江水一日两涨两落,潮差 1 ~ 2m,混凝土浇筑前应对江水潮汐变化情况进行调查和收集数据,同时还可登录官方网站对当地潮汐变化情况进行查询和预测,如中国海事服务网、潮汐网等。

(3)封底混凝土施工应选择低水位、流速小、水位变化小的时候进行。初凝时间控制在 20h 左右,坍落度 18 ~ 22cm。首盘混凝土的坍落度不要太大(14 ~ 16cm),以避免因落下的混凝土不能形成一定的坡度而埋不住导管底口。混凝土灌注将近结束阶段宜采用较大的坍落度,控制在 20 ~ 22cm,以增加混凝土流动性,使封底混凝土表面更趋于平整。

(4)基底处理:在封底混凝土浇筑前应派潜水员进行基底处理,包括桩基钢护筒外表的清刷、套箱底部内侧清理、钢护筒的钢板箍安装是否到位等,确保封底混凝土的质量,检查内脚外侧,保证无空洞。

(5)为确保封底混凝土与钢护筒之间的黏结力,在混凝土浇筑之前应安排潜水员下水,用钢丝刷将钢护筒壁刷洗干净。

4)封底混凝土浇筑

(1)首盘封底混凝土的浇筑

首盘封底混凝土封口时,用测锤从导管内测出导管下口与河床底距离,依靠垫梁调整至 15 ~ 20cm。首盘混凝土采用 $7m^3$ 大料斗。首先通过导管旁大料斗将导管上方小料斗装满混凝土;关闭大料斗阀门,开始在大料斗内注满混凝土。大料斗快装满混凝土时,打开大料斗阀门,同时打开小料斗阀门,泵管不断放料,完成首盘混凝土浇筑。在导管口及其附近布设测点,及时测量其埋深与流动范围。

(2)正常浇筑混凝土

首盘混凝土浇筑完成后，即进入正常浇筑阶段，若其他地方需要大料斗，可采用小料斗直接浇筑混凝土。浇筑过程中注意用振动棒拖动。测量组在浇筑过程中应用测锤不停地进行测量，将混凝土浇筑时薄弱环节立即通知值班人员进行调整，力求混凝土平整。由于封底混凝土厚度仅仅为1.7m，为保证导管出口有一定的埋深，在混凝土浇筑顺利时不提升导管，在一根导管封口完成后进行其相邻导管封口时，先测量待封导管底口处的混凝土顶高程，根据实测重新调整导管底口的高度后再进行该根导管的封底。在浇筑快结束时可利用振动泵进行拖动，以保证封底混凝土顶面基本平整。

(3)完成混凝土浇筑

混凝土临近结束时，再对混凝土面高程进行一次全面复测，重点监测导管作用半径相交处、护筒周边和套箱内侧周边等部位，根据结果对高程偏低的测点附近增加混凝土浇筑量，力求封底混凝土顶面平整，并保证封底混凝土厚度满足要求。当所有测点高程均满足要求时，终止混凝土浇筑，上拔导管，冲洗堆放。

5)封底混凝土高程的测量、监控

浇筑过程必须加强监控，控制混凝土浇筑高度，同时掌握混凝土扩散情况，为导管移位提供依据，且必须及时复核封底混凝土浇筑量。封底施工前，按3m×3m的原则布设测点，在浇筑混凝土时作好测深记录，同时每根导管封口结束后及时测量其埋深与流动范围，并作好详细记录。对于套箱转角处，增设测点，加大测深频率。要求封底混凝土浇筑质量、均匀度好，不能出现薄弱地方，以免引起漏水，封底混凝土浇筑好坏与否关系着承台的施工质量及工期。

6)灌注封底混凝土保证体系

(1)技术工艺主要包括：混凝土的配合比及品质、混凝土导管的布置及混凝土浇筑顺序、第一斗方量的大小、混凝土面高程的探测。

按照桩基础混凝土配合比及技术指标的要求施工：①根据浇筑部位控制好坍落度；②初凝时间控制在20h左右；③和易性、泵送性良好。

(2)浇筑顺序：浇筑时由中间向两端进行。若第一斗埋管深度不小于30cm，混凝土摊铺半径以4.5m计算，则第一斗需混凝土浇筑量为6m^3。根据北街水量桥的实际情况，首次采用6个点同时剪球，共36m^3。灌注封底混凝土应连续作业，灌注时应使导管固定，防止摇动影响水的静止状态，一次性浇筑到位。

7)套箱抽水及基底处理

(1)套箱抽水

当封底混凝土强度达设计强度80%以上时，便可进行围堰内抽水。为把握好套箱抽水时间，封底混凝土浇筑时除需在实验室制作标准养生试件外，还应在现场制作同步养生试件。

抽水前，将围堰侧壁的连通管封堵。套箱抽水时要缓慢进行，并进行布点观测，如有异常要立即停止抽水，采取增加内支撑等措施后，方可继续抽水。当围堰内水位下降至一定高度时，暂停抽水，观察围堰内水位变化及其变形情况，然后继续抽水至封底混凝土顶面。

(2)封底面处理

封底完成并抽干水后，全面测量封底面高程，将超出部分进行清凿，同时凿除封底混凝土表面的松弱层，凿毛处理后的混凝土面，应用水冲洗干净。

3.4.4　承台钢筋与预埋件

1)钢筋施工

(1)钢筋施工应遵守设计和规范要求,尤其注意焊接与机械连接的质量是否满足要求。

(2)当承台钢筋与模板、预埋件的位置发生冲突时,可适当调整钢筋位置,但不得随便割断钢筋。

(3)塔座预埋钢筋应随承台钢筋一起绑扎安装。

(4)主墩钢筋1号筋为ϕ40mm,其直径较大,调整较为困难。为确保钢筋保护层和位置的准确,考虑采用定型劲性骨架定位,因此在承台第一层钢筋绑扎时需预埋定位架,以确保第二层主墩钢筋顺利安装。

2)预埋件

(1)在承台施工过程中应注意各种预埋件的埋设时间与位置。

(2)预埋件的定位必须准确无误,埋设质量必须满足设计要求。

(3)为防止预埋件受污染或锈蚀,要求所有预埋件均需进行防腐处理,安装前对其表面进行清刷后涂刷防腐油漆。

(4)进行塔柱施工时,需在塔座上预埋劲性骨架,考虑将塔柱劲性骨架设计方案随塔座施工方案另行上报。

3.4.5　灌注承台混凝土工艺

1)第一层混凝土施工

第二次封底完成后,即可进入承台施工阶段。

浇筑第一层混凝土对于承台套箱有很大的意义。第一层混凝土的浇筑成功可以说套箱施工的基本问题得以解决,为保证一层混凝土浇筑成功,在技术工艺上应采取适当的措施:

(1)浇筑时间(潮汐时间的掌握)。

(2)浇筑顺序。浇筑顺序为从中间向两端进行。

(3)混凝土配合比(初凝时间、坍落度)等。

(4)混凝土配合比:初凝时间要求10~12h,坍落度18~22cm,和易性好。

(5)混凝土的振捣:采用插入式振动器振捣,每隔30~50cm一个振捣点。混凝土按一定厚度、顺序、方向分层浇筑,应在下层混凝土初凝或能重塑前浇筑完成上层混凝土。振动器与侧模保持5~10cm的距离;插入下层混凝土5~10cm;每一振捣部位的振捣时间不能过长或过短,应振捣到该处的混凝土停止下沉,不再冒气泡,表面平坦、泛起浮浆为止;每一处振动完毕应边振动、边徐徐提出振动棒;应避免振动棒碰撞模板、钢筋及其他预埋件。对桩基及模板周边的混凝土应加强振捣。输送泵管分布于内撑梁顶。

2)第二层混凝土施工

在浇筑第二层混凝土时,可从上水往下水方向平铺浇筑,二层混凝土的浇筑量比较大,浇筑混凝土的时间较长,要求混凝土的各项性能都能满足要求,以保证混凝土浇筑后的质量;在浇筑第二层混凝土之前要确保塔座预埋钢筋的位置准确。

浇筑混凝土前,应对模板、钢筋和预埋件进行检查,做好记录,符合设计要求后方可浇筑。

承台混凝土属于大体积混凝土,在混凝土内埋设冷却水管用流动的冷水降低混凝土温度。浇筑前对安装好的混凝土冷却管进行试通水,防止管道漏水、阻塞。

承台分两层浇筑,为减小由于龄期差对混凝土造成影响,要求两层混凝土的施工龄期差不超过 7d,并按规范处理好施工缝,具体操作过程如下;当混凝土初凝并达到一定强度后(>2.5MPa,约混凝土入模后 72h),开始进行混凝土表面凿毛。为保证混凝土质量,凿毛要凿至集料出露为止。凿毛完成后,用高压水冲洗,在下一层混凝土浇筑之前,再次用空压机吹出浮渣。

3.4.6 注意事项

(1)由于承台浇筑混凝土量大,需制定水泥备料方案,并做好原材料的检测工作,要求水泥在使用前进行自检和抽检。

(2)承台浇筑应按从中间往两边对称的顺序进行浇筑。

(3)承台混凝土浇筑前了解天气情况,避免在雨天和大风等不利天气情况下进行施工,同时应对对江水潮汐变化情况进行数据收集(可上官方网站对当地潮汐变化情况进行查询,如中国海事服务网、潮汐网等),为承台混凝土浇筑提供可参考的时间表,并制订浇筑计划。

(4)基底处理:在封底混凝土浇筑前应进行派潜水员进行基底处理,包括钢护筒外表的清刷、套箱底部内侧清理及摸清底板和侧板是否分离,确保封底混凝土浇筑成功。

(5)模板在应设置好连通管道,共布置 8 个,在浇筑第一层封底混凝土时,应将连通管打开,使内、外水位保持一致。消除因内外水压增加底板荷载、影响封底质量等。连通管在浇筑第二层承台混凝土前封死。

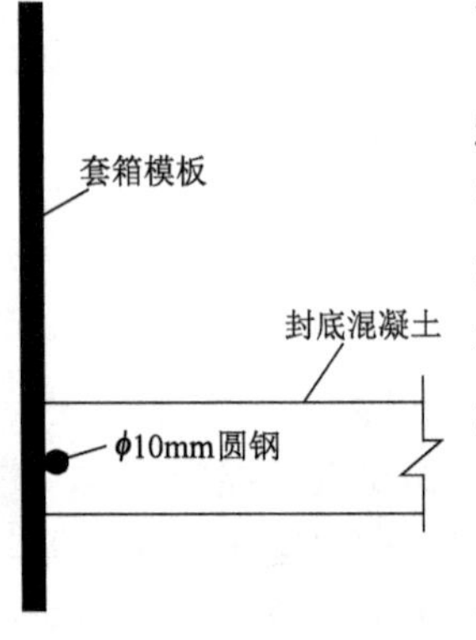

图 3-4-17　套箱壁止水带

(6)套箱止水措施:①为防止漏水,模板间的法兰接头需加 5mm 厚的橡胶垫,打紧螺栓后再涂玻璃胶。②由于套箱模板底部与底板之间存在一定的间隙,因此在模板安装好后,可以用油毛毡填和砂浆进行填塞处理,确保套箱底部不漏浆、漏水。③由于底板与护筒间存在 10cm 间隙,要求套箱下放到后,采用自制的钢环箍进行封闭。每个护筒分设有 3 道环箍,环箍间采用法兰螺丝锁紧。④为防止因混凝土收缩徐变造成套箱底部渗水,考虑在第一层封底处的套箱壁上沿四周焊接一圈 ϕ10mm 圆钢,该圆钢和第一层封底混凝土一起浇筑,起到止水作用,防止套箱底部渗水套箱壁止水带如图 3-4-17 所示。

(7)套箱模板变形控制测量方案。由于主墩承台套箱高度高且西江水位潮差比较大,不同的潮差水位对套箱的位置有一定影响,为确保整个套箱在承台施工完成后满足精度要求,在套箱下放完成,选择在最低潮、平潮、最高潮三个不同时间监测套箱平面位置,若三个时期精度都能满足要求,则整个套箱在任何水位情况下施工都可以满足精度要求,若某个时段超出精度要求,则要分析原因并对套箱进行微调,使之满足要求。承台封底时,由于浇筑混凝土破坏套箱原有平衡,为了保证套箱的精度,在封底完成后对套箱进行复测,检查整个套箱的平面位置情况,使之满足精度要求;若不满足则进行微调,直到整个承台浇筑完成。

承台混凝土浇筑施工工艺流程如图3-4-18所示。

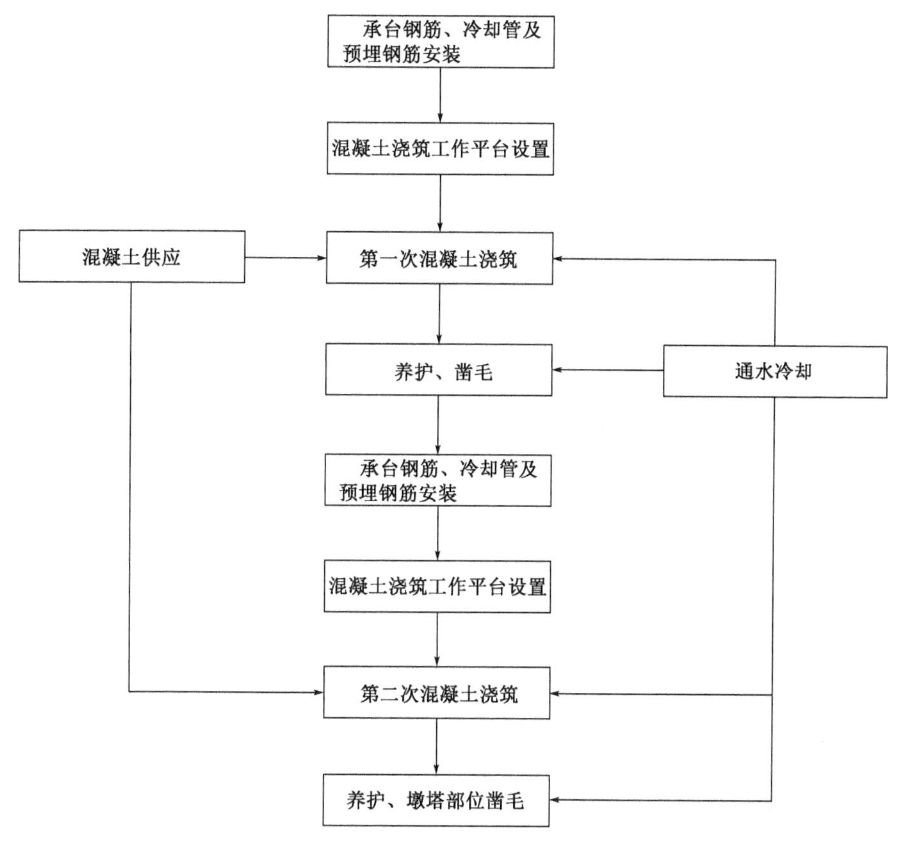

图3-4-18 承台混凝土浇筑施工工艺流程图

3.5 承台施工难点及解决方法

3.5.1 施工重点难点

(1)大体积承台温度裂缝控制

北街水道桥主墩承台设计尺寸为24.3m×32.6m,厚6m,分两层浇筑,单个承台混凝土浇筑量约4800m^3。潮连西江桥主墩设计尺寸为21.4m×29m,厚5m,单个承台混凝土浇筑量约3600m^3。塔座采用C50混凝土,承台采用C40混凝土。

承台和塔座均属于大体积混凝土结构,水泥用量大,水化热量高且释放比较集中,内部升温快。大体积混凝土受内外温差及降温速率影响,混凝土容易产生温度裂缝,影响结构安全和正常使用。如何控制高强度等级大体积混凝土的温度防裂,是承台施工中的难点之一。

(2)提高钢套箱的拼装质量和效率

主墩承台均采用有底钢套箱施工,北街水道桥钢套箱尺寸为24.3m×32.6m,潮连西江桥钢套箱尺寸为 21.4m×29m,由于 4 个钢套箱的截面尺寸大、高度大,拼装难度较高。同时桥位处的江水深、流速急,钢套箱的安装受江水影响大。

该类型的深水区大型钢套箱施工难度较大,对其加工和拼装的质量要求高,拼装质量的好坏直接影响承台封底成败和止水效果好坏。因此应在确保套箱拼装质量的前提下,采取措施提高其拼装效率。

(3)确保钢套箱成功封底

承台套箱分两层进行封底,第一层封底厚度为 1.2m,第二层为调平层厚度为 0.3m。由于套箱体积大,封底时需控制的因素多、要求高。套箱位于水下深度达 6m,江水流速急,受水浮力、水流力的影响较大,增加了封底及止水的难度。

套箱封底是该承台施工的重难点之一,能否成功封底起到围堰止水效果直接影响承台的施工质量、工期。以往存在一些项目由于一次封底效果差,给后期止水处理增加了很大的难度,甚至出现返工情况。因此应采取措施,确保套箱封底成功。

(4)提高套箱下放的精度和效率

北街水道桥单个套箱面积约 800m^2,总质量达 760t,下放行程长约 5.8m;潮连西江桥单个套箱面积约 630m^2,总质量达 610t,下放行程长约 5.3m。该类型套箱下放具有体积大、质量大、行程长等特点,套箱下放的同步性、准确性要求较高,施工难度较大。同时受江水深、急影响,增加了套箱的下放施工难度。

以往套箱下放采用普通千斤顶,下放需要耗费大量的人力、物力,且受人为的因素影响较大,导致套箱下放效率较低、精度不高。因此应改进设备或工艺,提高下放精度及效率。

(5)解决承台与塔座龄期差和截面突变问题

北街水道桥承台 6m 厚,潮连西江桥承台 5m 厚,均分两层浇筑,最后浇筑厚 3m 的塔座。《公路桥涵施工技术规范》(JTG/T F50—2011)要求各层间的混凝土间隔浇筑时间控制在 7d 内,但受工序转换时间影响,各层混凝土浇筑时间均超过 7d。由于龄期差较大,两层混凝土接合部位容易出现裂缝。

承台与塔座、塔座与索塔截面尺寸相差较大,在结合部截面突变,刚度突变,混凝土极易产生裂缝,因此应采取措施,防止由于龄期差和截面突变产生的收缩裂缝。

3.5.2 施工难点的解决方案及对策

1)大体积承台温度裂缝控制措施

(1)混凝土配合比优化设计及原材料选择

①水泥选取:选择低热水泥可以降低水化热,能有效减少混凝土的内外温差,有效防止温度裂缝的产生。采用 P·O42.5R 型水泥,水泥散装入场且提前 6d 灌入,使其自然冷却,确保拌和前的水泥温度不高于外界平均温度的 28℃。

②集料选择:改善集料级配。在保障混凝土质量的前提下,可选用粒径稍大的集料。粗集料取 5~25mm 连续级配碎石,含泥量控制在 1% 以下,压碎值不大于 20%;细集料选用中砂,细度模数在 2.5~2.8。

③掺加粉煤灰:粉煤灰不仅可以提高混凝土的施工和易性,显著改善混凝土的工作性能和耐久性,同时可以取代水泥,节省水泥用量,从而降低水化热。粉煤灰采用Ⅱ级粉煤灰,细度为

18.2%(筛余),烧失量为1.2%。

④外加剂优选。采用聚羧酸型高效减水剂,减水率为30%,该减水剂减水率高,可有效降低单位体积混凝土水泥用量,从而降低混凝土的水化热温升。

承台混凝土材料用量见表3-5-1

承台混凝土材料用量表 表3-5-1

混凝土原材	水泥	砂	石	水	外加剂	粉煤灰	合计
单位体积用量(kg/m^3)	340	757	1045	158	8.8	100	2408.8
相对用量(%)	14.11	31.43	43.38	6.56	0.37	4.15	100

(2)分层浇筑

混凝土浇筑厚度与水化热的最高温升值密切相关,厚度越大温升值越大,因此为了防止大体积承台混凝土出现温度裂缝,承台均分层浇筑。北街水道桥承台第一层浇筑2m厚、第二层浇筑4m厚,潮连西江桥第一层浇筑2m厚,第二层浇筑3m厚。新浇筑混凝土与下层已浇筑的混凝土温差不大于20℃,并应采取措施控制各层间的浇筑间歇期,尽可能减少新老混凝土接合面的约束。

(3)冷却水管的埋设及控制

承台内设计有5层冷却管,冷却管采用镀锌管,直径42.4mm。冷却水管每层的进、出水口互相错开,且出水口有调节流量的水阀和测流量设备。

实际情况是混凝土在浇筑完成40~72h其内部的温度最高,此时特别注意确保冷却水管的水流速度(必要时配置大功率的水泵或增加水泵),使进、出水的温差小于10℃。

为防止混凝土降温速率过快,引起温缩裂缝,当各层混凝土峰值过后,如降温速率超过2℃/d时,应降低通水流速,必要时停止通水。

北街水道桥承台冷却管布置如图3-5-1所示。

(4)混凝土浇筑温度控制

大体积混凝土的浇筑宜选在温度较低时进行,热期施工时应采取措施降低混凝土的入模温度,其入模温度不高于30℃。当气温较高时搅拌站采用经过冷却系统冷却的水进行混凝土拌和,可以大大降低混凝土的水化热温升;必要时浇筑前对集料进行洒水降温处理。浇筑时应尽量避开每日最高温度,尽量选择夜间浇筑。

现场实际施工过程中每间隔1~2h对混凝土的入模温度进行监测,当发现入模温度过高时需要通知搅拌站,通过调节原材料、冷却水等,来降低混凝土出仓温度。

(5)混凝土养护

浇筑时由于受风速大、气温低,受气温和风干的影响,混凝土表面容易失水而出现干缩裂缝。混凝土浇筑完成待终凝后立即进行蓄水养护。养护水采用冷却水管流出的温水,这样既起到保湿作用,又起到保温效果,蓄水高度要求不小于30cm。承台蓄水养护如图3-5-2所示。

塔座侧模为大块钢模板,养护期间需定期洒水湿润模板,起到降温作用,侧模板拆除时间可适当加长,塔座侧模板拆除时间为7d(减小外界气温与混凝土表面的温差,降低内部和表面温差对混凝土造成的影响)。

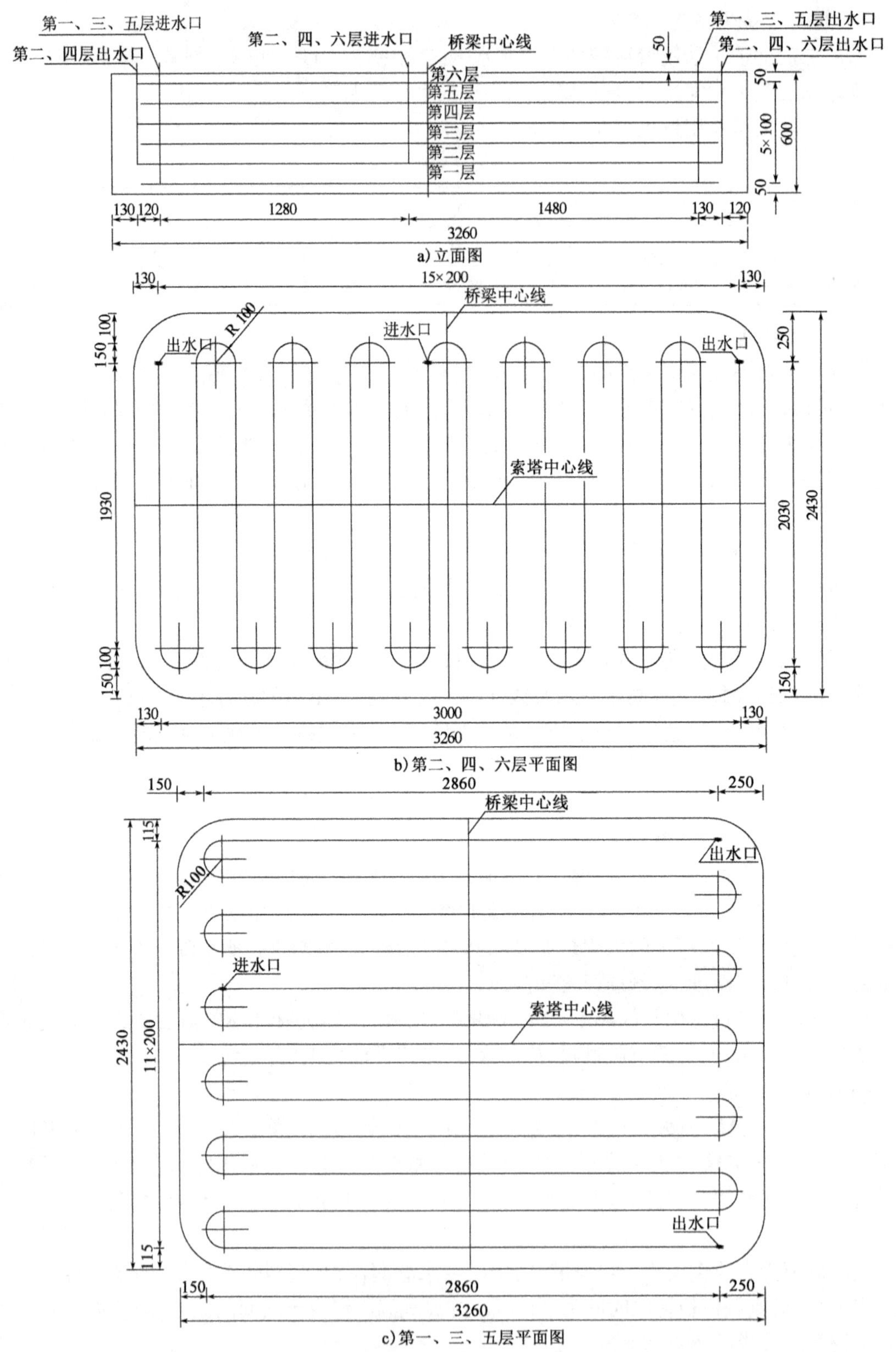

图 3-5-1　北街水道桥承台冷却管布置图(尺寸单位:cm)

2)提高钢套箱拼装质量和效率

(1)采用穿入工字钢作拼装牛腿

套箱底板拼装过程中需安装临时支撑牛腿作为承重结构,以往项目通常在护筒上焊接工字钢作为牛腿,待套箱拆除时采用风割解除。该工艺的焊接工作量较大且焊缝质量受人为因素影响较大,同时工字钢割除需耗费大量时间且易受江水影响。

通过在桩基钢护筒上开设槽口,然后穿入2I25工字钢作为套箱拼装牛腿(图3-5-3)。套箱下放前,千斤顶提升套箱10cm后,采用小艇可直接将工字钢拖出,半天时间即可将所有拼装牛腿解除,完成受力体系转换。该工艺具有简便、效率高、灵活等优点。

图3-5-2 承台蓄水养护

图3-5-3 工字钢穿入钢护筒

(2)底板系统均采用混凝土预制构件拼装

套箱下承重系统采用钢结构形式,焊接工作量大,效率不高;焊缝质量受人为因素影响较大,且不易控制。大型钢套箱面积大,对底板系统的受力要求高,因此对钢结构材料规格及焊缝的要求高。

为加快底板系统的安装效率,提高底板系统受力等级,套箱主梁、次梁、底板全部采用混凝土结构。主梁采用40cm×60cm的混凝土梁,次梁采用40cm×40cm的混凝土梁。底板采用厚20cm的预制混凝土板。主梁、底板结构均在加工厂内加工制作,次梁现浇,采用工厂化预制构件,加快了施工效率,确保了拼装质量。

下承重系统安装如图3-5-4所示。

(3)采用预制钢构件拼装

套箱模板、圈梁和内撑均在加工场分块加工制作。其中北街水道桥设3种模板,共24块模板;潮连西江桥设4种模板,共24块模板。

内撑采用螺旋钢管,圈梁均采用工字钢。内撑和圈梁均采用预制构件,原材先在加工厂内加工成件,待套箱拼装到位后,根据编号进行组装、焊接,加快了安装效率,提高了精度。

套箱模板安装如图3-5-5所示。

(4)底板主梁吊杆安装

主梁采用40cm×60cm的混凝土梁,套箱吊杆采用筋轧螺纹钢。若底板安装完成后再安装吊杆,此时主梁位于套箱底,人员需潜水至套箱底部进行螺母安装。为便于吊杆系统安装,

图 3-5-4　下承重系统安装

图 3-5-5　套箱模板安装图

加快施工效率,在主梁预制时在其底部预埋钢垫板,如图 3-5-6 所示,再将吊杆的螺母焊接在预埋钢板上,待底板安装完成后将精轧钢拧入即可,人员在套箱内部即可完成操作,施工简便、效率高。

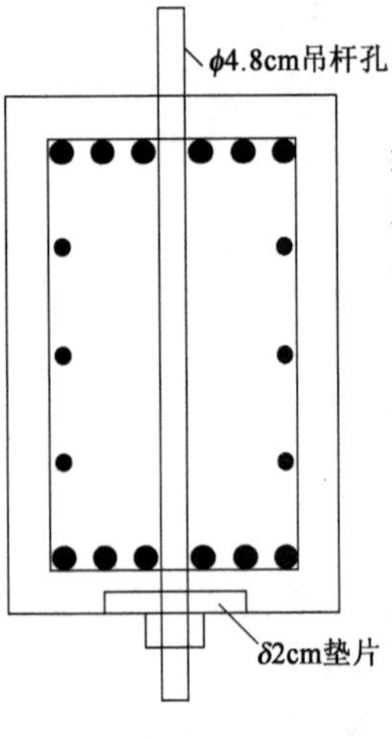

ϕ4.8cm吊杆孔

δ2cm垫片

图 3-5-6　底部预埋钢垫板

(5)套箱拼装处理

为解决套箱模板无法合拢问题,套箱安装时,在底板上测量放出中线点和转角点,弹墨线画出套箱轮廓,沿着墨线测一圈高程点,由于混凝土底板不平,要按最高点为基准安装侧模,其他点用钢板垫高或设置高程带,以确保套箱位于统一水平面上。当模板合拢口确实无法调整时,模板最后一个接口,可用钢板将缝隙封闭。

3)钢套箱封底技术控制

(1)优化浇筑工艺,确保封底混凝土成功灌注

灌注点的布置。封底采取类似桩基浇筑即小料斗 + 导管方法进行。实际导管的作用半径约 5m,根据导管作用半径相互交错搭接的原则,整个套箱共设有 34 个浇筑点,确保套箱每个位置均能浇筑到位,不出现薄弱点。为提高封底厚度的均匀性,灌注顺序应从中间向两侧展开。

封底厚度监控。封底过程中,可能如套箱、底板存在孔洞或浇筑不到位,会导致局部位置封底厚度不足,出现混凝土薄弱点,导致封底失败。同样监控不到位也会出现封底厚度过厚,影响承台施工质量。可以说,是否做好封底混凝土的监控直接关系封底施工的成败。施工经验总结如下:①每个护筒周围布置 4 个测点,监控护筒壁边是否漏浆,以确保护筒周边封底厚度;②浇筑点扩散半径交界处需布点,防止发生超封或少封现象;③套箱侧模与底板交界处布点,防止套箱模板与底板存在空隙;④观察下游侧河水,若有大量气泡、水体浑浊,则可能是底板空隙没堵住,混凝土漏出。

(2)钢护筒与底板间采用钢环箍封闭

为了避免下放过程中底板与桩基护筒摩擦碰撞,专门预留了 10cm 的空隙,用钢板环箍封闭。钢板环箍放在底板上随套箱一起下放,下放到位后将环箍的连接螺栓上紧,对局部较大的

空隙用砂袋填塞。采用钢环箍使底板与钢护筒间的缝隙封闭，以确保封底效果。护筒钢环箍布置如图 3-5-7 所示。

图 3-5-7　护筒钢环箍布置

(3)防止渗水，采用 $\phi10$ 圆钢作止水带

为防止因混凝土收缩徐变造成套箱底部渗水，考虑在第一层封底处的套箱壁上沿四周焊接一圈 $\phi10$ 圆钢，该圆钢和第一层封底混凝土一起浇筑，起到止水作用，防止套箱底部渗水。

(4)套箱模板拼缝处理

为提高套箱模板的防漏水效果，模板间的法兰接头加 5mm 厚的橡胶垫，拧紧螺丝后，在模板外侧涂玻璃胶活环氧树脂。

套箱底脚与混凝土底板之间存在一定的间隙，为防止封底混凝土外渗，套箱安装好后，用油毛毡和砂浆进行填塞处理，确保套箱底部不漏浆、漏水。

针对局部点由于孔洞或缝隙出现漏水的情况，采用棉絮填塞及“堵漏王”进行局部封堵处理。

4)套箱下放精度保障措施

(1)采用智能液压同步千斤顶进行下放

套箱下放采用 PLC 同步顶升控制系统。单个泵站可控制 12 台千斤顶，通过计算机进行智能分析处理。顶升前只需输入每个千斤顶目标高度，而实际荷载和实际顶升高度，均能显示数字结果，根据结果计算机可自动调整千斤顶行程，自动控制误差。

该系统使大型钢套箱下放更为简单，节省大量的钢材和人工，加快了施工进度。先进的下放系统更好地实现了套箱的同步下放，大大降低了套箱下放的安全风险。该系统为加快施工进度提供了较好的技术保证，下放过程平稳、同步，有力保障了封底质量，保证了承台施工进度。

套箱下放如图 3-5-8 所示。

(2)护筒壁焊接定位架，起导向限位作用

套箱模板脚的定位通过在预埋钢板上焊接 10 号槽钢作为临时定位架，以此控制钢套箱下口线的平面位置，保证模板底定位准确且不跑模。而钢套箱上口固定及控制采用在钢护筒顶口焊制定位导向装置，该装置伸出的端面与钢套箱下口定位卡保持在同一垂直线上，使其既起到对钢套箱壁体拼装时的临时支撑作用,同时也对钢吊箱下放时的垂直度进行控制。为更好控制套箱下放时的垂直度及稳定性,在套箱拼装到位后在套箱顶部搭设临时支撑。

图 3-5-8　套箱下放

5)混凝土龄期差和截面突变的裂缝控制

(1)优化工艺、增加投入,加快施工速度,缩短龄期差

为降低龄期差造成的影响,对承台、塔座的施工工艺进行优化,从而加快施工进度,缩短龄期差。如承台塔座的钢筋在平台上预制绑扎后,再进行整体安装;承台钢筋绑扎时增加人力,确保绑扎工期;承台和塔座的直径 ϕ20mm 以上的钢筋全部采用套筒连接。通过采取相应措施,加快了施工进度,缩短了混凝土的龄期差。

(2)提高混凝土抗拉强度

在第二层承台与塔座结合的 1m 范围内及塔座与索塔结合范围 1m 内加入聚丙烯钢纤维混凝土,经试验,每立方米混凝土中掺入 1kg 聚丙烯纤维,其抗拉强度提高约 20%,有效提高了混凝土的抗裂性。

第4章 多变、异形索塔施工技术

4.1 索塔工程概况

潮连西江桥采用塔梁支撑体系，索塔总高度为107.928m，塔顶高程为+114.502m，桥面以上高度为81.107m。索塔截面由“圆”和“方”组合变换而成，展示了“亦圆亦方、包容天地”的设计理念，形成圆满刚健、阴阳平衡的整体感。索塔自塔顶向下39.0m为圆截面段，由此至塔底为由圆截面变化到矩形截面段。塔顶截面直径为6.5m，圆截面开始向矩形截面变化段的直径为5.5m（塔柱最小尺寸），塔底尺寸为12.0m×9.0m（顺桥向×横桥向），整个桥塔两侧凸边尺寸相同，均为1.5m×3.5m。索塔立面图如图4-1-1所示，索塔断面图如图4-1-2所示。

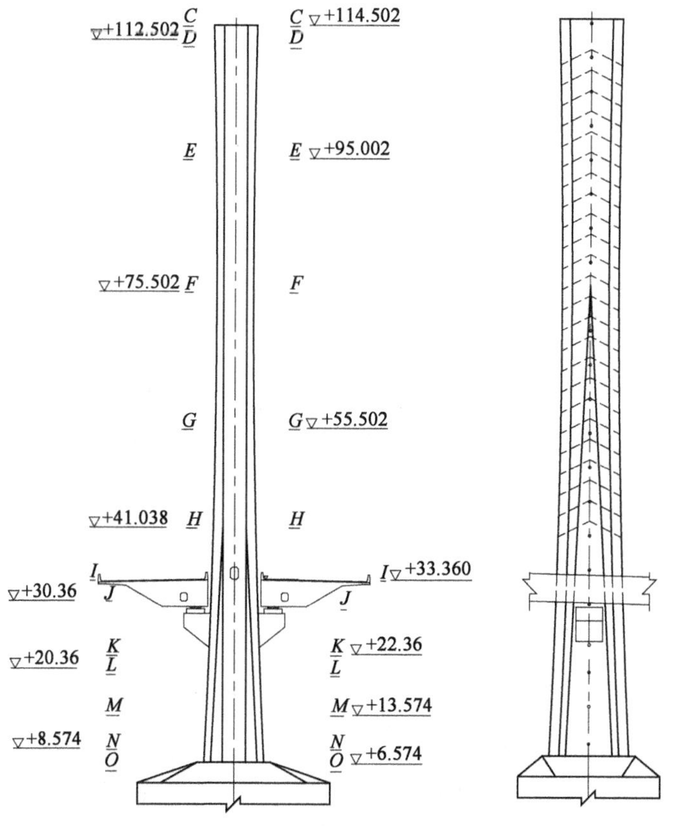

图4-1-1 索塔立面图（高程单位：m）

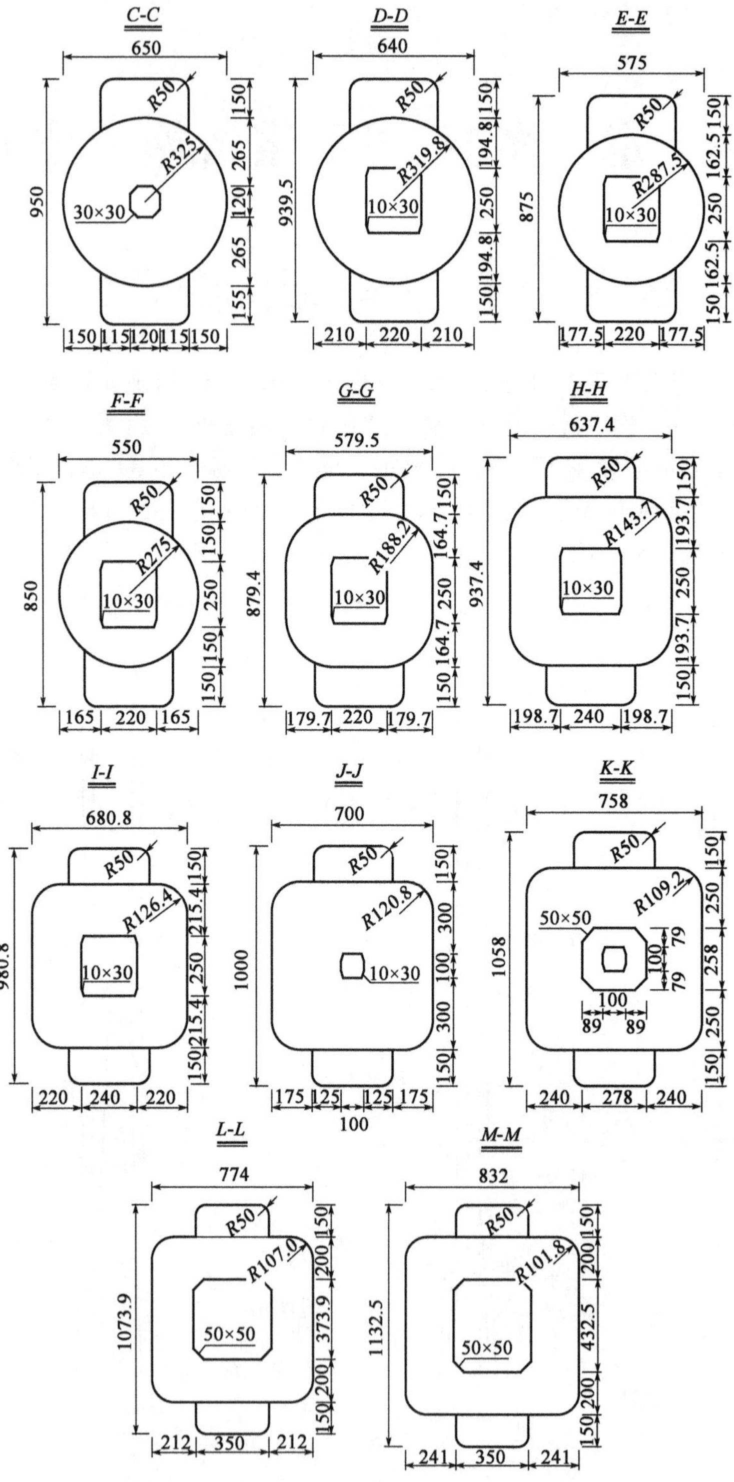

图 4-1-2 索塔断面图(尺寸单位:cm)

为平衡斜拉索的水平分力，在上塔柱斜拉索锚固区内配置15-16和12-22两种预应力钢束；预应力管道分别采用D104/90mm和D114/100mm的塑料波纹管；管道压浆采用真空压浆工艺，锚固采用深埋锚工艺。

塔柱横桥向外侧壁设置ϕ100mm的PVC管作为通风管，下塔柱底部设置一个ϕ100mm的PVC管作为泄水管。

根据受力和总体刚度需要，索塔设置实心牛腿。牛腿悬臂长度为4m，采用变高度结构，高2.0~5.0m，顶底板宽4.0m。牛腿为预应力混凝土结构。为满足牛腿与塔柱间受力要求，牛腿的纵向钢筋均锚固于塔柱内，预应力钢束锚固于牛腿的外端部，管道成孔采用塑料波纹管。为避免预应力锚具布置切断牛腿钢筋和景观需要，采用深埋锚工艺。

塔内设置人行爬梯供大桥维护人员使用。维护人员从梁塔相交段处人洞进入塔柱。人行爬梯由平台和爬梯组成。平台由预埋件、角钢、花纹钢板等焊接而成；爬梯由预埋件、槽钢、角钢等焊接而成。预埋钢板与预埋钢筋焊接组成预埋件，预埋于塔柱混凝土内，在平台、爬梯安装时与之焊接。

索塔采用C50混凝土，单个索塔混凝土浇筑量为4996.65m^3。索塔钢筋采用HPB235、HRB335和HRB400钢筋：钢筋直径小于10mm的采用HPB235；钢筋直径小于32mm且大于10mm的采用HRB335；钢筋直径40mm的采用HRB400。单个索塔共有各种钢筋2251.6t，预应力钢绞线采用ϕ_s15.24低松弛钢绞线，单个索塔共有钢绞线55t。下塔柱为普通钢筋混凝土结构；上塔柱索塔锚固区为预应力混凝土结构。

4.2　施工概述

4.2.1　索塔施工节段划分

根据索塔结构特点、牛腿位置和上塔柱斜拉索锚固区段施工要求，将索塔划分为19个施工节段，详见图4-2-1。

(1)下塔柱：1~5号节段，高程+6.574~+33.36m；

(2)上塔柱：6~19号节段，高程+33.36~+114.502m。

4.2.2　主要设备的选型及布置

1)塔吊

索塔施工时共配置2台QTZ160(起重力矩1600kN·m)塔吊。其中塔吊1用于索塔施工，基础预埋在承台上；塔吊2用于0号块支架施工，基础为水中钢管桩平台。塔吊1位于承台顶面上游岸侧，塔吊2位于河岸侧水中。

(1)承台塔座施工时，在塔座上预埋塔吊1基础埋件。

(2)塔座施工完毕，安装塔吊1，同时在河岸侧打设钢管桩，施工塔吊2基础。塔吊1负责下塔柱及牛腿施工。

(3)下塔柱及牛腿施工完毕，塔吊1随上塔柱施工同步顶升，施工完索塔第8节后安装塔

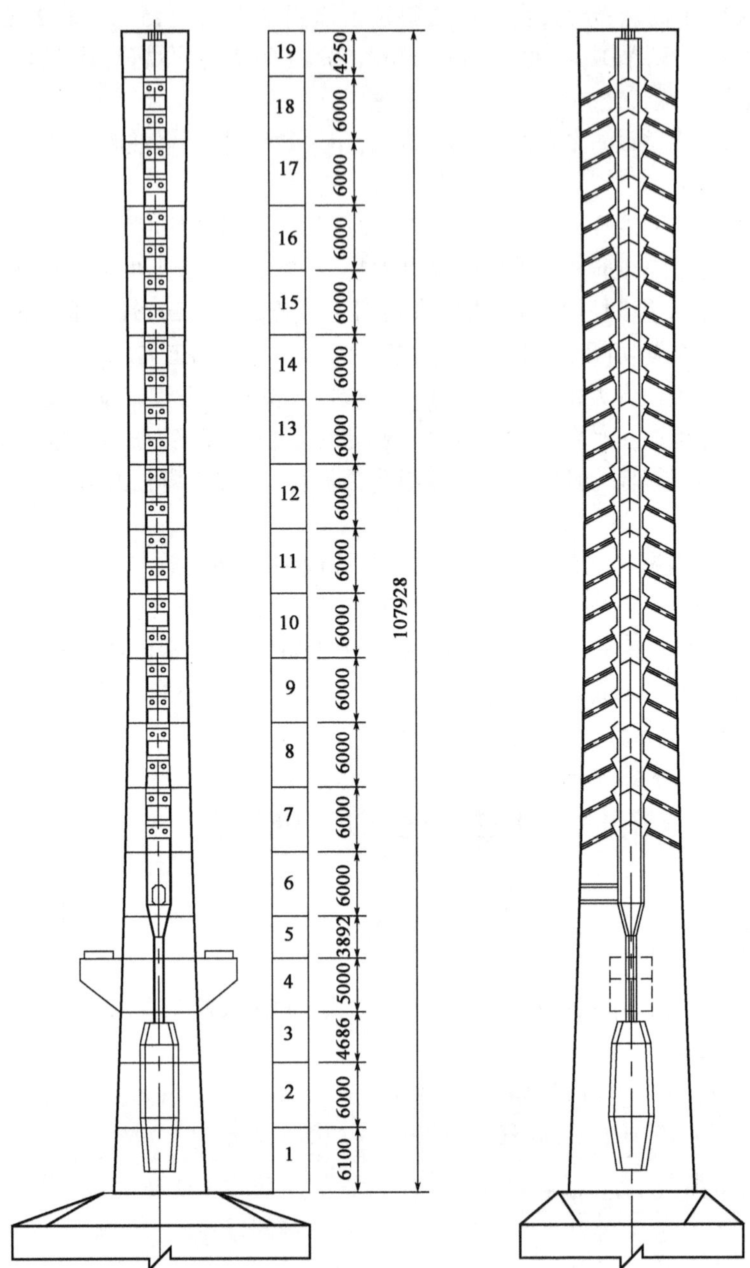

图 4-2-1 索塔施工节段划分图(尺寸单位:mm)

吊 2,塔吊 2 固定高度施工(总高度 50m)。塔吊 1 用于索塔施工,塔吊 2 用于 0 号块支架搭设施工。

(4)上塔柱施工完毕后,一台塔吊足以满足施工需要,此时塔吊 1 用于主桥上部结构施工和斜拉索安装施工,拆除塔吊 2。

塔吊布置详见图 4-2-2。QTZ160 塔吊性能参数见表 4-2-1,QTZ160 塔吊起重性能见表 4-2-2。

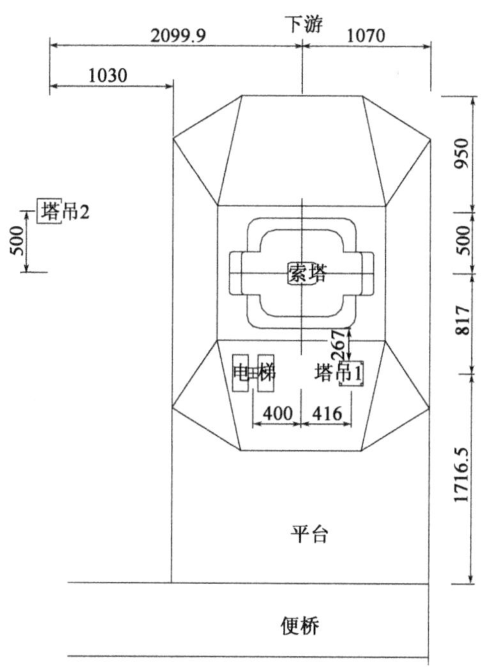

图4-2-2　索塔施工平面布置图(尺寸单位:cm)

QTZ160 塔吊技术参数表　　表4-2-1

工作幅度(m)	47.5	标准节高度(m)	3.0
最大吊重(t)	10	最小工作半径(m)	2.5
起重力矩(kN·m)	1600	非工作状态允许风速(m/s)	45.6
起升速度(m/min)	4.5~55	最大工作风速(m/s)	20
臂长(m)	47.5		

QTZ160 塔吊起重性能参数表　　表4-2-2

幅度(m)		2.5~18.56	19	21	23	25	27	29	31
起重量(t)	2 倍率	5							
	4 倍率	10	9.50	8.36	7.45	6.70	6.08	5.10	4.70
幅度(m)		33	35	37	39	41	43	45	47.5
起重量(t)	2 倍率	5	4.84	4.53	4.25	4	3.77	3.56	3.33
	4 倍率	4.36	4.06	4.48	4.20	3.95	3.72	3.51	3.28

2)混凝土生产、运输设备

(1)混凝土生产及泵送设备

索塔混凝土由搅拌站集中供料,搅拌站共配备2台100m^3/h搅拌机,每台搅拌机实际生产能力为60m^3/h,能满足索塔一次最大浇筑量节段的混凝土供应。

索塔混凝土输送设备为2台BSA2109HD地泵,地泵摆放在施工平台上,混凝土自拌和站生产后由地泵直接泵送至浇筑部位。BSA2109HD地泵主要技术参数详见表4-2-3。

BSA2109HD 地泵主要技术参数表 表 4-2-3

理论混凝土输送量(m^3/h)	57/95	功率(kW)	200
理论混凝土输出压力(MPa)	9.1/15.2	混凝土坍落度(mm)	80～230
主油缸直径×行程(mm)	ϕ200×2100	理论泵送高度(m)	150m 以上
冲程次数(次/min)	15/24		

(2)混凝土泵管

为适应索塔施工高度的要求,混凝土泵管选用高压泵管,泵管沿电梯布设至浇筑地点。泵管布设时,水平管每隔 3m 垫枕木,垂直管每 6m 附墙 1 次。

3)施工电梯

在承台上游侧布置 1 台 SC200TD 双笼电梯,沿塔柱安装随塔柱施工同步爬升至塔柱顶。施工电梯性能参数见表 4-2-4。

SC200TD 双笼电梯技术性能参数表 表 4-2-4

提升速度(m/min)	0～36	最大标准架设高度(m)	450
额定载质量(kg)	2000	吊笼规格(m×m×m)	2.5×1.3×2.5
附墙间距(m)	9	吊笼质量(kg)	2×2200
电机功率(kW)	2×3×11	标准节尺寸(m×m×m)	0.65×0.65×1.508
工作风速	8 级	标准节质量(kg)	190

4)通水、通电管线布置

索塔施工电缆及养生用水管沿 QTZ160 塔吊标准节爬升至所需位置。

4.2.3 施工工艺流程

索塔总体施工工艺流程见图 4-2-3。

4.2.4 各部位施工工艺

1)下塔柱及牛腿施工工艺

(1)索塔下塔柱(+6.574m～+33.36m)划分为 5 个施工节段,节段组成划分尺寸为(6.1+6+4.686+6+3.892)m。

(2)下塔柱采用翻模施工工艺,外模板采用组合定型钢模板,内模板采用木模板;索塔第一节施工前,为提高外模板安装准确率及便于外模板拆除,模板脚通过混凝土砂浆垫高 10cm,第一节混凝土浇筑高度为 6.1m。索塔钢筋通过劲性骨架辅助定位,混凝土浇筑时通过冷却水管通水降温,保证混凝土内外温差满足设计要求。施工支架采用沿塔四周封闭的扣件式钢管(ϕ48、δ3.5mm钢管)脚手架。

(3)牛腿横桥向长度为 4m,根部尺寸为 4m×5m,端部尺寸为 4m×2m。单个牛腿用混凝土 55m^3,钢筋 44t,ϕ15-19mm、ϕ15-22mm 预应力钢绞线各 6 束。

牛腿与第 4 节索塔一起施工,采用 4 根 ϕ820 钢管支架作为承重支架,三脚架采用型钢制作,牛腿模板采用定型组合钢模板,牛腿钢筋骨架通过预埋在第 3 节索塔中,牛腿浇筑完毕待混凝土强度达到设计值的 90%、弹性模量达到设计的 80%后,方可张拉牛腿预应力筋,待预应力钢绞线张拉、压浆完成后拆除支架。

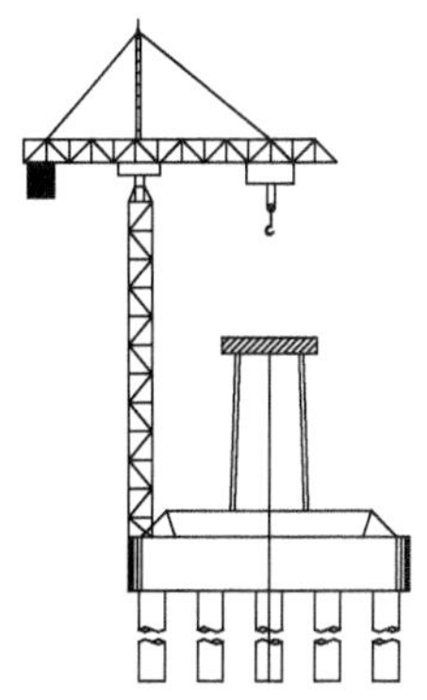

第一阶段

(1)完成基础（桩基、承台、塔座）施工。

(2)安装塔吊。

(3)立模、绑扎钢筋及劲性骨架，分段立模浇筑下塔柱至牛腿下缘。

(4)架设牛腿支架及支撑（支架与塔柱中预埋件连接，支撑与承台顶预埋件连接），进行支架预压。

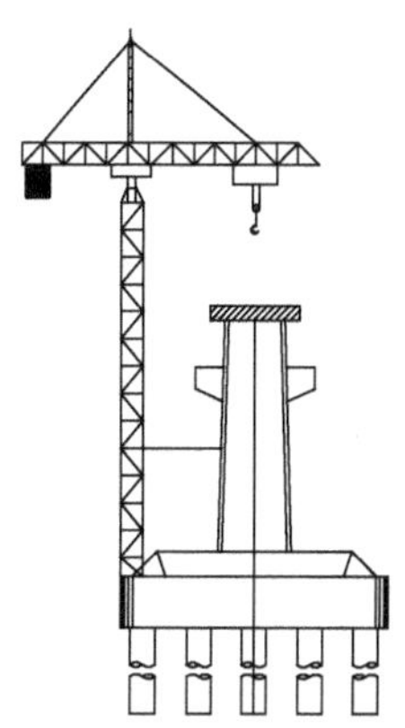

第二阶段

(1)立模，绑扎塔柱、牛腿钢筋，安装牛腿预应力钢束锚垫板，铺设预应力管道，预埋支座垫石等钢筋。

(2)浇筑塔柱、牛腿混凝土，待混凝土强度达到设计强度的90%，弹性模量达到设计值的80%，按设计要求分布张拉牛腿预应力钢束，并对管道进行压浆封锚。

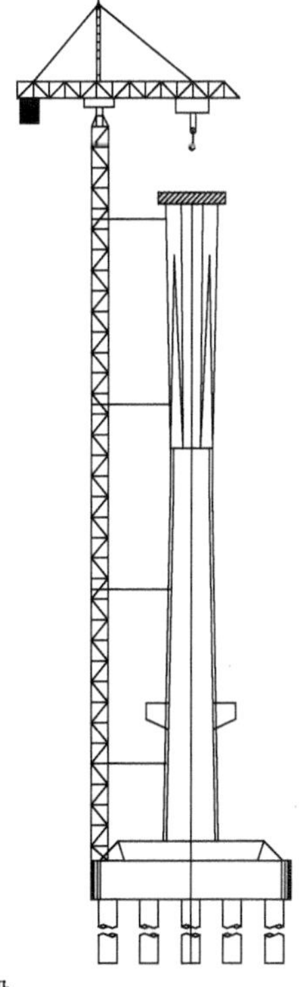

第三阶段

(1)拆除牛腿支架，按照既定方案继续分段浇筑塔柱（浇筑过程中应注意爬梯、电力、排水设施及防雷设施等的预埋件）。

(2)浇筑过程过程中应注意索塔截面相互交融变化，尽量避免塔柱错台现象。

(3)浇筑塔柱至索塔锚固区段后，预埋预应力管道和斜拉索套筒等预埋件，浇筑过程中按设计要求张拉锚固区预应力钢束，并对管道进行压浆封锚。

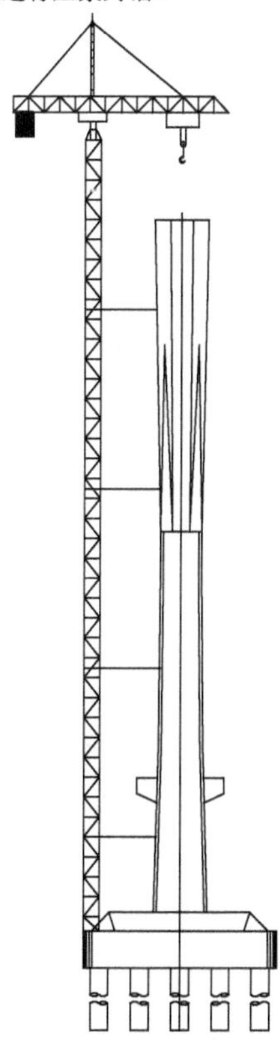

第四阶段

(1)继续提升模板逐段浇筑上塔柱至塔顶，预埋预应力管道和斜拉索套筒等预埋件，浇筑过程中中按设计要求张拉锚固区预应力钢束，并对管道进行压浆封锚。

(2)注意安装监控、避雷针等设施。

(3)拆除塔吊及相关施工设备，拆除时避免对索塔表面造成损伤。

图 4-2-3　索塔总体施工工艺流程图

支座预埋件应在索塔牛腿施工时预埋,在索塔全部施工完成后再浇筑支座垫块,保证支座顶面高程准确无误。

(4)下塔柱施工工艺流程图(图4-2-4)。

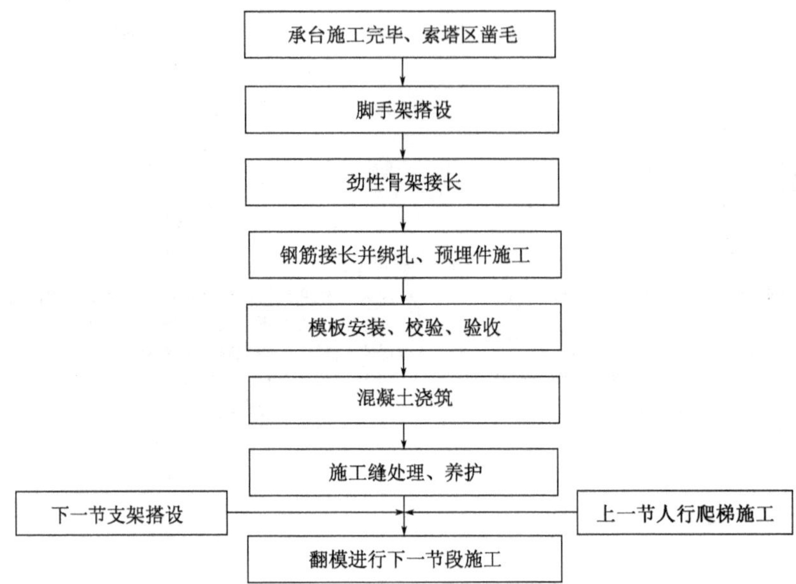

图4-2-4 下塔柱施工工艺流程图

(5)牛腿施工工艺流程图(图4-2-5)。

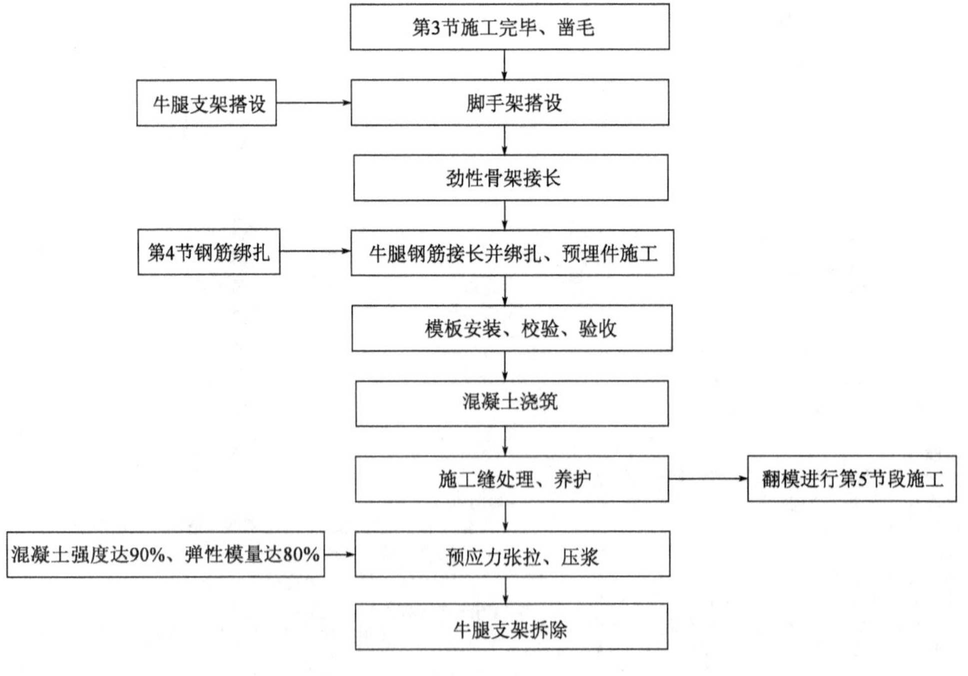

图4-2-5 牛腿施工工艺流程图

2)上塔柱施工工艺

(1)上塔柱共划分为14个施工节段,节段组成划分为13×6m+1×4.25m,高程+33.36m~+114.502m。

(2)上塔柱采用翻模施工,外模板采用组合定型钢模板,第6~8节索塔的内模板采用木模板,第9~19节索塔的内模板采用伞形组合钢模板。斜拉索锚固区施工时,斜拉索锚固套筒通过型钢焊接在劲性骨架上进行精确定位,斜拉索锚块模板采用木模板,锚垫板楔块采用钢板制作,用于确定锚垫板倾斜角度及位置,锚垫板楔块固定在锚垫板模板上,锚垫板模板通过螺栓与锚垫板固定形成一个整体。当混凝土强度达到设计值的90%、弹性模量达到设计的80%后,对锚固区预应力进行张拉、压浆;索塔钢筋通过劲性骨架辅助定位,混凝土浇筑时通过冷却水管通水降温,保证混凝土内外温差满足设计要求。

施工支架采用沿塔四周封闭的扣件式钢管(ϕ48mm、δ3.5mm钢管)脚手架(具体详见施工支架章节)。上塔柱施工工艺流程如图4-2-6所示。

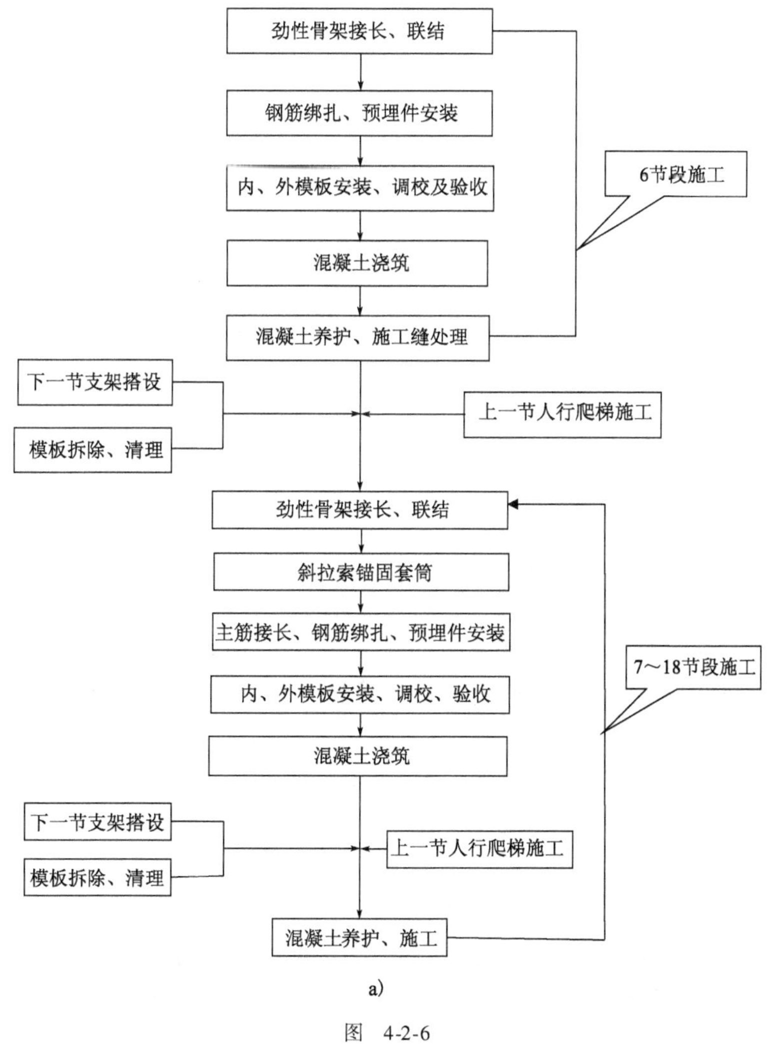

a)

图　4-2-6

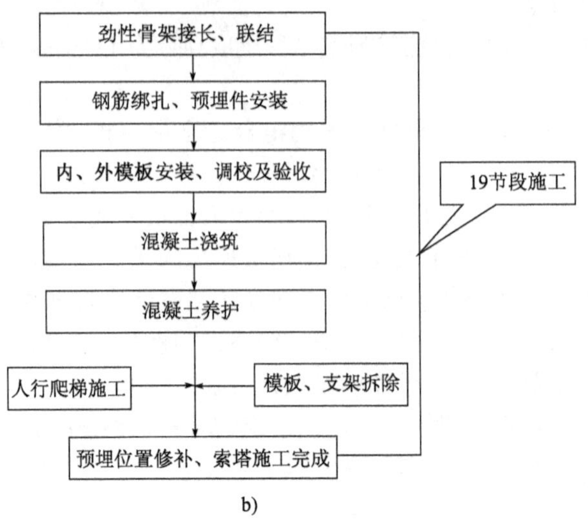

b)

图4-2-6 上塔柱施工工艺流程图

4.3 索塔施工测量控制

4.3.1 索塔施工控制重点与难点

索塔施工测量重点是:保证塔柱、牛腿、斜拉索锚固套筒等各部分结构的倾斜度、外形几何尺寸、平面位置、高程满足规范及设计要求。索塔施工测量难点是:在有风振、温差、日照等情况下,确保高塔柱测量控制的精度。

主要控制定位有:劲性骨架定位、钢筋定位、塔柱模板定位、牛腿定位、斜拉索锚固套筒安装定位校核、预埋件安装定位等。

4.3.2 测量控制主要技术要求

(1)塔柱倾斜度误差不大于塔高的1/3000,且不大于30mm。

(2)塔柱轴线偏差±10mm,断面尺寸偏差±20mm。

(3)塔顶高程偏差±10mm。

(4)斜拉索锚固点高程偏差±10mm,斜拉索锚具轴线偏差±5mm。

(5)牛腿顶面高程偏差±10mm。

4.3.3 索塔中心点测设

在桥轴线控制点上放样出主塔中心点,同时在桥轴线两侧的控制点上也放样出塔柱中心点。这三个中心点形成的三角形的重心即为主塔精确中心点。将全站仪建在主塔中心点上,与对岸索塔下牛腿中心进行距离、方位角、坐标连测。

4.3.4 索塔高程基准传递控制

承台上的高程基准向上传递至塔身、牛腿、桥面及塔顶，其传递方法以全站仪 EDM 三角高程单向观测法为主，以钢尺量距为校核手段。

4.3.5 塔柱施工测量控制

塔柱施工首先进行劲性骨架定位，然后进行塔柱钢筋主筋边框架线放样，最后进行塔柱截面轴线点、角点放样及塔柱模板检查定位与预埋件安装定位，各种定位及放样采用全站仪三维坐标法进行。测站布设于大桥施工控制网 DQ3、DQ4、DQ5、DQ6 点，控制索塔截面轴线点、角点以及特征点。

(1)主塔截面轴线点、角点以及特征点坐标计算

根据施工设计图纸以及主塔施工节段划分，建立数学模型，编制数据处理程序，计算主塔截面轴线点、角点以及特征点三维坐标，计算成果编制成汇总资料，上报监理工程师。

(2)劲性骨架定位

根据劲性骨架与塔柱的相对尺寸进行劲性骨架顶、底面角点的坐标计算，采用全站仪三维坐标法定位劲性骨架。首节劲性骨架定位前，进行底坐标放样，同时抄平测量，用短对中杆在顶部测量校核坐标，进行调整，直至满足要求。其余节段劲性骨架均控制其顶面角点的三维坐标，从而控制劲性骨架横、纵向倾斜及扭转。

(3)塔柱主筋框架线放样

塔柱主筋框架线放样，即放样竖向钢筋内边框线，确保混凝土保护层厚度，其放样精度要求较高。采用全站仪三维坐标法放样塔柱同高程截面竖向主筋内边框架线及塔柱截面轴线，测量标志尽可能标示于劲性骨架，以便于塔柱竖向主筋分中支立。

(4)塔柱截面轴线及角点放样

首先在塔柱截面以上 10cm 处将临时水平角钢焊接在劲性骨架上，然后按塔柱倾斜率等要素计算塔柱截面处塔柱设计角点三维坐标，最后于劲性骨架外缘临时焊的水平角钢上放样塔柱截面角点，从而控制塔柱外形，以便于塔柱模板定位。

(5)塔柱模板检查定位

因塔柱模板为定型模板，故只需定位模板就能实现塔柱精确定位。将实测塔柱角点三维坐标与设计三维坐标进行比较，若实测值与设计值不符，调整模板至设计位置。对于不能直接测定的塔柱模板角点及轴线点，可根据已测定的点与不能直接测定点的相对几何关系，用边长交会法检查定位。塔柱壁厚检查采用检定钢尺直接丈量。

(6)塔柱预埋件安装定位

根据塔柱预埋件安装定位的精度要求，分别采用全站仪三维坐标法与轴线法放样定位。前者用于定位精度要求较高的预埋件，后者用于定位精度要求不高的预埋件。

4.3.6 牛腿施工测量

牛腿支架体系由钢管桩、横梁、分配梁、平联等组成。逐段测量控制其平面位置、倾斜度和顶高程。

根据设计及施工要求,设置牛腿施工预抛高,铺设牛腿底模板,严格控制底模的高程及轴线位置。底模调整完后,在底模板上放样出牛腿特征点,并标示桥轴线与牛腿轴线。待牛腿侧模板支立后,同样进行牛腿顶面特征点及轴线点模板检查定位,调整牛腿模板至设计位置,控制牛腿模板倾斜度。采用全站仪 EDM 三角高程测量法测出牛腿高程,用 NA2 精密水准仪测量标示牛腿顶面高程控制线及各种预埋件的高程控制线。

在浇筑牛腿混凝土过程中,进行牛腿位移观测及支架变形观测。牛腿混凝土浇筑完成后,进行两岸连测工作。

4.3.7 斜拉索锚固套筒定位校核

斜拉索锚固套筒安装定位是测量控制难度最大、精度要求最高的部分。斜拉索锚固套筒安装定位以精密全站仪三维坐标法进行测量控制。在安装斜拉索锚固套筒之前,根据施工图纸及套筒的三维关系计算出锚垫板及索道管中心点及特征线上的三维坐标,编制计算成果上报测量监理工程师。

在安装套筒之前,应先在锚垫板及套筒管上冲眼做出中心标志,并在锚垫板及套筒外壁做出特征线,保证测量定位时棱镜始终在锚垫板及套筒特征线上移动。

斜拉索锚固套筒通过采用型钢悬吊于劲性骨架上进行定位,定位时先在焊接临时固定型钢骨架,通过测量精确在骨架上放出锚管定位点,再采用 2 个手拉葫芦将套筒粗略定位并悬挂于劲性骨架上,然后用全站仪进行精确定位(测量放样锚管特征线),通过手拉葫芦调整套筒的空间位置直至套筒位置偏差满足精度要求,之后用 10 号槽钢将套筒悬吊固定在劲性骨架上。

测量注意事项:在辅助锚管定位的型钢的定位钢板上,放样出锚管在此高程面长、短轴方向距离锚管边缘 10cm 和 20cm 的点,且至少保证每个方向有一个点,桁架上定位钢板的高程用普通水准仪测得。安装时根据须量取的放样点到锚管边缘的理论距离,先将锚管利用手拉葫芦进行粗略定位,之后利用棱镜在锚垫板及索道管特征线上移动,进行精确定位。

索道管特征线精确定位时,锚垫板、套筒上必须观测 3 个点以上,以保证锚垫板、套筒特征线和中心线在同一直线上,锚垫板、套筒调整过程是一个逐渐趋近的过程。锚垫板、套筒定位完成后,再次复测特征线坐标,若符合精度要求,则进行锚垫板、套筒焊接定位。

4.3.8 索塔倾斜度控制测量

主塔倾斜度控制采用精密全站仪三维坐标截面中心法测量,以传统线坠测量法校核。

4.4 劲性骨架与钢筋工程

4.4.1 劲性骨架设计与施工

为满足下、上塔柱高空施工中钢筋定位的需要,同时为了模板的定位测量和上塔柱斜拉索锚固套筒安装,塔柱施工时设置劲性骨架。

1）劲性骨架设计

劲性骨架设计时，主要考虑以下因素：

（1）劲性骨架自身能满足刚度要求，可用作钢筋定位和依托；

（2）便于斜拉索锚固套筒和其他预埋件安装；

（3）劲性骨架自身便于施工；

（4）由于索塔截面异型多变，劲性骨架截面无法完全适应索塔截面，索塔钢筋安装前须在劲性骨架四周用钢筋焊接辅助定位骨架，以满足索塔钢筋的精确定位；

（5）为提高劲性骨架现场定位及焊接质量，在每根竖向∟75×6顶部焊接200mm×200mm×10mm钢板，劲性骨架安装时直接焊接在钢板上。

劲性骨架结构见图4-4-1、图4-4-2。

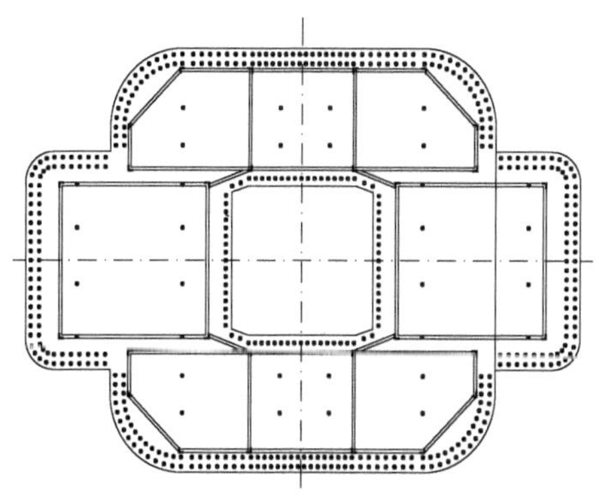

图4-4-1　下塔柱劲性骨架平面示意图

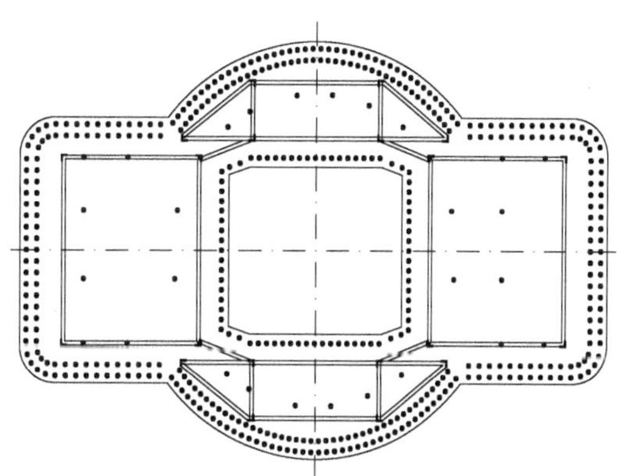

图4-4-2　上塔柱劲性骨架平面示意图

2）劲性骨架施工

（1）劲性骨架施工工艺流程

为加快施工进度、方便安装，劲性骨架采用分4榀分节段加工，现场吊装，并用型钢连成整体。劲性骨架分榀加工、安装示意详见图4-4-3。

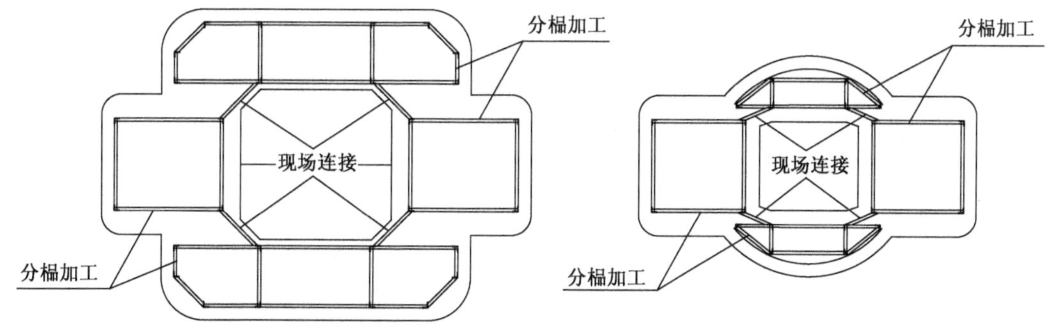

图4-4-3　劲性骨架分榀加工、安装示意图

（2）劲性骨架加工

根据塔柱浇筑的分节高度及主筋的悬臂长度，劲性骨架的标准加工长度确定为6m。劲性骨架主要采用∟75×6、∟50×5、[8等类型的型钢制作、连接。为方便运输及现场定位、安装，

劲性骨架由小断面单榀桁架和现场连接件组成。

小断面单榀桁架在后场加工组进行加工。为保证小断面桁架的加工精度,加工场地需用混凝土整平,成品桁架编号分类堆放。

劲性骨架施工工艺流程见图4-4-4。

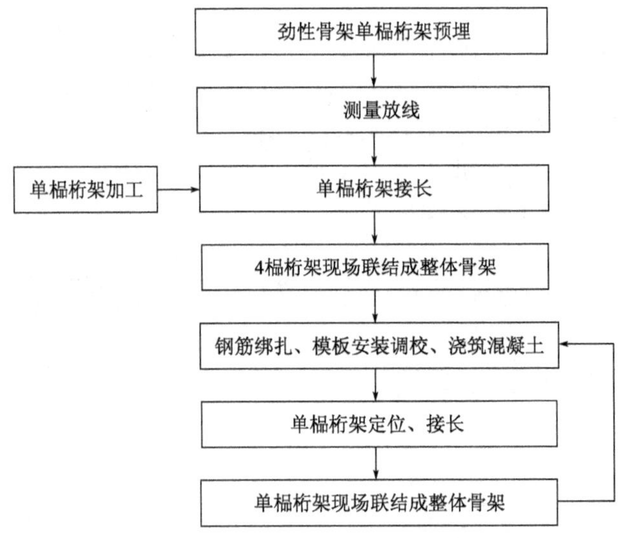

图4-4-4　劲性骨架施工工艺流程图

(3)劲性骨架安装

①小断面单榀桁架初定位

劲性骨架现场接长初定位时,通过测量放样在上节劲性骨架的钢板上打点确定竖向角钢的平面位置,利用吊重锤控制劲性骨架的垂直度,即塔吊起吊小断面单榀桁架,测量人员根据具体打点情况,选择合适的位置下放单榀桁架,悬吊垂球调整桁架的垂直度,根据测量的结果指导调整工作。当桁架的位置满足要求后,立即将上层桁架的竖向角钢与下层骨架上端钢板焊接。

②水平连接及辅助定位钢筋骨架焊接

在小断面桁架上焊接水平连接角钢,使劲性骨架连接形成整体骨架,在整体骨架上放点定出两侧主筋位置线,然后用钢筋根据位置线安装、焊接辅助定位骨架,保证主筋安装的精度。

4.4.2 钢筋施工

1)钢筋施工工艺

(1)塔柱钢筋为直径40mm的HRB400和直径32mm、28mm、20mm、16mm、12mm的HRB335,共六种规格钢筋,钢筋直径大于25mm的均采用直螺纹机械连接接头,后三种采取绑扎搭接或焊接。

(2)牛腿钢筋为直径28mm、25mm、22mm的HRB335三种规格钢筋,前两种采取直螺纹机械连接,后一种采取绑扎搭接或焊接。

(3)当塔柱钢筋与预应力管道、斜拉索锚固套筒及位置不便移动的预埋件等冲突时,可适当调整钢筋间距,当不可避免地需要切割主筋时,需提前同设计单位进行沟通并采取补强措施。

塔柱钢筋、牛腿钢筋施工工艺流程分别见图 4-4-5、图 4-4-6。

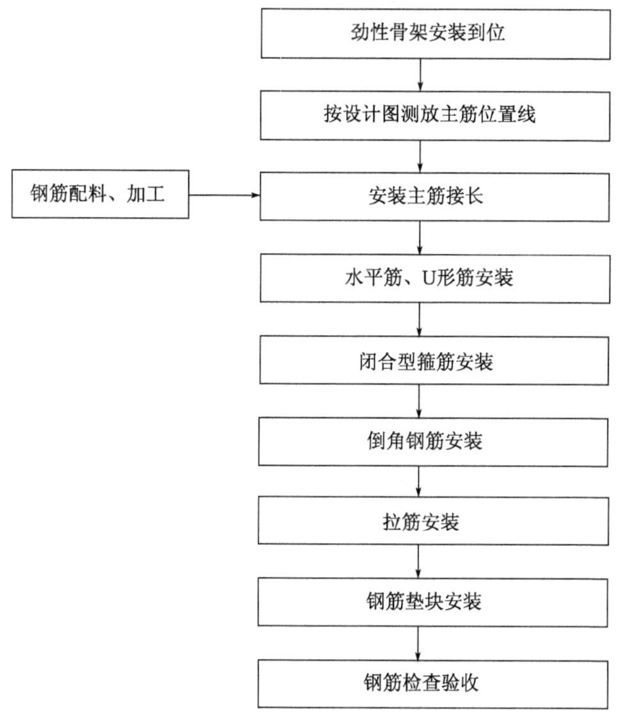

图 4-4-5 塔柱钢筋施工工艺流程图

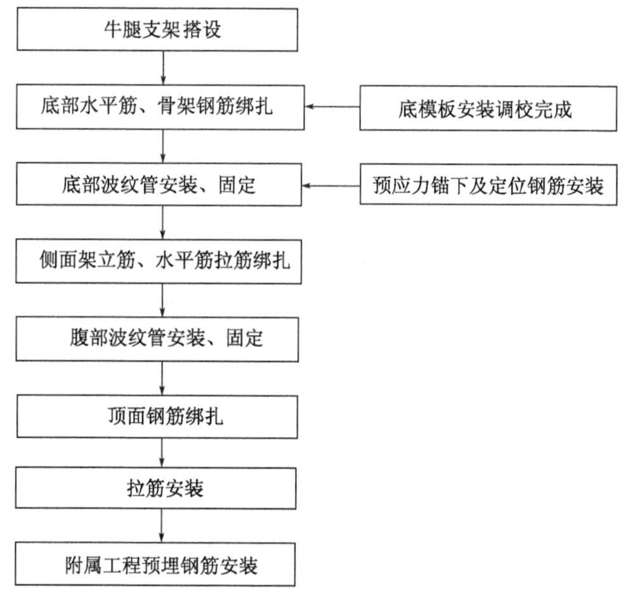

图 4-4-6 牛腿钢筋施工工艺流程图

2)钢筋配料、加工及运输

钢筋配料、加工在钢筋加工场进行，加工好的半成品钢筋由塔吊直接起吊安装。

塔柱主筋按照50%错头和1.5m错头长度进行配料，施工到一定高度后在保证错头间距不小于1.5m的前提下调整一次。按施工图纸所示钢筋大样图，在确保保护层厚度、转角半径、绑扎搭接长度的要求下下达钢筋配料通知单，据此进行配料。

直径40mm的HRB400主筋采用等强度滚扎直螺纹接头连接，先用套丝机对钢筋两端头进行套丝，在一端套上螺纹套筒。钢筋的套丝及螺纹套筒的一端套接均在钢筋加工场完成。为保证钢筋连接的顺利进行，要对加工好的钢筋在运输及吊装过程中加强保护，尤其是钢筋的外露螺纹及套筒的内螺纹。

其他钢筋按要求加工成半成品，分类编号堆存。堆存时，其下放枕木，以利排水，上面覆盖彩条布防雨。

3）塔柱钢筋绑扎

（1）总体施工顺序

钢筋安装的总体顺序：竖向主筋→环向水平筋→内外层主筋间的闭合型箍筋→倒角钢筋及拉钩筋。

（2）竖向主筋接长、定位

劲性骨架按设计位置安装到位，并在劲性骨架上由测量人员放出塔柱节段上口平面中心线，再根据中心线放出竖向主筋的位置，先接长内侧主筋，再接长外侧主筋。

（3）水平筋绑扎

主筋接长完毕后，在竖向钢筋上做出水平筋记号，然后分层绑扎水平筋，钢筋绑扎间距应满足设计要求。水平筋接头采取绑扎搭接，搭接长度≥35d（d为钢筋直径）。

（4）闭合型箍筋绑扎

水平箍筋为两个“U”形钢筋进行对接（4、4a钢筋），“U”形钢筋与主筋固定（3、3a钢筋），接头采用绑扎搭接，搭接长度≥35d（d为钢筋直径）。

（5）倒角钢筋及拉钩筋绑扎

绑扎完成一层水平钢筋后，按设计位置在水平筋和主筋上标记号，然后绑扎倒角钢筋。

在塔柱倒角处，内外层主筋采用拉钩筋连接，拉钩筋两端弯钩须勾于竖向主筋与水平环向筋的外侧。

（6）钢筋保护层控制

钢筋通过劲性骨架进行精确定位，因主筋为直径40mm的HRB400钢筋，且为双层主筋，钢筋骨架刚度很大，传统的垫块保证不了钢筋的保护层，应通过控制主筋的绑扎位置来控制保护层厚度，保护层垫块采用高性能混凝土垫块，垫块间距按每平方米不少于4个进行控制。

4.5 适用于不同截面的辅助支架工程

4.5.1 新型“等截面索塔施工”型钢支架

1）传统辅助支架施工工艺

索塔施工辅助支架选型时一般有爬模施工工艺、翻模施工工艺。其施工工艺的优缺点见表4-5-1。

爬模施工工艺与翻模施工工艺对比　表4-5-1

类　别	优　点	缺　点
爬模施工工艺	提供全封闭、全方位的操作平台，施工人员易操作，安全系数较高	系统模板造价高，使用过程中保养、维护费用高，模板配件标准化高
	自重较轻，操作方便，安全性高，可节省大量工时和材料，模板抗风能力很好	墩柱浇筑高度不能调节，一次只能浇筑4.5m
	爬模架一次组装完成后，一直施工至塔顶不落地，节省了施工场地	对整个顶升系统机械性能要求较为严格，损坏后需专人维修
	爬升速度快，模板标准化程度高，整个结构仅需一次组装；大大降低塔吊的吊装次数	爬模支架施工，适用于等截面墩柱施工，不适用异形、多面截面施工
翻模施工工艺	材料投入少，施工工艺简单，可直接使用塔吊提升，不需要再安装专用提升油泵	模板上下节段间接缝控制不好容易出现错台，墩柱平面位置不好控制，抗风能力差
	经济优势明显，模板可周转使用，每次浇筑高度可随时调节	模板周围的操作平台不好搭设，人工拼装和拆卸模板时不好操作
	模板拼装简单，可采取大型组合钢模板施工，施工速度较快	塔吊吊装作业次数较多，对施工进度有一定程度的影响

爬模施工如图4-5-1所示。

图4-5-1　爬模施工图

公开号为CN 103898836 A的中国专利公开了一种斜拉桥H型索塔高上横梁钢斜腿预应力支架施工方法，用于桥梁施工领域。其采用钢斜腿托架和拱架来施工横梁，避免了现有技术中高支架法施工大量钢管支架的安装和拆除，减少了索塔施工时预埋件的安装及后期修补工作，减少高空焊接工作量和材料，大大降低了高空作业风险，同时也规避了高支架预留压缩量和预埋牛腿托架上拱度设置困难等问题；钢斜腿托架受力明确，上节点将竖向荷载传递给索塔，下节点上斜向下力的水平向外分力靠水平系杆处预应力钢绞线预先施加的预应力抵消，下节点上斜向下力的竖向分力由索塔承受。此外，索塔与横梁异步施工，避免了横梁侧施工索塔的模板及爬架的高空拆除和安装，降低了安全风险，缩短了工期。但是上述施工方法仅适用于斜拉桥 H 型索塔，而对于其他截面形状的索塔施工并不适用。

由于异形索塔截面的多变、异形的特性，爬模支架施工工艺不再适合。

2）新型辅助支架系统方案设计

结合斜拉桥索塔截面多变、异型的特点，在确保结构安全性和经济性的基础上，按“不变应万变”的设计理念将每节段异型截面索塔施工变为等截面索塔施工，设计一套适合每种索塔截面的型钢支架。

型钢支架以沿索塔四周固定的 4 条 ϕ82cm 螺旋钢管作为爬升轨道，利用 4 个锁在钢管上的抱箍作为支撑系统，手拉葫芦作为提升动力，钢丝绳作为安全保险绳，整个爬架设计成空间桁架结构，将其作为安全操作平台。爬架效果如图 4-5-2 所示。

图 4-5-2　爬架效果图

3）新型辅助支架系统总体介绍

爬架由 4 根作为“爬升轨道”的 ϕ82cm 螺旋钢管、3 层 3.2m 高的爬架、1 层 1.72m 高的提升架、16 个固定用的抱箍组成。爬架立面图如图 4-5-3 所示，爬架平面图如图 4-5-4 所示。

钢管作为爬架、提升架固定和爬升的导轨，钢管每 6m 接长一次，爬架、提升架套在 4 根钢管上，通过锁在钢管上的抱箍进行支撑，且通过在抱箍底部沿钢管壁焊接 4 根 10cm 长、ϕ20mm 钢筋作为保险绳。

3 层爬架为索塔施工辅助支架的主体，3 层爬架自下而上依次通过手拉葫芦相连。为加强连接安全性，爬架之间、爬架与提升架间设置 4 根 ϕ28mm 钢丝绳作为保险绳。提升架通过塔吊进行提升，爬架通过手拉葫芦挂在提升架上进行提升。爬架宽 1.2m，为分体结构，内边缘距离塔柱 80cm，可沿塔柱方向移动（以适应塔柱截面的变化），移动到位后通过法兰进行固定。

4）辅助支架系统详细构造

（1）钢管

钢管利用 0 号块支架的 4 根钢管，塔座施工时完成钢管预埋，钢管利用 ϕ42.6cm 横联管连成整体，钢管沿高度方向每 24m 高设置一道横联；钢管附墙件采用 2 I 12.6 工字钢，附墙每 6m 高设置一道。

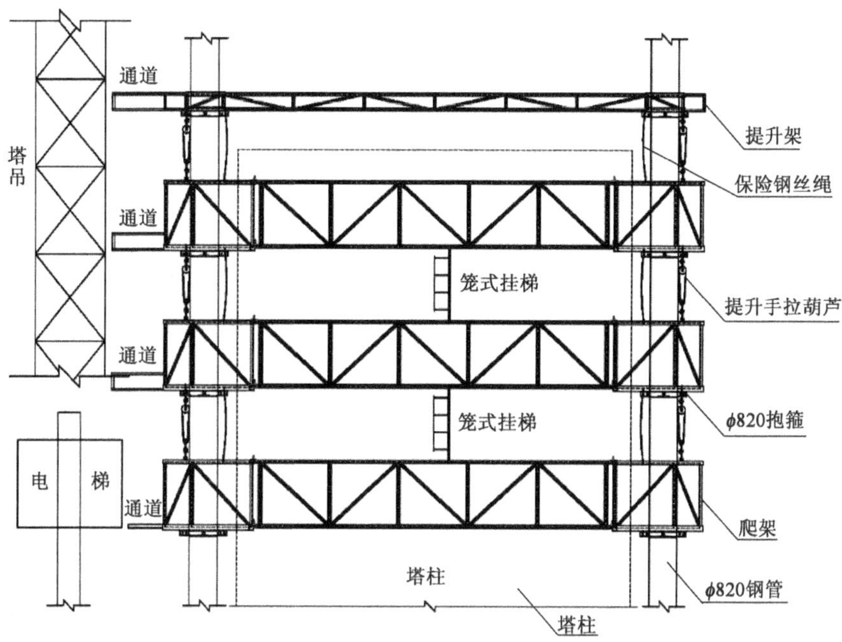

图4-5-3 爬架立面图

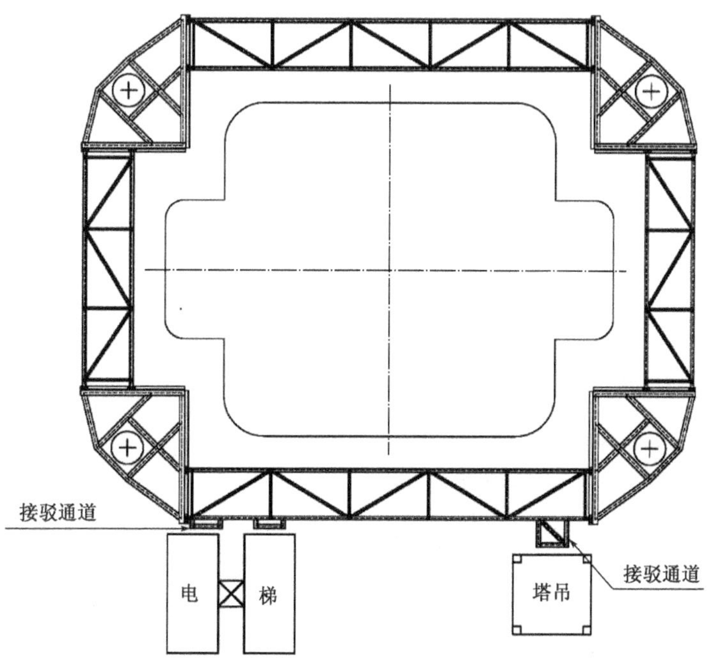

图4-5-4 爬架平面图

钢管连接、钢管附墙连接,分别如图4-5-5、图4-5-6所示。

(2)爬架

爬架由主架、桁架1、桁架2组成,爬架总高3.2m,其中主架体高2m,顶层护栏高1.2m;爬架共分为上下两层,爬架内设置上下层爬梯通道,爬架四周设置钢丝网全封闭,爬架顶层设置1.2m 高钢护栏,爬架整体平面布置见图4-5-7。

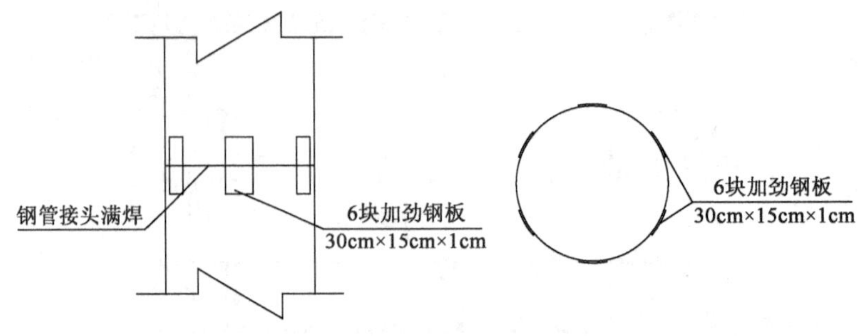

图4-5-5　钢管连接示意图

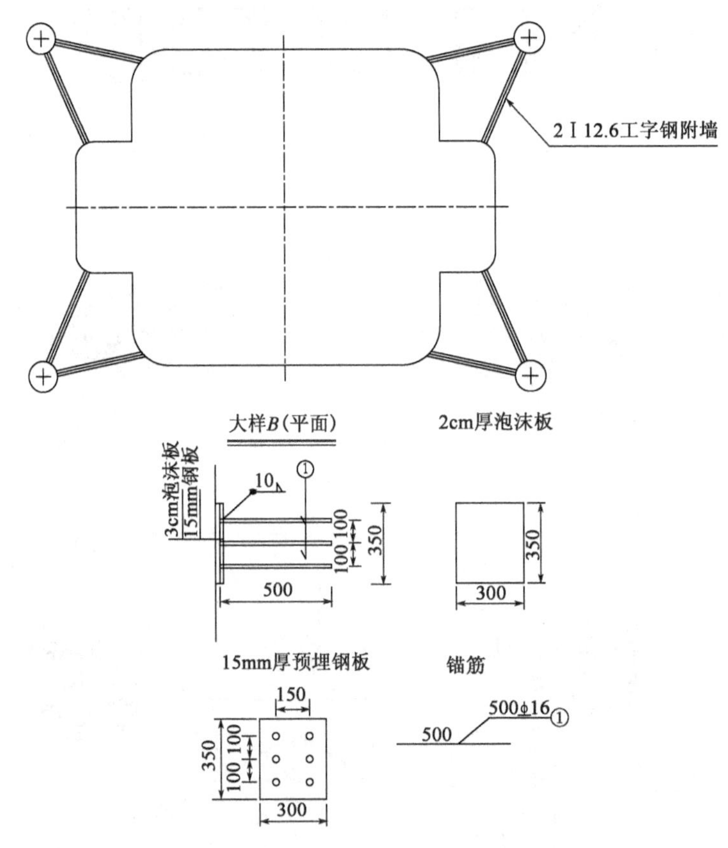

图4-5-6　钢管附墙连接示意图(尺寸单位:mm)

主架底层横杆由2[16 槽钢组成,顶层横杆由2[10 槽钢组成,竖杆为 ϕ83×5mm 焊管,斜杆为 ϕ60×5mm 焊管,主架平面、立面布置图分别如图4-5-8、图4-5-9 所示。

在主架的底层横杆处设置桁架滑移轨道,滑移轨道采用∟80×10mm 角钢与2[16 槽钢焊接固定,桁架滑移时支撑在∟80×10mm 角钢上,桁架上端采用手拉葫芦挂在上层爬架上,滑移由水平方向受拉葫芦提供动力。滑移轨道如图4-5-10 所示。

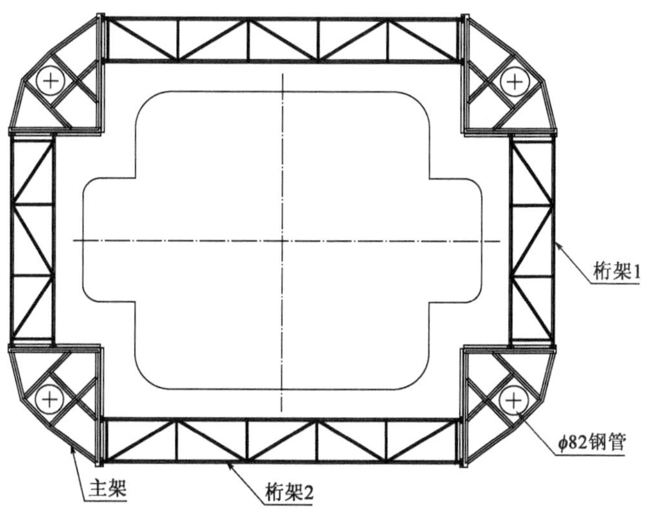

图 4-5-7　爬架整体平面布置图

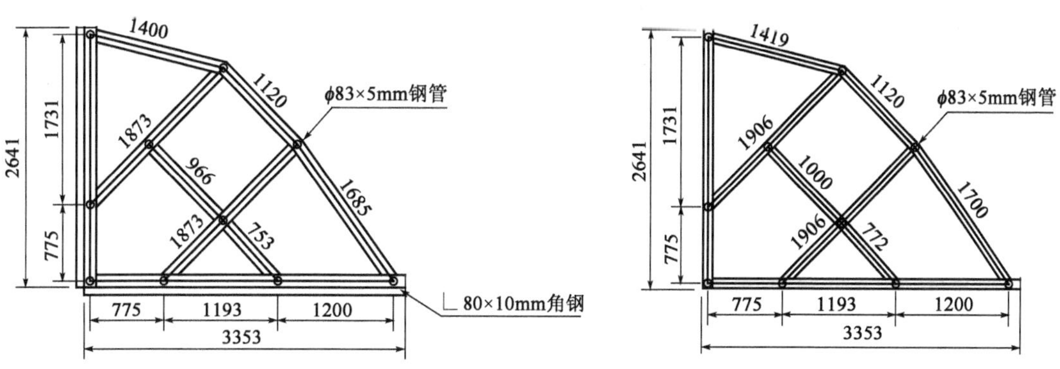

图 4-5-8　主架平面布置图(尺寸单位:mm)

在主架的底层横杆、顶层横杆处各设置 4 块连接法兰板(对应桁架纵杆法兰),桁架通过法兰板与主架连接固定,法兰板采用∟140 ×90、δ10mm 角钢打孔制作而成,采用 δ8mm 钢板加劲;单块法兰板共设置 4 个 ϕ24mm 孔位,连接法兰采用 4 个 ϕ22mm 螺栓。

连接法兰如图 4-5-11 所示。

桁架一高 2m、宽 1.29m、长 6.06m;桁架 2 高 2m、宽 1.29m、长 10.41m。桁架水平纵杆采用 2[8 槽钢,水平横杆采用[10 槽钢,腹杆采用 ϕ83 ×5mm 焊管,水平斜杆、斜腹杆均采用 ϕ60 ×5mm 焊管。

桁架水平纵杆端部设置法兰板,桁架通过法兰板与主架连接,法兰板采用∟140 ×90、δ10mm 角钢打孔制作而成,采用 δ8mm 钢板加劲;单块法兰板共设置 4 个 ϕ24mm 孔位,连接法兰采用 4 个 ϕ22mm 螺栓。桁架连接法兰构造与主架连接法兰构造相同。

桁架结构如图 4-5-12、图 4-5-13 所示。

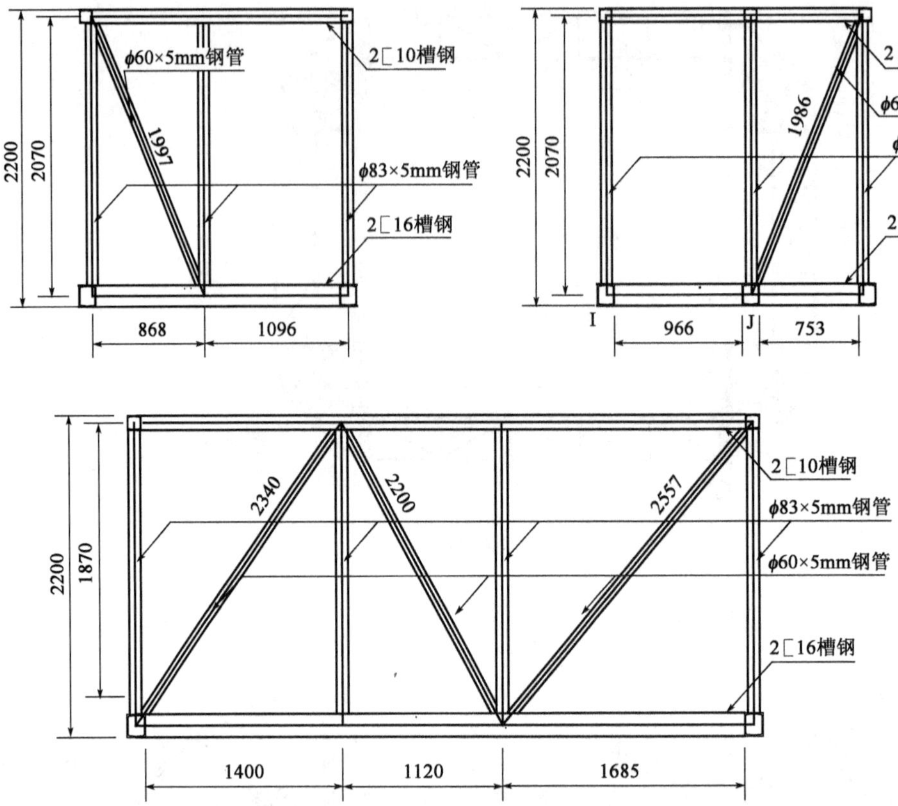

图 4-5-9　主架立面布置图(尺寸单位:mm)

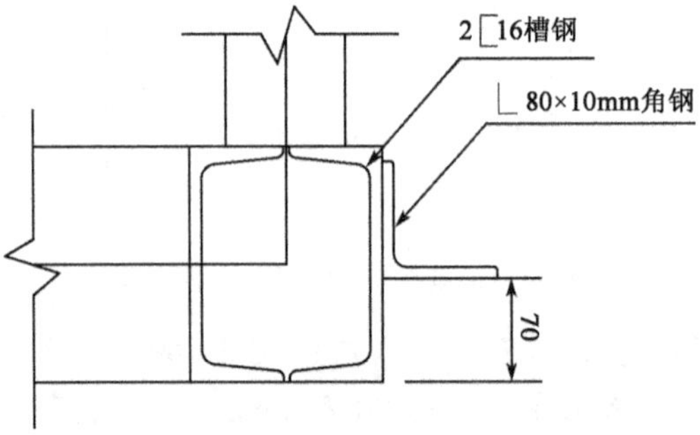

图 4-5-10　滑移轨道示意图(尺寸单位:mm)

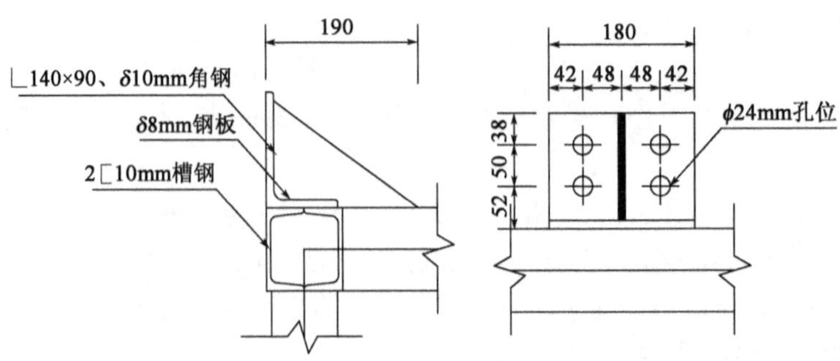

图 4-5-11　连接法兰示意图(尺寸单位:mm)

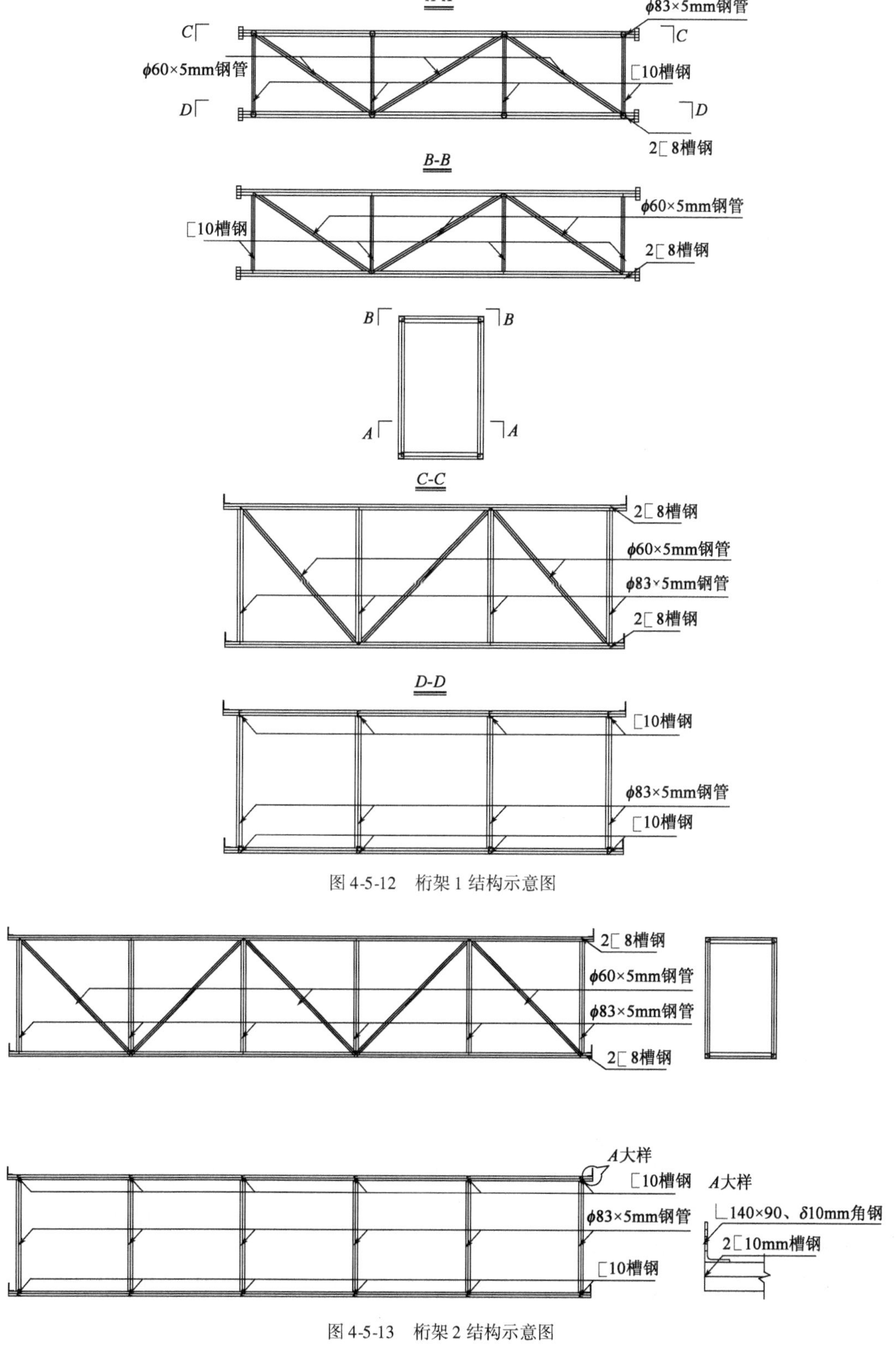

图 4-5-12　桁架 1 结构示意图

图 4-5-13　桁架 2 结构示意图

(3)抱箍

爬架、提升架通过抱箍支撑在钢管上,且通过在抱箍底部沿钢管壁焊接4根10cm长、ϕ20mm钢筋作为保险。抱箍设置4个牛腿,抱箍内径为ϕ820mm,面板为12mm钢板,连接法兰为12mm钢板,肋板为12mm钢板,抱箍法兰采用8根M20×100 8.8级高强度螺栓连接,螺栓孔为ϕ22。

抱箍平、立面结构如图4-5-14、图4-5-15所示。

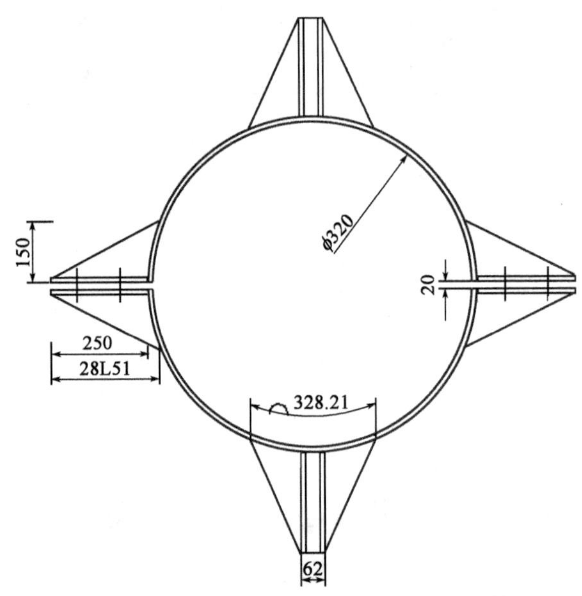

图4-5-14　抱箍平面结构示意图(尺寸单位:mm)

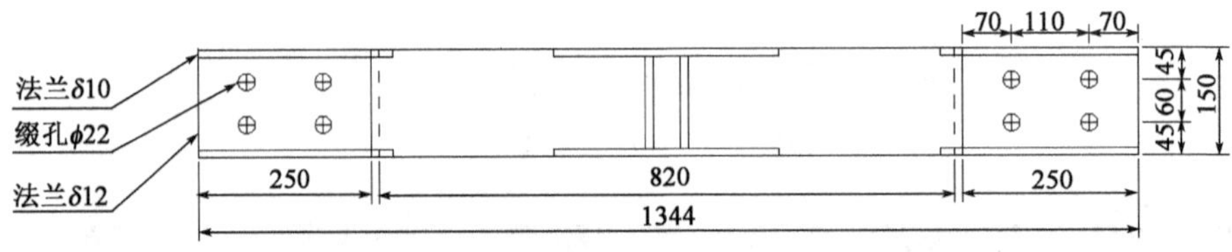

图4-5-15　抱箍立面结构示意图(尺寸单位:mm)

(4)提升架

提升架为桁架形式,顶面作为通道和操作平台,顶面满铺钢板网,设置钢护栏。主体结构总高0.52m,护栏高1.2m;提升架整体平面布置图见图4-5-16。

提升架上层横杆采用2[8槽钢组成,横联采用∟75×5mm角钢,水平斜杆采用∟50×5mm角钢;底层横杆∟75×5mm角钢,横联采用∟75×5mm角钢,水平斜杆采用∟50×5mm角钢;主桁架腹杆采用ϕ83×5mm焊管,其余腹杆采用ϕ60×5mm焊管,斜腹杆采用∟50×5mm角钢。加上附属结构,提升架重约4.5t。

提升架采用塔吊直接进行起吊、提升,起吊不需采用专门吊架,吊绳采用4根ϕ21.5钢丝绳,吊点设置于提升架主框架的4个角点,采用钢丝绳直接缠绕绑扎的方式。

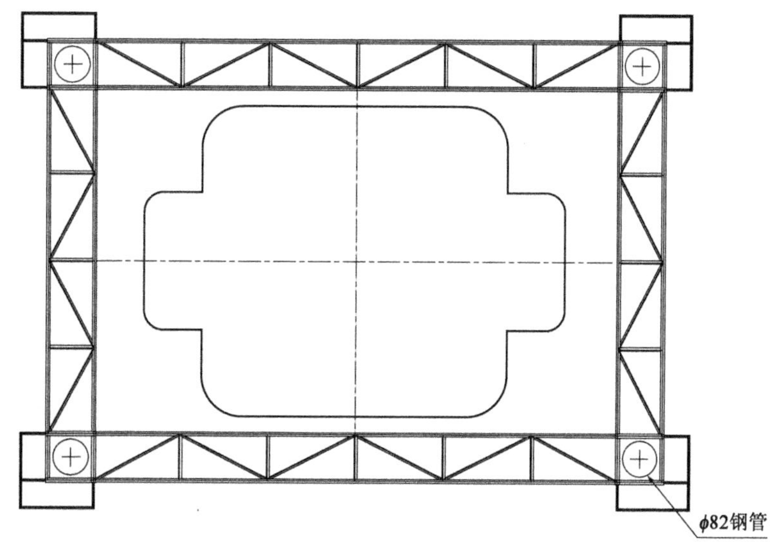

图4-5-16　提升架整体平面布置图

5)辅助支架系统加工

型钢桁架、提升架在施工平台上完成加工、试拼及安装,钢抱箍在钢结构加工厂进行加工。

型钢桁架分主架、桁架1、桁架2分别进行加工,加工完成后在现场进行试拼装,试拼完成后方可进行安装。提升架直接在现场加工形成整体,加工完成后通过塔吊直接安装。

爬架加工过程中对连接焊缝加强检查,控制焊缝质量符合规范要求。爬架加工完成后,对爬架体进行统一喷涂防锈漆。

6)辅助支架系统搭建与提升方法

(1)通过在承台上的预埋件,安装四根钢管,作为整个辅助支架导轨的钢管。

(2)安装底层爬架:先在钢管上安装4个抱箍,以锁紧在钢管上的抱箍作为支撑,分块安装底层的爬架,同理由下往上安装其余2层爬架及提升架。

(3)分别在相邻两层爬架之间,以及爬架与提升架之间挂设手拉葫芦作为提升动力装置,并连接保险钢丝绳。

(4)完成一个节段的索塔施工后,接长4根钢管,利用塔吊提升提升架一个索塔节段的高度,最上层的爬架通过手拉葫芦挂在提升架上进行提升,下层的爬架通过手拉葫芦挂在相邻上层爬架上进行提升,并调整抱箍位置,使抱箍锁紧在钢管上并支撑在新高度的爬架或提升架下方,完成一次工序循环。

钢管之间通过横联管连成整体,钢管沿高度方向每24m设置一道横连管,同时钢管沿高度方向每隔6m设置一道与索塔固定连接的附墙件;相连两根钢管焊接时,钢管接头满焊,并在钢管接头外侧焊接加劲钢板。

爬架安装、提升工艺流程分别如图4-5-17、图4-5-18所示。

7)索塔施工安全控制管理

(1)设置全封闭操作空间

型钢爬架作为索塔施工操作平台,在结合索塔截面的多变、异形特点前提下,综合考虑施工安全、爬架提升,爬架操作平台设计成“翻板式”结构。爬架提升时将“翻板”翻起;索塔施工时将“翻板”放下作为操作平台,其他边角孔洞部位,则用薄钢板或木夹板进行封闭,使得整个索塔施工处于全封闭施工状态,如图4-5-19所示。

安装4根12m钢管
安装爬架1的4根抱箍
安装爬架1的4个主架
安装爬架1的4个副架
同理安装爬架2、3及提升架
安装附属设施

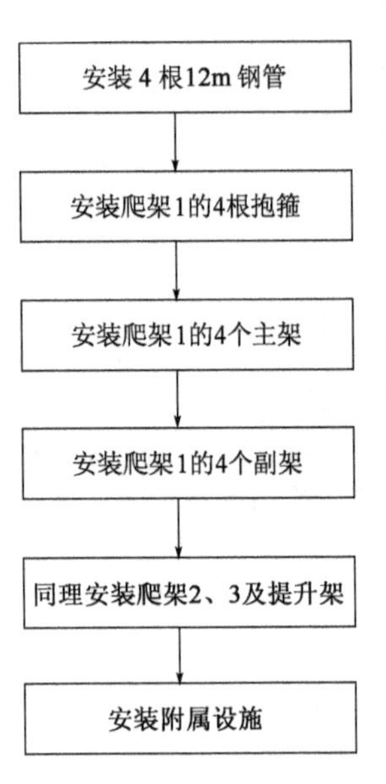

图4-5-17　爬架安装工艺流程

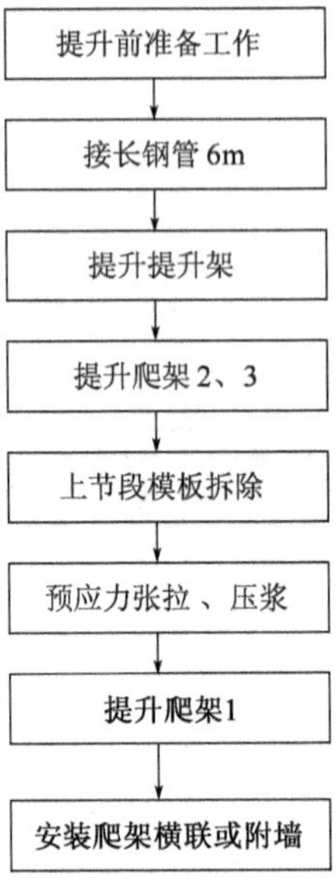

提升前准备工作
接长钢管6m
提升提升架
提升爬架2、3
上节段模板拆除
预应力张拉、压浆
提升爬架1
安装爬架横联或附墙

图4-5-18　爬架提升工艺流程图

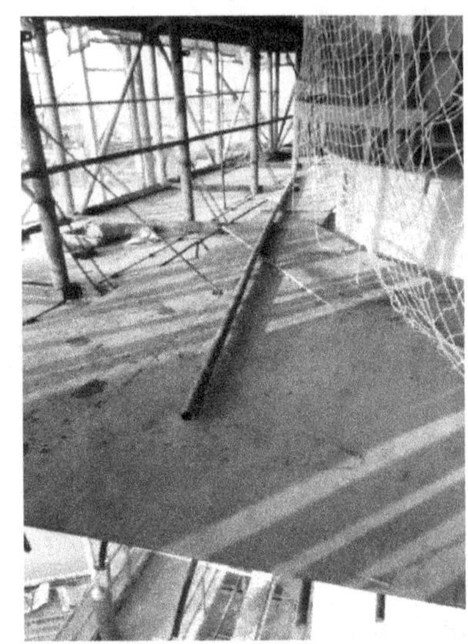

图4-5-19　索塔全封闭施工

(2)建立安全管理制度,严格执行验收程序

整个索塔施工最大风险源来源于爬架施工,项目部结合爬架施工工艺及特点,制订了爬架施工的安全风险控制措施和索塔施工验收制度。在每次爬架提升前、爬架提升完成后由工程部组织安全部、质检部等相关部门进行验收,验收合格后方可进行下道工序施工,杜绝一切安全事件的发生。

4.5.2　索塔爬架计算

1)爬架结构设计

爬架适用于主墩索塔辅助施工,爬架主要包括主架、桁架及抱箍三部分,对主架及桁架进行整体MIDAS建模验算,对抱箍进行螺栓及焊缝受力验算。

2)设计荷载

根据《公路桥涵施工技术规范》(JTG/T F50—2011),荷载及荷载系数取值如下:

(1)静荷载增大系数取1.2。

(2)施工机具及人群荷载1.5kPa(验算模板按2.5kPa),荷载增大系数取1.4。偏安全考虑,荷载增大系数取1.6,按2.4kPa计算。

(3)侧向力:侧向10kN,动荷载增大系数取1.4。

(4)允许最大变形:$V_T = 1/500$。

3)强度及挠度验算

强度验算中,爬架承受施工荷载及侧向荷载。建立爬架整体Midas模型,如图4-5-20所示。

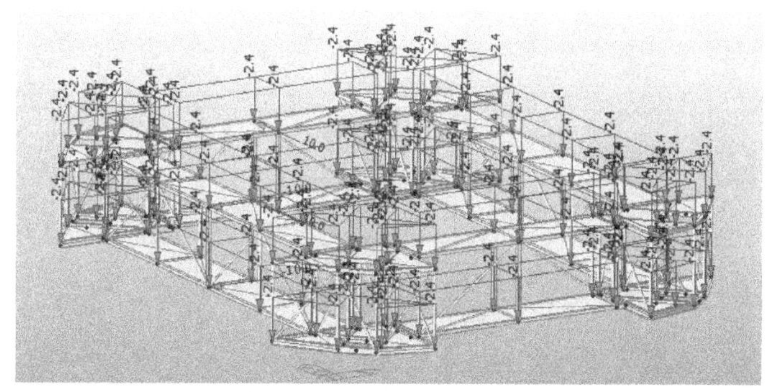

图 4-5-20　爬架整体 Midas 模型图

支反力、应力、挠度的 Midas 分析结果如图 4-5-21 ~ 图 4-5-25 所示，具体如下：

支反力：$R_{max}=57.1kN$；

正应力：$\sigma_{max}=127.6MPa<215MPa$；

剪应力：$\tau_{max}=51MPa<125MPa$；

组合应力：$\sigma_{max组合}=137.2MPa<215MPa$；

挠度：$\delta_{max}=18.2mm<\dfrac{10354mm}{500}=20.7mm$。

满足使用要求。

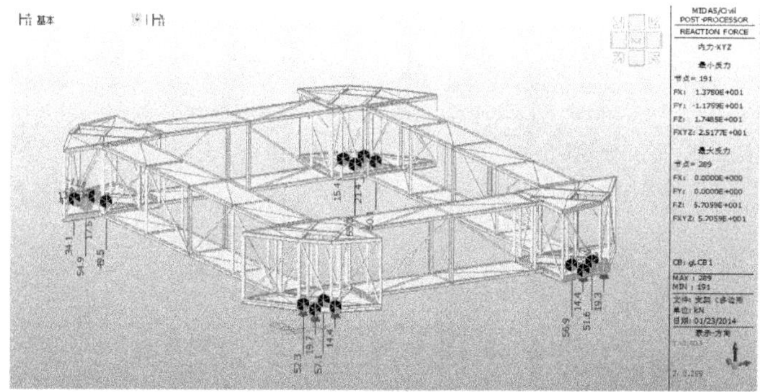

图 4-5-21　支反力图

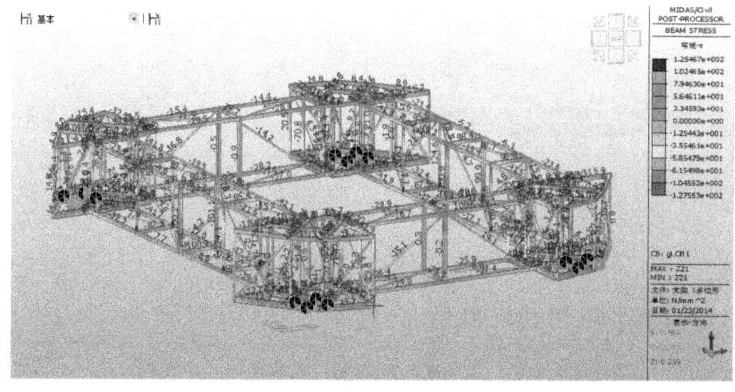

图 4-5-22　正应力图

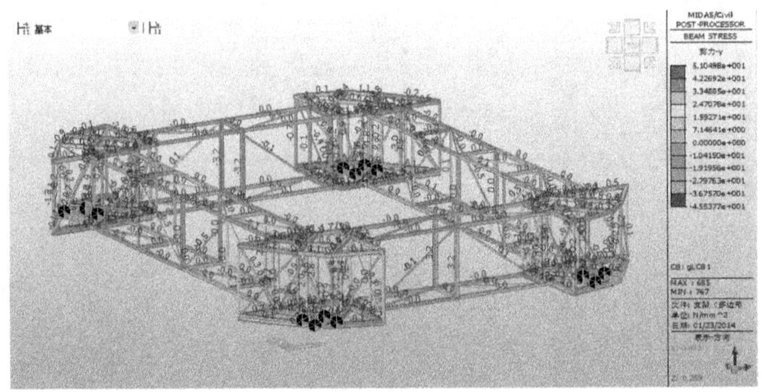

图 4-5-23　剪应力图

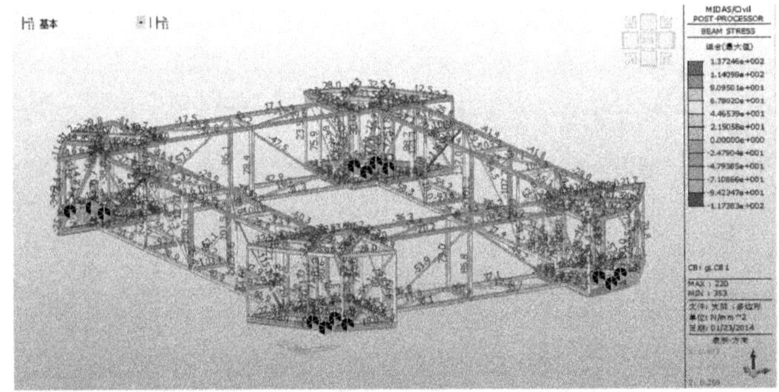

图 4-5-24　组合应力图

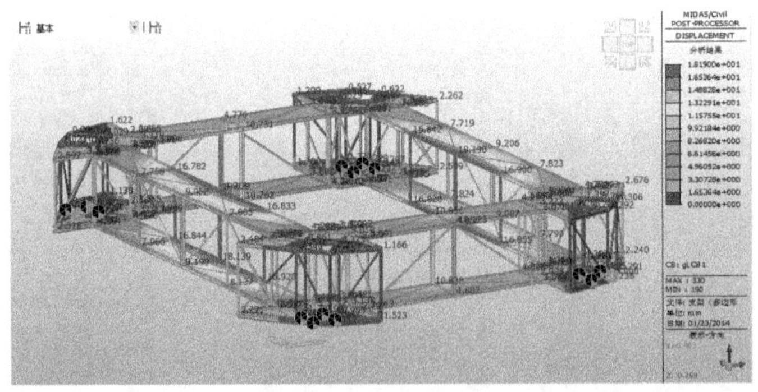

图 4-5-25　挠度图

4）抗风验算

作用于脚手架上的水平风荷载标准值 ω_k 按下式计算：

$$\omega_k = \mu_z \mu_s \omega_0$$

式中：ω_k——风荷载标准值（kN/m^2）；

μ_z——风压高度变化系数；

μ_s——脚手架风荷载体型系数；

ω_0——基本风压值(kN/m^2)。

查《建筑结构荷载规范》(GB 50009—2012)可知 $\mu_s = 1.0\phi = 1.2 \times (100 - 2300 \times 0.013)/100 = 0.841$；查《建筑结构荷载规范》(GB 50009—2012)，$\mu_z = 2.205$(高度取95m)。

根据要求查国家标准《建筑结构荷载规范》(GB 50009—2012)，按台山市数据可知，$\omega_0 = 0.35kN/m^2$；$\omega_k = \mu_z \mu_s \omega_0 = 2.205 \times 0.841 \times 0.35 = 0.649(kN/m^2)$。

爬架承受施工荷载及侧向风荷载，建立 Midas 模型，进行计算。

应力、挠度、支反力的 Midas 分析结果如图4-5-26～图4-5-30所示，具体如下：

支反力：$R_{max} = 57.3kN$；

正应力：$\sigma_{max} = 125.7MPa < 215MPa$；

剪应力：$\tau_{max} = 35.1MPa < 125MPa$；

组合应力：$\sigma_{max组合} = 137.4MPa < 215MPa$；

挠度：$\delta_{max} = 18.3mm < \frac{10354}{500}mm = 20.7mm$。

满足使用要求。

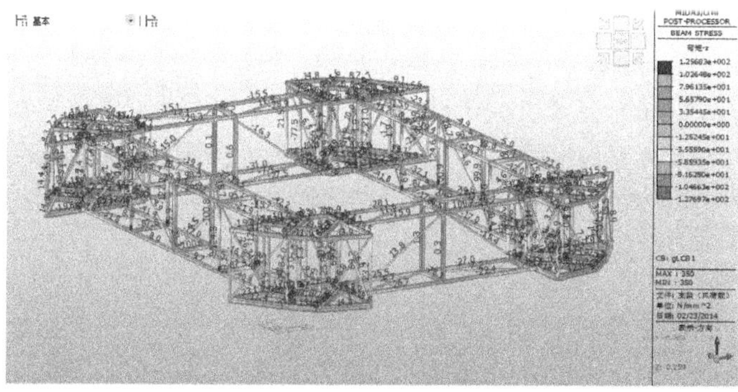

图4-5-26　正应力图

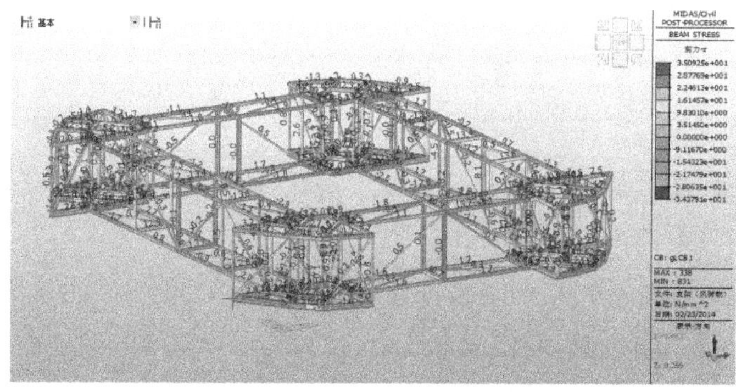

图4-5-27　剪应力图

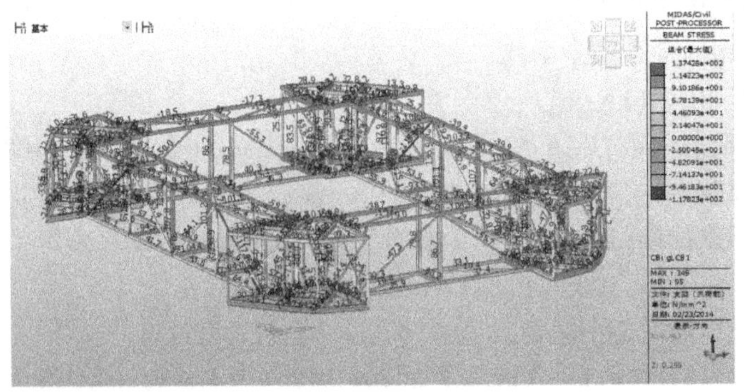

图 4-5-28 组合应力图

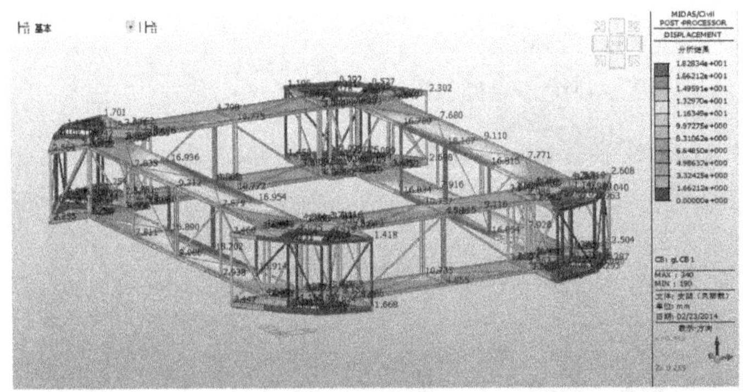

图 4-5-29 挠度图

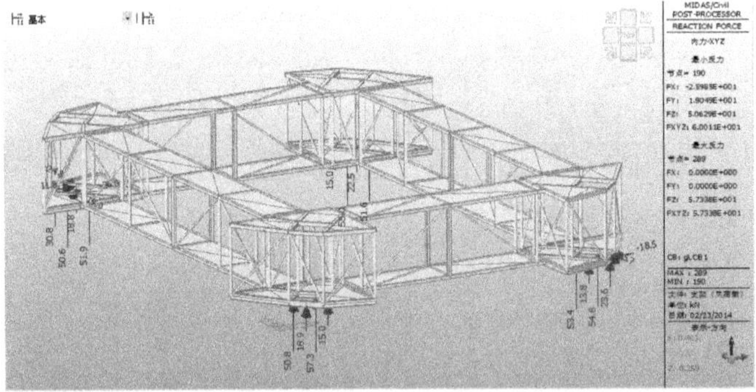

图 4-5-30 支反力图

4.5.3 支架抱箍计算

1)抱箍结构设计

抱箍适用于主墩索塔爬架施工,抱箍设计主要包括钢带设计与外伸牛腿的焊接设计,牛腿为小型构件,一般不做变形计算,只做应力计算。

2)荷载计算

根据爬架 Midas 分析结果,整体建模计算得(考虑自重安全系数为 1.2,自重安全系数为 1.4):

爬架自重：$G=108.2\mathrm{kN}$；

施工荷载：$K=378.3\mathrm{kN}$；

总荷载：$108.2+378.3=486.5(\mathrm{kN})$；

单个抱箍最大受力：$k_{1\max}=156\mathrm{kN}$；

单个牛腿最大受力：$k_{2\max}=57.1\mathrm{kN}$。

3）钢带对钢管桩的压应力计算

钢带对钢管桩的压应力 σ_1 可由下式计算求得：

$$\mu\sigma_1 B\pi D=KN$$

式中：μ——摩阻系数，取0.3；

B——钢带高度，取150mm；

D——墩柱直径，取820mm；

K——荷载安全系数，取1.2；

N——作用在单个抱箍上的荷载，取156kN。

则 $\sigma_1=\dfrac{KN}{\mu B\pi D}=\dfrac{1.2\times156\times1000}{0.3\times150\times3.14\times820}=1.62(\mathrm{MPa})$

由微积分方程，可求钢管桩环向抗压强度设计值$[\sigma_{\mathrm{p}}]$公式，得：

$$[\sigma_{\mathrm{p}}]=\frac{2[\sigma]\delta}{d}=\frac{2\times180\times10^6\times0.012}{0.82}=5.27(\mathrm{MPa})$$

则 $\sigma_1<[\sigma_{\mathrm{p}}]$，满足要求。

4）面板应力计算

根据环向应力公式：

$$\sigma_2=\frac{\sigma_1 D}{(2\delta)}$$

式中：δ——钢板厚度，取12mm。

求得 $\sigma_2=\sigma_1 D/(2\delta)=1.62\times820/(2\times12)=55.35(\mathrm{MPa})<215\mathrm{MPa}$，满足要求。

5）牛腿螺栓受力计算

（1）牛腿螺栓抗拉承载力计算

抱箍面板拉力：$F=\sigma_2 A=55.35\times12\times150=99630(\mathrm{N})=99.63\mathrm{kN}$

牛腿腹板采用4根8.8级M20高强度螺栓，螺栓直径为20mm。单个螺栓所受拉力为：$N=F/2=99.63/4=24.91(\mathrm{kN})<N_{\mathrm{t}}=100\mathrm{kN}$，满足要求。

其中：N_{t} 为8.8级M20高强螺栓设计拉力。查《钢结构设计规范》(GB 50017—2003)8.8级M20螺栓预拉力 $P=125\mathrm{kN}$，$N_{\mathrm{t}}=0.8P=100\mathrm{kN}$。

（2）牛腿螺栓抗剪承载力计算

抱箍所受的竖向压力由M20的高强度螺栓的抗剪力承担，查《路桥施工计算手册》，则：

M20螺栓的允许承载力可通过下列公式计算：

$$[N^{\mathrm{L}}]=\frac{P\mu n}{K}$$

式中：P——高强度螺栓的预拉力，查《路桥施工计算手册》，取155kN；

μ——摩擦系数,取0.3;

n——传力接触面数目,取1;

K——安全系数,取1.7。

代入公式,得到螺栓的允许承载力为:

$$[N^{L}] = \frac{P\mu n}{K} = \frac{155 \times 0.3 \times 1}{1.7} = 27.35(\mathrm{kN})$$

则 $Q = n[N^{L}] = 8 \times 27.35 = 218.8(\mathrm{kN}) > k_{1\max} = 156\mathrm{kN}$,满足要求。

(3)牛腿螺栓紧固力计算

紧固螺栓时要按照钢板容许应力控制紧固力。

考虑2倍的安全系数,紧固力取99.63×2=199.26(kN);

每个螺栓紧固力为:199.26÷4=49.8(kN)。

查《公路桥涵施工技术规范》(JTG/T F50—2011)公式:

$$T_{C} = KP_{C}d$$

式中:T_{C}——终拧扭矩(N·m);

K——高强度螺栓连接扭矩系数平均值,在0.11~0.15之间,取0.15;

P_{C}——高强度螺栓施工预拉力(kN);

d——高强度螺栓公称直径(mm)。

单个螺栓终拧扭矩 $T_{C} = KP_{C}d = 0.15 \times 49.8 \times 20 = 149.4(\mathrm{N \cdot m})$,扳手手柄加长到50cm,只需298.8N的紧固力,即可满足要求。

6)焊缝受力计算

采用506焊条,手工焊,钢材全部采用Q235钢,焊缝形式为角焊缝。

(1)翼缘水平焊缝应力计算

按照焊缝传递应力与母材所承受应力相协调的原则,由于腹板焊缝传递弯矩很小,可忽略不计,即假设腹板焊缝只承受剪力,翼缘焊缝承受全部弯矩。

受力破坏时牛腿沿下缘"铰"旋转,建立力矩平衡方程:$V \times 125 = H \times 120$,则 $H = 57.1 \times 125/150 = 47.6(\mathrm{kN})$,在水平力的作用下焊缝应力为:

$\sigma_{f_1} = H/(h_{s1}l_{w1}) = 47.6 \times 1000/(0.7 \times 10 \times 154) = 44.2(\mathrm{MPa})$

式中:h_{s1}——焊缝有效宽度,取 $h_{s1} = 0.7h_{f}$;

h_{f}——焊缝焊角高度,采用10mm焊角高;

l_{w1}——焊缝长度,为200mm。

(2)腹板焊缝受力计算

在剪力 V 作用下腹板侧焊缝切应力为:

$\tau_{1} = V/(h_{s2}l_{w2}) = 57.1 \times 1000/(2 \times 0.7 \times 10 \times 130) = 31.4(\mathrm{MPa})$

(3)由于螺栓压力 P 作用,需进行焊缝受力计算

4个螺栓的拉力 $P = 95.2\mathrm{kN}$

螺栓压力由翼缘焊缝和腹板焊缝共同承担,所以在螺栓压力 F 的作用下:

$\sigma_{p} = 95.2 \times 1000/[0.7 \times 10 \times (154 + 130 + 154)] = 31.1(\mathrm{MPa})$

翼缘焊缝综合应力计算：

$$\sigma_{翼} = \sqrt{\sigma_{f1}^2 + \sigma_p^2} = \sqrt{44.2^2 + 31.1^2} = 54(\text{MPa}) < f_{fw} = 160\text{MPa}$$,满足要求。

式中：f_{fw}——角焊缝抗拉、压、剪强度设计值，取160MPa。

(4)腹板焊缝综合应力计算

$$\sigma_{腹} = \sqrt{\tau_1^2 + (\sigma_p/\beta_f)^2} = \sqrt{31.4^2 + (31.1/1.22)^2} = 40.4(\text{MPa}) < f_{fw} = 160\text{MPa}$$,满足要求。

式中：β_f——正面焊缝增大系数，取1.22。

4.6　模板工程

4.6.1　概述

(1)塔柱外模板采用大块定型模板、翻模施工工艺，根据塔柱节段高度进行模板配置，在塔柱四周搭设脚手架作为施工平台。

(2)牛腿支架采用落地式钢管支架系统，支撑在承台上；牛腿底模板为大块定型钢模板。

(3)塔柱第1～8节段内模板采用木模板，通过采用ϕ4.8cm钢管支架对顶形成模板体系；第9～18节段内模板采用伞形组合钢模板，脱模时利用伞形原理，采用4台5t千斤顶顶推内模板上挂梁，使内模板内、外套梁错位带动模板整体脱模，脱模后内模板整体吊至下一节段安装；塔柱第19节段内模板采用木模板，通过采用ϕ4.8cm钢管支架对顶形成模板体系。

(4)模板系统不设对拉螺杆，外模采用20片竖向桁架形成对拉(下端通过锥形螺母锚固于已浇筑混凝土，上端采用ϕ32cm精轧螺纹钢对拉)，内模板(木模板)采用ϕ4.8cm钢管对顶，伞形内模板利用自身桁架结构对顶。

4.6.2　模板牛腿施工系统

牛腿支架采用落地式钢管支架系统，支撑在承台上；牛腿底模板为大块定型钢模板。牛腿模板及支架系统施工工艺流程见图4-6-1。

(1)牛腿支架系统

牛腿支架采用落地式钢管支架系统，钢管利用0号块施工支架中的4根ϕ820mm钢管，钢管在承台施工时通过预埋护筒头预埋；钢管顶依次为2条9m 2Ⅰ45a工字钢纵向分配梁、2条9m 2Ⅰ45a工字钢横向分配梁、7条6m 2Ⅰ25a工字钢纵向次梁、6片三角桁架、模板系统。

三角桁架采用[14、[10槽钢制作，三角桁架在后场进行加工，运至平台后将6片桁架进行横向联系形成整体桁架，最后进行整体安装，横向联系采用[10槽钢及8mm厚钢板。

下塔柱施工过程中，牛腿支架同步搭设。钢管在中部位置通过ϕ426mm护筒与塔柱上预埋件连接形成扶墙，钢管顶部开设30cm×30cm槽口，槽口底部采用8mm钢板加强；安装时将2Ⅰ45a工字钢纵向分配梁放置于槽口中，通过焊接8mm厚钢板与钢管进行固定；2Ⅰ45a工字钢横向分配梁与2Ⅰ45a工字钢纵向分配梁之间通过焊接连接，2Ⅰ45a工字钢横向分配梁、2Ⅰ25a工字钢纵向次梁及三角桁架间采用骑马螺栓连接。

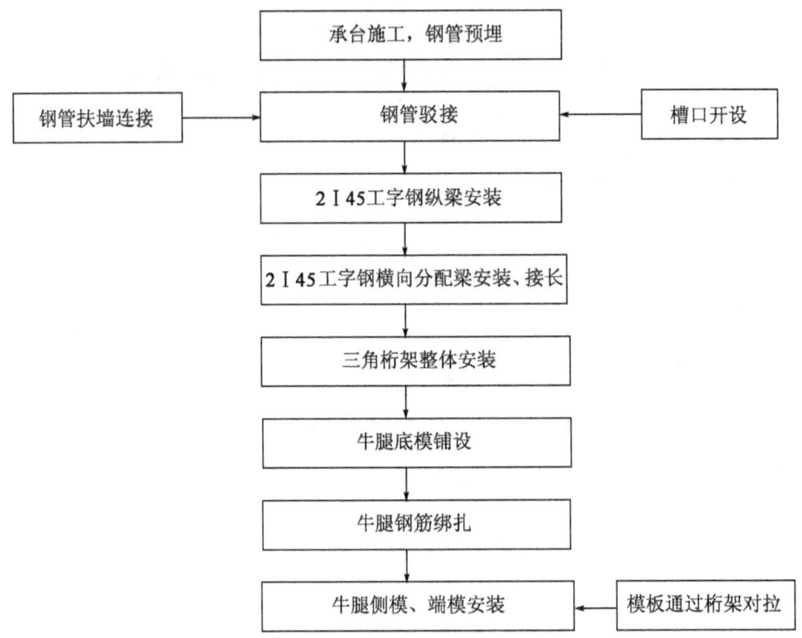

图 4-6-1　牛腿模板及支架系统施工工艺流程图

塔柱第 3 节施工时，在每个三角桁架位置对应在塔柱上预埋 2 根 ϕ24mm H 螺母，牛腿支架施工时将三角桁架与 H 螺母连接，以便在牛腿混凝土浇筑时抵抗三角桁架所受水平力。

(2)牛腿模板系统

牛腿模板采用定型组合钢模板，分为底模板、侧模板、端模板三部分。模板面板采用 6mm 厚钢板，竖肋采用[10 槽钢，横肋采用 6mm 厚钢板；底模板与对应位置的第 3 节索塔模板侧模板通过法兰连接，同时通过点焊固定在三角桁架上；侧模板与对应位置的第 4 节索塔模板侧模板通过法兰连接，同时与底模板通过法兰连接；侧面沿高度方向每隔 1.1m 设置一道横向背楞，牛腿不设对拉螺杆，采用型钢桁架体外对拉形式(同索塔对拉形式)，桁架采用双拼 50H 钢，间距为 1.2m。牛腿模板详见图 4-6-2、图 4-6-3。

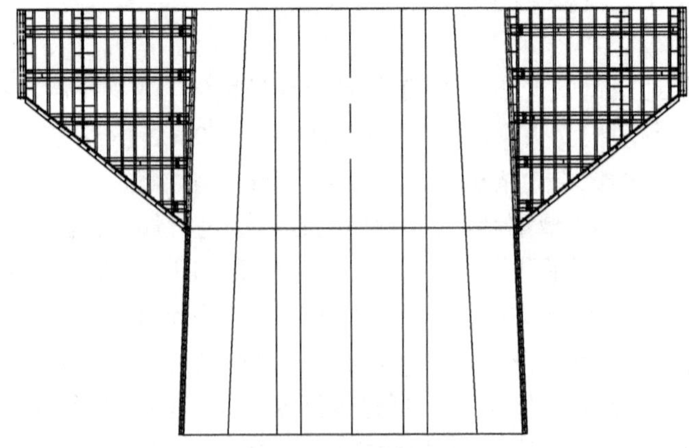

图 4-6-2　牛腿侧模示意图

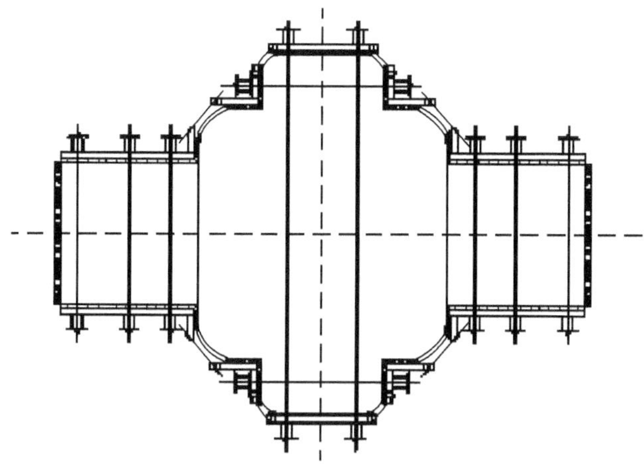

图 4-6-3　牛腿模板系统平面示意图

4.6.3　塔柱外模板系统施工

1)脚手架搭设

塔柱采用翻模施工,在塔柱四周搭设脚手架,作为钢筋安装、模板安拆、混凝土浇筑的操作平台,脚手架随塔柱施工同步搭设。脚手架为双排架,钢管采用外径为 ϕ48mm、壁厚为3.5mm 的焊接钢管,脚手板采用定制钢脚手板,塔柱外围封闭采用绿色密目式安全网。立杆的纵距为1.2m,立杆的横距为1.2m,大横杆的步距为1.8m;内排架距离墙0.7m;连墙件布置取两步三跨,竖向间距3.6m,水平间距3.6m,采用扣件连接,连墙件连接方式为双扣件。在外侧立面整个长度和高度上连续设置剪刀撑。施工中,将脚手架具体施工工艺单独上报作为专项施工方案。

塔柱高度达108m,脚手架沿塔柱高度方向分4次搭设(转换),分别称为脚手架1~脚手架4,最大搭设高度为36m;脚手架1直接支撑在塔座上,脚手架2支撑在牛腿和钢护筒构成的平台上,脚手架3和脚手架4支撑在牛腿支架转换平台上。转换平台搭设好后,利用8mm厚钢板将平台、平台与塔柱间空隙全部封闭后,方可进行支架搭设。

(1)脚手架1

脚手架1直接支撑在塔座上,搭设高度为30m,负责第1~5节塔柱施工,脚手架层与层之间设置爬梯。

(2)脚手架2

脚手架2直接支撑转换平台上,搭设高度为36m,用于第6~10节塔柱施工,脚手架层与层之间设置爬梯;转换平台由Ⅰ36a工字钢、Ⅰ25a工字钢等型钢桁架组成,转换平台支撑在牛腿及10根0号块钢管桩上。

转换支架主要承重构件为牛腿及0号块支架的10根 ϕ820mm 钢管,纵、横分配梁均采用Ⅰ25a工字钢,在后场预先将转换平台焊接成整体,安装时整体吊装。

(3)脚手架3

脚手架3直接支撑转换平台上,搭设高度为36m,用于第11~15节塔柱施工,脚手架层与层之间设置爬梯;转换平台由Ⅰ36a工字钢、Ⅰ25a工字钢等型钢桁架组成,转换平台支撑在10个2Ⅰ36a工字钢预埋牛腿上。

转换平台主要承重构件为10个预埋牛腿，牛腿由2Ⅰ36工字钢组成，焊接在提前预埋在塔柱中的钢板上，转换平台纵、横分配梁均采用Ⅰ25a工字钢，在后场预先将转换平台焊接成整体，安装时整体吊装。

(4)脚手架4

脚手架4直接支撑转换平台上，搭设高度为30m，用于第16~19节塔柱施工，脚手架层与层之间设置爬梯；转换平台由Ⅰ36a工字钢、Ⅰ25a工字钢等型钢桁架组成，转换平台支撑在10个2Ⅰ36a工字钢预埋牛腿上。

2)外模板系统

(1)板结构

塔柱模板采用定型组合钢模。模板面板采用6mm厚钢板，竖肋采用[10槽钢，横肋采用6mm厚钢板。

(2)模板配置

第3、4、5、19节等非标准节段塔柱模板高度方向按一整块设计，其他标准节段塔柱模板在高度方向上分为两个3m高度模板。模板在横向上分为平面模板、倒角模板等共计10个类型，除标准面的1-1a、1-1b模板用于周转使用外，其他模板沿塔柱高度方向通配。模板配置断面图见图4-6-4、图4-6-5。

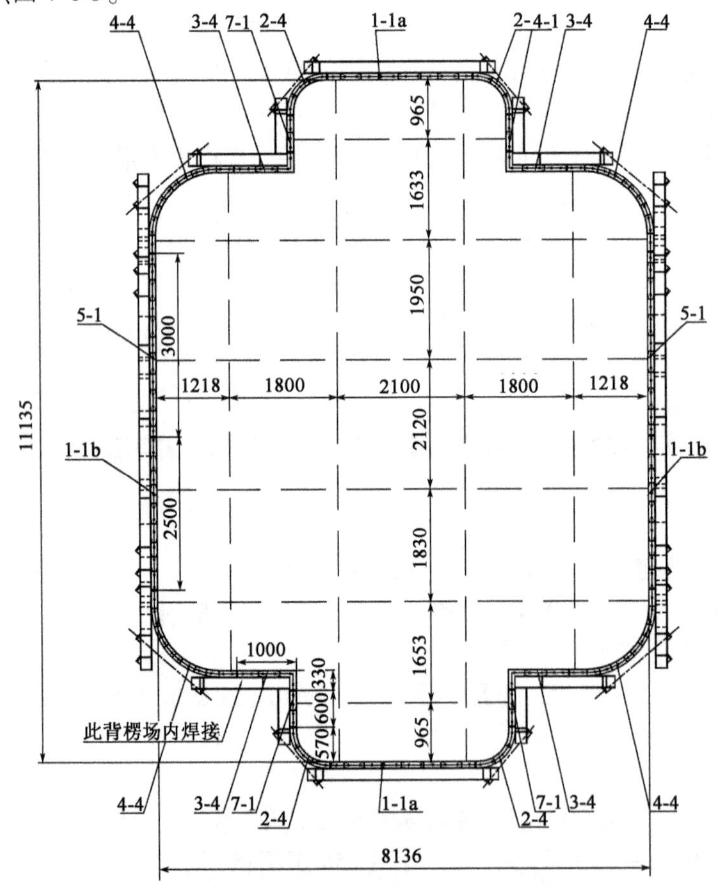

图4-6-4 “方”形截面模板配置示意图(尺寸单位:mm)

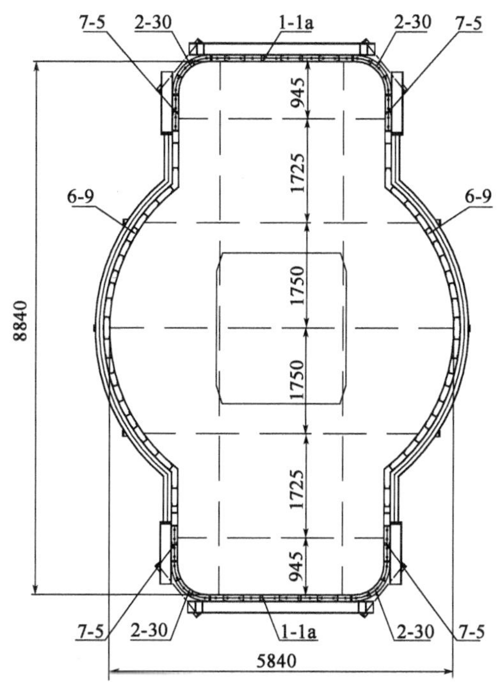

图4-6-5　“圆”形截面模板配置示意图(尺寸单位:mm)

(3)背楞配置

模板背楞采用2[20 槽钢制作,[20 槽钢之间间距为10cm,采用1cm厚钢板连接加强成为整体,背楞竖向间距为115cm;标准节段平面模板背楞按9m高度配置,沿塔柱高度方向周转使用,背楞与模板采用 ϕ20 钩栓螺丝固定,塔柱截面变小后根据现场实际情况,将背楞多余部分切除;倒角模板背楞及非标准节段塔柱模板背楞沿塔柱高度方向通配,背楞与对应模板采用焊接固定。

(4)对拉体系设计

塔柱模板不设对拉螺杆,采用双拼H型钢桁架形成体外竖向对拉形式,桁架最大间距为2.2m。型钢桁架上端采用 ϕ32 精轧螺纹钢对拉,下端采用2根预埋在上节混凝土中的 ϕ32 H螺母固定。

双拼H型钢桁架长7.5m,采用HM50型钢(截面尺寸:488×300),对拉桁架结构示意图详见图4-6-6~图4-6-8。

双拼H型钢桁架下部通过2[28 工字钢反力梁(局部受剪较大,通过8mm厚筋板局部加强)与预埋 ϕ32H 螺母连接;拉杆采用双头墩粗直螺纹的 ϕ32mm 螺纹钢筋,一头与H螺母连接,一头通过直螺纹套筒锚固在反力梁上,垫板采用2cm厚钢垫板;预埋拉杆采用 ϕ32mm 螺纹钢筋,拉杆一头与H螺母通过螺牙连接,拉杆预埋深度为125cm。

双拼H型钢桁架上部反力梁为2[16 槽钢反力梁,反力梁通过8mm厚筋板局部加强,垫板采用精轧螺纹钢垫板。

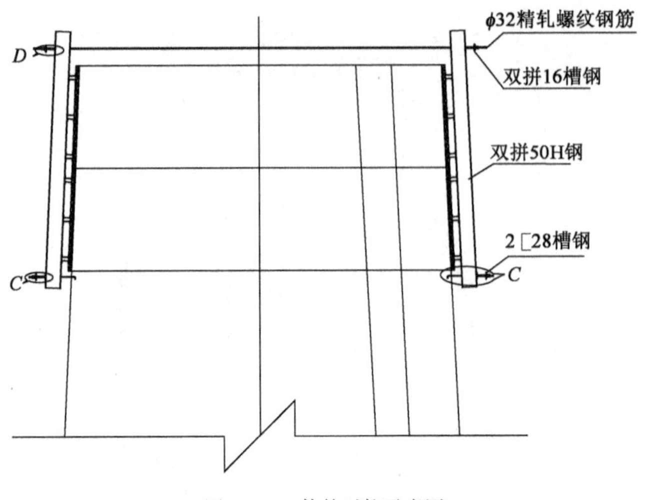

图 4-6-6　体外对拉示意图

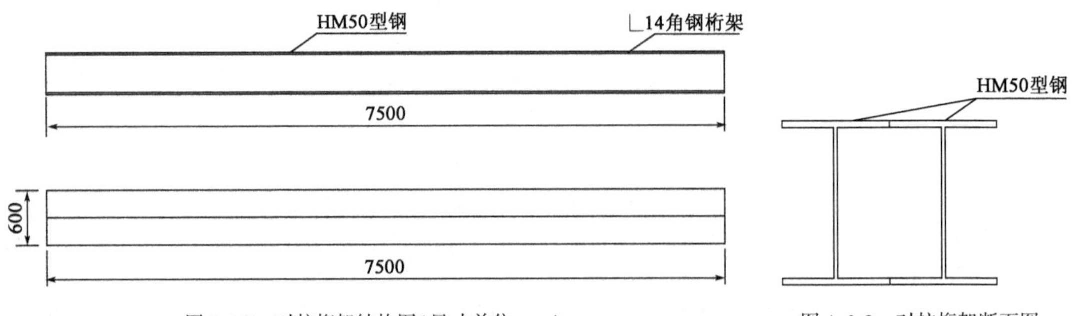

图 4-6-7　对拉桁架结构图(尺寸单位:mm)

图 4-6-8　对拉桁架断面图

4.6.4　塔柱内模系统施工

塔柱内腔尺寸不变节段内模板采用组合伞形钢内模板,塔柱内腔尺寸变化节段内模板采用木模板施工。

为满足木模板安装施工及爬梯安装要求,沿内腔高度方向搭设脚手架辅助施工。

木模板面板采用 1.6cm 厚夹板;竖肋采用 10cm × 15cm 方木,间距为 30cm;横肋采用[10 槽钢,间距为 1m;由于塔柱施工不设置对拉螺杆,内模板采用 φ4.8cm 水管支架对顶。

(1)第 1 ~ 2、4 ~ 8 节段内模板施工

支架采用脚手管搭设,间距为 90cm × 90cm × 100cm,主要用作临时固定接长钢筋及内模板支、拆简易操作平台,以及混凝土浇筑临时平台。

内模板结构详见图 4-6-9。

(2)第 3 节段内模施工

由于第 3 节塔柱内腔发生缩小突变,内模板除承受混凝土侧压力外,还需承受混凝土自重产生的竖向荷载,因此第 3 节内模板施工时需搭设支撑平台。

预先在第 2 节段内埋设施工平台支撑预埋件,根据塔肢结构,该施工平台同时作为第 3 节段塔顶平台底模板支架的承重平台。

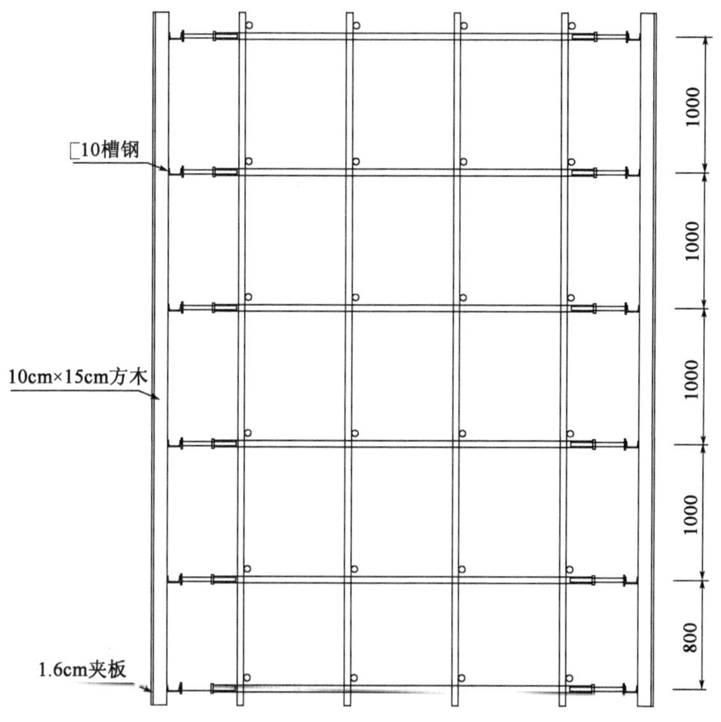

图 4-6-9　内模板结构图(尺寸单位:mm)

内模板面板采用 1.6cm 厚夹板;横肋采用 10cm × 15cm 方木,间距为 30cm;竖肋采用型钢桁架,间距为 1m,第 3 节内模板结构详见图 4-6-10。

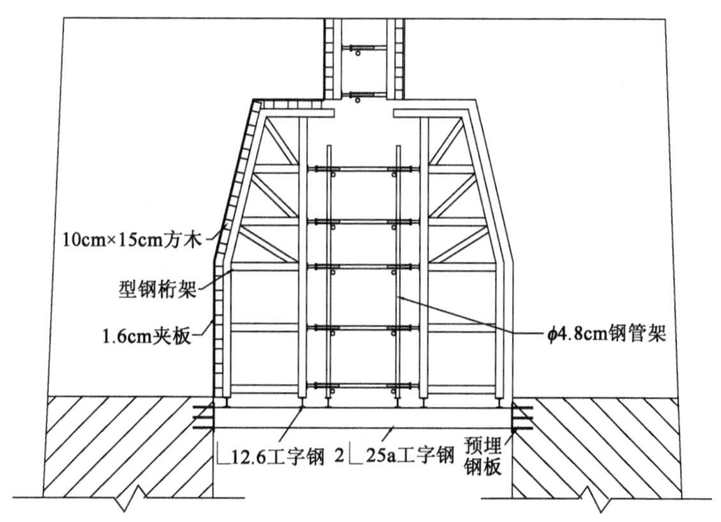

图 4-6-10　第 3 节内模板结构图

(3)第 19 节段内模板施工

第 19 节塔柱内腔发生缩小突变,内模板除承受混凝土侧压力外,还需承受混凝土自重产生的竖向荷载,因此第 19 节内模板施工时需搭设支撑平台。

预先在第 18 节段内埋设施工平台支撑预埋件,根据塔肢结构,该施工平台同时作为第 19 节段塔顶平台底模板支架的承重平台。

内模板面板采用 1.6cm 厚夹板;竖肋采用 10cm × 15cm 方木,间距为 30cm;横肋采用[10 槽钢,间距为 1m,第 19 节内模板结构详见图 4-6-11。

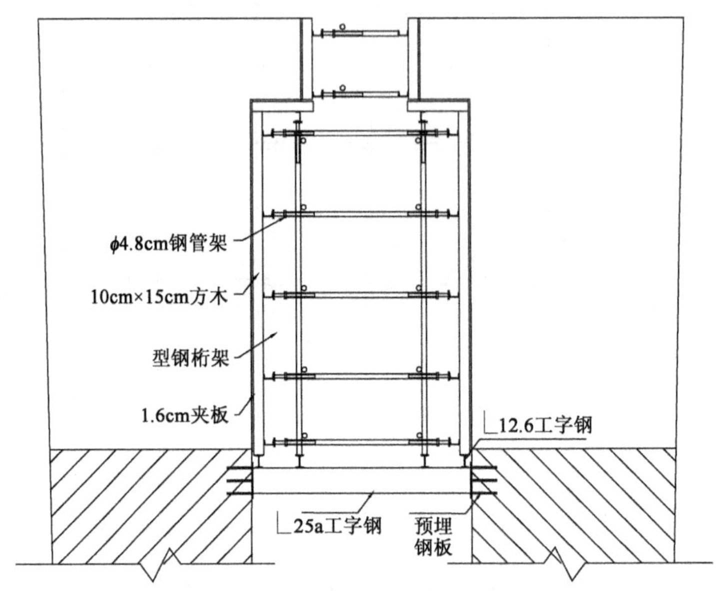

图 4-6-11　第 19 节内模板结构图

(4)第 9 ~ 18 节段内模施工

第 9 ~ 18 节段塔柱内腔截面大小不变,故第 9 ~ 18 节段使用标准可收缩的伞形内模板系统施工,当施工完第 18 节段后拆除内模板。

伞形内模板系统由上挂梁、内套梁、外套梁、调节丝杆、底梁平台、模板系统等组成;模板系统分为 4 块,其中模板 2 通过铰与转角模板连成整体;伞形内模板结构详见图 4-6-12、图 4-6-13。

内模板面板采用 5mm 面板;竖肋为[6.3 槽钢,间距 30cm;横肋为[8 槽钢,间距为 1.15m。

伞形内模板脱模原理:

脱模前先拆除斜向调节丝杆,利用手拉葫芦作用与转角模板上的拉钩孔,使转角模板旋转脱模。

由于"上挂梁"与"外套梁"采用标准件连接;"内模板"与"外套梁"通过"水平支撑"连接;"外套梁"与"下托梁"采用销轴连接;"下托梁"可以在"外套梁"内上下移动;转角模板脱模后将千斤顶一端作用在混凝土面上,一端作用于上挂梁上,通过顶升千斤顶,使"外套梁"上升 80mm。"外套梁"上升带动"内模板"脱离混凝土面。

最后利用塔吊将内模板系统吊至地面进行模板清理。绑扎完钢筋后,再利用塔吊将内模板系统吊装至内腔内进行安装,内模板安装时使下底梁的卡板卡入塔柱内壁预留凹槽中(利用凹槽板预留),此时内模板重量由预留凹槽承受,之后安装全部调节内撑,通过旋转调节内撑,调整内模板尺寸至设计要求,内模板安装完成后利用型钢将内模板与劲性骨架临时连接固定。

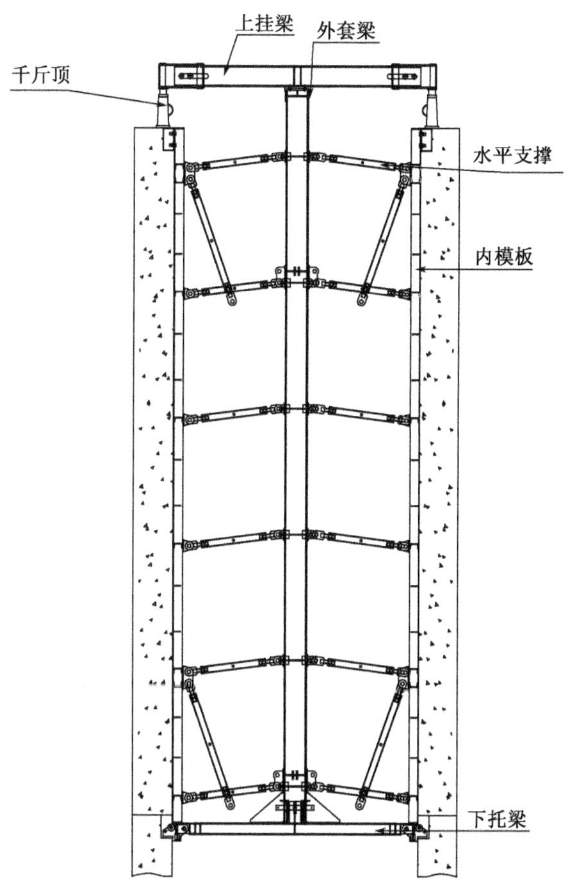

图 4-6-12　伞形内模板立面结构图

底梁平台结构如图 4-6-14 所示。

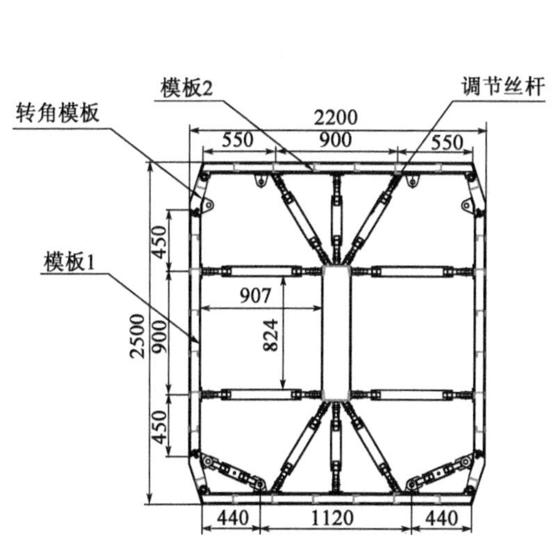

图 4-6-13　伞形内模板结构图(尺寸单位:mm)

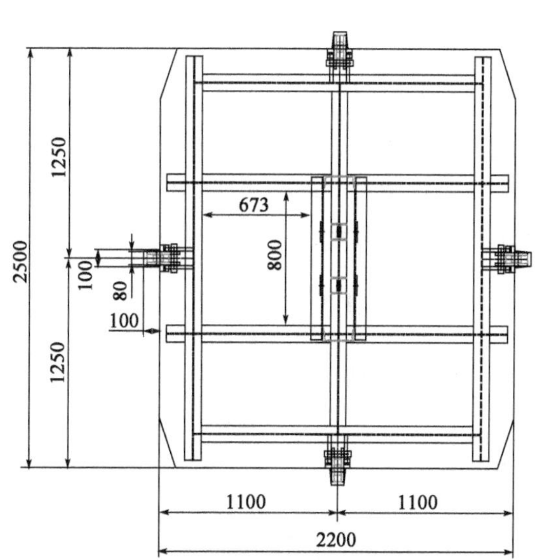

图 4-6-14　底梁平台结构图(尺寸单位:mm)

4.7 大吨位钢锚箱吊装及安装施工

4.7.1 工程概述

北街水道桥锚固形式采用钢锚箱集中锚固,索塔为独柱型索塔,索塔总高度为114.2m。每个索塔钢锚箱含8个锚室,钢锚箱为斜拉索锚固结构,设置于上塔柱顶部,共29对斜拉索均锚固在钢锚箱上。

锚室最下端通过索塔钢锚箱预埋钢板支承锚固在混凝土底座上,索塔钢锚箱预埋钢板尺寸为6.58m(顺桥向)×6.98m(横桥向),厚6cm。锚室、索塔钢锚箱预埋钢板通过预应力钢绞线与塔柱混凝土锚固。

锚室节段内各板件之间采用焊接连接,锚室节段之间采用M24高强度螺栓连接,锚箱材料主要采用Q370qdz15与Q390qdz15结构,钢锚箱采用在锚室底板张拉预应力钢束的方式与混凝土塔柱相连。索塔锚室参数见表4-7-1。

索塔锚室参数一览表　　表4-7-1

节段号	1	2	3	4
尺寸(长×宽×高)(m×m×m)	5.98×0.76×9.45	5.98×0.76×9.45	5.98(4.58)×0.76×9.45	4.58×0.76×9.45
节段总质量(t)	58	57	53	47

集中式钢锚箱为斜拉桥全桥斜拉索在塔顶提供集中式锚固结构,具有单块质量大、结构尺寸大、安装精度要求高的特点,目前国内尚无此类型钢锚箱设计先例,也无此类钢锚箱系统的施工工艺标准和要求。因此,进行集中式超重扁形钢锚箱安装技术与工艺研究具有重要意义。在大型钢构件安装施工中做到优质、高效、经济、快速、安全施工是施工企业的最高追求,钢锚箱的快速吊装、精确定位、安全操作关系着钢锚箱结构施工的整体质量。

这种安装工艺在广中江高速公路项目TJ11合同段北街水道桥中进行了研究和实施,保证了钢锚箱安装过程中的操作安全,已安装完成的钢锚箱位置和精度处于良好的受控状态,取得了较好的效果。在安装过程中不断优化工序方案,研发工装设备,通过施工实践及分析总结形成了比较成熟的施工方法,该工艺具有技术性和经济性的综合效果。

4.7.2 大吨位钢锚箱工艺

1)适用范围

本工艺适用于塔顶钢锚箱的安装,亦适用于安装精度要求高、作业空间小的类似大型钢构件的安装。

2)工艺原理

本工艺是斜拉桥整体式钢锚箱安装施工一种非常有效的工艺方法,施工系统由提升机构、临时存放平台、提升架、安全防护设施等组成。

(1)提升机构(图4-7-1)

钢锚箱提升机构采用浮吊和千斤顶(采用浮吊将钢锚箱吊装至存放平台,采用千斤顶提升至塔顶),提升架安装采用塔吊。钢锚箱牛腿存放平台距离水面约30m,钢锚箱吊装采用大型浮吊,利用浮吊依次将钢锚箱构件吊装至存放平台;钢锚箱竖向提升、水平横移采用千斤顶;提升架安装采用塔吊。

(2)临时存放平台(图4-7-2)

钢锚箱临时存放平台主要利用索塔主梁牛腿和0号块支架搭设,在牛腿施工完毕后将牛腿施工平台改装成而成。该临时存放平台由4榀贝雷作为承重桁架,支撑架安装在承重桁架上,由2组双榀45工字钢组成。

图4-7-1　钢锚箱提升机构

图4-7-2　钢锚箱临时存放平台

(3)提升架

塔顶为截面尺寸8.54m×8.54m正八边形,塔顶为壳状结构。先施工塔顶上游5个面,作为钢锚箱提升架的安装及支撑基础,剩余3个面暂不施工,作为钢锚箱起升的通道。提升架由钢结构支撑系统、主梁系统、滑移系统、锚固系统、提升系统及防护设施组成。其中,支撑系统的设计兼顾两个用途:首先用于锚室吊装,其次用于滑移系统滑移支撑。

(4)安全防护设施

由于钢锚箱起升时塔顶空间极为有限,针对操作通道及防护设施进行了专门设计,为钢锚箱起升提供更便利的工作空间。行走通道利用主塔施工的爬架,拆除爬架起升侧的爬架及高过塔吊的钢管。

3)工艺特点

(1)吊架利用了索塔结构,解决了塔顶空间不足,安装场地有限的问题。

(2)采用同步千斤顶提升和定位,有效保证了大质量、扁形(异形)钢锚箱提升过程的安全性和定位的精确性。

(3)采用坐浆法安装固定钢锚箱基础,易于控制钢锚箱底部钢板与混凝土的密实度,保证了钢锚箱定位的精度。

4.7.3 施工工艺流程及操作要点

1)施工工艺流程

钢锚箱安装工艺施工流程如图4-7-3所示。

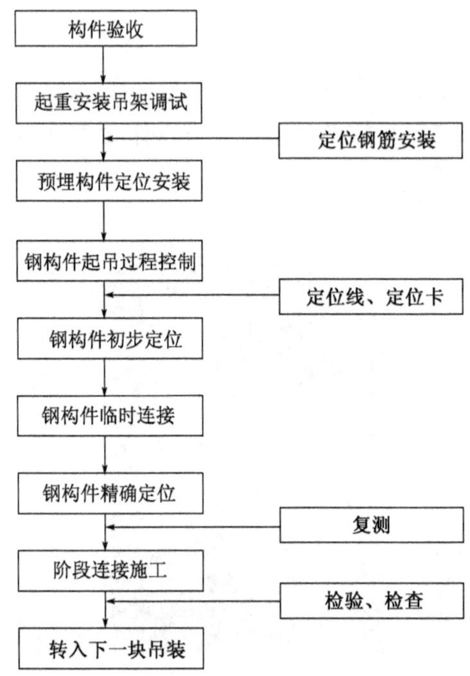

图4-7-3 钢锚箱安装工艺施工流程图

2)施工操作要点

(1)施工准备

①对钢锚箱进行出厂验收,确保出厂前尺寸、焊接质量等符合要求。

②在钢锚箱(图4-7-4)顶部设计对称的吊点,在工厂与结构连接为整体,设计制造钢锚箱吊装的专用吊具。

③在索塔根部设计钢锚箱临时存放平台,用于钢锚箱出场后正式吊装前的临时存放。

④钢锚箱安装工序开始前,严格按照技术交底指南进行三级技术交底。

(2)提升吊架(图4-7-5)

①支撑系统

支撑系统为三角支撑结构,由型钢骨架通过焊接固定而成,包括支撑梁、主纵梁、固定杆、枕梁及防护设施和通道。

支撑系统预埋件构造如图4-7-6所示,吊具构造如图4-7-7所示。

主纵梁两侧分别设置宽1.5m及0.5m的桁架,用于增强主梁横向稳定性,并作为通道的组成部件,桁架上铺设标准走道板,两侧桁架组成提升架操作通道。桁架两侧安装护栏,护栏上挂设密布网。支撑梁设置横联和水平杆。

图 4-7-4　钢锚箱构造示意图

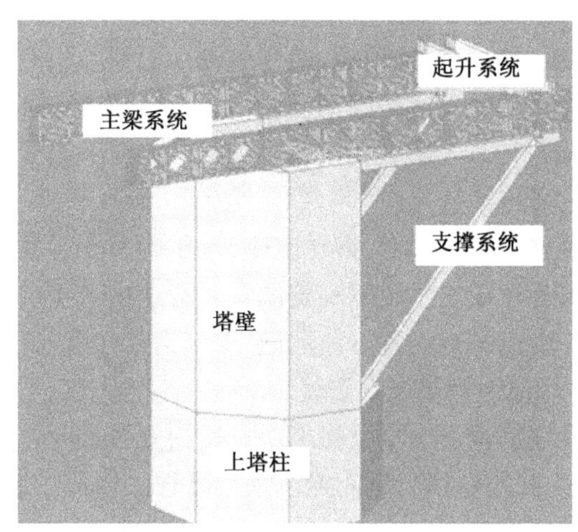

图 4-7-5　提升吊架构造示意图

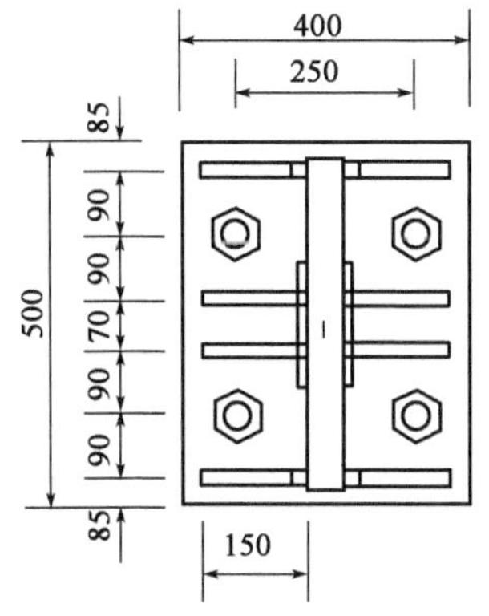

图 4-7-6　支撑系统预埋件构造图(尺寸单位:mm)

图 4-7-7　吊具构造图

支撑系统通过在已施工索塔上设置预埋件作为支撑架的锚固结构,预埋件由上、中、下三个支座组成:上支座采用爬锥螺栓结构,与主梁系统连接,连接方式为铰接;中间支座采用法兰连接方式;下支座采用预埋 H 螺母进行连接。

②主梁系统

主梁系统由两组贝雷桁架组成,两组贝雷通过型钢横联连接,在贝雷前后两端设置剪刀撑对主梁进行固定。

主梁系统与支撑系统由三个支点进行连接,两个后支点位于索塔顶混凝土上的预埋件上,一个前支点布置在支撑系统前端。

③提升系统

提升系统由横梁、支座、吊具、提升动力组成,如图 4-7-8 所示。提升动力机构使用 2 套

图 4-7-8　提升系统构造图

LSD750-500 高速提升千斤顶进行牵引提升，提升速度为 15m/h。提升千斤顶采用钢绞线作为吊绳，布置在上横梁顶面，通过钢绞线对锚室进行提升。

提升吊具设计采用钢板制成的专用吊具，吊具结构简单、质量小。吊具之间的连接采用 40CR 销。

④滑移系统

滑移系统由滑道、钢枕支座、水平牵引千斤顶、牵引钢绞线组成。钢锚室提升到位后由水平牵引千斤顶安装至拟安装位置。滑道由垫板、挡板和面板构成，滑动副由限位框和四氟滑板组成。滑道两侧设置标线标记，保证滑移过程中的同步性。

(3)预埋钢板定位安装

预埋钢板下混凝土浇筑超过钢板安装设计高程 5cm，再人工凿除混凝土面至低于设计高程 3cm，验收合格后复测定位钢筋高程。现场拌制流动性较好的环氧砂浆高于设计高程，在初凝时间内将预埋钢板下放就位，精确控制安装精度。

采用 42 条定位钢筋作为预埋钢板最终精确定位控制点。定位钢筋布置如图 4-7-9 所示。定位钢筋在浇筑索塔最后一节塔身时预埋，高程复测完成后，在定位钢板拟安装的 4 个角焊接定位卡，定位卡由 10cm × 2cm × 5cm 钢板制作。

预埋钢板沿着四个定位卡就位并进行平面位置复测和调整，调整完成后将定位钢板与四周的定位卡进行固定。定位完成后在定位钢板下侧固定定位钢筋，定位钢筋固定原则为贴紧预埋钢板。预埋钢板安装示意如图 4-7-10 所示。

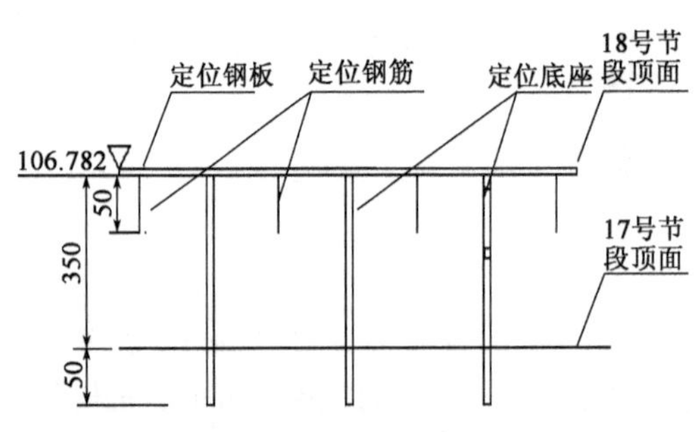

图 4-7-9　定位钢筋布置图(尺寸单位:mm)

图 4-7-10　预埋钢板安装示意图

为确保索塔钢锚箱定位钢板底板与混凝土结合紧密，混凝土浇筑高度为浇筑面高度超过定位钢板 1 ~ 2cm。

浇筑定位钢板底部混凝土施工由于钢筋密集，除使用直径 50mm 的振捣棒振捣外，还可配合使用 30 型小直径振捣棒进行振捣。

(4)钢锚箱吊装就位

①吊具安装

下放吊具至 1 号块节段上，吊具中心线对准拟起吊钢锚室的中心线，根据对准情况纵移位于滑道上的提升系统，偏差小于 2cm。

穿销固定好待起升锚室，锁好保险销，同时预紧提升千斤顶。锚室采用两点起吊，根据设计图纸，锚室临时吊点设置在锚室顺桥向两侧。吊具安装固定完成后，应组织起吊前验收，验收完成后,方可进行钢锚室起升操作。

②提升

塔顶提升架先起升离地 10cm,静载观测 5min 且正常后,钢锚室正式起升。塔顶提升架设计起升额定速度为 15m/min,总起升高度约 79m,单块锚室起升时间约 6h。

垂直提升系统过程控制监控由计算机控制,相对高差为 2cm,保持平衡。锚室提升过程中设专人进行观测,设两个观测点,分别为起升位置以下 100m 及河堤侧两个点。所有人员用对讲机进行统一指挥与协调。

锚室起升至底面高于塔柱待安装面 50cm 停止起升,锁紧起升油泵,固定竖向起落保险绳,准备水平牵引。

③水平横移

水平牵引千斤顶在主梁两侧各牵引一个承重枕梁支点,对称牵引锚室至待安装位置。牵引前滑道上做好标记,2cm 画一个点,牵引过程应安排人员进行观测,每横移 50cm 检查调整好枕梁的承重梁的水平位置。

④精确定位

锚室就位之后,在稳定时段对其四个角点的平面位置及高程进行校核,并用钢尺量测几何特征点之间的距离,同时对斜拉索套筒轴线进行测量,与设计值比较、检查。

根据测量结果,利用塔顶吊机对锚室进行微调,最终将其高程及平面偏位控制在设计规范要求之内。安装完毕后,进行三维坐标复核。上部构造施工期间,进行实时监控。

单块调整到位后单根对称张拉预应力钢绞线,将钢锚室锚固在索塔顶部上,预应力锚固采用对称张拉锚固。

首块钢锚箱拼装如图 4-7-11 所示,钢锚箱拼装完成如图 4-7-12 所示。

图 4-7-11　首块钢锚箱拼装

图 4-7-12　钢锚箱拼装完成

⑤节段连接

锚室定位张拉固定完成后进行锚室高强度螺栓安装,高强度螺栓先按梅花形布置,整体固定完成后再将所有高强度螺栓安装拧紧。先用电动套筒扳手进行螺栓初拧,然后用扭矩扳手进行复检和加拧。

用扭矩法拧紧高强度螺栓连接副时,按初拧、复拧和终拧依次进行,拧紧时采用扭矩扳手,初拧扭矩由试验确定,一般为终拧扭矩的 50%。复拧扭矩与初拧扭矩相同。对初拧和终拧后的高强度螺栓分别按工艺要求做好标记。

3)材料与设备

钢锚箱安装工程主要机械设备见表4-7-2。

钢锚箱安装工程主要机械设备　　表4-7-2

设备名称	规格,性能	单位	数量
悬拼吊架	150t	套	1
吊具	满足施工要求	套	1
同步提升千斤顶	LSD750-500	套	1
塔吊	160	台	1
扭矩扳手	300kN	把	10
全站仪	TCA1800	台	1
水准仪	NA2	台	1

4)质量控制措施

(1)施工过程中严格执行三检制度。

(2)对工序施工中的工艺和技术要点应编制作业指导书(技术交底书);每道工序前进行技术交底。

(3)在预埋钢板安装前放样出定位点,设置好定位卡,在预埋钢板定位完成后复测预埋钢板的平面度,直至满足要求。

(4)环氧砂浆必须严格按照配合比进行配置,其性能需达到要求(流动性好,凝固时间大于4h,强度高于索塔强度C50),涂抹原则为高过定位钢筋顶部面1~2mm,涂抹完成后需检查验收,环氧砂浆要求在20min内涂抹完成。

(5)锚室安装前在预埋钢板上制作好定位卡,锚室就位后,测量人员对其四个角点的平面位置及高程进行校核,并用钢尺量测几何特征点之间的距离,与设计值比较、检查,根据测量结果,利用塔顶吊机对锚室进行微调,最终将其高程及平面偏位控制在设计规范要求之内。

(6)高强度螺栓必须严格按图纸标注的规格、数量购买,所有高强度螺栓不准重复使用,同时按批做抗滑移系数试验,高强度螺栓终拧后的检查应设专职人员负责。

(7)预应力张拉顺序:对于整个钢锚箱,从中间锚室向两侧对称张拉,每次只张拉一束钢绞线中的一根后,就换到相邻的下一束,这样依次张拉完所有40束,再开始下一轮张拉,通过19轮循环张拉完所有钢绞线;对于单束钢绞线,从中间向四周进行张拉。

4.8　斜拉索锚固套筒安装

斜拉索锚固套筒采用壁厚12mm的无缝钢管制作,套筒、加劲三角钢板、套筒锚固板均采用Q235B钢材。索塔两侧各有24对斜拉索,编号分别为B01~B24、Z01~Z24。

为了消除索塔混凝土收缩、徐变和塔柱弹性变形的影响,索塔应设置预抬高量,在塔柱施工索塔上塔柱斜拉索锚固区底部时，须对该处高程进行调整，进行适当的抬高，索塔预抬高度暂定为30mm，施工时应动态监控该数值，以确保斜拉索在塔上锚固位置准确。

斜拉索锚固套筒通过采用型钢悬吊于劲性骨架上进行定位，定位时先在焊接临时固定型钢骨架上，通过测量放出锚管定位点，再采用2个手拉葫芦将套筒粗略定位并悬挂于劲性骨架上，然后用全站仪进行精确定位（测量放样锚管特征线），通过手拉葫芦调整套筒的空间位置，直至套筒位置偏差满足精度要求，之后用10号槽钢将套筒悬吊固定在劲性骨架上，定位示意见图4-8-1。

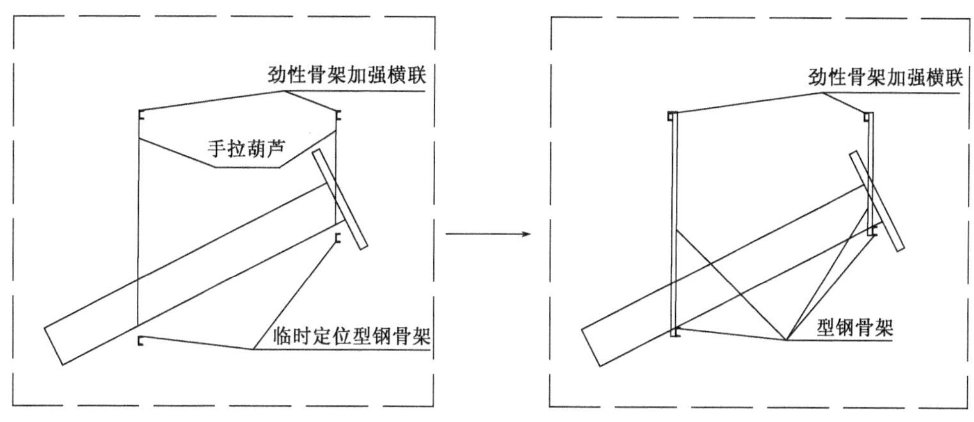

图4-8-1　斜拉索锚固套筒定位示意图

测量注意事项：在辅助锚管定位的型钢的定位钢板上，放样出锚管在此高程面长、短轴方向距离锚管边缘10cm和20cm的点，且至少保证每个方向有一个点，桁架上定位钢板的高程用普通水准仪测得。安装时须量取放样点到锚管边缘的距离：先将锚管利用手拉葫芦进行粗略定位，之后利用棱镜在锚垫板及索道管特征线上移动进行精确定位，然后进行测量。

每节塔柱中有2层共8条套筒，安装过程中由下分层至上分层安装；套筒定位时要求套筒 A 端最低点与塔柱外壁平齐，与定位杆焊接固定后，切割塔柱外壁以及多余部分。

为防止杂物掉入套管，用彩条布将管口封闭，模板拆除后，应先检查并清理管内杂物及混凝土浆液。

4.9　预应力工程

4.9.1　概述

（1）索塔牛腿内布置8束 $22\phi_s15.24$ 钢绞线、4束 $19\phi_s15.24$ 钢绞线，其中，4束预应力锚固点设在牛腿底部，8束预应力锚固点设在牛腿外部，采用深埋锚工艺。钢绞线抗拉强度标准值为1860MPa。锚具采用 $\phi15\sim\phi22$ 型和 $\phi15\sim\phi19$ 型，分别配套使用外径为114mm、100mm的塑料波纹管。预应力束采用两端张拉方式，张拉控制力分别为4296.6kN、3710.7kN。

（2）上塔柱第6节～第19节段斜拉索锚固区布置了N1～N150，共计300束预应力，每一种类型预应力共2束。其中,N1 ~ N135 为 $16\phi_s15.24$ 钢绞线,按等间距 50cm 布置;N136 ~ N150 为 $22\phi_s15.24$ 钢绞线,N136 ~ N149 间按等间距 50cm 布置,N149 与 N150 间距为 130cm;预应力锚固点采用深埋锚工艺。预应力束采用单端张拉方式,各层预应力钢束张拉端(锚固端)隔层交错布置,张拉控制力分别为 3124.8kN、4296.6kN。

4.9.2 预应力施工工艺流程

预应力钢束施工工艺流程主要包括锚具的准备及安装、波纹管安装、钢绞线下料及穿束、预应力的张拉、封锚灌浆等。预应力钢束施工流程见图 4-9-1。

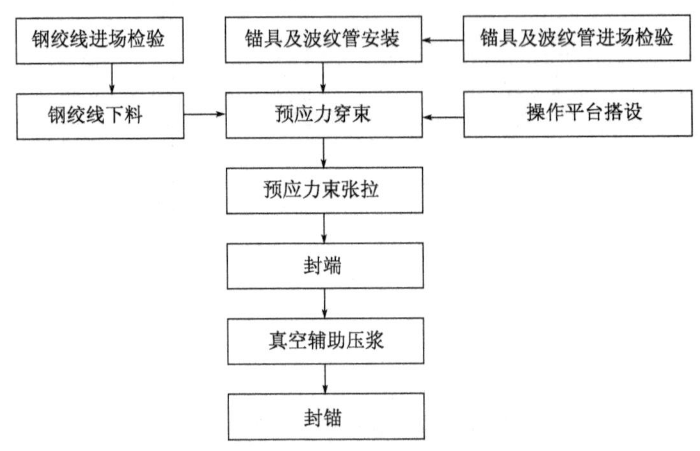

图 4-9-1　预应力钢束施工工艺流程图

4.9.3 预应力钢束施工

1)波纹管安装

预应力钢束波纹管采用塑料波纹管,由专业厂家生产,按一定的定尺长度运至施工现场。

波纹管按设计线形安设,牛腿中预应力管道采用"U"形钢筋定位,定位钢筋沿钢束长度方向直线段按每 0.8m 设置一道,曲线段按每 0.25m 设置一道;索塔斜拉索锚固区预应力管道采用"井"字形钢筋定位,定位筋按 0.8m 的间距设置,并与普通钢筋骨架采取绑扎或点焊固定,波纹管接长采用专用套管。

波纹管安装过程中,当受到普通钢筋影响时,适当调整普通钢筋的位置。

安装好的波纹管要注意保护,具体保护措施如下:

(1)钢筋绑扎、混凝土浇筑过程中,不得踏压波纹管;不得在没有防护的情况下而在波纹管的上方或附近进行电焊或气割作业。

(2)波纹管与锚垫板连接处以及波纹管套管两端用防水胶带缠绕严密,防止浇混凝土时漏浆。

(3)斜拉索锚固区预应力钢绞线采取先穿,即在混凝土浇筑前完成钢绞线穿束;牛腿中预应力钢绞线采取后穿,即在混凝土浇筑后完成钢绞线穿束。

(4)混凝土浇筑前,要仔细检查波纹管的位置、数量、接头质量及固定情况,如发现波纹管被破坏,要及时处理。

2)锚垫板安装

锚垫板(含螺旋筋)进场后,按规范要求进行检查验收,满足要求后才能使用。

为了避免预应力槽口开得过大而切断塔柱竖向钢筋,采用深埋锚工艺即锚垫板栓接一段钢套筒,钢套筒内径选择时,必须考虑张拉的需要。锚垫板应按套筒设计要求对螺栓孔进行攻丝,套筒外缘距塔柱和牛腿外侧表面为5cm,混凝土浇筑时预先用泡沫塑料封堵套筒,防止混凝土进入套筒内。

锚垫板在测量的配合下进行安装,定位后,将其通过型钢与劲性骨架或塔柱钢筋骨架固定。锚垫板安装时,将压浆口朝下、出浆口朝上,并将各口通过小钢管接出至塔柱混凝土表面。

3)钢绞线进场检验、下料和穿束

钢绞线进场后,按规范要求进行验收,对其强度、延伸量、弹性模量及外形尺寸进行检查、测试,合格后才能使用。

钢绞线根据设计要求的下料长度进行下料,同时考虑实际工作长度。下料采用钢卷尺精确测量、砂轮切割机切割,下料误差为0~+100mm。钢绞线下料时不得在混凝土面上生拉硬拽,以免磨伤钢绞线。将下好的钢绞线单根盘起,经分类编号后进行临时存放。钢绞线临时存放时,在其下垫木枋,并全面覆盖,以防雨、防潮。下好的钢绞线必须及时使用,尽量减少临时存放时间。

斜拉索锚固区预应力钢绞线采取先穿,即在混凝土浇筑前完成钢绞线穿束;牛腿中预应力钢绞线采取后穿,即在混凝土浇筑后完成钢绞线穿束。为方便穿设,钢绞线采取单根穿进。钢绞线穿设时,先在其头部缠绕多层胶带,然后在转动钢绞线盘放松钢绞线的同时,由人工将其送入孔道内。完成穿设的钢绞线两端贴上标签号。

4)预应力钢束张拉

(1)锚具及张拉设备准备

锚板、夹片使用前须经检查验收,并分类保存。张拉采用500t和350t千斤顶,配以0.4级精密压力表。千斤顶和油压表在张拉前进行标定,以确定张拉力与压力表读数之间的关系曲线。

(2)锚具及张拉设备安装

预应力锚具及千斤顶安装在施工脚手架和索塔预埋件上进行,先清理锚垫板及钢绞线,然后分别安装锚板、夹片、限位板、千斤顶、工具锚板及工具夹片。千斤顶由1t的手拉葫芦悬挂及调位。

锚具及张拉设备安装示意见图4-9-2。

(3)主要张拉工艺

当混凝土强度达到设计强度的90%以上,弹性模量达到80%后方可进行预应力钢束张拉。张拉步骤为:张拉到10%张拉控制吨位→持荷2min→开始量测引伸量→张拉到张拉控制吨位→持荷2min→量测引伸量→回油→量测引伸量。保证张拉到张拉控制吨位量测的引伸量与回油后量测的引伸量之差不大于6mm,否则确定为整体滑丝。同时检查钢绞线尾端标记张拉完毕是否仍为一个平面,如有变化,表明出现滑丝。必须对滑丝进行处理。

预应力张拉时应使用特制的工具式过渡板在塔柱和牛腿外壁进行张拉。

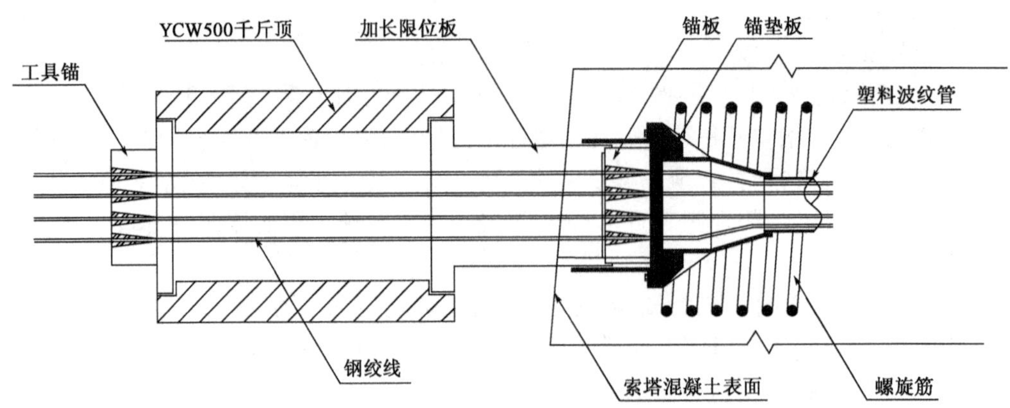

图 4-9-2　锚具及张拉设备安装示意图

牛腿中预应力钢束采取两端同时张拉,斜拉索锚固区预应力采用单端张拉。张拉采用张拉力与引伸量双控,以张拉力为主,引伸量实际伸长值与理论伸长值控制在 ±6% 以内。

预应力钢束的张拉按设计要求的批次和顺序进行。

预应力钢束张拉时要尽量避免出现滑丝、断丝现象,应确保在同一截面上的断丝率不大于 1%,而且限定一根钢绞线断丝不得超过 1 根。

(4)封端

张拉锚固完成后,将多余的钢绞线用砂轮机切除,钢绞线剩余长度 3 ~ 5cm。钢绞线切除后,及时用高强度等级的水泥砂浆对锚头端部钢绞线间的缝隙进行封堵。

为确保封端密实,还可以在水泥砂浆中掺入一定量的黏胶,同时加强对封端水泥砂浆的养护。

4.9.4　预应力管道压浆及封锚

预应力钢束张拉完毕后 24h 内必须压浆,压浆采用真空辅助压浆工艺,压浆嘴和排气孔可根据施工实际需要设置,压浆前应用压缩空气清除管道内杂质,然后压浆。压浆采用真空辅助灌浆法,浆体材料应掺入真空灌浆专用添加剂,要求管道压浆密实,水泥浆水灰比不大于 0.4,不允许掺氯盐外加剂,可掺减水剂和膨胀外加剂,具体用量通过试验确定。但外掺剂中不允许含有易引起钢绞线氢脆反应的有害成分,同时要求水泥浆的强度不低于 C50。

1)浆液的主要技术指标

(1)强度:水泥浆的强度应达到索塔混凝土的设计强度;

(2)水灰比:低于本体混凝土,且宜控制在 0.4 以下;

(3)稠度:控制在 14 ~ 18Pa · s 之间;

(4)泌水率:小于初始体积的 2%,泌水应在 24h 内全部被浆液吸回;

(5)自由膨胀率小于 10%。

水泥浆必须通过工地实验室进行配合比试验,验收合格并报审后才能使用。

2)主要压浆机具选用及布置

真空压浆主要施工设备包括真空机、螺杆式灌浆泵和净浆拌浆机,各施工设备连接见图 4-9-3。

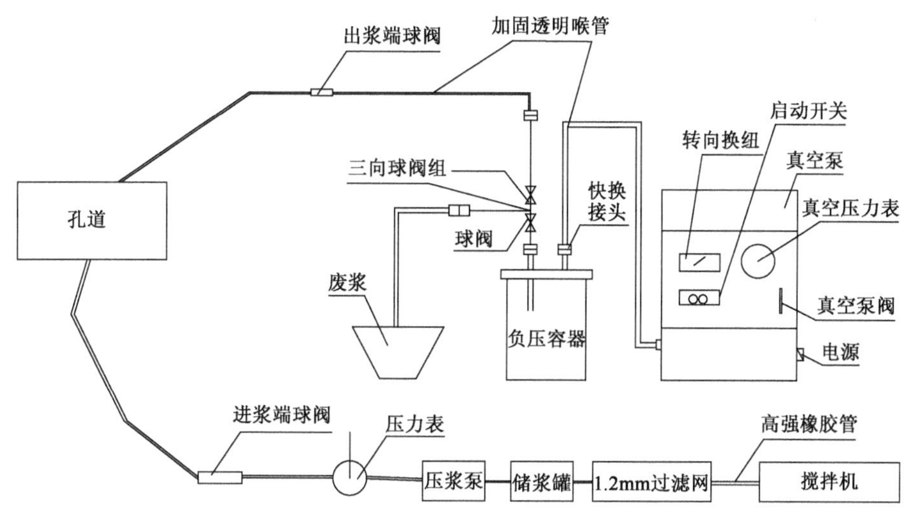

图4-9-3　真空压浆施工设备连接示意图

3)真空辅助压浆基本操作方法

(1)试抽真空

封端强度达到15MPa以上,且封端表面无裂纹,就可以进行试抽真空。将灌浆阀、排气阀全部关闭,真空阀打开,启动真空阀抽真空,当真空压力表达到 -0.08MPa 时,停泵约1min时间,如果压力表读数不变,表示孔道达到且能维持真空;如果不能达到要求的真空度,或者不能维持,则应查明原因,并及时采取措施,直至满足要求。

(2)拌制水泥浆

为了检查机械完好情况,同时,充分润湿搅拌机内壁,水泥浆搅拌前,加水空转几分钟,然后将积水倒净。

根据配合比及需要的搅拌浆量,将各原料准确称好,首先将水倒入搅拌机内,同时启动搅浆机,然后投入计量好的外加剂并搅均匀,最后加水泥,加水泥要慢且均匀,尽量避免浆体中有结块。浆体搅拌完后,按规范要求进行取样试验,合格的浆液通过过滤网倒入储浆桶。

(3)压浆

①水泥浆搅拌均匀后,经过一层1.2mm过滤网,送入储浆罐,再由储浆罐引到压浆泵,在压浆泵高压橡胶管出口输出浆体,直到出来的浆体与压浆泵的浆体浓度相同时关掉压浆泵,然后将高压橡胶管接到孔道压浆管,绑扎牢固。

②关闭压浆阀,启动真空泵,当真空值达到并维持在 -0.06~0.1MPa 时,打开压浆阀,启动压浆泵,开始压浆,压浆过程中,真空泵应保持连续工作。压浆时要保证从低端压进,高端压出。

③待真空端的透明胶管有浆体经过时,关闭通向真空机的真空阀,关闭真空机,水泥浆流向废浆池,且稠度与灌入的浆体相同时,关闭抽真空端的阀门。

④压浆泵继续工作,压力达到0.6MPa左右,持压至少5min,完成排气泌水,使管道内浆体

密实饱满,完成压浆,关闭压浆泵及压浆阀门。

(4)压浆量控制

用单根波纹管的理论体积,减去钢绞线或粗钢筋的理论体积,即为每根波纹管理论压浆量计算量。在实际施工时,实际压浆量做好记录,与理论压浆量进行对比,其实际压浆量应不小于理论压浆量。

(5)清洗

拆卸外接管路,清洗真空机的空气滤清器及管路阀门,清洗压浆泵、搅拌机及所有沾有水泥浆的设备和附件。

4)压浆注意事项

(1)严格控制材料配合比,各种原材料的配合比误差不能超过1%。

(2)灌浆时应选用牢固结实的高强度橡胶管,其在有压力时不易破裂。

(3)灰浆进入压浆泵之前应通过1.2mm的筛子。

(4)真空泵的放置宜低于整条管道,启动时先将连接真空泵的水阀打开,然后开泵;关泵时先关水阀,后停泵。

(5)浆液自拌制完成至压入孔道的延续时间不宜超过40min,且在使用前和压注过程中应连续搅拌,对因延迟使用所致流动度降低的水泥浆,不得通过额外加水增加其流动度。

5)封锚施工

压浆完成后,及时进行封锚混凝土施工。封锚施工时,先对钢套管壁及槽口进行清理,然后填塞混凝土,封锚混凝土的强度应符合设计要求。

4.10 混凝土工程

塔柱采用C50混凝土,在施工前进行配合比试验,确定最佳配合比,保证泵送混凝土的流动性、和易性及缓凝、早强等性能。索塔各部分的混凝土结构施工应尽量采用同一厂家、同一品牌的水泥,并尽可能采用同一料厂的石料、砂料,外加剂、粉煤灰也应分别采用同一厂家的产品,以求保持结构外观色调一致。

塔柱中设计冷却水管,混凝土浇筑后充分做好通水冷却工作,注意保温和养护,防止因水化热过高而使塔柱开裂。

施工过程中加快工序衔接,尽量缩短塔柱起步段混凝土与承台、塔座混凝土之间的龄期差。

4.10.1 索塔混凝土原材料的选择

根据索塔内在质量、外观质量及温度控制要求,混凝土原材料须选择级配良好的砂、石料,性能优良的缓凝高效减水剂。

(1)水泥:采用低碱水泥,进场应分批检验,质量应稳定。

(2)细集料:宜采用中粗河砂。细度模数在2.7左右,含泥量必须小于2%,并且无泥团,其他指标应符合规范规定。

(3)粗集料:粗集料采用反击破高标碎石,石子级配应优良,来源稳定。入场后分批检验,最大粒径应小于25mm，针片状颗粒含量不大于5%，其含泥量不超过1%，泥块含量不大于0.5%，若含泥量达不到要求，必须用水冲洗合格后才能使用，其他指标必须符合规范要求。

(4)外加剂：采用缓凝高效减水剂，降低水泥用量，推迟水化热温峰的出现。外加剂入场后应分批存放，分批检验。

(5)粉煤灰：在保证强度的前提下尽量增加粉煤灰掺量，以推迟水化热温峰的出现，降低混凝土绝热温升。粉煤灰入场后应分批检验，各项指标应符合规范规定。

根据以上要求，索塔混凝土原材料选用P·Ⅱ42.5R水泥水泥、Ⅱ级粉煤灰、中砂、5～25mm连续级配碎石、SX-C16减水剂。

4.10.2　索塔混凝土性能要求及配合比设计

1)索塔混凝土性能要求

(1)强度：≥50MPa；

(2)3d强度：≥40MPa；

(3)坍落度：(20±2)cm；

(4)泌水性：常压下不泌水；

(5)具备良好的耐久性；

(6)具备良好的抗裂性能；

(7)满足泵送要求。

2)混凝土配合比

索塔混凝土配合比经工地实验室严格试配，在多组试验中进行优化，并报总监办中心实验室平行后使用，以保证上塔柱钢—混凝土结合段混凝土的耐久性。

索塔混凝土配合比见表4-10-1，混凝土物理力学性能见表4-10-2。

索塔混凝土配合比　表4-10-1

项目	基本情况	水泥：P·Ⅱ42.5R	粉煤灰：Ⅱ级				减水剂：SX-C16	
			河砂：MX=2.66，砂率：42%				坍落度：160～200mm	
索塔C50配合比	材料名称	水泥	砂	大石	小石	水	减水剂	粉煤灰
	单位体积用量(kg/m³)	428	706	865	216	150	4.73	45
	比例	1	1.65	2.021	0.505	0.351	0.011	0.105

索塔混凝土物理力学性能　表4-10-2

强度等级	坍落度(mm)	扩展度(mm)	7d强度(MPa)	28d强度(MPa)	3d实际强度(MPa)
C50	200	450	60.1	68.1	46.3

4.10.3　混凝土生产及运输

索塔混凝土由搅拌站集中供料，搅拌站配备2台100m³/h的混凝土搅拌机，单台实际生产能力达60m³/h，满足索塔一次最大浇筑强度的要求。

混凝土浇筑时,实验室人员应经常取样测坍落度,根据砂石料的含水率,在保证水灰比不变的前提下,随时调整用水量,混凝土拌制时严格控制水灰比和搅拌时间。

索塔混凝土输送设备为2台BSA2109HD地泵,地泵摆放在施工平台上,混凝土自拌和站生产后由地泵直接泵送至浇筑部位。

4.10.4 混凝土浇筑

1)塔柱混凝土布料

泵送至浇筑工作面的混凝土通过软管进行布料,软管与泵管口的三通连接,采取对称布料;采用2套布料系统进行布料,送料泵管从平台地泵接出后沿塔吊接至混凝土浇筑工作面,塔柱混凝土浇筑布料示意见图4-10-1。

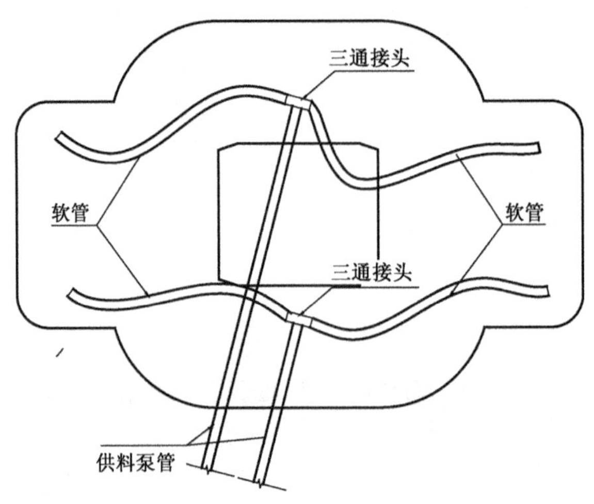

图4-10-1 塔柱混凝土浇筑布料示意图

2)混凝土浇筑施工要点

(1)混凝土采取分层布料、分层振捣,分层高度控制在30~50cm。为保证混凝土自由落体高度不大于2m,浇筑时应悬挂串筒布料。

(2)混凝土振捣时分区定块、定员作业,混凝土振捣应密实,无漏振、欠振、过振等现象。

(3)振捣采取快插慢拔方式,严格控制棒头插入混凝土的间距、深度与作用时间,并密切观察振捣情况,在混凝土泛浆、不再冒出气泡时视为混凝土振捣密实,防止混凝土表面出现蜂窝、麻面,甚至空洞等缺陷。

(4)混凝土振捣间距小于40cm,振捣上层混凝土时要插入下层混凝土5cm以上。每个振动点振捣时间控制在35~45s。

(5)斜拉索锚管套筒、锚具及有波纹管位置要在混凝土浇筑前做出标记,振捣时注意保护锚具及波纹管,同时保证锚具及波纹管与混凝土充分结合,特别是锚下区要振捣密实。

(6)振捣过程中,振捣棒严禁接触模板,并在混凝土浇筑期间内,派专人检查模板对拉螺杆的松紧情况,防止出现爆模、漏浆等现象;专人检查预埋钢筋和其他预埋件的稳固情况,对松动、变形、移位等情况,及时进行处理。

4.10.5　冷却管布置及冷却

为加快塔柱散热，防止塔柱混凝土产生裂缝，在塔柱施工中布置冷却管，通过在冷却管中通水，使塔柱内部散热，从而达到降温的目的。

(1)冷却管布置

塔柱冷却管采用分节独立布置方式，采用2.5英寸的螺纹接头焊管，立杆间距为130cm。每节塔柱的冷却管布置4个进水口、4个出水口，采用水泵抽水提供水源。冷却管通水完成后对冷却管道进行压浆处理。

塔柱冷却水管布置示意如图4-10-2所示。

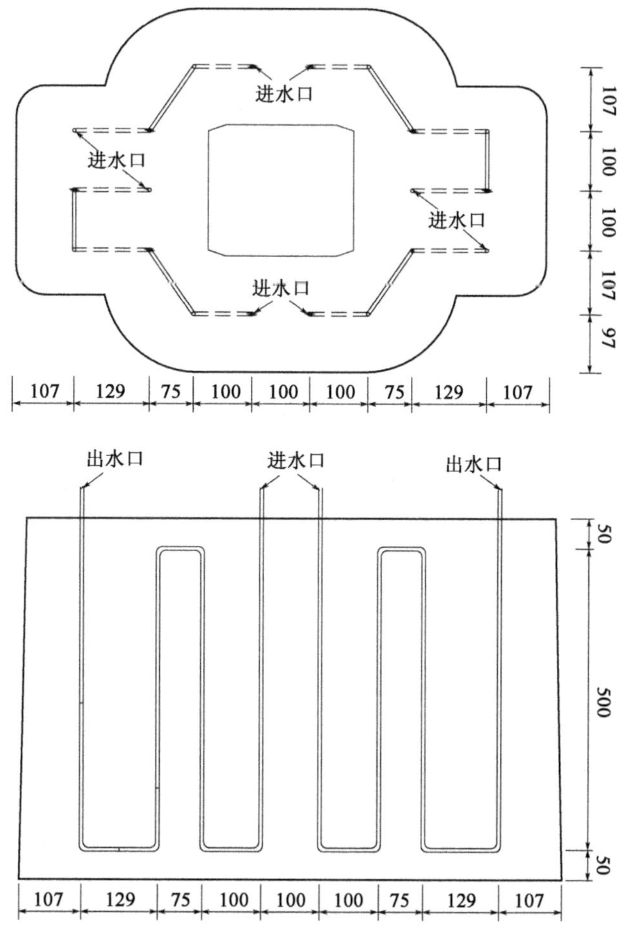

图4-10-2　塔柱冷却水管布置示意图(尺寸单位：cm)

(2)冷却管冷却

每节塔柱混凝土在浇筑完成且混凝土初凝后即开始通水冷却，冷却过程不能间断，并且要安排专人看守，待内外温差满足规范要求后即可停止通水。

4.10.6 混凝土养护及施工缝处理

1)混凝土养护

为保证混凝土质量,防止或减少混凝土表面开裂,浇筑完成的混凝土必须及时进行养护。混凝土养护应由专人负责。

(1)混凝土拟采用塑料薄膜养生,使用养护薄膜将墙身包裹严密,在其养护薄膜内洒水,使其薄膜紧贴塔柱后,再缠一圈胶布,防止大风将其吹落。

(2)若混凝土采用洒水养护的方式,养护用水要洁净,洒水要及时、不间断、不流淌,应避免混凝土表面出现干湿循环,每天洒水次数以能保持混凝土表面经常处于湿润状态为准。

2)施工缝处理

为使拆模后混凝土表面接缝美观,两层混凝土间的外露接缝线一定要平整顺直,在施工中,应采取以下措施进行预控:

(1)在第一层混凝土浇筑完毕后,以模板顶口线为基准,对靠近模板、宽约1.5cm的混凝土顶面内外接缝作修正、压实、抹平处理,在进行施工缝凿毛时,严禁破坏该接缝,以确保上下层混凝土接缝顺直。凿毛由人工完成,当处理层混凝土强度达到2.5MPa时,由人工开始凿除混凝土表面的水泥砂浆和松软层,经凿毛处理的混凝土面用压缩空气或高压水清理干净。

(2)混凝土浇筑前,再次对接缝表面进行检查清理(若有杂物应清理干净,以防夹渣);接缝两侧的混凝土应充分振捣,以使缝线饱满密实。

4.10.7 混凝土外观修饰和成品保护

1)施工用预埋螺栓孔修补

(1)拆模后,应及时取出锥形螺母及套头,修补留下的螺栓孔。修补可分两次进行,即先用水泥砂浆填充,待凝固干缩后用调好色泽的白水泥浆填补、抹面(必要时,可用角磨机打磨),水泥砂浆和水泥浆里应掺一定量的黏胶。

(2)施工用的螺栓埋件在使用期间应进行防锈处理;当使用完成后,先对其螺栓孔洞清洗,然后按照修补螺栓孔的方法加以处理。

(3)螺栓孔修补完成后及时养护,并加强保护。

2)混凝土成品保护

为了确保下塔柱在施工完成时其混凝土的外观完好如初,在施工期间,需特别加强对混凝土外观的保护。

(1)不得用重物随便撞击及敲打混凝土面,尤其刚拆模的混凝土面。

(2)不得在混凝土表面乱写乱画,不得用尖利的硬物刮刻混凝土面,严禁用污物擦抹混凝土面。

(3)进出人孔的爬梯及混凝土泵管后尽量不要靠近混凝土表面,不在混凝土表面堆存钢材。

(4)拆模后的混凝土表面若粘有浮灰及留有模板痕迹,应立即用细砂纸打磨,直到浮灰及模板痕迹清除干净、混凝土表面色泽一致为止。

(5)浇筑混凝土时,应采取措施,防止浆液污染已浇筑的混凝土表面;预应力施工时,应采取必要的防护措施,并且不得使用破损的压浆管、油管,管接头应密封,油泵、压浆设备及千斤顶应完好,以防止张拉和压浆过程中水泥浆及液压油污染混凝土表面。混凝土表面一旦出现浆液及其他污物,应立即清洗干净。

(6)采取有效措施,防止电梯、塔吊及其他机械设备用油污染混凝土表面,易污染处应预先用土工布围护。塔吊和电梯、横梁支架、临时用钢爬梯及其他易锈蚀的铁件在使用期间进行防锈处理。

(7)应经常检查混凝土表面,发现问题应及时处理。

4.11　附 属 工 程

4.11.1　概述

索塔塔柱附属工程主要包括:塔内人行爬梯、梁塔交接段预埋钢板、索塔防雷系统、通风孔、塔内排水系统等。

塔柱施工过程中,除塔内人行爬梯外其他附属工程随塔柱同步施工,塔内人行爬梯滞后塔柱1个节段安装。

4.11.2　附属工程施工

1)塔内爬梯及检修平台制作、安装

(1)简况

索塔上、下游塔柱内均设有人行爬梯及钢平台;爬梯、钢平台均采用型钢制作;爬梯分为A、B、C、D共4类,平台分为A、B两类。

(2)制作

为了保证制造质量,钢爬梯、钢平台除预埋件外,平台、爬梯等构件,均应在工厂切割、加工组焊。

①制作单元

由于索塔为封闭结构,只能通过人孔输送构件进行安装,也不便于起重设备的使用,因此制作单元既不能重,尺寸也不能过大。故将爬梯及平台制作单元分为两类。

第一类为钢爬梯,由爬梯梁及踏步板级成,按每一梯段制作。

第二类为钢平台,由主梁、次梁及平台板组成,平台整体制作。

②预埋板制作

预埋板分为两种类型,即Y-1、Y-2,分别用于钢爬梯及钢平台的连接固定。预埋板由锚板和锚筋组成。锚板采用5mm厚Q235B钢板,锚筋采用ϕ16HRB335钢筋。

③爬梯制作

梯梁下料时上口加放50mm的加工、安装余量。

平台上放出梯段的地样,根据地样进行组拼。

焊接时从中央向两端扩展焊接,尽量减少焊接变形,变形后应校正。

④钢平台制作

平台梁下料时加放 50mm 的加工安装余量。

在平台上勘划地样，组拼平台框架，待焊接完成校正后再装平台板。

钢平台焊接从中央向两端焊接，如发生焊接变形，立刻进行较正。

(3)防腐

所有构件制作完成后进行防腐处理，现场电焊、安装损伤部位需认真清理干净，索塔爬梯防腐涂装要求见表 4-11-1。

索塔爬梯防腐涂装要求表 表 4-11-1

涂　层	道数(道)	干膜厚度(μm)
无机磷酸盐富锌底漆	2	80
环氧专用封闭漆	2	50
氟碳树脂面漆	2	80

(4)预埋板的埋设

预埋板是重要的传力构件，施工时应认真核对预埋件的高程位置。各预埋件在索塔混凝土浇筑时埋入，埋设时核准位置后固定在模板上，防止混凝土振捣时偏移，应注意预埋钢板表面与塔柱、牛腿表面平齐。预埋钢板与钢筋的焊接，应确保焊缝质量(此处受拉)，钢筋在弯折时不得有开裂现象。

(5)安装

①安装设备

安装采用 5t 卷扬机配定滑轮，将各梯段或平台提吊到安装部位。

②安装方法

安装采用自下向上逐层安装的方法。每层平台爬梯焊接牢固后向上层推进，确保施工安全。

③测量

由于图纸理论计算尺寸与施工后的实际尺寸存在误差，因此待塔腔施工完毕定形后，进行总体挂线测量。根据实测结果，割除梯段或平台的余量。如果实测结果与设计图纸误差较大，按有关程序向设计部门反馈，经设计部门确认后，再进行施工。

④安装顺序

层与层之间的安装顺序为先安装平台后安装爬梯。当每层平台安装完毕后，用木梯或脚手架搭向上层平台预埋件处，焊接牛腿或临时支撑。吊装平台焊接牢固后，安装层间梯段。

构件与预埋件的焊接须在工地组焊，并要求几何尺寸准确，不得有歪扭现象，否则应当按图校正。

焊接工艺采用手工施焊，并参考有关焊接标准中的工艺施工，不得有虚焊、气孔、夹渣、裂纹等缺陷。

2)梁塔交接段预埋钢板

梁塔交接段预埋钢板位于第 5 节塔柱和 0 号块箱梁上，塔柱和 0 号块箱梁上各 2 块。预埋钢板采用 Q345 钢，锚筋采用直径为 20 的螺纹钢筋。

预埋钢板预埋时应保证预埋位置的准确性，当锚筋与塔柱钢筋和主梁钢筋冲突时，可适当移动预埋钢筋。

预埋钢板表面在安装前需采用锌加防腐处理，0号块梁段浇筑完毕后，预埋钢板均须涂装外防护涂层，涂料防腐年限不小于20年。

3)索塔防雷系统

防雷系统施工均需由专业单位完成。

索塔防雷系统包括接地引下线和塔顶避雷带，接地引下线下端与承台接地引线连接。

塔顶避雷带：距塔边缘10cm处，间隔1m，设置支架，支架采用50×5镀锌扁钢，支架埋入5cm，外露10cm，支架顶部焊接$\phi 8$镀锌圆钢。

设置4根引下线，其中2根为索塔最外层主筋，另外2根采用50×5镀锌扁钢；避雷针、引下线利用50×5镀锌扁钢与避雷网连接。

每根桩基必须有3根以上主筋与承台钢筋网焊接；引下线进入承台分成3股与承台钢筋网焊接。

引下线沿塔柱箍筋内钢筋骨架绑扎，当与钢筋及预应力钢束有干扰时，可适当挪动引下线位置。

要求接地电阻不大于10Ω。

4)排水、通风系统

塔底横桥向设置泄水孔，泄水孔采用$\phi 100$mm的PVC管，由里朝外向下倾斜设置，塔壁内侧口比外侧高20cm。

塔柱横桥向两侧塔壁设置通风孔，沿塔柱高度方向高度约5m，通风孔采用$\phi 100$mm的PVC管，由里朝外向下倾斜设置，塔壁内侧口比外侧高20cm。

泄水孔、通风孔在混凝土浇筑前预埋固定，埋设时核准位置后固定在模板上，防止混凝土振捣时偏移。当通风孔与预应力钢束或普通钢筋干扰时，可适当移动通风孔位置。

第5章　北街水道桥主梁施工技术

5.1　工程概况

5.1.1　北街水道桥布置及构造

北街水道桥为(60+150+380+150+60)m的双塔中央索面预应力混凝土斜拉桥,全长800m,采用半漂浮体系,主梁为三向(纵向、横向及竖向)预应力混凝土结构。北街水道桥总体布置见图5-1-1。

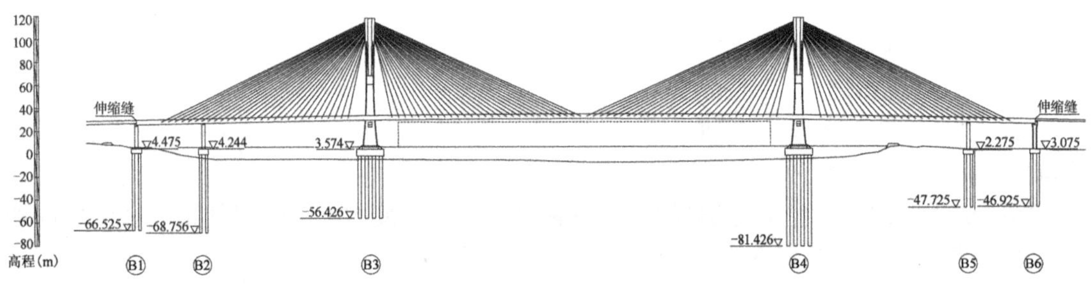

图5-1-1　北街水道桥总体布置图

主梁施工采用复合式牵索挂篮异索施工方法,在混凝土斜拉桥的逐段挂篮分节浇筑施工过程中,对混凝土斜拉桥的任意一节段梁块施工时,采用下一节段梁块对应的斜拉索作为本节段梁块对应挂篮的锚固用辅助索,待本节段梁块完成混凝土浇筑并等强后,挂设本节段的斜拉索并张拉至设计力。采用此施工工艺,可以解决当不同梁块上两条斜拉索锚固点间的横桥向距离不同时,需要设计加工结构复杂的挂篮弧形首的问题,并且简化了工艺操作,降低了成本,优化了施工工艺,缩短了节段施工工期。

5.1.2　箱梁布置及构造

北街水道桥主梁采用大悬臂单箱五室预应力混凝土箱梁,采用C55混凝土。主桥最大悬臂长度189m,共分29个节段,节段长6m。其中1~3号块为过渡段,4~29号块为标准块,30号块为合龙段。箱梁的基本参数如表5-1-1及表5-1-2所示。

主墩边跨箱梁基本参数表　　表5-1-1

梁段号	1号	2号	3号	4~22号	23号	24~29号	30号
梁段体积(m^3)	246.2	229.7	216.4	211.5	366.7	211.5	58.2
梁段重量(kN)	6622	6179	5821	5689	9864	5689	1566

主墩中跨箱梁基本参数表　　表 5-1-2

梁段号	1	2	3	4～29	30
梁段体积(m^3)	246	229.7	216.4	211.5	58.2
梁段重量(kN)	6622	6179	5821	5689	1566

标准块箱梁的主要参数如下：

(1)箱梁宽：顶板 40.8m，底板 21.6m。

(2)梁高：箱梁中心线处为 4.0m。

(3)箱梁顶板厚度：中间室的桥面板厚 50cm，其他 4 个室的桥面板厚 28cm。

(4)箱梁腹板厚度：边腹板厚 25cm，中腹板厚 40cm。

(5)底板、斜底板厚度：底板及斜底板厚 26cm。

(6)横隔梁间距：6m。

主梁标准横断面见图 5-1-2。

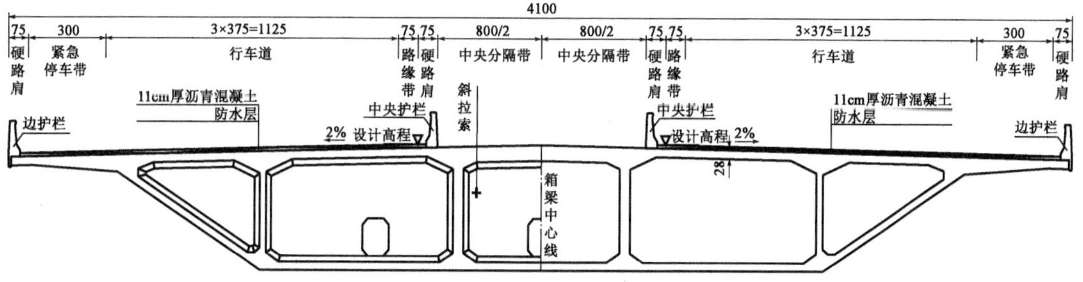

图 5-1-2　主梁标准横断面图(尺寸单位：cm)

箱梁纵向通长钢筋顶板采用直径 22mm 钢筋，底板采用直径 16mm、22mm 钢筋，钢筋间距均为 12.5cm；斜拉索锚块局部受力较大，采用直径 25mm 钢筋，间距 12cm；横隔板横向、纵向均采用直径 22mm 钢筋；人洞位置设置补强钢筋。为防止张拉预应力造成齿板混凝土开裂，在预应力弯曲部分设置间距 12cm、直径 16mm 的防崩钢筋。

箱梁采用纵向、横向和竖向预应力钢束，形成三向预应力混凝土结构。

(1)纵向预应力钢束

纵向预应力钢束按钢束所属梁段进行分类，包括标准梁段通长束、其他梁段附加束和合龙段的合龙钢束，主梁纵向预应力钢束均采用 ϕ_s15-22 高强度预应力钢绞线。

(2)横向预应力钢束

横向预应力钢束分为桥面板横向预应力钢束和横隔板横向预应力钢束。桥面板横向预应力钢束采用 ϕ_s15-4 高强度预应力钢绞线；横隔板横向预应力钢束采用 ϕ_s15-22 高强度预应力钢绞线。

(3)竖向预应力钢束

箱梁竖向预应力钢束采用 ϕ_s15-3 高强度预应力钢绞线。

5.1.3 气象条件

工程所在地属亚热带季风气候,历年平均温度为21.8℃。本地全年最热月为7月,日均温度为28.4℃;最冷月为1月,日均温度为13.2℃。台风是影响最严重的灾害性天气,多发生在7~9月。

北街水道桥位于西江水道,属于西江干流;桥位处江面宽约为430m,水深为6~10.5m,水流平缓,流量丰富,河水一日两涨两落,潮差为1~2m。河流汛期为5~10月。水流最大流速可达3m/s,最大流速发生在涨落潮过程中;设计洪水位为+6.014m。

5.2 施工概述

5.2.1 全桥总体施工工艺

北街水道桥主梁悬臂浇筑采用复合式牵索挂篮施工,主梁悬臂浇筑总体施工工艺流程如图5-2-1所示。辅助墩施工时应预留3m高,挂篮通过辅墩后,再施工墩身,安装支座,辅助墩顶的主梁横隔板与墩身通过竖向精轧螺纹钢固定,变双悬臂状态为单悬臂状态。同时要进行边跨现浇段施工,待29号块施工完后,先进行边跨合龙,再进行中跨合龙。

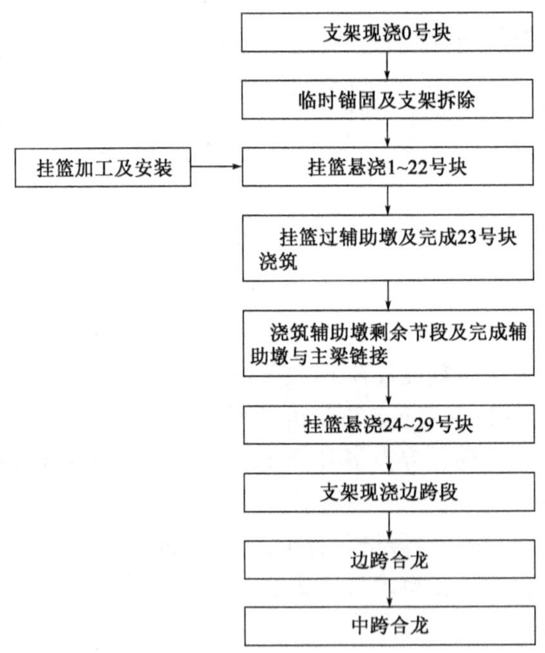

图5-2-1 主梁悬臂浇筑总体施工工艺流程图

5.2.2 主梁标准段施工工艺

主梁施工采用牵索挂篮悬臂浇筑箱梁施工工艺,其流程如图5-2-2所示。

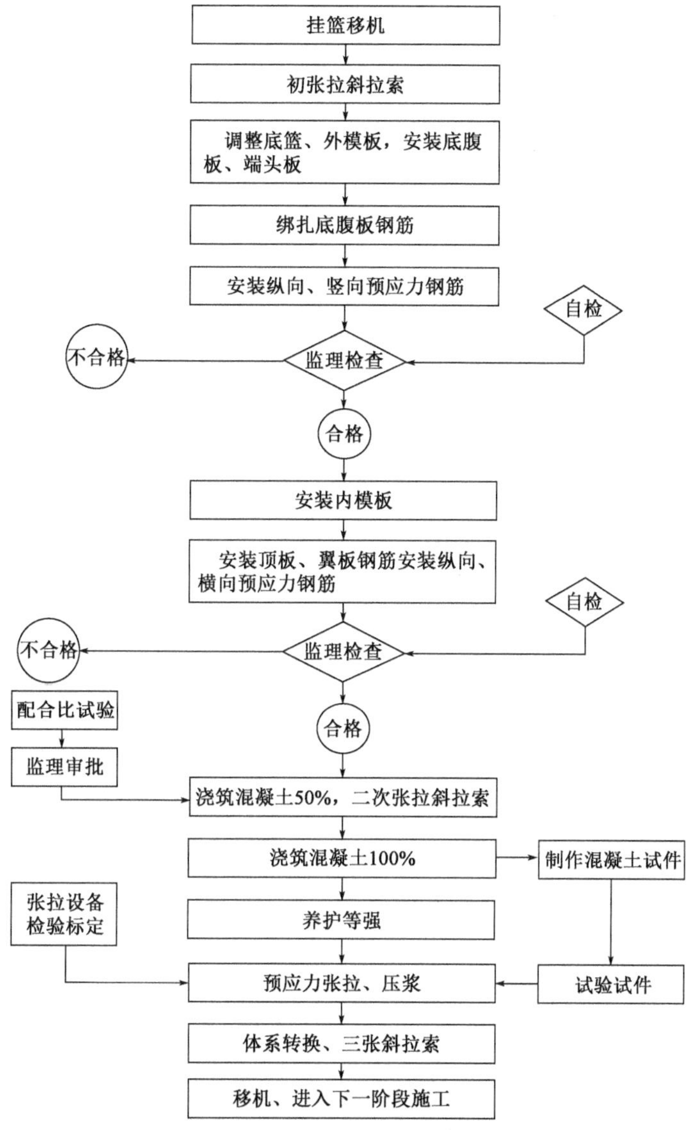

图 5-2-2　牵索挂篮悬臂浇筑箱梁施工工艺流程图

5.2.3　主要施工设备的选型及布置

1)起重设备

箱梁施工时配置 QTZ160(起重力矩 1600kN·m)塔吊 1 台用于钢筋、钢绞线等材料上桥面;配置 16t 汽车吊两台用于钢筋及模板的安装。

QTZ160 塔吊技术性能参数见表 4-2-1,起重性能参数见表 4-2-2。

2)混凝土生产、运输设备

(1)混凝土生产及泵送设备

箱梁混凝土由搅拌站集中供料,搅拌站共配备 2 台 $100m^3/h$ 搅拌机,每台搅拌机实际生产能力为 $60m^3/h$,能满足箱梁最大浇筑方量节段的混凝土供应。

箱梁混凝土输送设备为2台BSA2109HD地泵，地泵摆放在施工平台上。混凝土运输车运送到施工平台后，由地泵泵送至桥面。桥面混凝土的对称、均布浇筑由两台布料机来实现。BSA2109HD混凝土地泵主要技术参数详见表4-2-3。

(2)混凝土泵管

混凝土泵管选用高压泵管，泵管沿桥面中线呈一条线布设至浇筑地点。泵管布设时，水平管每隔3m垫枕木。

3)通水、通电管线布置

箱梁施工电缆及养生用水管沿桥面中线布置纵向延伸。

4)施工关键点及保证措施

(1)对称悬臂浇筑施工是施工关键点

无论在浇筑阶段、挂篮移动或拆除阶段，均需保持对称平衡施工，容许不对称质量不得大于一个梁段的底板自重。特别在大风季节需要特别注意单“T”的稳定性，必要时采取相关措施，确保单“T”的稳定。

(2)预应力施工

预应力钢束管道位置必须按所给管道坐标精确定位，必须保证管道平顺，定位钢筋必须焊接牢固。

(3)箱梁施工纵面线形控制

根据施工挂篮重量及临时施工荷载等情况计算施工立模高程。在施工过程中密切监视箱梁高程与计算值之间的差别，并及时分析原因，在下一段作出适当调整。

5.3 复合式牵索挂篮简介

北街水道桥牵索挂篮后下横梁部分取消桁架式，采用单条钢箱梁承重。与传统牵索挂篮底篮主要前后下横梁均采用刚度相近的钢箱梁做法不同，按极端情况考虑了该挂篮因前后支点部分挂篮沉降值偏差问题，设计方案将底篮的前后下横梁刚度作差异化处理。

采用异索施工工艺为解决施工过程中冲突问题提供了技术基础。北街水道桥挂篮1～5号块采用异索法施工，成功解决了斜拉索横向索距变化大及延长线贯穿底板切断预应力问题，设计新颖合理，解决了结构问题，确保了施工安全及进度。

为防止挂篮前后支点部分在横桥向出现的受力不协调问题，根据溢流阀超压溢出原理，采取在后支点挂篮部分的主梁前吊带处设置油压千斤顶恒压系统，动态控制其前部受力，解决挂篮横向受力不协调问题。

同时考虑到牵索挂篮超重、超宽幅的结构特点，为了控制整体变形，牵索挂篮提升采用多吊点精轧螺纹钢配合实心千斤顶与穿心千斤顶的提升方案。牵索挂篮结构如图5-3-1所示。

复合式牵索挂篮是解决中央索面大悬臂超宽幅箱梁悬臂浇筑施工的最好办法，方案中提出的异索施工工艺巧妙解决北街水道桥施工难点，与普通牵索挂篮工艺相比，缩短了工期2个月，节约成本约480万元。

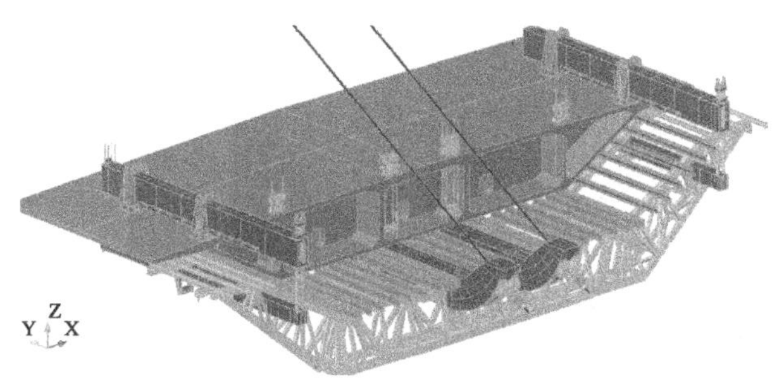

图 5-3-1　牵索挂篮结构图

该复合式牵索挂篮通过优化设计，具有较高的安全系数，降低了施工风险，同时该套挂篮采用自动化、机械化的施工工艺，操作灵活简便，节省了大量的劳动力，具有较高的社会效益。

5.3.1　基本概况

复合式牵索挂篮底篮的后部锚固于已浇筑梁块上，前部中间部分由斜拉索锚固承重，两侧部分采用辅助主梁悬吊（控制底篮大悬臂的变形）。

为防止复合式牵索挂篮中后支点与前支点部分在横桥向受力分配出现不协调问题，在后支点挂篮部分的辅助主梁前部吊带处设置油压千斤顶，动态控制其前部受力，其设计最大受力为 500kN。当实际受力大于 500kN 时，油压千斤顶将超过部分荷载自动释放为位移，并通过前下横梁将力传递给斜拉索；当吊点处实际受力小于或等于 500kN，油压千斤顶维持原位置不变。

复合式牵索挂篮主要分为底篮系统、锚固提升系统、止推系统、牵索张拉系统、行走系统和模板系统六大部分。

5.3.2　底篮系统

底篮系统由前下横梁、后下横梁、两条主纵梁、两条次纵梁、43 条型钢次梁以及施工过道等组成，底篮系统结构如图 5-3-2 所示。

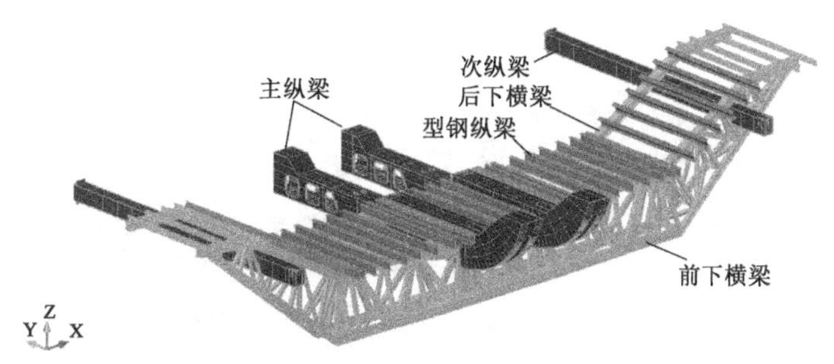

图 5-3-2　底篮系统结构图

前下横梁：由钢箱、HN450、槽钢及方钢组焊而成，纵断面呈三角形，总重约 40t，分为 5 段，由现场组合焊接而成，前下横梁结构如图 5-3-3 所示。

图 5-3-3　前下横梁结构示意图

后下横梁：由钢箱和 2 条 HN450×200×9×14 双拼组合焊接而成，单条总长 42m，自重约 14t，共分为 3 段，由现场组合焊接成型，后下横梁结构如图 5-3-4 所示。

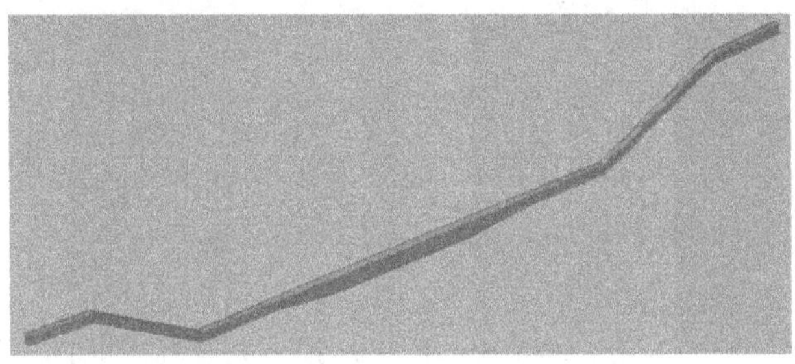

图 5-3-4　后下横梁结构示意图

主纵梁：采用纵断面为□2000×1200×20/12 的箱形梁，为钢板组焊件，单条总长 18.6m，自重约 23t，主纵梁结构图及主纵梁结构内剖面图如图 5-3-5 及图 5-3-6 所示。

图 5-3-5　主纵梁结构示意图

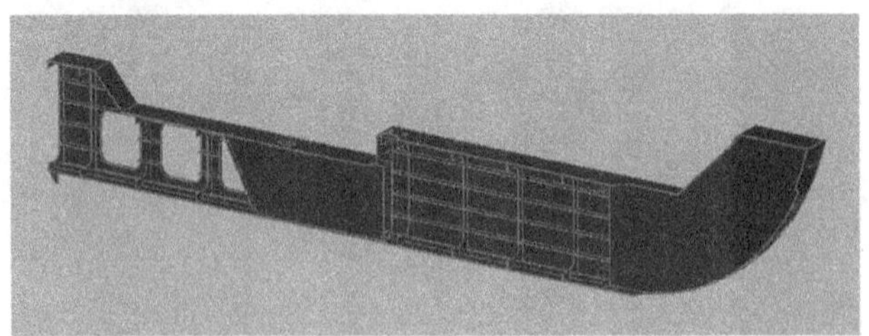

图 5-3-6　主纵梁结构内剖面图

次纵梁：由钢板组焊成横截面为□800×600×20/16 的箱形梁，单条长 16.3m，自重约 8t，次纵梁结构示意如图 5-3-7 所示。

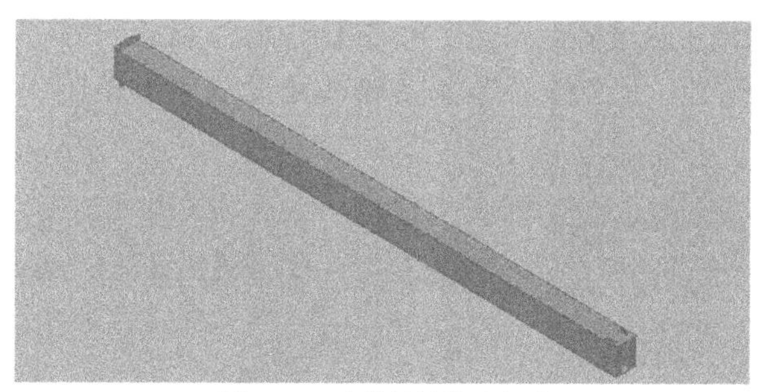

图 5-3-7　次纵梁结构示意图

型钢纵梁:由 8 条 I 25a 工钢和 37 条 HN450 × 200 × 9 × 14 组成,单条长 7m,受力跨度为 5.5m,采用螺栓与前后下横梁连接。

5.3.3　锚固提升系统

挂篮的锚固提升系统负责将底篮承受的各种力直接或间接传递给已浇筑箱梁,并配合浇筑后落模、移机及调整底篮高程等需要实现底篮的上下运动。

底篮后锚共 6 处,分为 R1、R2 和 R3 三种类型,其中 R1、R2 每处设置吊杆 2 条,R3 处设置吊杆 4 条,共计吊杆 16 条。吊杆均采用 40Cr 材质,直径为 65mm,螺纹采用梯形螺纹。R1、R2 及 R3 后锚结构如图 5-3-8 所示,底篮前吊带结构如图 5-3-9 所示。

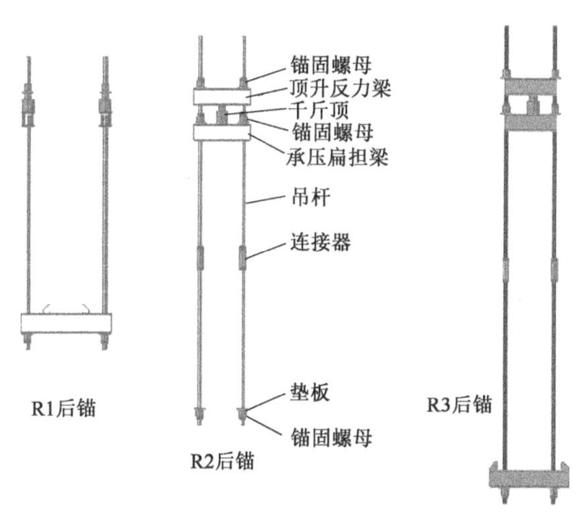

图 5-3-8　R1、R2 及 R3 后锚结构示意图

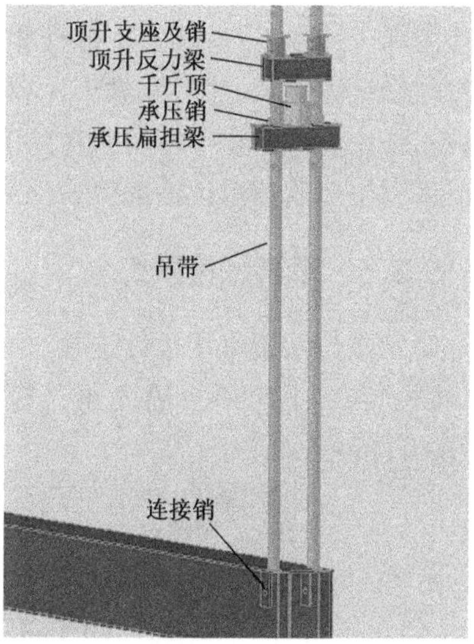

图 5-3-9　底篮前吊带结构示意图

底篮前部中间部分由牵索机构将力传递至主塔,两侧部分采用双吊带作为锚固提升结构。吊带采用 Q345B 材质,吊带截面为□160mm × 30mm。

底篮的提升下放采用传统反力梁形式,利用液压千斤顶实现上下运动。

5.3.4　止推系统

止推系统通过在主纵梁与已浇筑箱梁间设置 30°倾角的斜拉止推杆,以抵抗斜拉索水平力。止推杆共4条,每条主纵梁各两条。止推杆采用40Cr材质,直径为100mm。为防止施工箱梁预留孔倾角出现偏差,止推杆两端锚固螺母处设置球形垫圈。止推系统结构示意如图5-3-10所示。

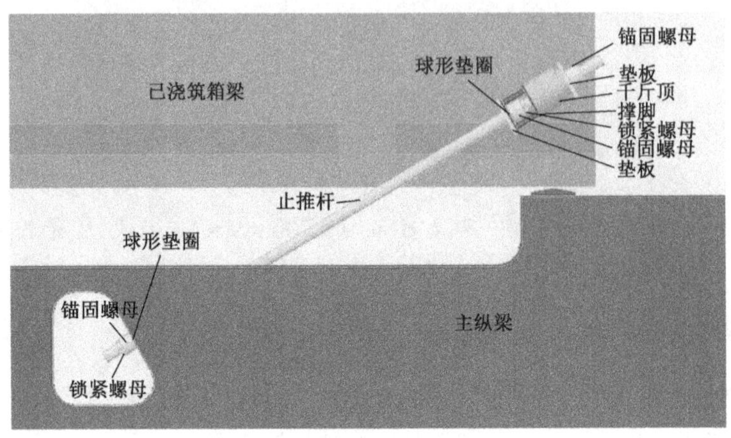

图5-3-10 止推系统结构示意图

止推杆在挂篮提升就位后从箱梁内安装,在箱梁内预埋吊点,用手拉葫芦吊住止推杆斜着穿过箱梁预留孔至主纵梁,然后上紧锚固螺母和锁紧螺母。在箱梁内安装垫板、紧固螺母、球形垫圈和千斤顶,尽量调整止推杆和千斤顶在一条直线,变差不得大于5cm,稍微有点弯折可通过球形垫圈调节,然后上紧千斤顶外侧的垫板和锚固螺母,连接好千斤顶的管线,对止推杆进行初张拉。每条止推杆初张拉约为100kN,初张拉只是对止推杆的预紧,待4条止推杆安装完成后再按照监控单位给的张拉值进行同步张拉。

5.3.5 牵索张拉系统

牵索张拉系统采用柔性连接,由斜拉索和螺杆通过转换器连接而成。螺杆上装配球形垫圈、张拉底座、千斤顶及锚固螺母等,接长螺杆选用40Cr材质。牵索张拉系统结构示意如图5-3-11所示。

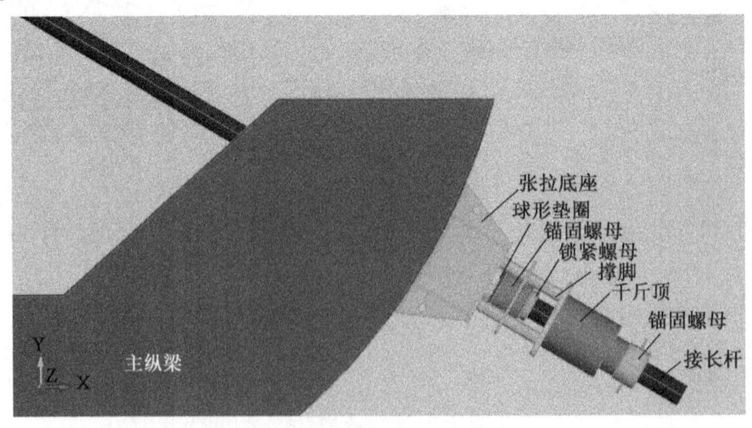

图5-3-11 牵索张拉系统结构示意图

5.3.6 行走系统

行走系统分为上行走和下行走两大部分。上行走由辅助主梁、固定式辅助梁顶推滚轮组及液压顶升系统构成;下行走由主纵梁及次纵梁滚轮箱构成。

辅助主梁由 Q235 材质钢板组焊成截面尺寸为□1600 × 800 × 20/16mm 的箱形梁,重约 18t。

辅助主梁由安装于固定式辅助梁顶推滚轮组上的液压油缸顶升前移,底篮后部托放于主次纵梁滚轮箱上,在锚固于辅助主梁前部的吊带牵引下前移。行走系统结构如图 5-3-12 所示。

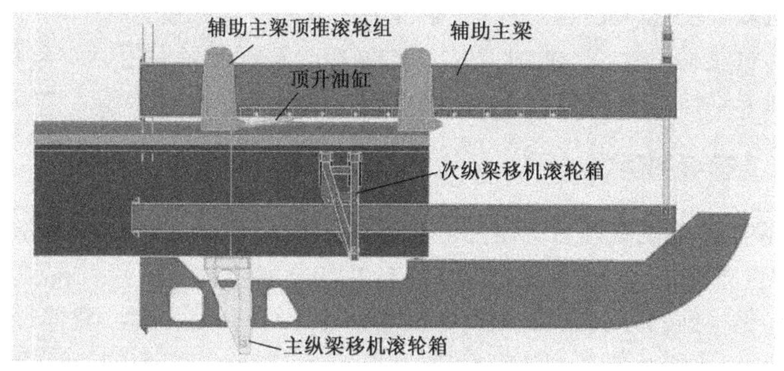

图 5-3-12　行走系统结构示意图

5.3.7 模板系统

模板系统主要由底模板、外侧模板、内模板及内模板支架和端模板组成。

(1)底模板、外侧模板

底模板及外侧模板采用标准 8cm 组合钢模板拼装,底模板直接支撑在底篮的纵梁上,因此不需另设龙骨。外侧模板采用大块钢模板组拼,以利于混凝土外观质量。整个外侧模板直接安放在挂篮底篮纵梁上,模板在移机后通过调整吊带来保证外模板高程满足设计要求。

(2)内模板及内模板支架

由于 1 ~3 号块段箱梁腹板厚度有变化,导致内箱室尺寸发生变化,此 3 个块段箱梁内模采用木模板,顶板模板采用 20mm 厚胶合板 + 横肋 10cm × 12cm 方木 + 纵肋 10cm × 12cm 方木,内侧模和横隔板采用 16mm 厚胶合板 + 纵肋 10cm × 12cm 方木 + 横肋双拼[10 槽钢,内模板采用钢管支架对顶。

4 ~29 号块段为标准块段,内模板采用小块标准钢模板组合,螺栓连接,安装 2[10 龙骨并固定,在该龙骨上搭设顶板支架,铺设顶板模板(组合钢模板)。

(3)端模板

端模板采用钢模板,根据箱梁截面形式及钢筋位置、波纹管位置制作。

5.3.8 梯子及工作平台

为了便于施工在底篮的左右两侧及前后端设置工作平台,底篮两侧工作平台通过从翼板桁架悬挑[10a 槽钢作为承重梁,再在上面铺标准走道板,在外边缘每隔 1.2m 焊一条高 1.2m

的 $\phi25$ 的圆管作为竖杆,然后用两条 $\phi25$ 的圆管连接成安全护栏。前端工作平台通过在底篮分配纵梁上焊接［10a 槽钢作为承重梁,其上铺设标准走道板,在纵梁末端焊接与侧边相同的安全护栏。后部工作平台以焊接在后下横梁及牵索主纵梁尾部上［10a 槽钢作为承重梁,其上铺设标准走道板并安装安全护栏。

5.4 超宽幅箱梁复合式牵索挂篮仿真分析

北街水道桥在从 0 号块至标准梁段施工过程中,中室两中腹板横向间距向内斜向收拢,带来索距横桥向的较大变化。北街水道桥拉索锚固点横向变化幅度为 45.6cm。在 1～5 号块,斜拉索延长线穿过箱梁底板。挂篮施工中,斜拉索接长锚杆通过底板时将与底板预应力发生冲突。由此采用异索挂篮施工,即用下一节段箱梁斜拉索作为辅助索施工本节段箱梁。

5.4.1 计算荷载的确立

根据施工要求,挂篮的承载力必须大于 6622kN,并具有一定的安全系数;空载挂篮(含模板)控制质量为待浇筑混凝土块件最大质量的 0.3～0.5 倍。

荷载增大系数根据《公路桥涵施工技术规范》(JTG/T F50—2011)取值,荷载及荷载增大系数取值如下:

静荷载增大系数取 1.2;

施工机具及人群荷载 1.5kPa(验算模板按 2.5kPa),荷载增大系数取 1.4;

施工振捣力:水平向 2kPa,侧向 4kPa,动荷载增大系数取 1.4;

允许最大变形(包括吊带变形的总和)为 20mm。

说明:

(1)计算中,施工机具重量、人群荷载和施工振捣荷载按竖直方向共取 2.5kPa,称之为施工荷载,模板荷载计算另作考虑。

(2)按极限应力法设计,强度验算要考虑全部标准荷载及荷载增大系数;刚度验算及抗倾覆稳定性验算不考虑荷载增大系数,仅按混凝土、模板及挂篮自重考虑。北街水道桥箱梁相关数据见表 5-4-1。

北街水道桥箱梁相关数据统计表 表 5-4-1

序号	部　　位	箱梁张拉拉索实际仰角(°)	挂篮锚固拉索位置	挂篮锚固拉索计算仰角(°)	索长(m)	混凝土单位质量(t)	混凝土体积(m^3)
1	北街 B1 块	76.345	B2	75	82.15	662.3	246.2
2	北街 B2 块	72.069	B3	71	83.77	597.55	229.7
3	北街 B3 块	68.072	B4	67	85.54	562.64	216.4
4	北街 B4 块	64.748	B5	63	87.91	549.9	211.5
5	北街 B5 块	61.174	B6	60	91.98	549.9	211.5
6	北街 B6 块	57.905	B6	57.905	91.12	549.9	211.5
7	北街 B29 块	24.265	B29	24.265	203.6	549.9	211.5

由上表可知，综合节段最重及拉索仰角最小两种不利情况，计算取北B1节段(B2斜拉索)、北街B29节段(B29斜拉索)两个节段进行验算。主梁节段施工荷载见表5-4-2。

主梁节段施工荷载统计　　表5-4-2

序号	荷载分类	单位	数量	单位质量(t)	自重荷载(kN)	备注
G1	北街B1块	节	1	662.3	6623	246.2m^3
G2	6m标准节段混凝土	节	1	549.9	5499	211.5m^3
G3	外模板(底模板)	m^2	140.4	0.1	140.4	含加劲槽
G4	外模板(侧模板)	m^2	141.16	0.1	141.16	含加劲槽
G5	内模板	m^2	364.85543	0.12	438	含水管架
G6	施工平台	m^2	100	0.07	70	
G7	横隔板内模板	m^2	166.1338	0.05	83.1	
G8	人员机具		30	0.06	18	
合计				$\sum G_i$	7514	最重

北街B1块浇筑混凝土100%后底篮纵梁受力计算如下。

B1块$O-O$、$P-P$断面分块示意如图5-4-1所示。

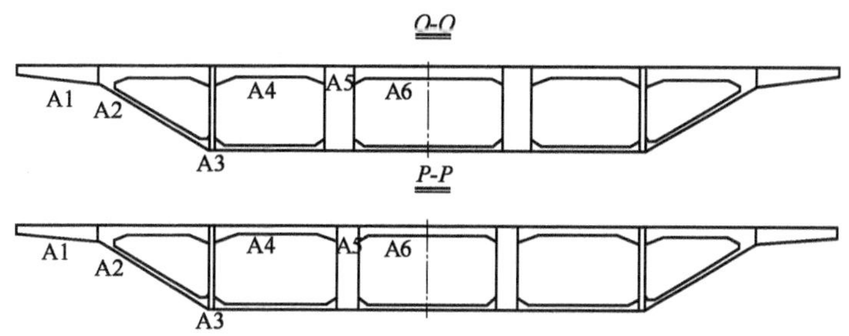

图5-4-1　北街B1块$O-O$、$P-P$断面分块示意图

从图5-4-2中可以看出，北街B1块在从$O-O$断面到$P-P$断面变化过程中，A1块、A2块及A3块面积均保持不变，A4块面积变大，A5块及A6块断面面积均变小。

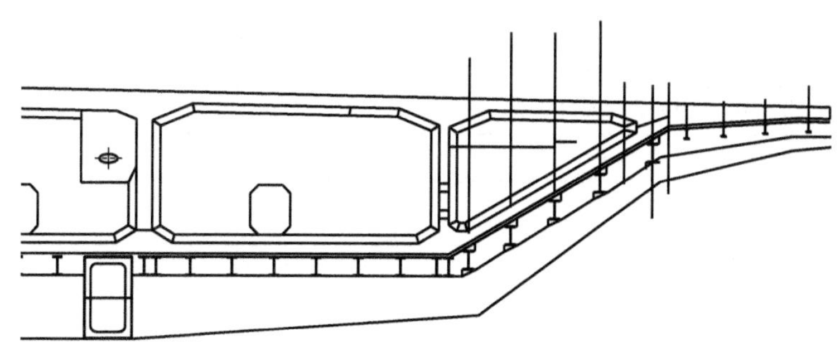

图5-4-2　北街B1块底篮纵梁布置图

底篮布置中，纵梁长度7.8m，待浇筑箱梁后端面距纵梁后锚点间距0.6m，底板模板与已浇筑块重叠0.3m，前部伸出0.2m。建立北街B1块底篮纵梁受力模型，如图5-4-3所示。

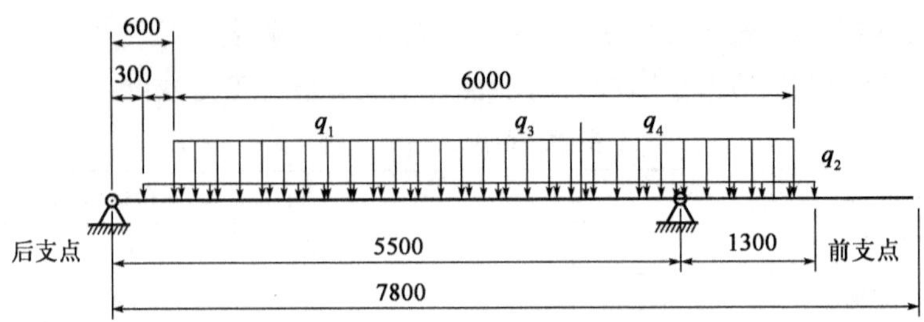

图 5-4-3　北街 B1 块底篮纵梁受力示意图(尺寸单位:mm)

A1 ~ A6 块下纵梁承受的荷载见表 5-4-3 ~ 表 5-4-8,计算结果汇总见表 5-4-9。

A1 块下纵梁承受的荷载表　　表 5-4-3

纵梁位置	实际荷载(kN/m)		
	100% 混凝土自重荷载 q_t	施工荷载 q_s	模板荷载 q_2
纵梁 1	13.45	2.3	0.7
纵梁 2	10.8	2.5	0.8
纵梁 3	10.8	2.8	0.8
纵梁 4	8.1	2.8	0.8

A2 块下纵梁承受的荷载表　　表 5-4-4

纵梁位置	实际荷载				
	100% 混凝土自重荷载 q_t		施工荷载 q_s	模板荷载 q_2	
荷载位置	顶底板(kN/m)	横隔板(kN)	顶底板(kN/m)	顶底板(kN/m)	横隔板(kN)
纵梁 1	21.5	1.1	2.8	1.8	0.2
纵梁 2	18.8	12.9	3.0	2.4	1.8
纵梁 3	16.1	19.4	2.8	2.2	2.7
纵梁 4	16.1	26.9	2.8	2.2	3.8
纵梁 5	24.2	28.0	2.5	3.2	3.9

A3 块下纵梁承受的荷载表　　表 5-4-5

纵梁位置	实际荷载(kN/m)		
	100% 混凝土自重荷载 q_t	施工荷载 q_s	模板荷载 q_2
纵梁 1	25.46	0.63	0.19

A4 块下纵梁承受的荷载表　　表 5-4-6

纵梁位置	实际荷载						
	100% 混凝土自重荷载 q_t		施工荷载 q_s	模板荷载 q_2			
荷载位置	顶底板(kN/m)		横隔板(kN)	顶底板(kN/m)	顶底板(kN/m)		横隔板(kN)
断面	$O-O$	$P-P$	$O-P$	$O-P$	$O-O$	$P-P$	$O-P$
纵梁	15.58	17.28	35.13	2.53	2.52	2.72	4.9

A5 块下纵梁承受的荷载表　　表 5-4-7

纵梁位置	实际荷载				
	100%混凝土自重荷载 q_t		施工荷载 q_s	模板荷载 q_2	
荷载位置	顶底板(kN/m)		顶底板(kN/m)	顶底板(kN/m)	
断面	$O-O$	$P-P$	$O-P$	$O-O$	$P-P$
纵梁	52.12	37.54	1.24	0.37	0.27

A6 块下纵梁承受的荷载表　　表 5-4-8

纵梁位置	实际荷载						
	100%混凝土自重荷载 q_t			施工荷载 q_s	模板荷载 q_2		
荷载位置	顶底板(kN/m)		横隔板(kN)	顶底板(kN/m)	顶底板(kN/m)		横隔板(kN)
断面	$O-O$	$P-P$	$O-P$	$O-P$	$O-O$	$P-P$	$O-P$
主纵梁	43.18	37.93	81.81	6.14	5.68	9.13	4.87
型钢纵梁	23.14	22.69	49.14	2.13	2.13	5.48	2.822

浇筑混凝土 100%荷载下纵梁受力情况汇总　　表 5-4-9

部位			A6 块		A5 块	A4 块	A3 块	A2 块					A1 块			
项目	工况		主纵梁	型钢纵梁3条	中室腹板纵梁3条	次中室底板纵梁6条	次中室腹板纵梁2条	边室纵梁5条	边室纵梁4条	边室纵梁3条	边室纵梁2条	边室纵梁1条	翼板纵梁4条	翼板纵梁3条	翼板纵梁2条	翼板纵梁1条
支反力(kN)	强度	前部	347.4	192.7	210.1	145.5	124.4	175.6	132.8	124.3	131.8	127.1	57.6	70.3	70.3	79.6
		后部	157.9	82.2	125.6	62.5	65.7	82.9	60.6	58.8	65.2	66.8	30.5	37.2	37.2	42.1
	纯混凝土	前部	224.1	130.4	168.1	94.5	100	118.2	85.5	79.3	84.5	85.3	31.8	42.4	42.4	52.8
		后部	101.1	56.2	100.9	39.2	52.7	55	38	36.7	41.2	44.8	16.8	22.4	22.4	27.9
正应力(MPa)	强度		5.9	98	134	74.4	37.4	94.4	70.4	42.7	72.4	72.5	123.1	150.4	150.4	170.3
变形(mm)	全荷载		0.2	7	9.2	5.3	2.7	6.7	5	4.7	5.1	5.0	15	18.3	18.3	20.8
	纯混凝土		0.1	4.9	7.4	3.5	2.1	4.5	3.2	3	3.3	3.4	8.3	11.1	11.1	13.8

5.4.2　移机工况

荷载考虑:1.2 挂篮自重 +1.2 模板。

移机工况分移机初始及移机完成两个状态进行建模求解。当底篮初始移机时,底篮后吊点(即滚轮箱吊杆)尚位于次纵梁中部,此时滚轮箱吊杆受力最大。当底篮走行距离最大时,移机过程基本完成,即后部吊点(滚轮箱吊)位于次纵梁尾部时,底篮次纵梁承受最大正应力,受力最不利,同时底篮重量靠近于底篮前部,前部吊带承受的力最大。

1)下行走系统

(1)底篮整体受力验算

移机状态挂篮底篮各部分受力见表 5-4-10,移机初始及完成状态的底篮的弯矩、剪应力、变形如图 5-4-4～图 5-4-6 所示。

移机状态挂篮底篮各部分受力表(kN)　　表 5-4-10

状态	支反力		
	前吊点	次纵梁后锚	主纵梁后锚
移机初始	393.5	297.1	295.9
移机完成	676.2	186.8	120.3

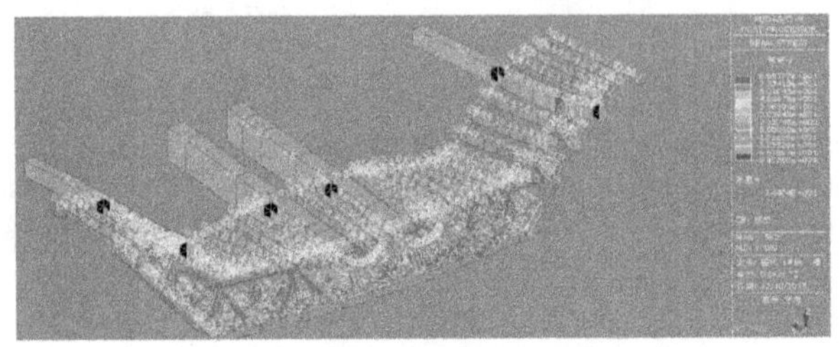

a)初始阶段

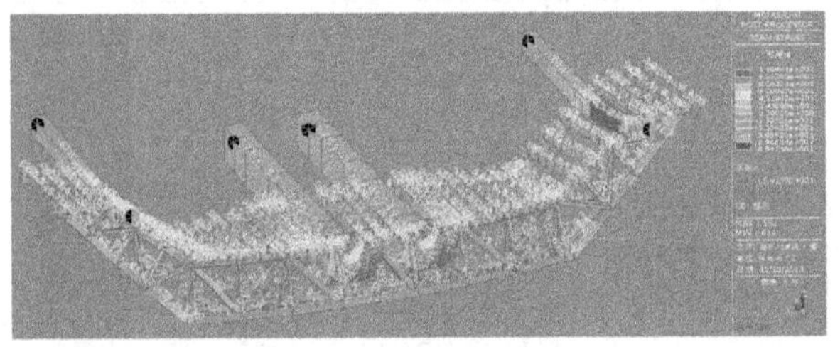

b)完成阶段

图 5-4-4　底篮弯矩图

a)初始阶段

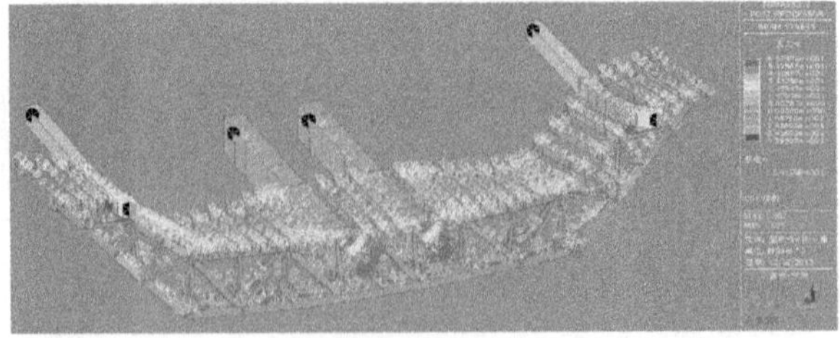

b)完成阶段

图 5-4-5　底篮剪应力图

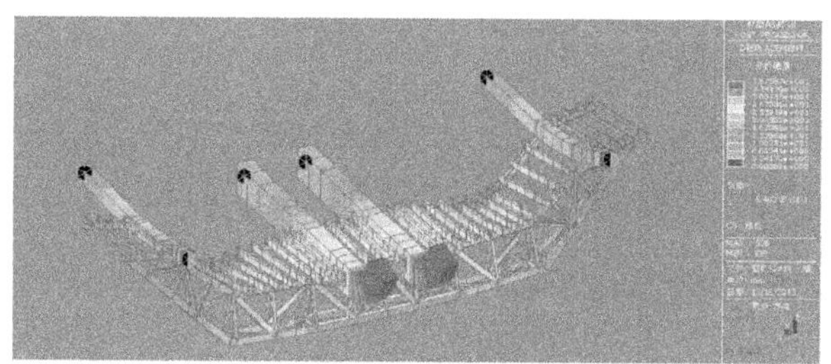

图5-4-6　底篮变形图

弯应力：σ_{max} = 118.5MPa < 215MPa；剪应力：τ_{max} = 63.8MPa < 110MPa；变形：δ_{max} = 36.8mm < 63.6mm。

满足要求。

(2)次纵梁受力验算

次纵梁受力如图5-4-7所示。

a)次纵梁正应力图

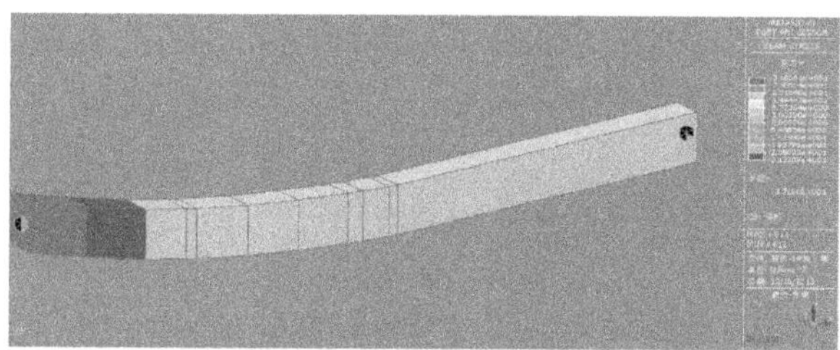

b)次纵梁剪应力图

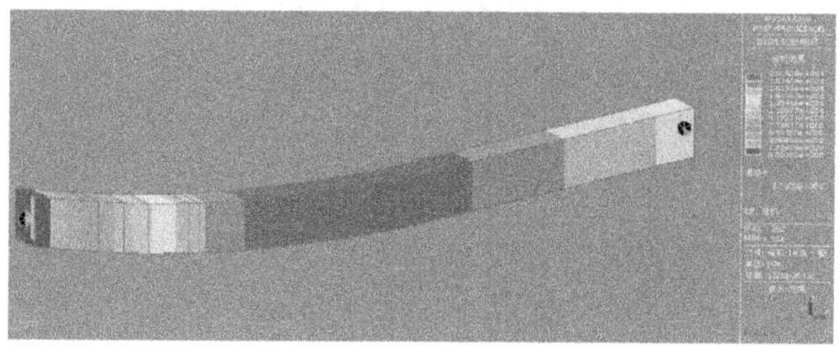

c)次纵梁变形图

图5-4-7　次纵梁受力图

正应力：σ_{max} = 88.5MPa < 215MPa；剪应力：τ_{max} = 31.6MPa < 110MPa；变形：δ_{max} = 20.2mm < 32.6mm。

满足要求。

(3)滚轮箱后吊杆受力验算

根据表5-4-10可知,滚轮箱吊杆受到的最大拉力为297.1kN,吊杆共设置2根。荷载不均布系数取1.5,则单根吊杆最大受力为 $F=1.5\times297.1/2=222.83(\text{kN})$。采用40Cr,$[\sigma]=\dfrac{\sigma_s}{1.5}=523\text{MPa}$,取公称直径为55mm,螺距为9mm的梯形螺纹杆,则螺纹杆应力截面面积为:

$$A_s=0.7854\times(d-0.9382P)^2=0.7854\times(55-0.9382\times9)^2=1702(\text{mm}^2)$$

$\sigma=\dfrac{F}{A}=\dfrac{222830}{1702}=131(\text{MPa})<[\sigma]=523\text{MPa}$,满足要求。

(4)滚轮箱销轴受力验算

由表5-4-10可知,滚轮箱销轴承受最大力为297.1kN。销轴采用40Cr材质,公称直径为 $d=100\text{mm}$,则

$\tau=\dfrac{F}{A}=\dfrac{297100/2}{2\times3.14\times50^2}=10(\text{MPa})<125\text{MPa}$,满足要求。

轴承选择:

查阅《机械设计手册 第三卷 机械零部件设计(轴系、支承及其他)》常用滚动轴承的基本尺寸与数据表,可知,单根销轴宜选择NF2310型圆柱滚子轴承4个。单个轴承能承受的径向当量荷载 $C_{0r}=132\text{kN}$,轴向当量荷载 $C_r=112\text{kN}$。轴承基本尺寸为外径 $D=100\text{mm}$,宽 $B=40\text{mm}$。

(5)次纵梁前吊带受力验算

由表5-4-10可知,吊带受力最大为676.2kN,吊带采用2条5m长,Q345B材质,宽为16cm,厚为3cm,开孔为直径8cm,孔距为15cm,在有销孔处两边各贴1.6cm厚钢板,直径为12cm,则无孔处截面面积 $A_m=160\times30=4800(\text{mm}^2)$,开孔处净截面面积 $A_j=160\times62-80\times62=4960(\text{mm}^2)$。

σ_s 为吊带的抗拉强度设计值,吊带的厚度为3cm,查《钢结构设计规范》(GB 50017—2003),取 $\sigma_s=265\text{MPa}$。

吊带部分拉应力计算:

代入数据,$\sigma_{拉}=\dfrac{R}{b\delta}=\dfrac{676200/2}{180\times30}=62.61(\text{MPa})<265\text{MPa}$,满足要求。

销孔部分拉应力计算:

根据《实用应力集中手册》,则

$$0\leqslant\frac{r}{b}=\frac{30}{160}=0.19<0.25$$

$$k=\frac{1-\dfrac{r}{b}}{0.333-0.074\dfrac{r}{b}}=2.54$$

代入数据,得 $\sigma_{拉}=\dfrac{kR}{b\delta+2D_1\delta_1-D_2(\delta+2\delta_1)}=\dfrac{2.54\times676200/2}{160\times30+2\times120\times16-80\times62}=$

233.4MPa < 265MPa，满足要求。

销孔处平均挤压应力计算：

$$\sigma_{挤} = \frac{R}{D_2\delta} = \frac{676200/2}{80 \times 62} = 68.2(\mathrm{MPa}) < 265\mathrm{MPa}$$，满足要求。

销抗剪计算：

材料选用 40Cr，取 $d = 80\mathrm{mm}$，则：

$$\tau = \frac{F}{A} = \frac{676200/2}{2 \times 3.14 \times 40^2} = 33.65(\mathrm{MPa}) < 125\mathrm{MPa}$$，满足要求。

2)上行走系统

上行走系统主要包括辅助主梁、滑轮支座、液压系统、轨道锚固等。

现对挂篮移机工况进行分析。

根据表 5-4-10 数据统计得：前吊点最大受力 $R_1 = 676.2\mathrm{kN}$。

(1)辅助主梁受力验算

辅助主梁采用箱型梁结构，截面尺寸为 1600mm × 800mm × 20(16)mm。当挂篮移机完成时，考虑底篮荷载横向不均布系数 1.4，则辅助主梁前部承受最大力 $F = 1.4 \times R_1 = 1.4 \times 676.2 = 946.68(\mathrm{kN})$。辅助主梁受力示意如图 5-4-8 所示。

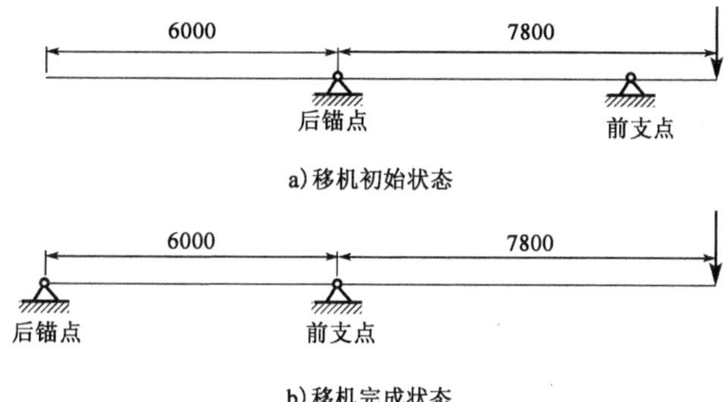

图 5-4-8　辅助主梁受力示意图(尺寸单位：mm)

移机完成时辅助主梁正应力、剪应力及变形如图 5-4-9 所示。

正应力：$\sigma_{max} = 206.7\mathrm{MPa} < 215\mathrm{MPa}$；剪应力：$\tau_{max} = 26.3\mathrm{MPa} < 110\mathrm{MPa}$；支点力：$R_{前支点} = 2130\mathrm{kN}$，$R_{后锚点} = 1088.7\mathrm{kN}$。

(2)滑轮支座受力验算

①后锚点滚轮受力验算：

后锚点处设置滚轮 2 个，则单个滚轮受力 $F = 1088.7/2 = 544.35(\mathrm{kN})$。

②滚轮销轴受力验算：

销轴直径为 100mm，材质为 40Cr，公称直径为 $d = 100\mathrm{mm}$，平均剪应力值为 $\tau = \frac{F}{A} = \frac{544350/2}{2 \times 3.14 \times 50^2} = 17.5\mathrm{MPa} < 125\mathrm{MPa}$，满足要求。

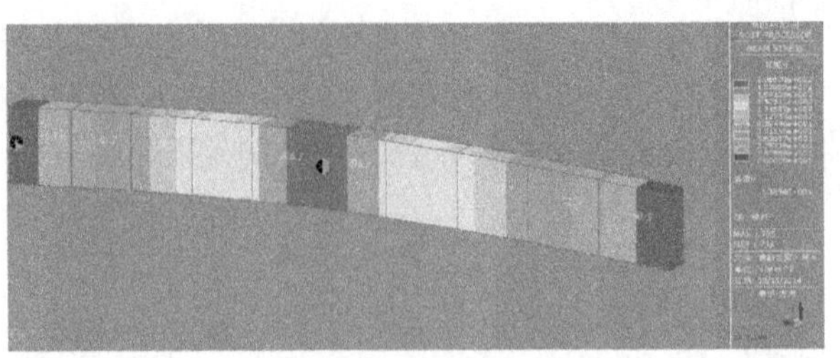

a)正应力图

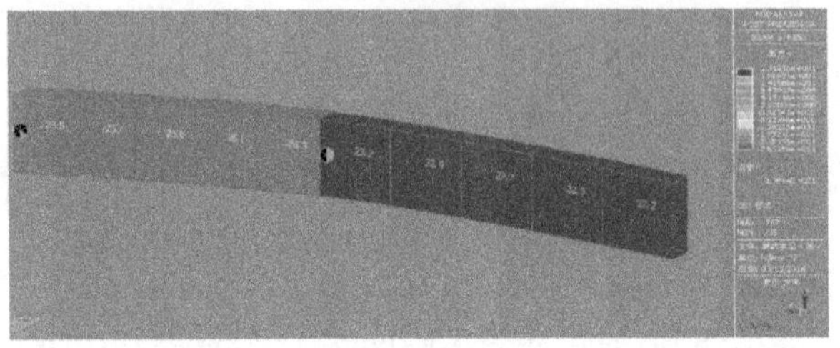

b)剪应力图

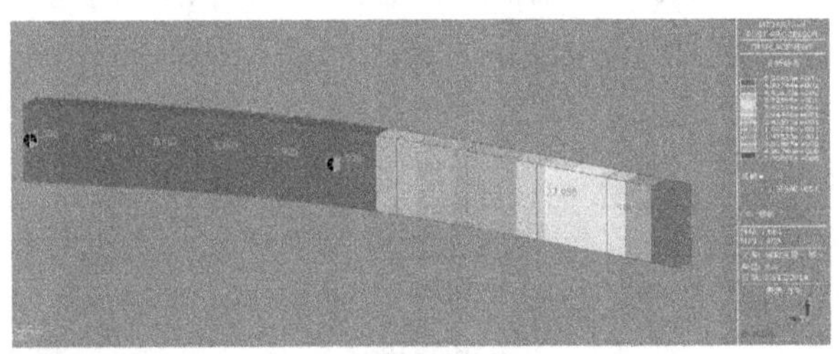

c)变形图

图 5-4-9　移机完成时辅助主梁受力图

(3)辅助主梁移机后锚计算

后锚点处设置预埋螺杆 4 条,则单条螺杆受力 $F = 1088.7/4 = 272.2(\mathrm{kN})$。预埋拉杆采用 40Cr,$[\sigma] = \frac{\sigma_s}{1.5} = 523(\mathrm{MPa})$,取公称直径为 45mm,螺距为 4.5mm 的梯形螺纹杆,则螺纹杆应力截面面积为:

$A_s = 0.7854 \times (d - 0.9382P)^2 = 0.7854 \times (45 - 0.9382 \times 4.5)^2 = 1306(\mathrm{mm}^2)$。

$\sigma = \frac{F}{A} = \frac{326600}{1306} = 250.1(\mathrm{MPa}) < [\sigma] = 523\mathrm{MPa}$ 。

抗倾覆系数 $N = \frac{523}{250.1} = 2.1$,满足要求。

3)液压系统选择

移机摩阻力计算:

由上可知,移机时挂篮前支点处最大受力为 $R_{前支点} = 2130\mathrm{kN}$,北街水道桥桥面纵坡为 2%。钢—钢摩擦系数 μ 为 0.1 ~0.15,忽略风力时取大值 0.15。

$f = \mu R_{前支点} + \varepsilon G_{挂篮} = 0.15 \times 2130 + 1250 \times 0.02 = 344.5(\mathrm{kN})$。

液压系统选择:

由上可知，液压系统的顶推力应不小于$f = 344.5kN$。

查《机械设计手册》（第 4 卷）可知：

液压缸：选用 HSGL-200/110BE-Ec 型，工作压力为 16MPa，缸径 200mm，活塞杆 110mm，行程 1100mm，最大推力 502.65kN，拉力 350.6kN，顶推速度 46mm/s。

5.4.3　整机强度验算

1）张拉力计算

根据整个施工流程不难得出，斜拉索的张拉力由挂篮自重和混凝土自重产生。则混凝土自重下的斜拉索受力计算见表 5-4-11。

斜拉索受力计算汇总表　　表 5-4-11

部位	自重（kN）		仰角（°）	混凝土自重下斜拉索（kN）			挂篮自重下斜拉索（kN）		
	混凝土	挂篮		水平力	竖向力	张拉力	水平力	竖向力	张拉力
北街 B1	6623	2500	75	261.84	977.2	1011.67	134	500	517.6
北街 B29	5689		24.265	1803.3	812.9	1978.1	1109.2	500	1216.7

实际浇筑混凝土过程中斜拉索张拉分为浇筑混凝土前初张拉及浇筑混凝土 50% 的二次张拉。

假设混凝土箱梁刚度不随节段加长而发生变化，若斜拉索截面及总长度维持不变，理论上，北街 B1、北街 B29 斜拉索初张拉及二次张拉过程的张拉力可求得，具体见表 5-4-12。

斜拉索张拉力表　　表 5-4-12

部位	自重（kN）		仰角（°）	初张拉（kN）			二次张拉（kN）		
	混凝土	挂篮		张拉力	水平力	竖向力	张拉力	水平力	竖向力
北街 B1	6623	2500	75	1023.5	264.9	988.6	1529.3	395.82	1477.2
北街 B29	5689		24.265	2205.8	2010.9	906.5	3194.8	2912.6	1312.9

2）空篮张拉工况

此工况下最不利荷载组合为：挂篮自重 + 模板荷载（包括外模板 G4、G5，内模板 G6、G8）+ 2 × 初张拉力。

在 Midas 中分别建立上述模型并施加荷载，可求得各支点反力及各杆件受力值。此工况下，北街 B29 块主纵梁各项受力均不利，受力情况如图 5-4-10 所示。

由图 5-4-10 可知，正应力：$\sigma_{max} = 202.2MPa < 215MPa$；剪应力：$\tau_{max} = 69.6\ MPa < 110MPa$。

同理，可求得空篮张拉工况下北街 B1 块空篮张拉时挂篮主要杆件、各锚固点的受力情况，详见表 5-4-13 与表 5-4-14。

北街 B1 块空篮张拉时挂篮主要杆件受力表　　表 5-4-13

部　　位	正应力（MPa）		剪应力（MPa）		位移（mm）		轴应力（MPa）	
	北 B1	北 B29	北 B1	北 B29	北 B1	北 B29	北 B1	北 B29
主纵梁	75.6	202.2	24	69.6	22.4	67.7	2.7	28.9

北街 B1 块空篮张拉时挂篮各锚固点受力表(kN) 表 5-4-14

挂篮位置	底篮后锚			止推力	主纵梁	斜拉索	
	R1	R2	R3		尾部张拉力	张拉力	实际受力
北街 B1	112.0	67.8	-1066.7	258	708.8	1500	1079.6
北街 B29	95.3	75.0	-2326.5	2745.6	1831.9	3150	3063.81

注:底篮后锚从两端往中间依次编号为 R1、R2 及 R3;“-”代表支反力向下。

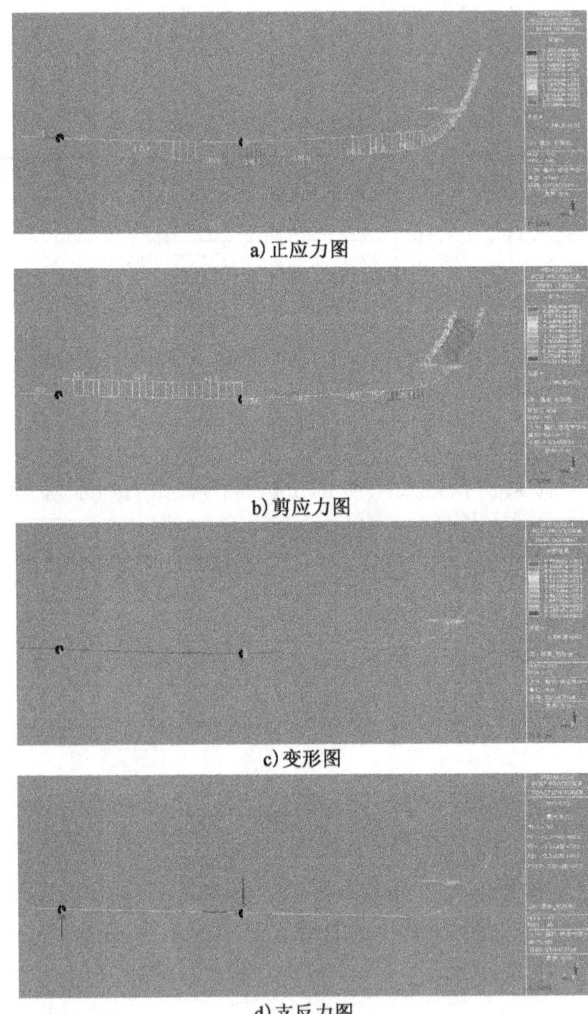

a)正应力图

b)剪应力图

c)变形图

d)支反力图

图 5-4-10 北街 B29 块空篮张拉时主纵梁受力图

3)混凝土浇筑工况

当完成 100% 混凝土浇筑时,挂篮承受最大荷载。

荷载考虑:挂篮自重 +1.2×(混凝土自重 G_3 + 外模板 G_4、G_5 + 内模板 G_6、G_8) +1.4×G_9 + 1.4×二次张拉力。

在 Midas 中分别建立上述模型并施加荷载,可求得各支点反力、杆件受力值。

(1)北街 B1 块受力验算

北街 B1 块主纵梁受力验算如图 5-4-11 所示。

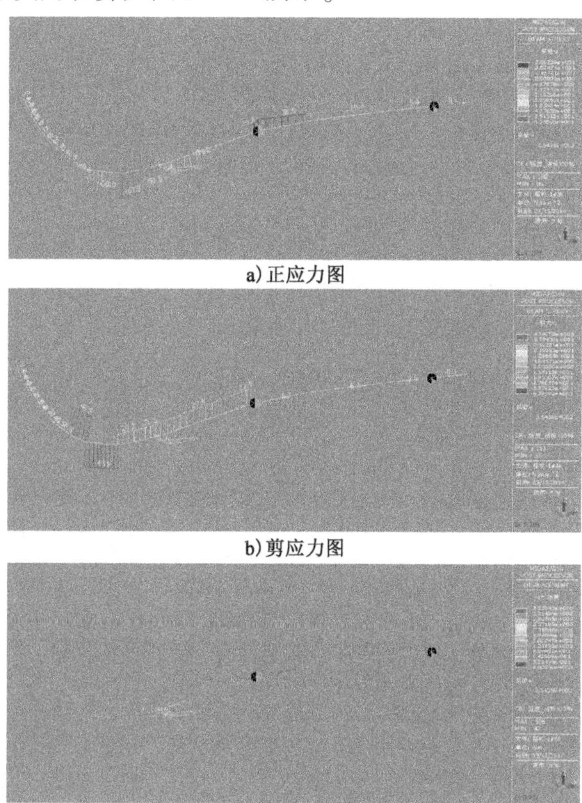

a)正应力图

b)剪应力图

c)变形图

图 5-4-11　北街 B1 块主纵梁受力图

由上可知,正应力:$\sigma_{max}=63.5\mathrm{MPa}<215\mathrm{MPa}$;剪应力:$\tau_{max}=45.5\mathrm{MPa}<110\mathrm{MPa}$。

北街 B1 块次纵梁受力验算如图 5-4-12 所示。

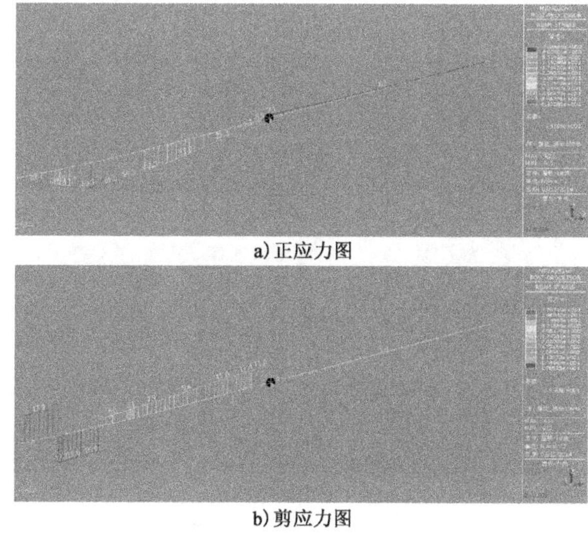

a)正应力图

b)剪应力图

图　5-4-12

c）变形图

图 5-4-12　北街 B1 块次纵梁受力图

由上可知，正应力：$\sigma_{max}=61\text{MPa}<215\text{MPa}$；剪应力：$\tau_{max}=18\text{MPa}<110\text{MPa}$。

北街 B1 块前下横梁受力验算如图 5-4-13 所示。

a）正应力图

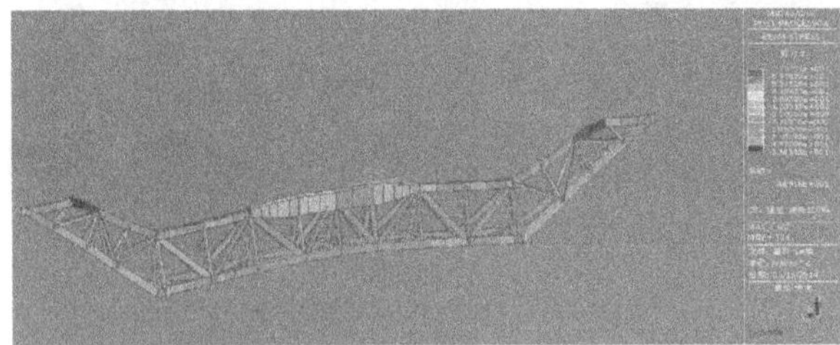

b）剪应力图

c）轴应力图

d）变形图

图 5-4-13　北街 B1 块前下横梁受力图

由上可知,正应力:σ_{max} = 168.8MPa < 215MPa;剪应力:τ_{max} = 77.4MPa < 110MPa;轴应力:σ_{max} = 168.8MPa < 215MPa。

北街 B1 块后下横梁受力验算如图 5-4-14 所示。

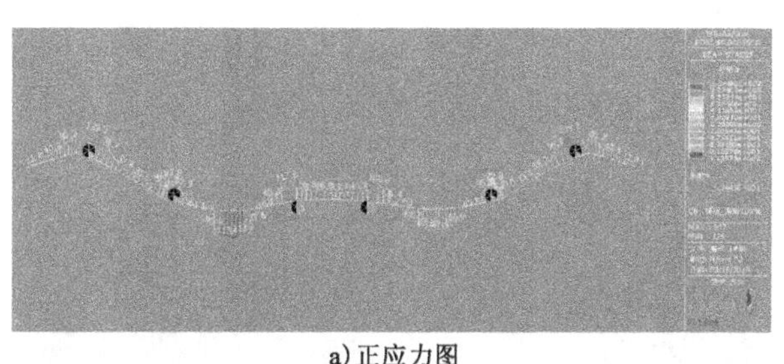

a)正应力图

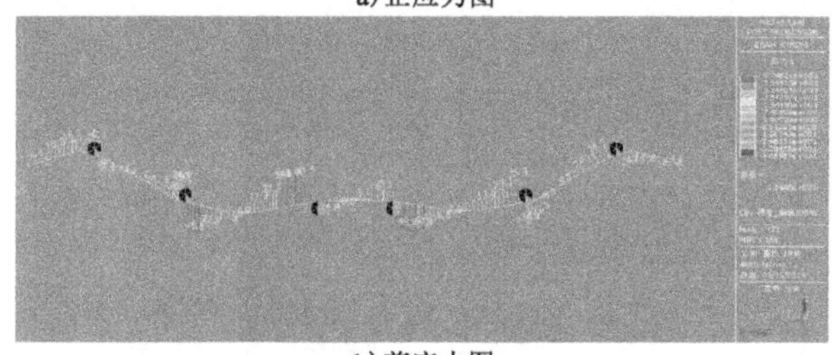

b)剪应力图

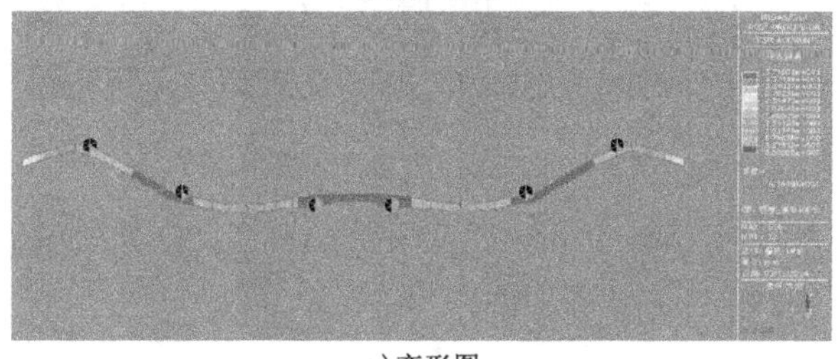

c)变形图

图 5-4-14　北街 B1 块后下横梁受力图

由上可知,正应力:σ_{max} = 129.5MPa < 215MPa;剪应力:τ_{max} = 47.5MPa < 110MPa;

(2)北街 B29 块受力验算

北街 B29 块主纵梁受力验算如图 5-4-15 所示。

由上可知,正应力:σ_{max} = 138.4MPa < 215MPa;剪应力:τ_{max} = 66.9MPa < 110MPa。

北街 B29 块次纵梁受力验算如图 5-4-16 所示。

由上可知,正应力:σ_{max} = 100.9MPa < 215MPa;剪应力:τ_{max} = 22.7MPa < 110MPa。

北街 B29 块前下横梁受力验算如图 5-4-17 所示。

由上可知,正应力:σ_{max} = 162.2MPa < 215MPa;剪应力:τ_{max} = 75.4MPa < 110MPa;轴应力:σ_{max} = 81MPa < 215MPa。

北街 B29 块后下横梁受力验算如图 5-4-18 所示。

由上可知,正应力:σ_{max} = 128.7MPa < 215MPa;剪应力:τ_{max} = 36.8MPa < 110MPa。

(3)结果汇总

浇筑混凝土 100% 时挂篮各锚固点受力,见表 5-4-15,浇筑时挂篮各主要杆件应力值见表 5-4-16。

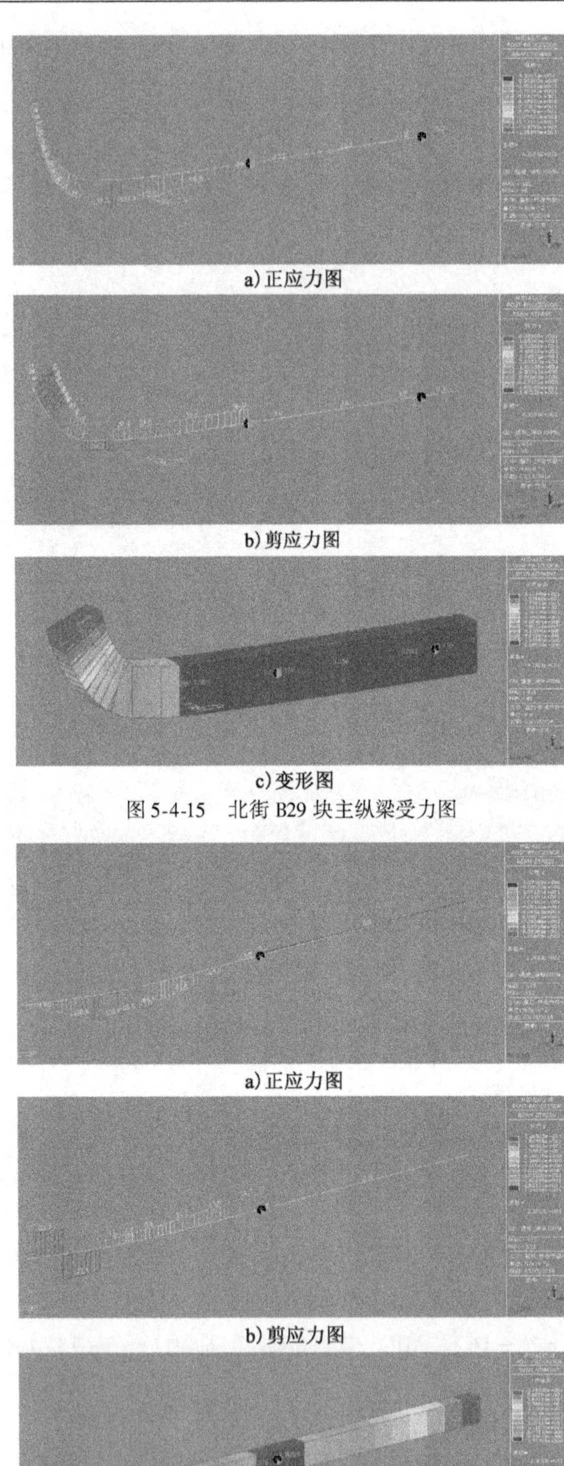

a）正应力图

b）剪应力图

c）变形图

图 5-4-15　北街 B29 块主纵梁受力图

a）正应力图

b）剪应力图

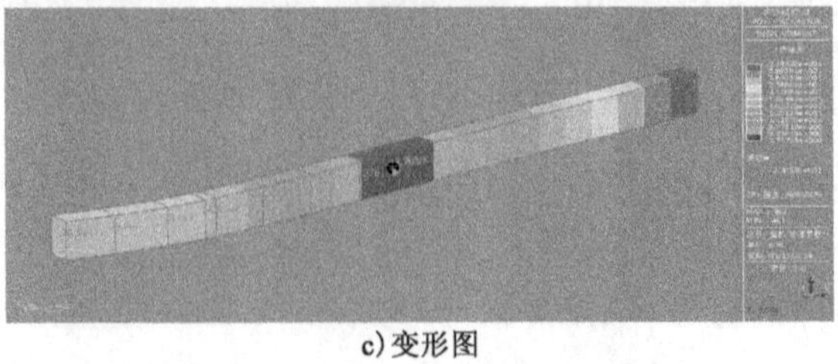

c）变形图

图 5-4-16　北街 B29 块次纵梁受力图

a)正应力图

b)剪应力图

c)轴应力图

d)变形图

图5-4-17　北街B29块前下横梁受力图

浇筑混凝土100%时挂篮各锚固点受力表(kN)　　表5-4-15

挂篮位置	底篮后锚			止推力	主纵梁	斜拉索	
	R1	R2	R3		尾部张拉力	张拉力	实际受力
北街B1	658.9	540.2	2153.5	481.7	-208.6	2100	2000
北街B29	651.7	517.5	1960.6	2651	-179.4	3220	2969.5

注:底篮后锚从两端往中间依次编号为R1、R2及R3;“-”代表支反力向下。

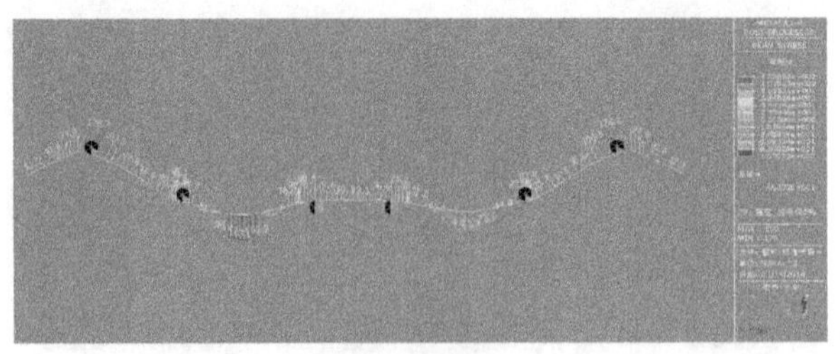

a)弯应力图

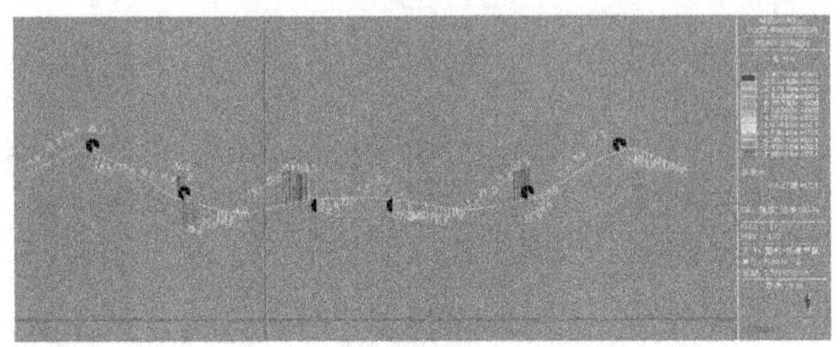

b)剪应力图

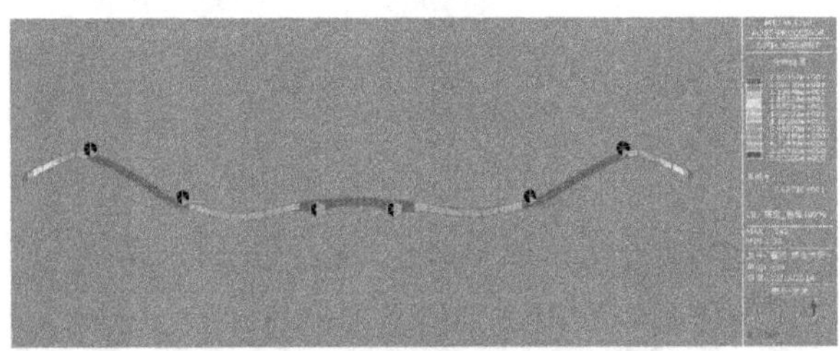

c)变形图

图 5-4-18　北街 B29 块后下横梁受力图

浇筑时挂篮各主要杆件应力及位移值　　表 5-4-16

部　位	正应力(MPa) [σ] = 215MPa		剪应力(MPa) [τ] = 125MPa		位移(mm) [δ]≤l/500		轴应力(MPa) φ = 0.967	
	北 B1	北 B29	北 B1	北 B29	北 B1	北 B29	北 B1	北 B29
主纵梁	63.5	138.4	45.6	66.9	3.5	22.2	5	27.9
次纵梁	61	100.9	17.9	22.6	37.82	31.44	—	
前下横联	168.8	162	77.4	75.4	41	31	87.6	80.6
后下横联	129.5	128.7	47.5	36.8	25	26	—	

4)锚固张拉系统计算

由以上计算可知,底篮各锚固点最大受力情况见表 5-4-17。

底篮各锚固点最大受力表(kN)　　表 5-4-17

工况	挂篮位置	底篮后锚			移机吊杆		底篮前吊带	止推力	主纵梁尾部张拉力	斜拉索	
		R1	R2	R3	D1	D2				张拉力	实际受力
移机	移机开始	—	—	—	297	296	393	—	—	—	—
	移机完成	—	—	—	187	120	676	—	—	—	—

续上表

工况	挂篮位置	底篮后锚			移机吊杆		底篮前吊带	止推力	主纵梁尾部张拉力	斜拉索	
		R1	R2	R3	D1	D2				张拉力	实际受力
空篮张拉强度	北街 B1	112	68	-1067	—	—	0	258	709	1500	1080
	北街 B29	95	75	-2327	—	—	0	2746	1831.9	3150	3064
浇筑混凝土强度	北街 B1	659	540	2154	—	—	500	482	-209	2100	2000
	北街 B29	652	518	1961	—	—	500	2651	-179	3220	2970

注：底篮后锚从两端往中间依次编号为 R1、R2 及 R3；移机时底篮后吊点从两端往中间依次编号为 D1、D2；“ - ”代表支反力向下。

(1)底篮后锚计算

底篮后锚从两端往中间依次编号为 R1、R2 和 R3，R1 和 R2 处各设置吊杆 2 根，R3 处设置吊杆 4 根。

R1 和 R2 处设置 2 根吊杆，总受力为 658.9kN。吊杆受力不均匀系数取 1.2，则单根吊杆受到最大拉力 $T = 1.2 \times 658.9/2 = 395.4(\mathrm{kN})$。吊杆材质采用 40Cr，取公称直径为 65mm，螺距为 10mm 的梯形螺纹杆。

螺纹应力截面面积为：

$$A_s = 0.7854 \times (d - 0.9382P)^2 = 0.7854 \times (65 - 0.9382 \times 10)^2 = 2429.5(\mathrm{mm}^2)$$

则：$\sigma = \dfrac{F}{A} = \dfrac{395400}{2429.5} = 162.75(\mathrm{MPa}) < [\sigma] = 523\mathrm{MPa}$，抗倾覆系数 $N = \dfrac{523}{162.75} = 3.2$，满足要求。

R3 处设置 4 根吊杆，总受力为 2153.5kN。吊杆受力不均匀系数取 1.2，则单根吊杆受到最大拉力 $T = 1.2 \times 2153.5/4 = 646.05(\mathrm{kN})$。吊杆材质采用 40Cr，取公称直径为 65mm、螺距为 10mm 的梯形螺纹。

螺纹应力截面面积为：

$$A_s = 0.7854 \times (d - 0.9382P)^2 = 0.7854 \times (65 - 0.9382 \times 10)^2 = 2429.5(\mathrm{mm}^2)$$

则：$\sigma = \dfrac{F}{A} = \dfrac{646050}{2429.5} = 265.92(\mathrm{MPa}) < [\sigma] = 523\mathrm{MPa}$，抗倾覆系数 $N = \dfrac{523}{265.92} = 2.0$，满足要求。

(2)底篮前吊带计算

移机完成时，底篮前吊带最大受力为 676.2kN。相关计算参见上一小节相关内容。

(3)止推拉杆受力计算

由表 5-4-14 可知，主纵梁承受的最大止推力为 2745.6kN，止推拉杆与主纵梁成 30°倾角，考虑拉杆孔预埋时错位角为 10°，则止推拉杆受力最不利倾角为 20°。

单条主纵梁拟设置止推拉杆 2 条。吊杆受力不均匀系数取 1.2，则单根吊杆受到最大拉力 $T = 1.2 \times 2745.6/\cos 20°/2 = 1753.1(\mathrm{kN})$。吊杆材质采用 40Cr，取公称直径为 100mm、螺距为 12mm 的梯形螺纹。

螺纹应力截面面积为：

$$A_s = 0.7854 \times (d - 0.9382P)^2 = 0.7854 \times (100 - 0.9382 \times 12)^2 = 6185.0(\mathrm{mm}^2)$$

则：$\sigma = \frac{F}{A} = \frac{1753100}{6185} = 283.5(\text{MPa}) < [\sigma] = 523\text{MPa}$，满足要求。

(4)主纵梁尾部张拉杆受力计算

由表5-4-14可知，主纵梁尾部张拉力最大时约为1831.9kN，采用ϕ32PSB930精轧螺纹钢。根据《公路钢筋混凝土及预应力混凝土桥涵设计规范》(JTG D62—2004)规定，该精轧螺纹钢抗拉参数为：抗拉强度$f_{pk} = 785\text{MPa}$；抗拉强度设计值$f_{pd} = 650\text{MPa}$。

锚固点精轧螺纹钢设计数量为4条，对称布置。验算抗拉应力：

$$\sigma_{max} = \frac{1831.9}{4 \times \frac{3.14 \times 32^2}{4}} = 568(\text{MPa}) < 650\text{MPa}，满足要求。$$

(5)斜拉索接长张拉杆受力计算

由表5-4-15可知，单条斜拉索接长杆需承受的最大张拉力为3220kN。吊杆材质采用40Cr，取公称直径为150mm、螺距为16mm的梯形螺纹。

螺纹应力截面面积为：

$$A_s = 0.7854 \times (d - 0.9382P)^2 = 0.7854 \times (150 - 0.9382 \times 16)^2 = 14311.5(\text{mm}^2)$$

则：$\sigma = \frac{F}{A} = \frac{3220000}{14311.5} = 225(\text{MPa}) < [\sigma] = 523\text{MPa}$，满足要求。

(6)辅助主梁后锚拉杆受力计算

由上可知，浇筑混凝土时辅助主梁最大后锚受力为500kN，箱梁腹板后锚利用ϕ32PSB930精轧螺纹钢。根据《公路钢筋混凝土及预应力混凝土桥涵设计规范》(JTG D62—2004)规定，该精轧螺纹钢抗拉参数为：抗拉强度$f_{pk} = 785\text{MPa}$；抗拉强度设计值$f_{pd} = 650\text{MPa}$。

锚固点精轧螺纹钢设计数量为4条，对称布置。验算抗拉应力：$\sigma_{max} = \frac{500}{4 \times \frac{3.14 \times 32^2}{4}} = 156(\text{MPa}) < 650\text{MPa}$；安全系数$n = \frac{650\text{MPa}}{156\text{MPa}} = 4.2$。

因此，锚筋抗拉强度满足要求。

5.4.4 整机挠度分析

1)北街B1块

北街B1块采用B2块拉索进行施工，此时拉索施工仰角为75°。

(1)空篮初张拉

空篮初张拉：移机就位后，主纵梁前段安装拉索接长杆，尾端锚紧张拉锚杆并安装止推装置，以抵抗斜拉索水平分力，挂索初张拉，调底篮高程。

荷载组合：挂篮自重+模板荷载(G_4、G_5，G_6、G_8)+索力(1000kN)

初张拉挂篮变形如图5-4-19所示。

(2)浇筑混凝土50%

荷载组合：挂篮自重+模板荷载(G_4、G_5，G_6、G_8)+50%混凝土荷载(2.7m)+索力(1000kN)。

浇筑混凝土50%挂篮变形如图5-4-20所示。

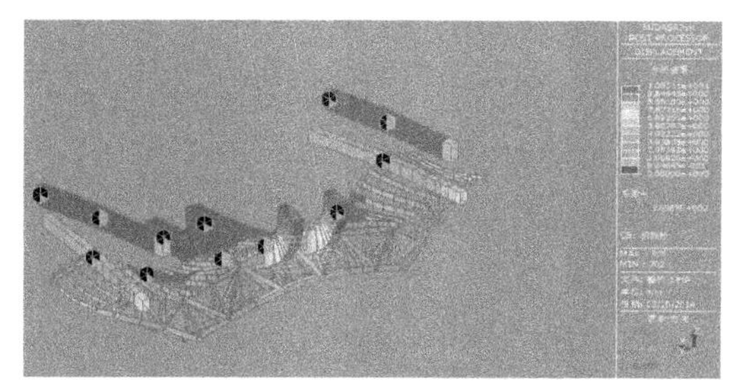
图5-4-19　初张拉挂篮变形图

图5-4-20　浇筑混凝土50%挂篮变形图

(3)二次张拉

当B1块浇筑2.7m高,即完成50%混凝土浇筑时,将对斜拉索进行二次张拉,总张拉力为1500kN,比初张拉增加500kN。

荷载组合:挂篮自重+模板荷载(包括G_4、G_5,G_6、G_8)+50%混凝土荷载(浇筑2.7m高)+索力(1500kN)。

二次张拉挂篮变形如图5-4-21所示。

(4)浇筑混凝土100%

荷载组合:挂篮自重+模板荷载(包括G_4、G_5,G_6、G_8)+100%混凝土荷载+索力(1500kN)。

浇筑混凝土100%挂篮变形如图5-4-22所示。

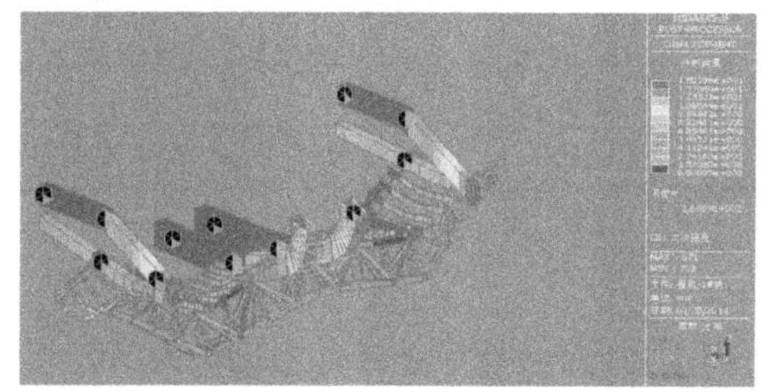
图5-4-21　二次张拉挂篮变形图

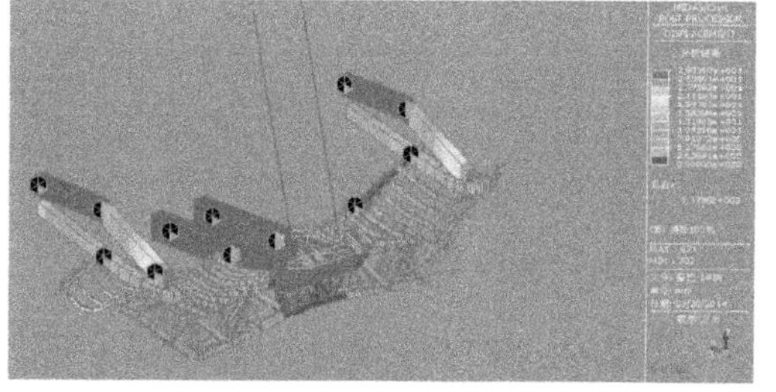
图5-4-22　浇筑混凝土100%挂篮变形图

(5)变形汇总

由以上可知,各工况下北街B1块挂篮前部的变形情况,详见表5-4-18。

不同工况下北街B1块挂篮前部变形表　　表5-4-18

项目	工况/部位	张拉力(kN)	主纵梁前部(mm)	次纵梁前部(mm)	翼板根部(mm)	辅助主梁力(kN)
北街B1	初张拉	1000	+6.8	+1.0	-5.4	
	浇筑混凝土50%		-0.2	-8.9	-9.3	250
	差值Δ_1		-7.0	-9.9	-3.9	
	二次张拉	1500(增大500)	+7.1	-1.9	-2.3	
	差值Δ_2		+7.3	+7.0	+7.0	
	浇筑混凝土100%		+0.1	-11.8	-6.1	500(最大)
	差值Δ_3		-7.0	-9.9	-3.8	

2)北街 B29 块

同理,可求得不同工况下北街 B29 块挂篮变形情况。不同工况下荷载组合如下所示。

初张拉:挂篮自重 + 模板荷载(包括 G_4、G_5,G_6、G_8) + 索力(1400kN)。

浇筑混凝土 50%:挂篮自重 + 模板荷载(包括 G_4、G_5,G_6、G_8) + 50% 混凝土荷载(浇筑 2.7m高) + 索力(1400kN)。

二次张拉:挂篮自重 + 模板荷载(包括 G_4、G_5,G_6、G_8) +50% 混凝土荷载(浇筑2.7m 高) + 索力(2300kN)。

浇筑混凝土 100%:挂篮自重 + 模板荷载(包括 G_4、G_5,G_6、G_8) +100% 混凝土荷载 + 索力(2300kN)。

在 Midas 中建立整体模型,可求得不同工况下北街 B29 块挂篮前部变形相关数据,见表 5-4-19。

不同工况下北街 B29 块挂篮前部变形表 表 5-4-19

项目	工况/部位	张拉力(kN)	主纵梁前部(mm)	次纵梁前部(mm)	翼板根部(mm)	桁架辅助力(kN)
北街 B29	初张拉	1400	+11.3	+4.9	-1.2	
	浇筑混凝土 50%		+2.4	-6.0	-5.5	250
	差值 Δ_1		-8.9	-10.9	-4.3	
	二次张拉	2300(增大 900)	+14.6	+5.4	+5.8	
	差值 Δ_2		+12.2	+11.4	+11.3	
	浇筑混凝土 100%		+5.7	-5.5	+1.8	500(最大)

5.4.5 模板系统验算

底模板用标准大块钢模板,面板采用 5mm 厚的钢板,在面板上贴横纵交错的钢带作为背肋,其间距均为 30cm。钢模下布置 H450 型钢纵梁作为模板支撑,其中底板与横隔板下按 68cm 间距布置,腹板下按间距 31cm 布置,故底模板最不利位置在横隔板处。

1)荷载分析

(1)混凝土荷载

主梁高 4m,横隔板下混凝土荷载 = 26 × 4 = 104(kN/m^2)

(2)模板重量

底板模板采用标准大块钢模板。模板重量取 0.75kN/m^2。底板模板 + 顶板模板重量取 1.5kN/m^2。

(3)施工荷载

人员和施工材料、机具等行走运输或堆放的荷载,取 2.5kPa;混凝土振捣荷载,取 2kPa。即施工荷载取 4.5kPa。

混凝土荷载加上底模自重及施工荷载,并取荷载系数(动荷载取 1.4,静荷载取 1.2),可得底板和腹板、横隔板下的计算荷载,横隔板下的计算荷载为

$$q = (104 + 1.5) \times 1.2 + 4.5 \times 1.4 = 132(\text{kN/m}^2)$$

2)腹板、横隔板下底模板验算

(1)面板计算

强度验算:

作用在横隔板下底模板的荷载为 $132kN/m^2$。选面板小方格中最不利情况计算,一个小方格尺寸为 $300mm \times 300mm$,按三面固定、一面简支计算。

由于$\frac{L_x}{L_y}=\frac{h}{S}=\frac{300}{300}=1$,查《建筑工程模板施工手册》中的表 5-9-17,得:最大弯矩系数 $K_{m_x^0}$ 为 -0.06,最大挠度系数 K_f 为 0.0016。

取 1mm 宽的板条为计算单元,荷载 $q=132kN/m^2 \times 1mm=0.132N/mm$;

$M_{max}=K_{m_x^0}ql_y^2=0.06\times0.132\times300^2=712.8N\cdot mm$;

$W_x=\frac{1}{6}\times1\times5^2=4.17(mm^3)$;

$\sigma_{max}=\frac{M_{max}}{\gamma_x W_x}=\frac{712.8}{1\times4.17}=170.9(N/mm^2)<215N/mm^2$。

强度满足要求。

挠度验算:

$F=104+4=108(kN/m^2)=0.108N/mm^2$

$V_{max}=K_f\cdot\frac{Fl_y^4}{B_0}$

$B_0=\frac{Eh^3}{12\times(1-\gamma^2)}=\frac{2.06\times10^5\times5^3}{12\times(1-0.3^2)}=23.58\times10^5(N\cdot mm)$

则 $V_{max}=0.0016\times\frac{0.108\times300^4}{23.58\times10^5}=0.59(mm)$

$[v]=\frac{l_y}{500}=\frac{300}{500}=0.6(mm)>0.59mm$

挠度满足要求。

(2)背肋计算

大块钢模板背肋采用截面尺寸为 $7.5cm\times6mm$ 的扁钢焊在面层钢板上。小方格截面尺寸为 $300mm\times300mm$。钢模板下布置 H45 型钢纵梁,其中横隔板下按 68cm 间距布置,按最不利的 68cm 间距进行验算。

计算荷载:

背肋所需承受的荷载宽度为 300mm,荷载 $q=132kN/m^2\times300mm=39.6N/mm$。

根据《钢结构设计手册》,面板同时参与肋板的受力,其截面特性为:$A_x=19.5cm^2$,$I_x=76.79cm^4$,$W_x=11.24cm^3$,$S_x=13.98cm^3$。

强度验算:

偏安全,取简支梁,其下 H45 型钢按跨径 68cm 进行验算:

$M_{max}=\frac{ql^2}{8}=\frac{39.6\times680^2}{8}=2288880(N\cdot mm)$

$$Q_{max} = \frac{ql}{2} = \frac{39.6 \times 680}{2} = 13464(N)$$

则有：

$$\sigma_{max} = \frac{M_{max}}{W_x} = \frac{2288880}{11.24 \times 10^3} = 203.6.1(MPa) < 215MPa$$

$$\tau_{max} = \frac{Q_{max}S_x}{I_x d} = \frac{13464 \times 13.98 \times 10^3}{76.79 \times 10^4 \times 6} = 40.9(MPa) < 125MPa$$

强度满足要求。

挠度验算：

$$f_{max} = \frac{5ql^4}{384EI} = \frac{5 \times 39.6 \times 680^4}{384 \times 2.06 \times 10^5 \times 51 \times 10^4} = 1.06(mm)$$

$$f_{max} = 1.06mm < [f] = \frac{680}{400} = 1.7(mm)$$

挠度满足要求。

5.4.6 强风作用下挂篮整体稳定性计算

当后锚吊杆全部拆除，底篮托放在移机滚轮上，此时遭遇强风对挂篮最为不利。

参照《公路桥涵设计通用规范》(JTG D60—2004)，施工区强风风压取江门台山地区最高风压值，为 $0.65kN/m^2$ (1/100)。

(1)横风作用下空载挂篮稳定性计算

设横风完全作用于横桥向挂篮形心，则有：

$F_{wh} = k_0 k_1 k_3 W_d A_{wh} = 1 \times 1.7 \times 1.34 \times 0.65 \times 24 = 35.54(kN)$；

移机滚轮箱采用 40Cr 材质、ϕ55mm 吊杆 16 条，共可承受剪力：

$$Q = n\frac{\pi d^2}{4}[\tau] = 16 \times \frac{3.14 \times 55^2}{4} \times 110 = 4179.4(kN) > F_{wh} = 35.54kN$$

满足要求。

(2)垂直风压下空载挂篮稳定性计算

设垂直风压完全作用于底篮形心，方向向上，底篮以后锚位置为转轴向上转动，则有：

向上风力：$F_{wh} = k_0 k_1 k_3 W_d A_{wh} = 1 \times 1.7 \times 1.34 \times 0.65 \times 51 \times 6 = 364.3(kN)$

倾覆力矩：$M_q = 364.3 \times 3 = 1092.9(kN \cdot m)$

底篮自重约 1200kN，重心距后锚点距离约 3.5m，其产生的抗倾覆力矩为：

$M_k = 1200 \times 3.5 = 4200(kN \cdot m)$

显然，$M_k/M_q = 3.84 > 2$，满足要求。

5.4.7 箱梁局部受力分析

箱梁局部受力分析分两个施工块段模型进行计算，分别按 1 号块施工时锚固作用在 0 号块上模型计算及标准块模型计算。标准块模型计算中，建立 27 号块与 28 号块模型，模拟 29 号块浇筑工况作用，计算局部受力情况。每一个块段分为前支点拉索张拉和浇筑完成两个工况进行计算。1 号块浇筑施工示意如图 5-4-23 所示。

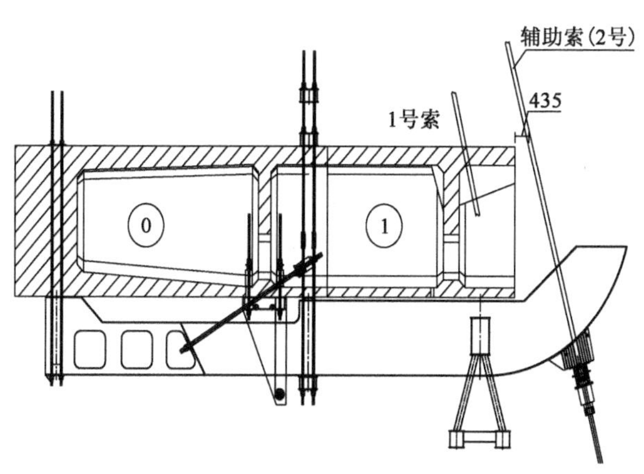

图 5-4-23　1 号块浇筑施工示意图

由图 5-4-23 可知,当张拉完辅助索时,挂篮主梁在 R3 部位对梁底板施加一个向上的力,当浇筑完 1 号块时,挂篮主梁前支点作用在 0 号块顶板上,方向向下;后锚点作用在横隔板上。

0 号块梁端取一半结构进行分析,其中对称面采用对称约束,支座位置约束竖向位移,临时钢管对应位置约束竖向位移,标准块模型为 28 号块和 27 号块,其中 27 号块与 26 号块接触面采用固端约束模拟。

1)计算参数

挂篮各支点受力情况见表 5-4-20,荷载作为均布力施加。

挂篮各支点受力情况　　表 5-4-20

部　位	28 号 块			0 号 块		
	初张拉(kN)	浇筑(kN)	面积(m^2)	初张拉(kN)	浇筑(kN)	面积(m^2)
R1	96	651.7	0.480	115	658.9	0.480
R2	73	517.5	0.726	68	540.2	0.726
R3	1110	2660	0.690	1480	2153.5	0.690
辅助主梁前支点	1000		重合 R1	1000		重合 R1
辅助主梁后锚点	500		0.440	500		0.440
止推系统受力	2651		0.965	481.7		0.938
主纵梁移机后锚	295.9		0.234	295.9		0.345
主纵梁尾部张拉	1500		0.324	1200		0.324
次纵梁移机后锚	297.1		0.320	297.1		0.320

挂篮锚固点 0 号块荷载作用位置如图 5-4-24 所示。

止推力通过止推锚固块施加,与梁的接触面采用 TIE 约束,如图 5-4-25 所示。

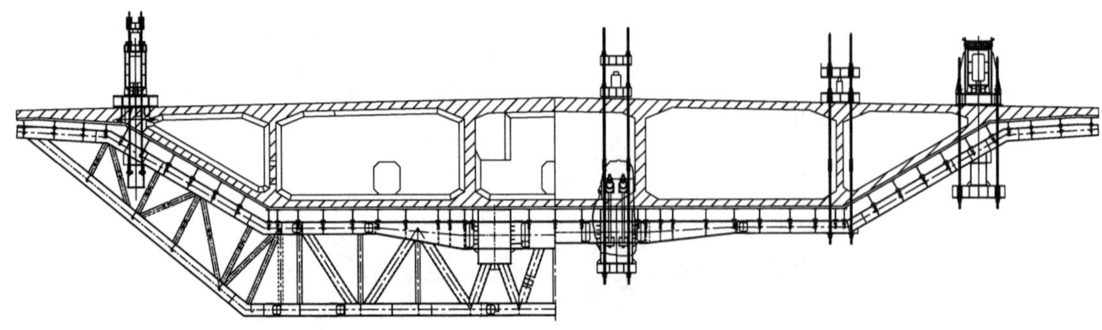

图 5-4-24　挂篮锚固点 0 号块荷载作用位置(横桥向)

29 号块浇筑过程中,27 号块锚固块面积 3.08m^2,受斜拉索作用力 6825kN;28 号块锚固块面积 3.08m^2,受斜拉索作用力 6962kN。

索力通过拉索锚块施加,与梁的接触面通过 TIE 约束,如图 5-4-26 所示。

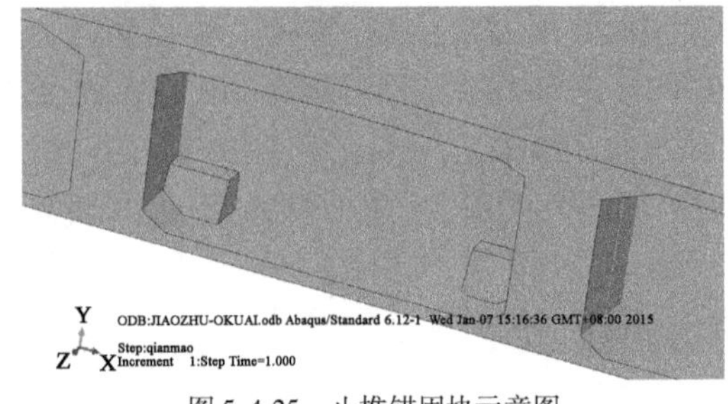

图 5-4-25　止推锚固块示意图

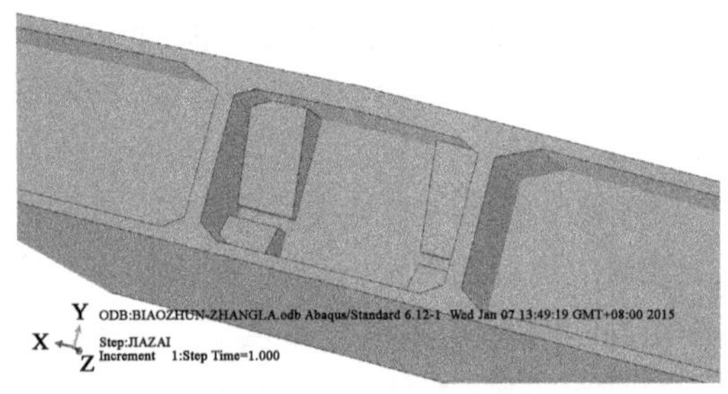

图 5-4-26　拉索锚块示意图

2)计算结果分析

(1)0 号块受力分析

初张拉工况下 0 号块纵向、横向应力示意分别如图 5-4-27、图 5-4-28 所示,竖向位移示意如图 5-4-29 所示。

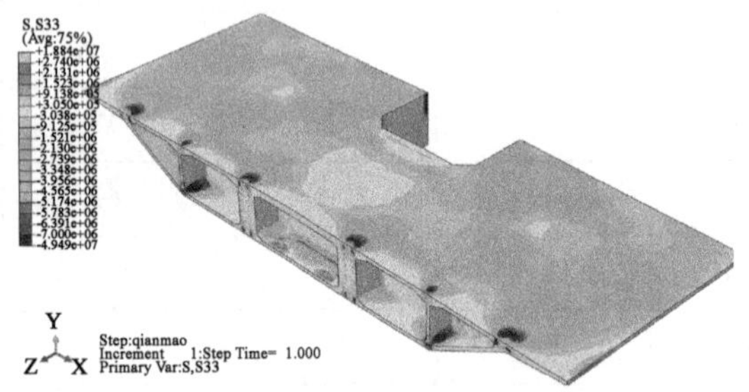

图 5-4-27　初张拉工况下 0 号块纵向应力图

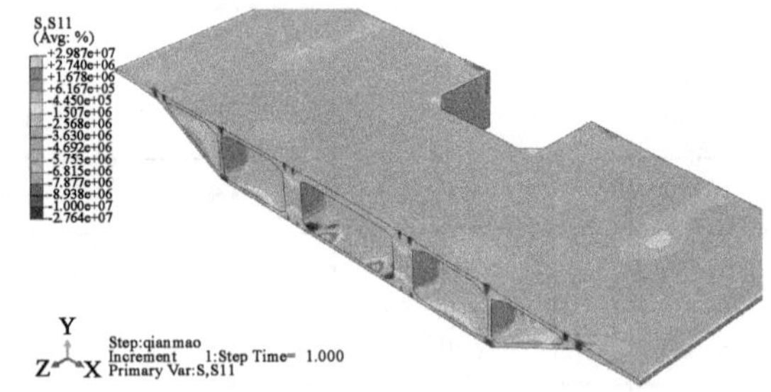

图 5-4-28　初张拉工况下 0 号块横向应力图

从初张拉工况下 0 号块纵向应力图(图 5-4-27)来看,在中间室底板与横隔板交界处的底板底缘混凝土拉应力超过 2.74MPa,其表面最大纵向拉应力达到 5.4MPa,拉应力超过 2.74MPa的区域厚度约为底板厚度的 1/5,此区域有局部破坏的危险,通过在底部相应位置设置 I 25 工字钢,将底板的压力传递至腹板。

从初张拉工况下 0 号块横向应力图(图 5-4-28)来看,0 号块在挂篮荷载的作用下,大部分区域横向拉应力均没有超过 2.74MPa。在中间室近腹板处底板顶缘横向拉应力超限,但属于局部表面应力超限,可以认为处于安全状态。

从初张拉工况下 0 号块竖向位移示意图(图 5-4-29)来看,主梁前端产生向下的竖向位移,R3 作用中间室底板产生向上的翘曲,底板最大竖向位移 4.8mm。

浇筑工况下 0 号块纵向、横向应力示意如图 5-4-30、图 5-4-31 所示,竖向位移示意如图 5-4-32所示。

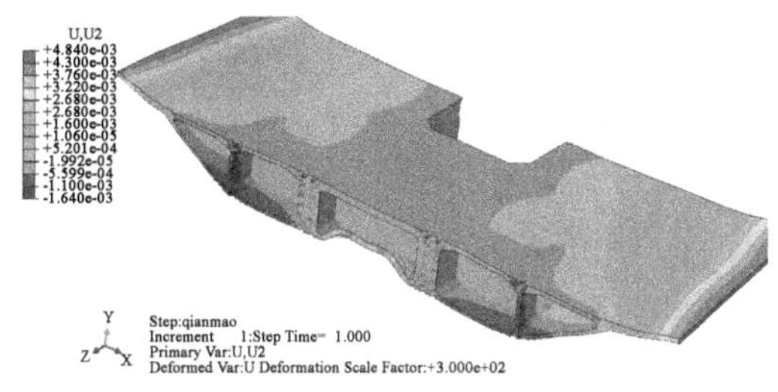

图 5-4-29　初张拉工况下 0 号块竖向位移示意图

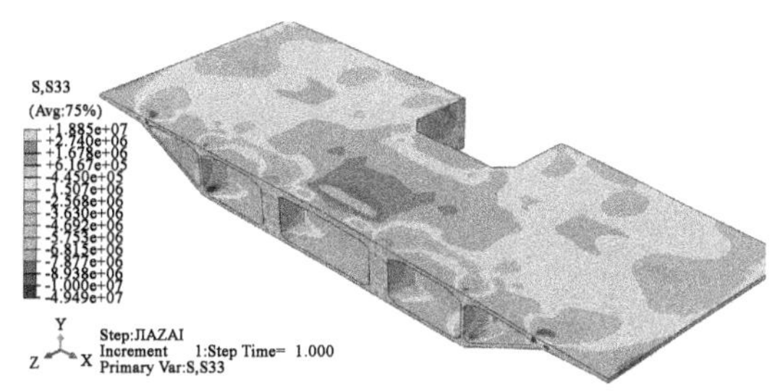

图 5-4-30　浇筑工况下 0 号块纵向应力示意图

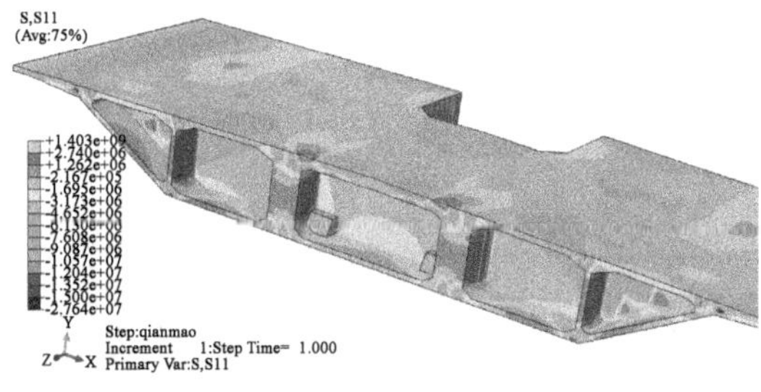

图 5-4-31　浇筑工况下 0 号块横向应力示意图

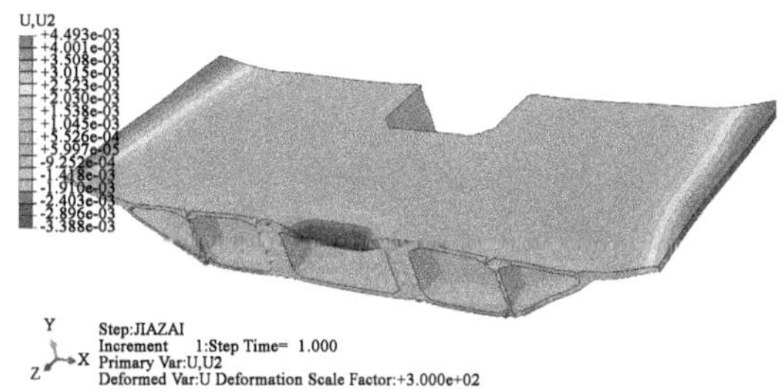

图 5-4-32　浇筑工况下 0 号块竖向位移示意图

由浇筑工况下 0 号块纵向应力示意图(图 5-4-30)可知,0 号块在 1 号块浇筑完成时,中间室顶板与横隔板相交处顶部拉应力超过 2.74MPa,最大值为 3.6MPa,拉应力超过 2.74MPa 的区域厚度约为顶板厚度的 1/5。此区域有局部破坏的可能,相应位置加钢筋补强。

在 1 号块浇筑完成时,0 号块中间室顶板靠近中腹板处顶缘拉应力超过 2.74MPa,最大拉应力为 4.3MPa,由于拉应力超过标准值区域较小,可以认为不会产生破坏。

浇筑工况下 0 号块竖向位移如图 5-4-32 所示,梁前端产生向下的位移,R3 作用处中间室顶板产生向下的挠曲,最大竖向位移值为 3.38mm。

在预应力张拉完成后,边界条件在 Y 方向的反力为 23221.8kN。挂篮荷载施加完成后,边界条件上 Y 方向反力为 36965.3kN。挂篮荷载竖向分力为 13772.2kN,所以施加荷载与挂篮荷载相符。

(2)标准块受力分析

初张拉工况下标准块纵向、横向应力如图 5-4-33 所示,竖向位移如图 5-4-34 所示。

由初张拉工况下标准块纵向应力图可知[图 5-4-33a)],在初张拉工况下,标准块基本未产生纵向拉应力大于 2.74MPa 的区域。在 R3 作用位置底板上缘产生超过 2.74MPa 的拉应力,但作用区域较小,且是表层应力,可认为梁体不会产生局部破坏。

由初张拉工况下标准块横向应力图可见[图 5-4-33b)],标准块前端处横向拉应力没有超出标准值,梁体处于安全状态。

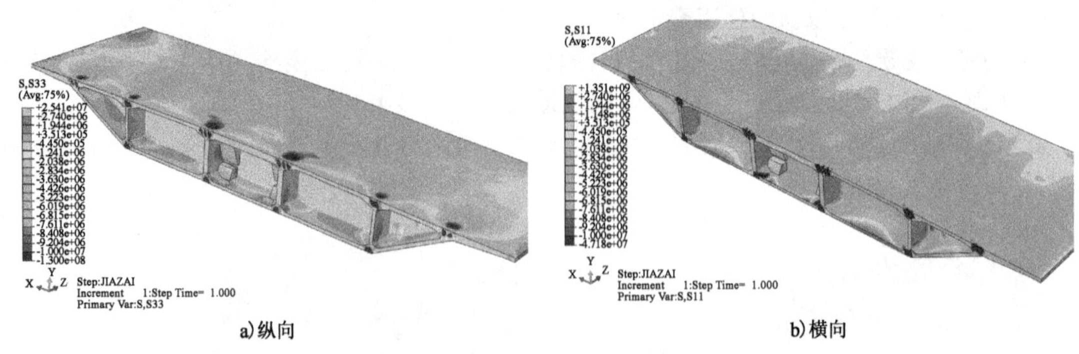

a)纵向　　b)横向

图 5-4-33　初张拉工况下标准块应力图

由初张拉工况下标准块竖向位移图 5-4-34 可知，梁前端产生向下的位移，R3 作用位置处底板产生向上的挠曲。底板最大竖向位移为 2.56mm。

浇筑工况下标准块纵向、横向应力示意如图 5-4-35、图 5-4-36 所示，竖向位移示意如图 5-4-37所示。

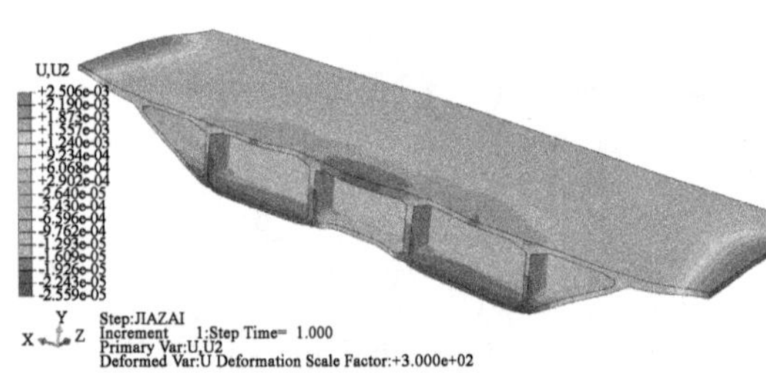

图 5-4-34　初张拉工况下标准块竖向位移图

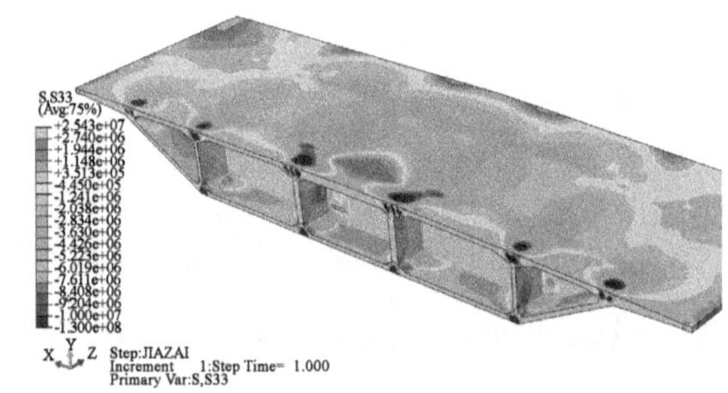

图 5-4-35　浇筑工况下标准块纵向应力图

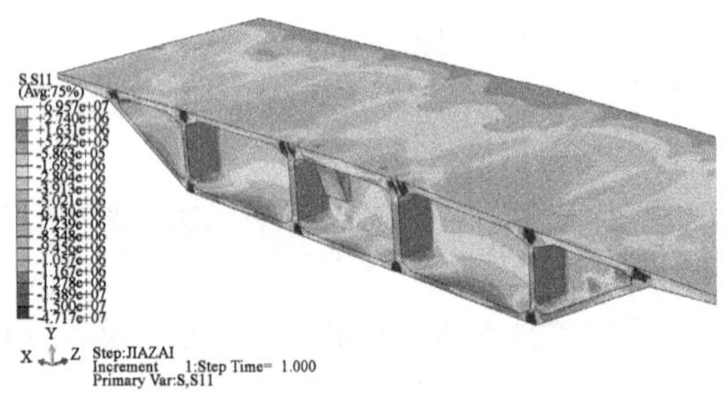

图 5-4-36　浇筑工况下标准块横向应力图

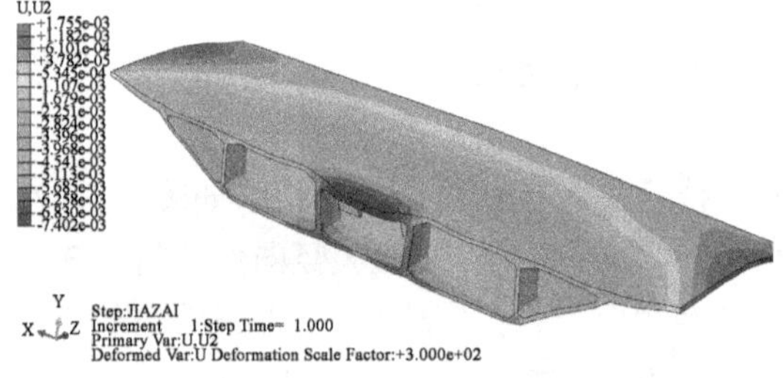

图 5-4-37　浇筑工况下标准块竖向位移图

由浇筑工况下标准块纵向应力图可知(图 5-4-35)，该工况下标准段基本上没有出现拉应力超过标准值的区域。R3 作用位置处顶板下缘纵向拉应力超过 2.74MPa，但作用区域只是表层，可认为梁体处于安全状态。

由浇筑工况下标准段横向应力图可知(图 5-4-36)，标准块在此工况下，大部分区域没用产生超过标准值的拉应力。中间室顶板靠近腹板处底缘横向拉应力超过标准值，其范围较小，可认为处于安全状态。两边室底板前端横向拉应力超过标准值，产生原因是预应力张拉引起剪力滞效应，使局部区域横向应力过大，可认为处于安全状态。

在浇筑工况下，由标准段浇筑工况竖向位移图5-4-37可知，梁前端产生向下的竖向位移，R3作用位置处顶板产生向下的挠曲，最大竖向位移为7.4mm。

3）结论

通过对北街大桥0号块和标准块建立Midas模型分析，可得到以下结论：

（1）在1号块浇筑前，在初张拉的工况下，0号块中间室底板与横隔板交界处底缘纵向拉应力超过标准值，纵向拉应力超限区域为底板厚度的1/5；在浇筑完1号块工况下，中间室顶板与横隔板交界处顶缘纵向拉应力超过标准值，纵向拉应力超限区域约为顶板厚度的1/5。这两个区域可能发生局部破坏，需要进行相应补强。

（2）浇筑标准块时，梁体基本上不会产生拉应力超过标准值的区域。在挂篮锚固区可能产生局部拉应力超限的情况，但受力范围较小，可以认为梁体处于安全状态。

5.5 复合式牵索挂篮加工及拼装

综合考虑加工难度、运输条件、现场拼装条件及加工精度等因素，除底篮纵梁及工作平台外，挂篮其余部件均场外加工，现场组装。

5.5.1 挂篮制造的准备工作

准备工作包括编制钢结构制作工艺的技术文件及工艺装备设计，其中编制钢结构制作工艺的技术文件包括：

（1）绘制施工详图。

（2）制定焊接工艺及焊接质量管理细则，具体包括焊接方法的确定；焊接材料的选用；根据不同焊接接头特点确定坡口型式、角度等参数，确定焊接工艺参数及焊接顺序；防止和减少焊接变形的措施。

5.5.2 复合式牵索挂篮的制造

切割：主体结构的板材应采用精密（数控、自动、半自动）切割，构件外露边，应对焰切起始侧倒角，倒角半径为0.5～2.0mm。切割面硬度不超过HV350，切割面表面粗糙度为25～50。

零件矫正：零件矫正宜采用冷矫，零件矫正允许偏差应符合《铁路钢桥制造规范》（TB 10212—2009）表4.3.3要求。

零件加工：箱形梁零件加工尺寸允许偏差应符合《铁路钢桥制造规范》（TB 10212—2009）表4.4.4-2要求。

制孔：螺栓孔直径允许偏差为0～+0.5mm，不圆度允许偏差1.5mm，螺栓孔中心线倾斜度不大于板厚的3%，且单层板不大于2mm，多层板叠合不大于3mm。同一组钻孔内相邻两孔间的孔距偏差为±0.7mm，任意两孔的孔距偏差为±1.0mm。

组装：

（1）依据图纸、工艺和质量标准，并结合构件特点提出相应的组装措施。

(2)应考虑焊接的可能性,确定一次或多次组装,凡需进行多次组装时,应对前一次的焊接变形进行修整,合格后再进行下一次组装。

(3)应考虑焊接收缩余量或采取预防变形措施。

(4)凡隐蔽部位组装后,应经质量检验员确认合格,才能进行焊接或外部再组装。

(5)板的接料必须在杆件组装前完成,其拼接料长度不宜于小1000mm,宽度不得小于200mm,接料中心线距钉孔中心组不宜少于150mm。

(6)工字梁及箱形梁的组装允许偏差:$L_1-L_2\leqslant3.0$mm(对角线差);旁弯$f\leqslant5.0$mm。

(7)加劲肋间距允许偏差1.0mm。

焊接:

(1)焊工应经考试并取得合格证后,方可从事本结构焊接。

(2)焊接工作宜在车间内进行,环境湿度应小于80%,焊接环境湿度不应低于5℃,主要杆件应在组装后24h内焊接。

(3)定位焊应在焊道内,长度为50~100mm,焊脚尺寸不得大于设计焊脚的1/2,定位焊不得有裂纹、夹渣等缺陷。

(4)焊缝加强处需受力方向磨平,焊趾处不留横向痕迹。

(5)横向对接焊缝应一次连续施焊完毕,同一位置连续补焊不得超过2次。

(6)纵向焊缝施焊时应一次连续施焊完毕,如遇特殊情况而中途停焊,焊前焊后需进行处理,同一位置连续补焊不得超过3次。

(7)埋弧自动焊缝必须在距设计焊缝端部100mm以外的引板上起弧、熄弧。

(8)返修焊缝应按原焊缝质量检验,同一部位的返修焊不宜超过2次。

焊接检验:

(1)结构应在焊接完成24h后进行焊缝外观及内部质量检验,无损探伤应在外观探伤合格后进行。

(2)本结构主要承载焊缝按Ⅰ级,次要焊缝按Ⅱ级,构造焊缝按Ⅲ级,探伤方式以超声波为主。按《钢缝无损检测 超声检测技术、检测等级和评定》(GB/T 11345—2013)执行。

Ⅰ级　探伤100%　检验等级　B

Ⅱ级　探伤20%　检验等级　B

Ⅲ级　外观检查

(3)焊接接头力学性能试验应以拉伸和冷弯为主,焊接试板试件数量应符合以下规定:拉伸2件、侧弯2件、冲击(焊缝、热影响区)各3件。

试装:结构完成加工后,应在厂内按设计要求进行试拼装。

(1)试装时,钉孔内冲钉数不得少于孔数的10%,拼装螺栓不少于20%。

(2)试装的主要尺寸应满足:

梁高偏差:±2mm;平联对角线差:3mm;

梁全长:±8mm;支点高低差(挂勾处):3mm;

主梁中心距:±3mm;旁弯:±5mm。

预处理涂装及摩擦面处理:

(1)钢结构表面预处理按《涂装前钢材表面锈蚀等级和除锈等级》(GB 8923—1988)执

行，采用喷砂除锈等级为 Sa2(1/2)。

(2)涂装采用环氧富锌涂料(H06-4)，涂层厚 80μm。

(3)高强度螺栓连接处的摩擦面处理与涂装相同。

5.5.3　复合式牵索挂篮的拼装

1)底篮拼装

挂篮底篮采用地面拼装，整体起吊方式实施。

前后下横梁及主次纵梁进场后先在平台上组焊成一个整体，然后在设计位置铺设型钢次梁并焊接牢固，焊缝长度不小于 5cm。

拼装顺序：测量定位放样—安装底篮前后下横梁及主次纵梁—安装型钢次梁—安装底模板—同步安装下行走系统及上行走系统—垂直提升整个底篮系统并锚固—安装止推及牵索系统。

(1)前下横梁拼装。

①在指定位置放样，将前下横梁中间段与接长段连接好后的整体卧倒放到位，再将前下横梁末段卧放与其初步对接。

②通过微移调整，使其连接口上的贴板精准对位，按照图纸要求对贴板焊接，预留主纵梁的缺口，完成中间段和接长段的拼装。前下横梁拼装如图 5-5-1 所示。

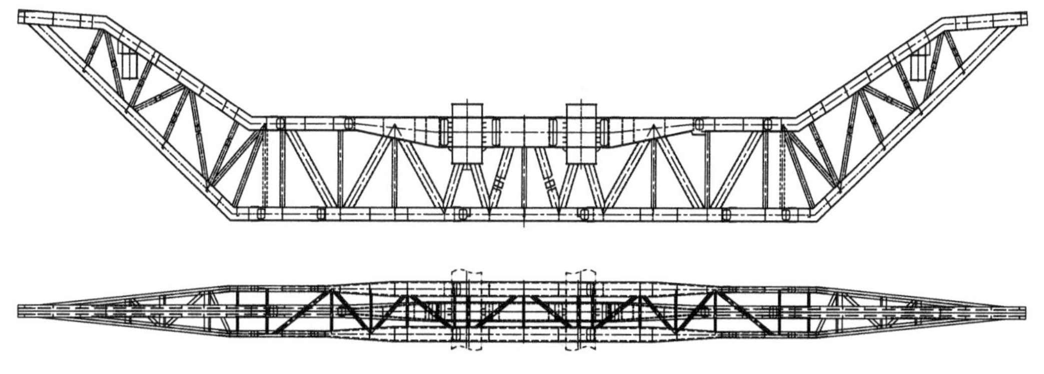

图 5-5-1　前下横梁拼装

(2)主纵梁与前下横梁拼装。

①将垫设主纵梁的贝雷在挂篮平台上布置完成。

②将主纵梁的移机滚轮架焊接固定在主纵梁上，避开下垫的贝雷，竖向边距离主纵梁尾部 5.5m；扁担梁按照施工图纸在主纵梁上焊接固定，然后在指定位置放样，将主纵梁和移机滚轮箱整体吊装到位。

③将焊接好的前下横梁整体起吊立起，使其预留前下横梁的接口贴板精确对上。

④按照图纸要求，对主纵梁和前下横梁的接口贴板和接口进行焊接形成整体。

主纵梁与前下横梁拼装平面图如图 5-5-2 所示。

(3)后下横梁拼装。

①将垫设主纵梁的贝雷在挂篮平台上布置完成。

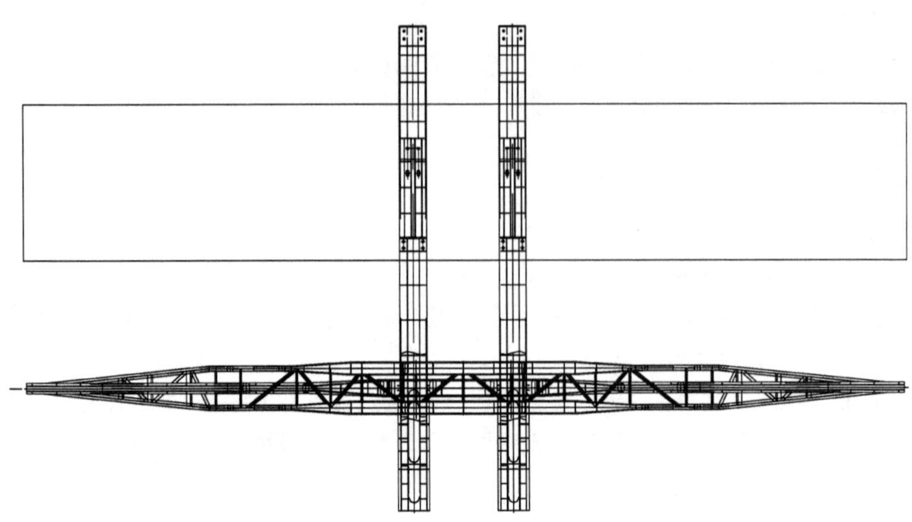

图 5-5-2 主纵梁与前下横梁拼装平面图

②在指定位置放样,将后下横梁中间段的接口与主纵梁上后下横梁接口精确对位。

③按图纸要求对连接口进行焊接。

④再将后下横梁末段吊装到位与主纵梁外侧的接口精确对位,然后按图纸进行焊接。

后下横梁拼装图如图 5-5-3 所示。

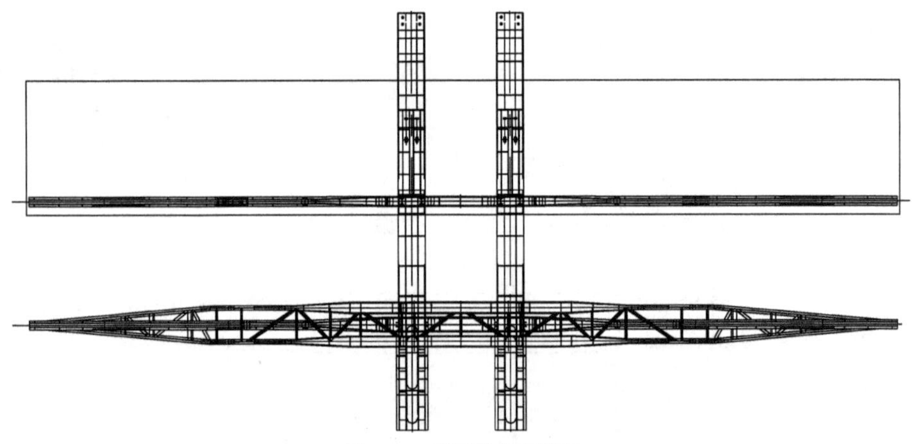

图 5-5-3 后下横梁拼装图

(4)次纵梁拼装。

①在指定位置放样,移机滚轮架固定位置需要避开墩身钢管桩,先将移机滚轮架在次纵梁上焊接固定好,移机滚轮架竖向边距离次纵梁尾部 5.82m;扁担梁按照施工图纸在次纵梁上焊接固定,然后整体起吊穿过前后下横梁,移至放样好的焊接口位置。

②按图纸要求进行焊接。

次纵梁拼装图如图 5-5-4 所示。

(5)次梁和辅助纵梁拼装。

在前后下横梁指定位置放样,将次梁精确摆放到位并焊接,焊缝长度不短于 5cm,注意将次梁的接头位置错开。

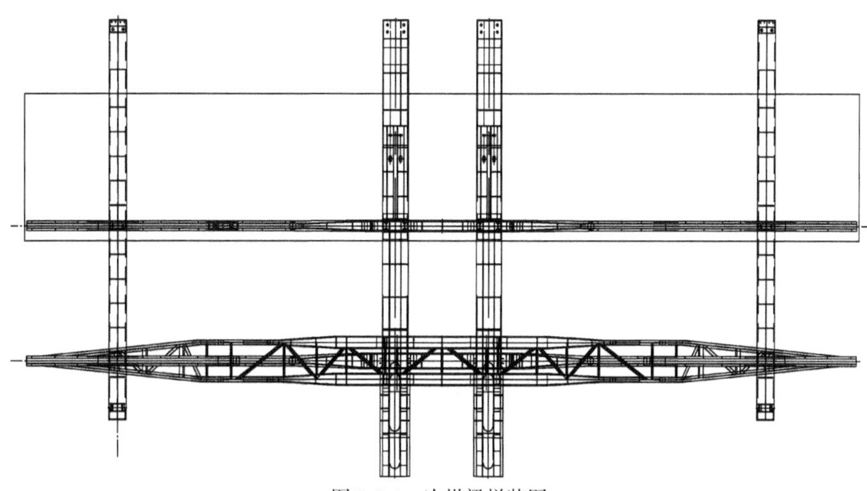

图 5-5-4　次纵梁拼装图

(6)底模安装。

底模利用塔吊分块吊至梁顶或底篮上,按各块的设计位置组拼就位。为保证模板的水平缝和竖向缝平顺、不漏浆,采取措施如下:

①水平接缝与竖向接缝均采用泡沫双面胶衬垫并用打磨机打磨平整。

②每次拆模后均及时将模板表面清理干净并涂抹机油,确保在下一次使用时没有水泥浆或混凝土残渣。

③每次立模前先将模板表面清理干净,除去污垢、不洁物或混凝土残渣(如有),涂上适量脱模剂后方可立模板。

④模板安装完毕后,应对其平面位置利用全站仪测量调整,使其满足规范要求,即轴线位置偏差≤10mm,并用水平尺检查平整度。

⑤在施工过程中,禁止用猛烈的敲打和强扭等方法进行模板的安装及拆除,防止模板出现较大变形,影响施工的正常进行。如出现较大变形,需及时进行校正,以保证施工质量。

2)行走系统的拼装

利用汽车吊将辅助主梁和固定式滚轮箱整体起吊安装到已经放好样的位置上(距箱梁中心15.9m,辅助主梁前端悬臂7.3m),辅助主梁安放到位后不能立即将汽车吊松开,先将固定式滚轮组移到位并将锚杆穿过预留孔锚固。锚固完成后将汽车吊松开,拆除吊点,用塔吊起吊吊带穿过辅助主梁的吊带孔并穿销,由下至上第二个孔固定住。辅助主梁安装布置图如图5-5-5所示。

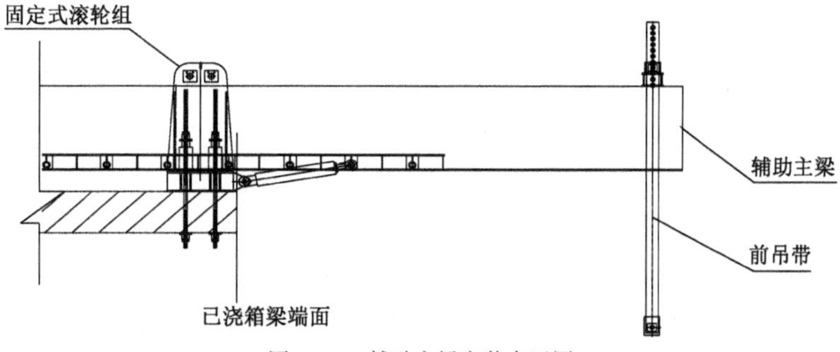

图 5-5-5　辅助主梁安装布置图

3)工作平台的安装

在挂篮的四周及工作通道均设工作平台,工作平台长度应能满足钢筋外伸后人员能正常通过的要求。在工作平台的外侧焊接标准栏杆并用安全网封闭,栏杆底部设置20cm高的挡脚板。桥面和底篮之间设置上下楼梯,用型钢和钢板制作,两侧安装扶手,以确保操作人员安全。

5.6 复合式牵索挂篮提升及预压

底篮尺寸(长×宽×高)为40.8m×19m×7.42m,底篮吊装质量160t,提升高度约18.2m,利用千斤顶和精轧螺纹钢筋接力式提升到位。提升过程中需严格遵守方案要求与规定,保证底篮整体平衡及稳定性。单个墩两套挂篮不要求同步提升,先将边跨侧的挂篮提升50cm,然后锚固好,再将中跨侧的挂篮提升就位。

5.6.1 挂篮提升准备工作

(1)所需材料设备。

①起重设备:80t浮吊1台,实心千斤顶4个,空心千斤顶4个(单套挂篮),泵站两套。

②配套材料:12m长、32精轧螺纹钢10条(含连接器螺母),12m长、40精轧螺纹钢(含连接器螺母),对讲机5部,35m、20缆风绳2根。

(2)人员配置。

1名指挥人员,1名安全人员,2名千斤顶油泵操作人员,4名螺母锚固人员,2名观察员。

5.6.2 吊点布置

考虑挂篮提升时的受力状态,为了控制整体变形,单个底篮布置4个吊点,前后下横梁各2个吊点。前下横梁采用两个实心千斤顶和2根ϕ32的精轧螺纹钢筋,后下横梁用一个穿心千斤顶和1根ϕ40的精轧螺纹钢筋,并且在每个吊点处设置1根ϕ32的精轧螺纹钢筋,以确保安全。吊点布置如图5-6-1所示。

由于提升高度达18m,精轧螺纹钢筋需要用连接套筒接长,在每个连接套筒下方需安装一个锚固螺母,且螺母与连接套筒必须紧靠在一起,方便连接套筒通过扁担梁,注意所有精轧螺纹钢筋的接头施工要按图纸错开。

5.6.3 安装锚固提升系统

(1)对相关操作人员进行交底,使其熟悉整个操作流程和注意事项。

(2)技术员要对精轧螺纹钢筋和螺母等材料进行细致检查,按照图纸测出各个吊点的位置。

(3)在辅助主梁和0号块梁顶安装千斤顶和反力架,千斤顶位置要居中,底部垫平并且有侧向限位装置。

(4)在地面将精轧螺纹钢筋接长到需要的长度,然后用塔吊吊住,从上往下穿过千斤顶、主梁至底篮锚固,精轧螺纹钢筋要顺直,不得歪斜或弯折。

(5)对千斤顶和油泵进行编号,把管线接好并理顺,在桥面摆放整齐。

(6)在底篮的4个角点绑好牵引绳。

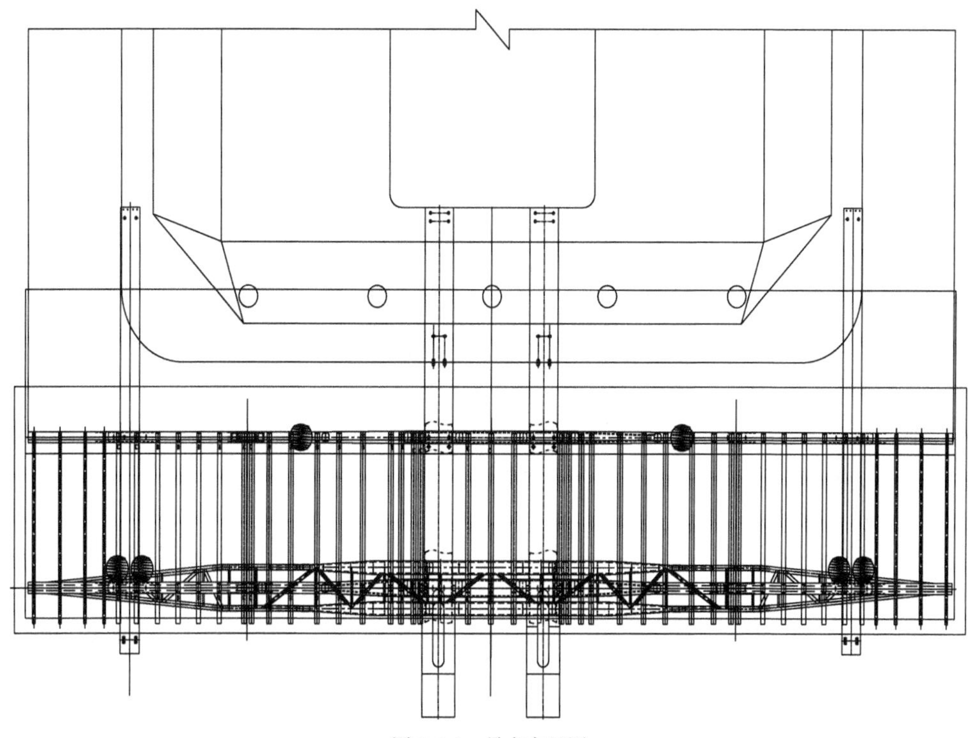

图 5-6-1　吊点布置图

整个锚固提升系统安装完成后,对主要受力点和锚固点进行全面检查,并对动力系统进行检查调试,各项检查合格后方可进行提升。

5.6.4　底篮提升

挂篮提升过程中安排 1 名总指挥,2 名施工技术员,2 名测量员,4 名工人负责紧固精轧螺母,4 名工人拉风缆。

挂篮提升采用千斤顶接力式提升,千斤顶行程为 40cm,挂篮每次提升高度为 40cm。先将精轧螺纹钢筋在反力梁上锚固,4 个吊点同步顶升,检查 4 个吊点的精轧钢筋是否全部受力,待底篮全部离地后,测量挂篮 4 个角点的高差,如果高差过大需单个点进行调整。千斤顶一个行程完成后将精轧螺纹钢筋锚固在承重梁上,然后千斤顶回油,反力梁随着千斤顶一起下落,再将精轧螺纹钢筋在反力梁上锚固,开始下一个行程。整个提升过程中 4 个吊点要保持同步,测量人员对底篮进行观测,发现有不平衡现象 4 个吊点同时停止提升,对单个吊点进行调整。

5.6.5　底篮锚固

在底篮吊装前,预先将锚杆穿过预埋孔,待底篮提升接近锚杆时,即停止继续提升。作业人员从已浇筑箱梁上通过爬梯下至后下横梁上、前下横梁以及主次纵梁扁担梁和移机滚轮架的各个锚固点处。然后将各个锚杆穿过底篮上锚杆孔。如果锚杆位置不能对中,应利用手拉葫芦来调节锚杆的位置,使其对中,然后锚杆插入锚固孔,并上好螺栓完成锚固。以同样的方法将辅助主梁的前吊带穿销固定在次纵梁上。

底篮锚固以后项目部需组织相关人员进行验收,各连接点和锚固点验收合格后,方可拆除提升系统。

5.6.6 注意事项

(1)吊装作业时应明确指挥人员,指挥人员应佩戴明显的标志,应佩戴安全帽。

(2)应分工明确、坚守岗位,统一指挥。指挥人员按信号进行指挥,其他人员应清楚吊装方案和指挥信号。

(3)正式起吊前应进行试吊,试吊中检查全部机具受力情况,发现问题应将工件放回地面,排除故障后重新试吊,确认一切正常,方可正式吊装。

(4)吊装作业中,夜间应有足够的照明。室外作业遇到大雪、暴雨、大雾及六级以上大风时,应停止作业。

(5)吊装过程中,出现故障,应立即向指挥者报告,没有指挥令,任何人不得擅自离开岗位。

(6)起吊重物锚固并验收合格后,方可解开吊装索具。

(7)吊装过程中要安排电工值班。

5.6.7 挂篮预压

在挂篮正式投入梁段施工之前,必须对其进行静载预压试验,以检验钢结构的强度和刚度是否满足设计要求;主要检测主纵梁、前下横梁、吊杆等关键部位的受力及部分控制点的挠度变化,并消除非弹性变形。挂篮预压施工流程如图 5-6-2 所示。

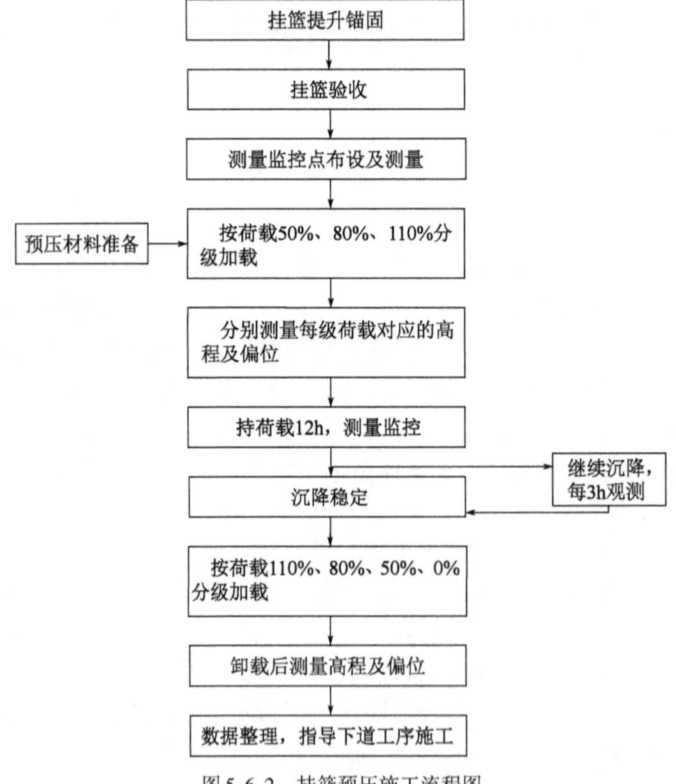

图 5-6-2 挂篮预压施工流程图

北街水道桥牵索挂篮的堆载预压拟采用水箱和混凝土块堆载法进行，挂篮预压堆载如图5-6-3所示。

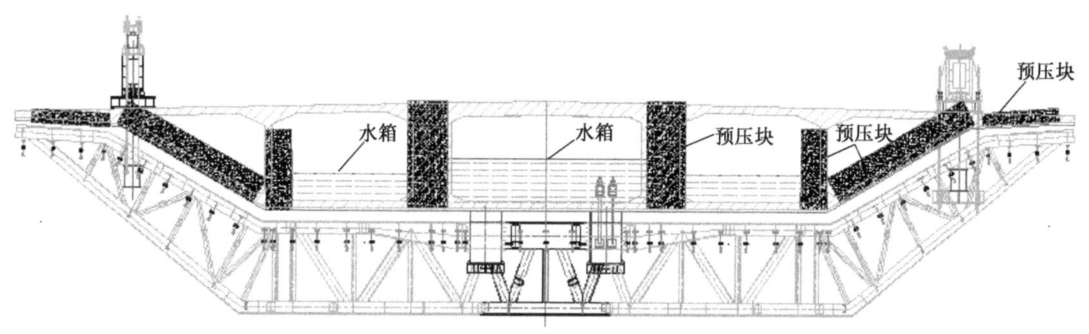

图5-6-3　挂篮预压堆载图

挂篮对应中箱室位置采用水箱堆载，对应腹板和翼板位置采用混凝土块堆载。预压前在挂篮4个角点和纵梁顶部用红油漆做好记号，作为挂篮变形量的测量观测点。为了便于布载后及卸载前各点高程的测量，在测点处设置线锤，在线锤端部固定精度较高的量尺，通过在塔座上采用水准仪精确测量变形值。预压前需测量记录好每个点的原始标高。该4个测量点同时作为支架平面位移的观测点，支架预压前精确测量出测点的初始坐标值。

为保证加载的安全，采用分级加载的方法进行，其加载时按以下顺序进行：0% → 50% → 80% → 110%的荷载逐级加载，全部加载完毕后每隔3h观测一次，待变形稳定后，方可进行下级加载。加载110%荷载并持荷12h后要再次复测各控制点高程，如果加载110%后连续12h测得数据基本无变化，表明支架挂篮变形已基本到位，可按照110% → 80% → 50% →0%的荷载逐级卸压。

5.7　超宽幅箱梁悬臂施工工艺流程

桥箱梁均采用单箱五室预应力混凝土结构，C55混凝土。箱梁全断面宽41m，两侧翼板悬臂各9.6m，底板宽21.6m，中心梁高4m，单节箱梁长6m。标准梁段中室顶板厚50cm，其余室顶板厚为28cm，底板厚均为26cm，锚固斜拉索的中腹板厚为35cm，边腹板厚为25cm，斜腹板26cm厚。在斜拉索锚固处设置横隔板，间距为6m，横隔板厚为50cm。

北街水道桥共需牵索挂篮悬臂浇筑29个梁块，其中1～4号块采用异索工艺施工(即借用下一节段索塔孔位和箱梁斜拉索作为挂篮辅助索来施工本节段箱梁)，其余梁块则采用传统牵索工艺施工，牵索挂篮悬臂浇筑箱梁主要施工工艺流程如图5-7-1所示。

5.7.1　底篮提升及测量放样

1)底篮提升

挂篮行走到位后，安装好底篮后锚吊杆，利用辅助主梁前吊带和后锚杆顶升千斤顶，将底篮顶升至贴近浇筑混凝土梁底面。提升过程中应有专人指挥，须保证底篮前后同步提升，若前后步调不一致，应及时进行微调。提升就位后应及时安装止推斜拉杆、主纵梁尾部反锚拉杆。

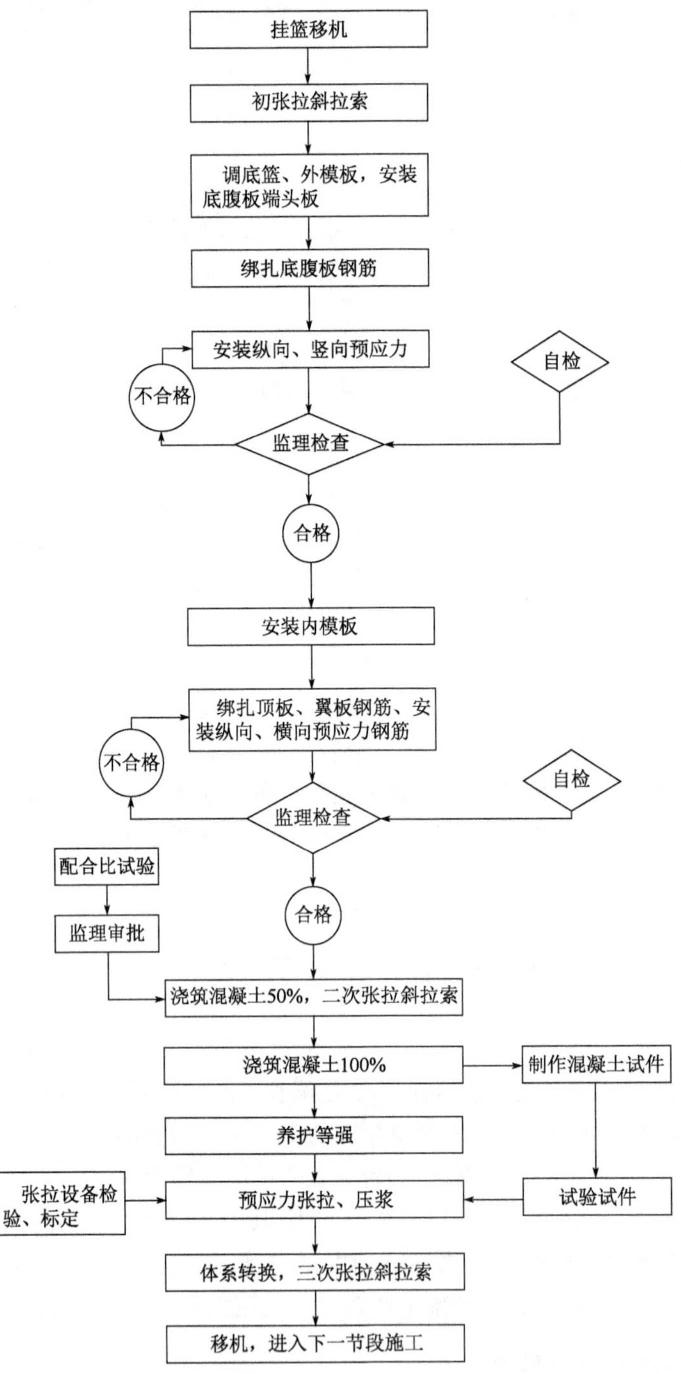

图 5-7-1　牵索挂篮悬臂浇筑箱梁主要施工工艺流程图

2)测量施工控制

根据已批复的三等高程和 GPS 平面控制网,北街水道桥主要选用大桥独立控制强制观测墩,DQ1、DQ2、DQ3、DQ4、DQ5、DQ6、DQ7、DQ8 八个控制点对主梁位置进行控制,选用 J1、J2、J16、GD175-1、J5、GD172-1、J11、J10 八个高程控制点对主梁进行高程控制。施工过程中利用索佳 Nivo2. M 或拓普康 GTS-722 采用全站仪三维坐标法进行测量。

施工控制采取高程与索力双控,其中主梁立模高程允许偏差不大于 5mm,桥轴线偏差不得大于 5mm,施工阶段控制高程允许偏差不大于 ±20mm,主梁上下游控制高程允许偏差不大于 ±10mm。

(1)主梁立模测量施工控制

由于斜拉桥施工受日照及日照方向影响比较大,故主梁立模应选在避开日照的温度较低时进行,且应避开大风期。应尽可能在 9:00 前,17:00 后进行标高测量,并记录测量时的温度。

立模高程控制按设计提供的高程,另加施工调整值控制(由施工监控方提供)。拉索的每一次张拉也应选在标准时间内进行,否则应对立模高程、索力进行温度修正。在悬浇施工过程中除按常规观测主梁高程外,每个月还需进行一次全天 24h 的全面精密观测,分析日照、温度对各种部分变位的影响,以便对立模高程进行修正。

(2)主梁平面位置测量施工控制

梁段平面位置可用全站仪采用坐标法进行控制,按至少左、中、右三点位置来控制;主梁横断面上的高程控制点数量也应不少于 5 点,高程测量可直接用水准测量,一直测到 0 号块。在施工过程中应根据箱梁沉降、偏位等,及时对有关数据进行校正,以保证施工控制的精度要求。

底篮提升、安装止推系统分别如图 5-7-2、图 5-7-3 所示。

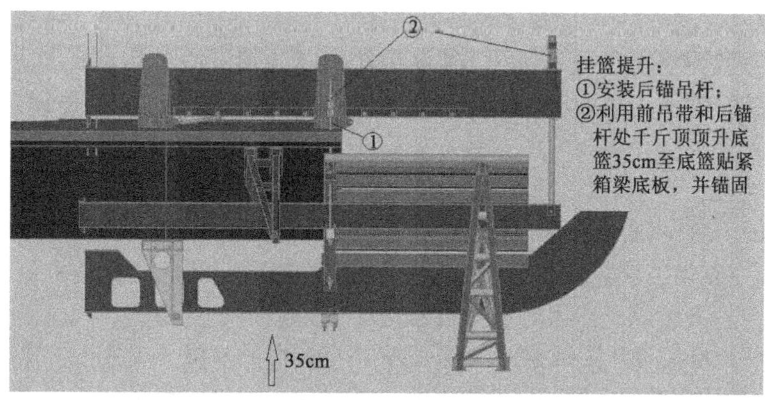

图 5-7-2　底篮提升

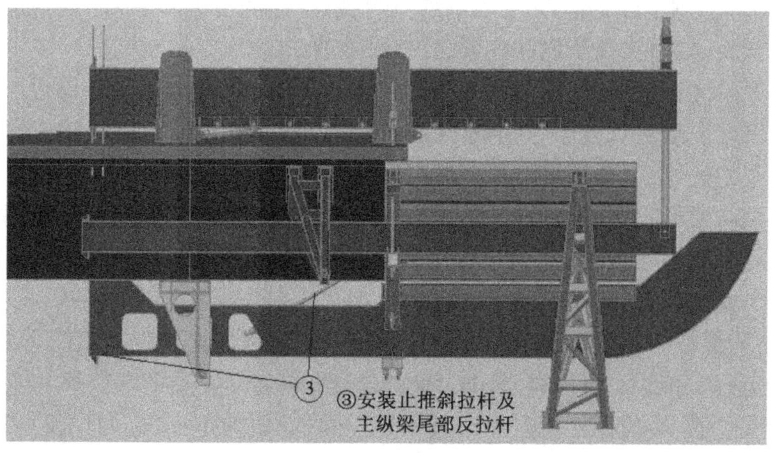

图 5-7-3　安装止推系统

5.7.2 模板安装施工

模板系统包括底模板、外侧模板、内模板、堵头模板四部分，直腹板通常采用“侧包底”“侧包端”方案，斜腹板采用“底包侧”“侧包端”方案，以免漏浆。底模板及外侧模板均直接铺设于挂篮底篮上。内模板采用钢模板组合，螺栓连接，安装 2［10 龙骨并固定，在该龙骨上搭设顶板支架，铺设顶板模板（组合钢模板）。

模板在安装前进行除锈处理，采用柴油＋机油（按 4:6 混合）混合液脱模板剂。内模板及堵头模板采用桥面汽车吊进行安装，最后通过全站仪复核模板位置。

安装好的模板，确保在混凝土浇筑过程中不变形、不移位、安装位置精确、连接牢固、接缝严密不漏浆、不错台、不跑模、不胀模。在混凝土浇筑过程中，派专人检查模板。

5.7.3 钢筋及预应力钢束安装

1）钢筋加工运输

施工用的钢筋表面应洁净，使用前将表面油渍、漆皮、鳞锈等清除干净，钢筋应平直，无局部弯折。钢筋配料、加工在钢筋加工场进行，加工好的半成品钢筋由塔吊直接起吊至桥面，再通过桥面平板车运输至施工点进行安装。钢筋按要求加工成半成品，分类编号堆存。现场堆存时，其下放枕木垫高防潮，上面覆盖彩条布防雨。

箱梁主筋按照 50% 错头进行配料，其他钢筋按施工图纸中的钢筋大样图配料，在确保保护层厚度、转角半径、绑扎搭接长度的要求下下达钢筋配料单，钢筋加工厂据此进行配料。

2）钢筋安装

钢筋绑扎施工顺序：底板钢筋及预应力管道安装→腹板钢筋安装及腹板纵向预应力管道安装、竖向预应力安装→顶板底层钢筋安装→顶板纵向预应力管道安装→顶板顶层钢筋安装等。

钢筋安装应严格按设计图纸施工，主筋均采用搭接焊的连接方式进行。其接头错开布置，严格按施工规范操作，并保证同一断面接头不得超过该断面接头数量的 50%。钢筋的交叉点用铁丝梅花形绑扎结实，必要时，亦可用电焊点焊，但不能烧伤主筋。为保证保护层厚度，在钢筋上加设水泥垫块，同时垫块与钢筋扎紧，并错开布置。

为满足主梁悬浇施工要求，在主梁现浇段施工过程中，需按施工设计埋设不同的预埋件，其埋设严格按设计图纸进行施工，并与钢筋焊接牢靠，防止在施工过程中出现预埋件移位，影响后续工程施工的进行。

钢筋分层绑扎成形，为确保钢筋安装准确，钢筋安装前应根据测量放样轴线放出钢筋安装大样线。在进行预应力设置时，预应力筋管道必须采取绑扎或限位等可靠的加固措施，确保预应力管道安装牢固及畅通，不发生变形。在进行底板钢筋安装时，钢筋搭接、绑扎和焊接必须符合规范要求；为保证上下层钢筋的整体性，上、下层钢筋网之间的架立钢筋应绑扎牢固，可对部分钢筋进行点焊。预应力管道施工时在管道与锚垫板之间用胶带进行密封，同时横向、竖向预应力筋预留张拉槽，并确保水泥浆无法进入管道内，以便保证横向、竖向预应力束的张拉施工。竖向预应力张拉槽口沿纵桥向通长设置。

3)钢筋施工注意事项

(1)挂篮后锚处局部受力较大,将考虑采取增设钢筋网的办法,以改变局部的应力集中。

(2)如钢筋绑扎时和预应力管道发生冲突,应适当移动钢筋位置,以避让预应力管道。

(3)浇筑混凝土时要尽量减少对钢筋的冲击,浇筑混凝土的操作人员要采取必要措施,以避免踩踏钢筋,发现钢筋被踩踏移位时,及时进行修整。

(4)钢束锚固处的普通钢筋如影响预应力束施工时,可适当弯折,待预应力施工完毕后应及时恢复原位。

4)预应力钢束安装

(1)波纹管安装

波纹管按设计线形安设,预应力管道采用"U"形钢筋定位,定位钢筋沿钢束长度方向直线段按每1m设置一道,曲线段按每0.5m设置一道,并与普通钢筋骨架采取绑扎或点焊固定,波纹管接长采用专用套管。

波纹管安装过程中,当受到普通钢筋的影响时,适当地调整普通钢筋的位置。

安装好的波纹管要注意保护,具体保护措施如下:

①钢筋绑扎、混凝土浇筑过程中,不得踏压波纹管;不得在没有防护的情况下而在波纹管的上方或附近进行电焊或气割作业。

②波纹管与锚垫板连接处以及波纹管套管两端用防水胶带缠绕严密,防止浇筑混凝土时漏浆。

③斜拉索锚固区预应力钢绞线先穿,即在混凝土浇筑前完成钢绞线穿束。

④混凝土浇筑前,要仔细检查波纹管的位置、数量、接头质量及固定情况;如发现波纹管被破坏,要及时处理。

(2)锚垫板安装

锚垫板(含螺旋筋)进场后,按规范要求进行检查验收,满足要求后才能使用。

横隔板横向预应力采用深埋锚工艺即锚垫板栓接一段钢套筒,钢套筒内径选择时,必须考虑张拉压浆的需要。锚垫板应按套筒设计要求对螺栓孔进行攻丝,套筒外缘距箱梁外侧表面为5cm,混凝土浇筑时预先用泡沫塑料封堵套筒,防止混凝土进入套筒内。

锚垫板在安装需要测量配合定位,将其与钢筋骨架固定。锚垫板安装时,将压浆口朝下、出浆口朝上,并将各口通过小钢管接出至混凝土表面。

(3)钢绞线进场检验、下料和穿束

钢绞线进场后,按规范要求进行验收,对其强度、延伸量、弹性模量及外形尺寸进行检查、测试,合格后才能使用。

钢绞线根据设计要求的下料长度进行下料,同时考虑实际工作长度。下料采用钢卷尺精确测量、砂轮切割机切割,下料误差为0~+100mm。钢绞线下料时不得在混凝土面上生拉硬拽,以免磨伤钢绞线。下好的钢绞线经分类编号后进行临时存放,在其下垫木枋,并全面覆盖,以防雨、防潮。下好的钢绞线必须及时使用,尽量减少临时存放时间。

预应力钢绞线先穿,即在混凝土浇筑前完成钢绞线穿束。为方便穿设,钢绞线采取单根穿进。钢绞线穿设时,先在其头部缠绕多层胶带,然后在转动钢绞线盘放松钢绞线的同时,由人工将其送入孔道内。完成穿设的钢绞线两端贴上标签。

5.7.4 斜拉索安装及初张拉

1)斜拉索制作

斜拉索顺桥向为发散型布置,横桥向为中央双索面,索面不呈平面形式,采用空间索面形式。斜拉索采用热挤聚乙烯高强度钢丝拉索,根据索力的不同,采用 PES7-187、PES7-211、PES7-241、PES7-253、PES7-283、PES7-301、PES7-313、PES7-337 八种规格,全桥共设 232(8 × 29)根斜拉索,最长索约为 205.195m,单根最大重量为 231.4kN。

成品斜拉索除按《斜拉索热挤聚乙烯高强钢丝拉索技术条件》(GB/T 18365—2001)的要求进行外观、长度、超张拉、弹性模量、静载性能等检测外,其动载性能尚应满足:应力上限为 $0.45f_{pk}$,应力幅值为 200MPa,经 2.0×10^6 次循环脉冲加载试验,钢丝破断数应不大于斜拉索钢丝总数的 5%,斜拉索保护层不应有明显损伤;锚具无明显损坏,锚杯与螺母旋合正常。

成品斜拉索应具备优良可靠的防腐体系,以保证斜拉索具有较长的使用寿命(要求使用寿命不小于 30 年)。

斜拉索由专业厂家制作完成。

2)斜拉索安装

1 ~4 号块箱梁采用异索施工,即挂篮锚固用索均采用下一节箱梁索,且索塔上斜拉索的安装孔位为下一梁块的拉索孔位,此条辅助索从待浇筑箱梁前部通过并锚固在主纵梁弧首前部,如图 5-7-4 所示。标准块挂篮施工斜拉索同索安装,如图 5-7-5 所示。

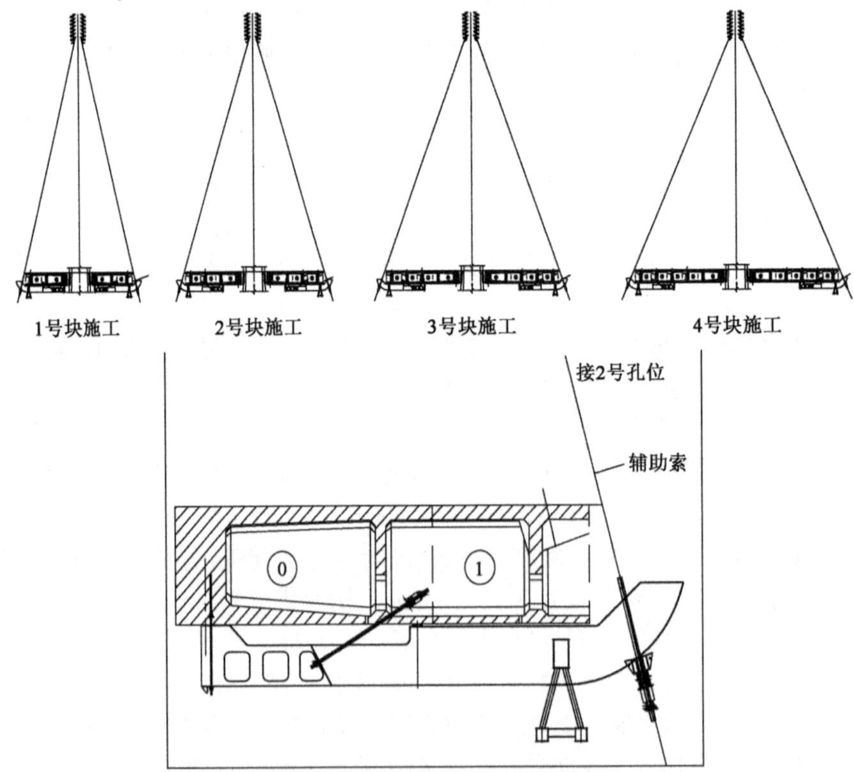

图 5-7-4 1 ~4 号块挂篮施工斜拉索辅助索安装示意图

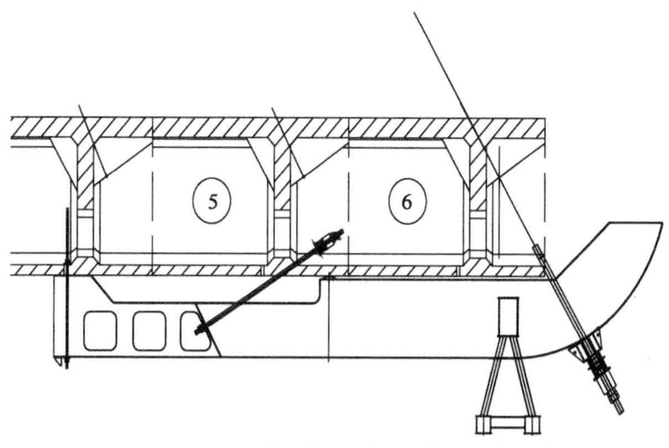

图5-7-5　标准块挂篮施工斜拉索同索安装示意图

(1)斜拉索上桥

斜拉索施工将采用“先塔端展开、安装，然后梁上牵引安装，再梁端张拉”的施工方法。受北街水道桥施工条件的影响，斜拉索安装均先采用桥面龙门吊吊装斜拉索至桥面，然后进行安装。在斜拉索安装过程中，要避免碰伤锚具与PE护套，不得在桥面或地面上拖拉。如有意外损伤，应及时进行修补并做好记录。斜拉索吊装上桥专设支架如图5-7-6所示。

图5-7-6　斜拉索吊装上桥专设支架图

(2)展索起吊

在斜拉索适当位置安装专用索夹(内垫PE或橡胶皮)，卷扬机钢丝绳经过塔顶支架吊点，通过千斤绳、卸扣与索夹连接。索夹安装及连接如图5-7-7所示。

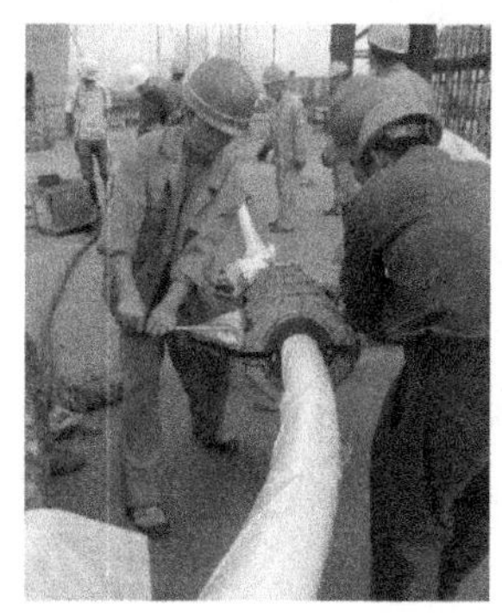

图5-7-7　索夹安装及连接

在塔顶安装由工字钢组成的吊装支架。每个塔顶每边各设置二组卷扬机,卷扬机安放在桥面上,在主塔上的预埋件上安装导向滑车,将一台卷扬机钢丝绳经过导向滑车,沿塔内斜拉索套筒放到桥面,另一台卷扬机钢丝绳由塔外侧、经过导向滑车放到桥面,分别与拉索锚端连接。斜拉索塔端牵索如图 5-7-8 所示。

图 5-7-8　斜拉索塔端牵索图

拉索通过在塔顶提升架卷扬机水平牵引至塔柱附近,并提升拉索,至拉索完全从索盘脱离后停止提升。在梁上将反牵引卷扬机钢丝绳与拉索连接,并调整拉索牵引路线,调整完成后,塔顶卷扬机吊点下降,梁上卷扬机反向水平牵引,直至塔上锚头接近待安装索管口。

为保护拉索的外护套,在拉索水平牵引过程中,每 5m 放置一个托辊,避免拉索与桥面摩擦损坏,且在展索过程中派专人跟踪检查,随时调整托辊间距,保证拉索不与桥面接触。如果采用带有螺旋线的拉索,将使用捆绑式支承小车,即:将拉索捆绑在可以旋转、移动的小车上,拉索牵引时相对小车无滑动,而小车支承拉索移动,从而对斜拉索进行防护。斜拉索梁端牵索如图 5-7-9 所示。

图 5-7-9　斜拉索梁端牵索图

安装拉索塔端时,主要以塔顶提升卷扬机为主,为帮助拉索锚端进入塔上预埋套筒,塔顶另设置一台卷扬机。卷扬机钢丝绳导向至塔内,经过钢桁架上横置的导向点,由塔中心垂直向下,再经导向滑车穿过塔上预埋导管与待安装索的锚端连接(在展索前连接完成)。斜拉索塔端安装连接如图 5-7-10 所示。

图5-7-10 斜拉索塔端安装连接

(3)塔端穿索锚固

当拉索端部到达拉索预埋套筒口时,卷扬机缓慢提升拉索,卷扬机钢丝绳逐步收紧,2台卷扬机组协调使拉索端部进入套筒。塔端安装提升、进主塔索管如图5-7-11所示。

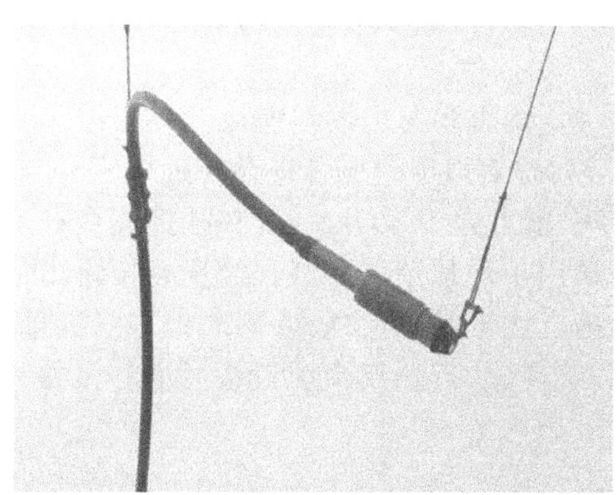

图5-7-11 塔端安装提升、进主塔索管图

卷扬机牵引斜拉索锚固端至锚固面,拧上螺母临时锚固,卸下卷扬机钢丝绳,等待梁端的安装。塔端安装锚固如图5-7-12所示。

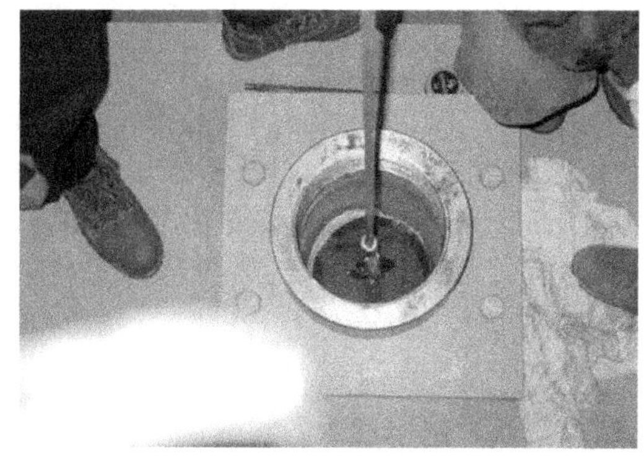

图5-7-12 塔端安装锚固

拉索塔上临时锚固后需进行吊点的拆除,由于塔外侧未设置脚手架,吊点的拆除使用垂直提升挂篮。挂篮的提升钢丝绳和安全绳固定在塔顶桁架上。在任何位置需要使用时,将挂篮

安装在钢丝绳上,由挂篮施工人员自行操作上、下。为避免挂篮超载,待拆卸的吊装索夹用桥面卷扬机提升上、下,挂篮仅用作人员的升降。施工挂篮如图 5-7-13 所示。

图 5-7-13　施工挂篮图

(4)梁端穿索锚固

当主梁施工挂篮移动就位后,将挂篮连接杆提升到已完成的桥面上,与已经展开的待安装拉索梁上锚固端连接。

根据斜拉索梁上导管的长度安装反牵引索夹。桥面卷扬机钢丝绳通过导向滑车引导与索夹连接。检查连接无误后,卷扬机反牵引拉索,桥面汽车吊配合提升穿过导管、挂篮锚固梁,并使挂篮连接杆在挂篮锚梁上固定。当牵引索力大于 300kN 时,在挂篮连接杆后端安装精轧螺纹钢或小规格拉杆在挂篮锚固梁后端用千斤顶牵引。当挂篮连接杆露出锚固面后旋上锚固螺母、安装千斤顶,然后继续用卷扬机或千斤顶反顶,并不断地旋紧螺母,直至锚固螺母基本位于冷铸锚中心位置时,梁上安装完成,拆除反牵引设备后准备张拉。卷扬机、索夹牵引如图 5-7-14 所示。

3)初张拉

根据设计说明,斜拉索张拉统一采取梁端单端张拉。每根索需三次张拉。张拉过程中索塔顺桥向两侧的拉索和横桥向对称的拉索须对称同步张拉,同步张拉的不同步索力差值不超出设计规定值。两侧不对称或设计索力不同的拉索,按照设计规定的索力分级同步张拉,各个千斤顶同步索力之差不大于油表读数的最小分格,索力中值误差小于 ±2%。斜拉索张拉力允许偏差不大于 ±2.5%,且不得大于 50kN。

斜拉索安装完毕后,调整挂篮的提升千斤顶,张拉底篮后锚杆使挂篮后端与梁段紧贴,同时提升前吊带至底篮前端高程满足设计要求,然后锚紧前吊带及后锚吊杆并检查。完成预抛高后,按照监控提供的初张拉力通过牵索机构对斜拉索进行初张拉,同时张拉主纵梁尾部反锚拉杆和止推斜拉杆。随着桥面施工荷载的变化以及桥面内力调整的需要,根据设计和监控的指令对斜拉索进行张拉和索力调整,具体施工控制按施工监控细则要求执行。

(1)张拉设备选定

工程中使用的千斤顶、油泵、液压表等整个张拉系统必须按照使用的实际情况进行标定、校核,使用的油压表精度不低于 1.5 级。标定用的试验机或传感器精度不低于 0.5 级。如果使用中张拉系统包括千斤顶油压表等出现异常,或者标定报告表明超过使用期,均应重新进行标定、校核。张拉设备及张拉示意如图 5-7-15 所示。

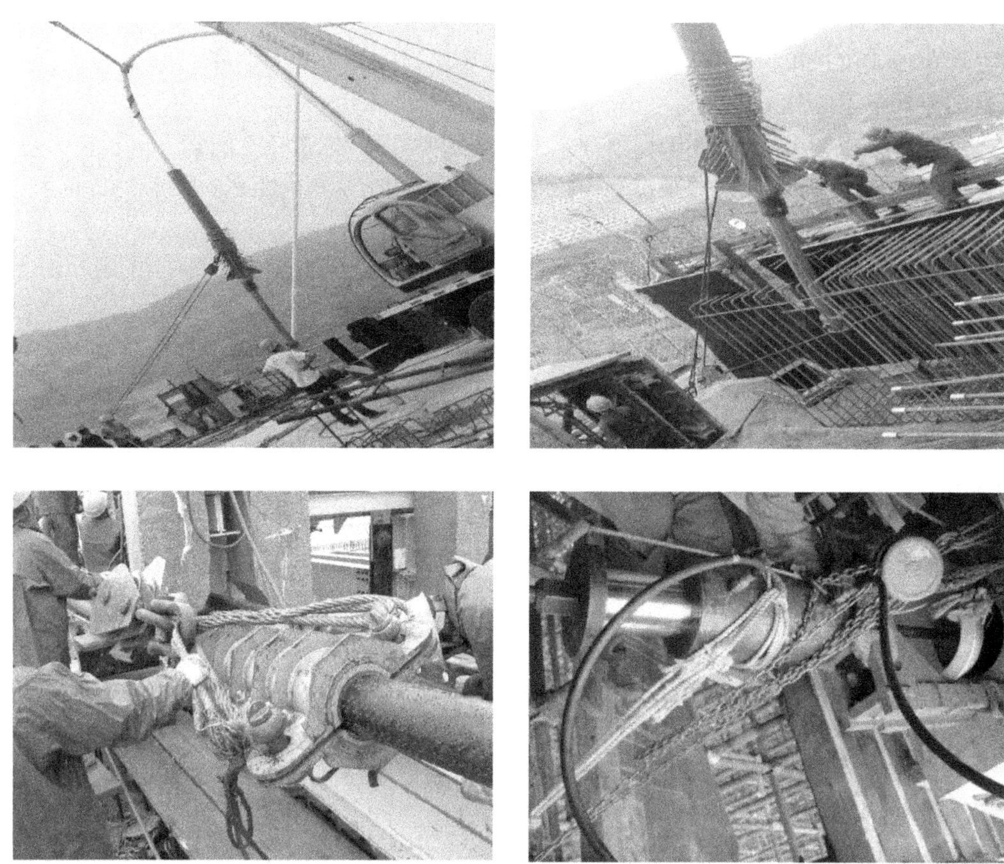

图 5-7-14　卷扬机、索夹牵引

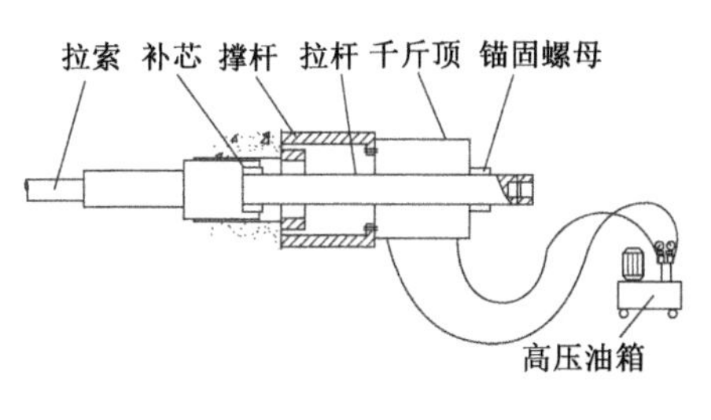

图 5-7-15　张拉设备及张拉示意图

(2)拉索张拉前施工准备

为了准确进行索力的张拉和调整,首先要对千斤顶、油泵及压力表进行配套力值标定、校核,油压表采用 1.0 级精密油压表。

张拉前先检查标定过的配套张拉设备是否有差错,如:设备运转是否正常、油路是否畅通、稳压的状态、与千斤顶是否对号使用。

准备好测量所需设备和工具(全站仪等),以便控制塔柱及其他构件的位移值。张拉前,对每个塔柱及要控制位移的构件轴线、高程作出测定。

(3)斜拉索张拉与索力调整

设计单位或监控单位提供施工阶段索力设计要求以及塔柱等构件的位移允许值,并以施工指令的方式下发给施工单位。

收到设计张拉指令后,依据千斤顶标定书上的回归方程,把指令上的索力值转换为每一组张拉设备上的油压读数值,并把张拉操作指令以书面形式交给每一组张拉设备的负责人,并交代有关注意事项;严格按照设计或监控指令数据、程序施工。

同一墩号的拉索同步分级均衡缓慢加载。分级张拉程序为:$0 \to 0.2\sigma \to 0.4\sigma \to 0.6\sigma \to 0.8\sigma \to 1.0\sigma$。

拉索张拉过程中,测量组对塔柱位移情况、主梁高程进行同步监控。如出现异常情况,应立即停止全部张拉,并向上一级报告,待问题解决后,由指挥小组下达张拉命令继续张拉。

一个索号的拉索张拉完成后,认真检查记录,确认无误后方可拆卸张拉设备,进行下一索号的安装、张拉。

索力调整施工程序与拉索张拉程序相同。

(4)拉索张拉施工注意事项

在张拉过程中根据设计要求对拉索的张拉进行控制(张拉的控制方式一般有两种:一种是以索力控制为主、主梁位移变化为辅;另一种以主梁位移控制为主、索力为辅)。

张拉操作人员必须与测量人员、设计监控人员保持密切联系,并随时监测网架高程变化情况和塔柱位移情况。

拉索的张拉施工必须在接到监控单位的张拉指令后才进行,在张拉过程中如发生异常情况,应停止张拉并分析原因,待收到张拉命令后再继续进行张拉。

张拉时要求同一塔柱同号索进行同步张拉,以保证结构的稳定性。

日照和环境温度对斜拉桥的塔、梁、索影响较大,张拉和索力调整要避免在温度变化较大的时段进行。

张拉时的桥面要求无动载,附加荷重应尽可能与设计计算条件相一致。

5.7.5 浇筑混凝土施工

1)混凝土原材料的选择及性能要求

箱梁混凝土原材料选用原则:根据箱梁内在质量、外观质量及温度控制要求,混凝土原材料须选择级配良好的砂、石料、性能优良的缓凝高效减水剂。

水泥:采用低碱水泥,进场应分批检验,质量应稳定。

细集料:宜采用中粗河砂。细度模数在2.7左右,含泥量必须小于2%,并且无泥团,其他指标应符合规范规定。

粗集料:粗集料采用反击破高标碎石,石子级配应优良,来源稳定。入场后分批检验,最大粒径应小于25mm,针片状颗粒含量不大于5%,其含泥量不超过1%,泥块含量不大于0.5%,若含泥量达不到要求,必须用水冲洗合格后才能使用,其他指标必须符合规范要求。

外加剂:采用缓凝高效减水剂,降低水泥用量,推迟水化热温峰的出现。外加剂入场后应分批存放,分批检验。

粉煤灰:在保证强度的前提下尽量增加粉煤灰掺量,以推迟水化热温峰的出现,降低混凝土绝热温升。粉煤灰入场后应分批检验,各项指标应符合规范规定。

根据以上原则,箱梁混凝土原材料:P·I42.5R 水泥、Ⅰ级粉煤灰、中砂、5~25mm 连续级配碎石、WS902-C 减水剂。

2)混凝土性能要求及配合比设计

箱梁混凝土性能要求:强度不小于 55MPa;3d 强度不小于 40MPa;坍落度为 20cm ±2cm;常压下不泌水;具备良好的耐久性;具备良好的抗裂性能;满足泵送要求。

混凝土配合比:箱梁混凝土配合比经工地实验室严格试配,在多组试验中进行优化,并报总监办中心实验室平行后使用,以保证上塔柱钢—混凝土结合段混凝土的耐久性。混凝土配合比见表 5-7-1,混凝土性能见表 5-7-2。

混凝土配合比　　表 5-7-1

基本情况	水泥 p·Ⅱ425R		碎石:5~25mm 连续级配碎石		减水剂:WS902-C	
	粉煤灰:Ⅰ级		河砂:MX=2.65,砂率:39%		坍落度:160~200mm	
材料名称	水泥	砂	碎石	水	减水剂	粉煤灰
用量(kg/m^3)	426	700	1095	143	4.72	46
比例	1	1.643	2.57	0.336	0.0111	0.108

混凝土性能　　表 5-7-2

混凝土	坍落度(mm)	扩展度(mm)	7d 强度(MPa)	28d 强度(MPa)	3d 实际强度(MPa)
C55	185	450	63.6	65.3	47.3

3)混凝土生产及运输

箱梁混凝土由搅拌站集中供料,搅拌站配备 2 台 $100m^3/h$ 的混凝土搅拌机,单台实际生产能力达 $60m^3/h$,满足箱梁一次最大浇筑强度的要求。

混凝土浇筑时,实验室人员应经常取样测坍落度,根据砂石料的含水率,在保证水灰比不变的前提下,随时调整用水量,混凝土拌制时严格控制水灰比和搅拌时间。

箱梁混凝土输送设备为 2 台 BSA2109HD 地泵,地泵摆放在施工平台上,混凝土自拌和站生产后由地泵直接泵送至浇筑部位。

4)混凝土浇筑

浇筑混凝土前应全面检查挂篮的所有联结构件、结构物尺寸、预留孔、预埋件位置等,在确认无误的情况下,方可进行混凝土的浇筑。混凝土的浇筑顺序由前端向后端,从中间向两侧进行,采用插入式振捣器振捣。在塔的两端纵向对称施工,避免偏载。

(1)箱梁混凝土布料

泵送至浇筑工作面的混凝土通过软管进行布料,采用两套布料系统进行布料,送料泵管从平台地泵接出后沿塔吊、桥面接至混凝土浇筑工作面,布料过程中需严格控制对称布料。

(2)混凝土浇筑施工要点

①混凝土采取分层布料、分层振捣,分层高度控制在 30~50cm。为保证混凝土自由落体高度不大于 2m,浇筑时应悬挂串筒布料。

②混凝土振捣时分区定块、定员作业,混凝土振捣应密实,无漏振、欠振、过振等现象。

③振捣采取快插慢拔方式,严格控制棒头插入混凝土的间距、深度与作用时间,并密切观

察振捣情况，在混凝土表面平坦泛浆、不再冒出气泡视为混凝土振捣密实，防止混凝土表面出现蜂窝、麻面，甚至空洞等缺陷。

④混凝土振捣间距小于40cm，振捣上层混凝土时要插入下层混凝土5cm以上。每个振动点振捣时间控制在35～45s。

⑤斜拉索锚管套筒、锚具及有波纹管位置要在混凝土浇筑前做出标记，振捣时注意保护锚具及波纹管，同时保证锚具及波纹管与混凝土充分结合，特别是锚下区要振捣密实。

⑥振捣过程中，振捣棒严禁接触模板，并在混凝土浇筑期间内，派专人检查模板对拉螺杆松紧情况，防止出现爆模、漏浆等现象；专人检查预埋钢筋和其他预埋件的稳固情况，对松动、变形、移位等情况，及时进行处理。

5）混凝土养护及施工缝处理

（1）混凝土养护

为保证混凝土质量，防止或减少混凝土表面开裂，浇筑完成的混凝土必须及时进行养护。混凝土养护应由专人负责。采用喷淋养护的方式，养护用水要洁净，现场采用过滤池净化，喷淋水要均匀、不间断。

（2）施工缝处理

为使拆模后混凝土表面接缝美观，两块段混凝土间的外露接缝线一定要平整顺直，在施工中，应采取以下措施进行预控：

①以模板顶口线为基准，对靠近模板、宽约1.5cm的混凝土面在进行施工缝凿毛时，严禁破坏这条接缝，以确保上下层混凝土接缝顺直。凿毛由人工完成凿除混凝土表面的水泥砂浆和松软层，直至露出集料，经凿毛处理的混凝土面用压缩空气或高压水清理干净。

②混凝土浇筑前，再次对接缝表面进行检查清理（若有杂物，应清理干净，以防夹渣）；接缝两侧的混凝土应充分振捣，以使缝线饱满密实。

5.7.6 斜拉索二次张拉

当浇筑高度达到2.7m时，根据监控所给张拉力值按要求对挂篮进行二次张拉作业。张拉顺序和控制指标同一次张拉，在二次张拉达到设计力后，继续浇筑剩余混凝土，并保持沉降观测。

5.7.7 预应力张拉施工

1）概述

箱梁采用纵向、横向和竖向预应力钢束，形成三向预应力混凝土结构。

纵向预应力钢束按钢束所属梁段进行分类，包括标准梁段通长束、其他梁段附加束和合龙段的合龙钢束。主梁纵向预应力钢束均采用 ϕ_s15.2-22 高强度预应力钢绞线，标准强度1860MPa，控制张拉应力为1395MPa。锚具采用15-22型，配套使用外径为114mm的塑料波纹管。张拉控制力为4296.6kN。标准段纵向预应力钢束布置如图5-7-16所示。

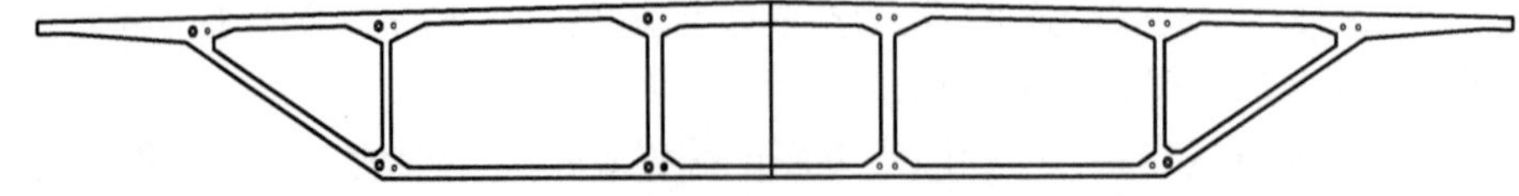

图5-7-16　标准段纵向预应力钢束布置图（标准段）

横向预应力钢束分为桥面板横向预应力钢束和横隔板横向预应力钢束。桥面板横向预应力采用 ϕ_s15.2-4 高强度预应力钢绞线、单端张拉，各根预应力钢束张拉端(锚固端)隔根交错布置；横隔板横向预应力采用 ϕ_s15.2-22 高强度预应力钢绞线、两端张拉。钢绞线抗拉强度标准值为 1860MPa，控制张拉应力为 1395MPa。锚具采用 15-4 和 15-22 型，分别配套使用外径为 63mm、114mm 的塑料波纹管。张拉控制力为 781.2kN、4296.6kN。桥面板横向预应力钢束布置如图 5-7-17 所示，标准段横隔板横向预应力钢束布置如图 5-7-18 所示。

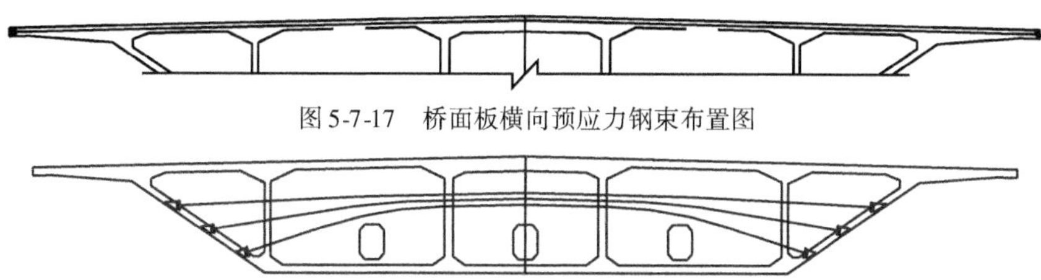

图 5-7-17　桥面板横向预应力钢束布置图

图 5-7-18　标准段横隔板横向预应力钢束布置图(标准段)

箱梁竖向预应力钢束采用 ϕ_s15.2-3 高强度预应力钢绞线、桥面单端张拉。钢绞线抗拉强度标准值为 1860MPa，控制张拉应力为 1395MPa。锚具采用 15-3 型，配套使用外径为 50mm 的塑料波纹管。张拉控制力为 585kN。竖向预应力钢束布置如图 5-7-19 所示。

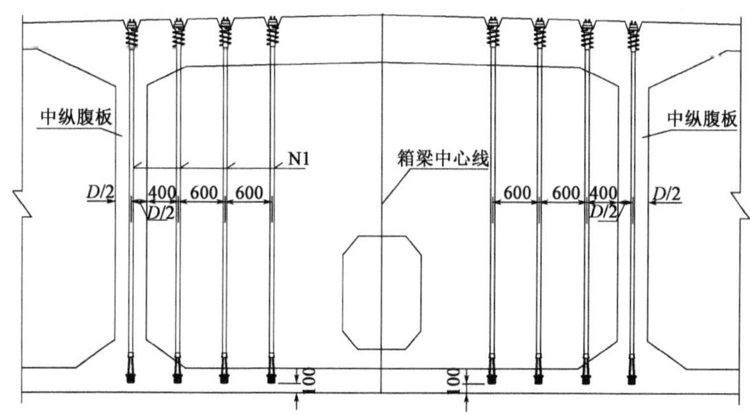

图 5-7-19　竖向预应力钢束布置图(尺寸单位：mm)

2)预应力钢束施工工艺

预应力钢束施工工艺主要包括锚具的准备及安装、波纹管安装、钢绞线下料及穿束、预应力的张拉、封锚灌浆等。

3)张拉设备

(1)锚具及张拉设备准备

锚板、夹片使用前须经检查验收，并分类保存。张拉最终采用 500t 和 100t 千斤顶，配以 0.4 级精密压力表。千斤顶和油压表在张拉前进行标定，以确定张拉力与压力表读数之间的关系式。

(2)锚具及张拉设备安装

先清理锚垫板及钢绞线，然后分别安装锚板、夹片、限位板、千斤顶、工具锚板及工具夹片。千斤顶由 1t 的手拉葫芦悬挂及调位。

普通锚具及张拉设备安装示意见图 5-7-20，横隔板预应力深埋锚具及张拉设备安装如图 5-7-21所示。

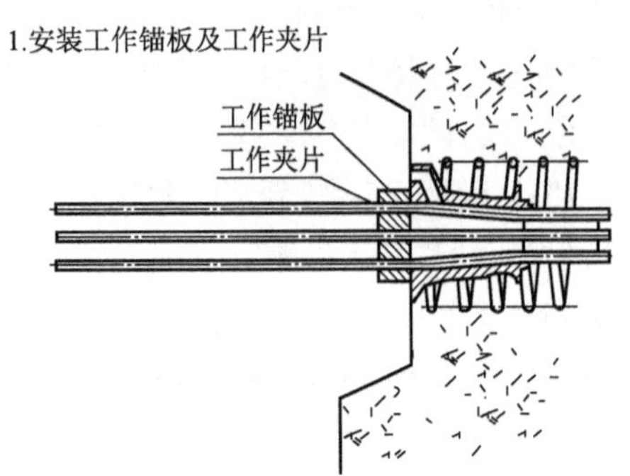

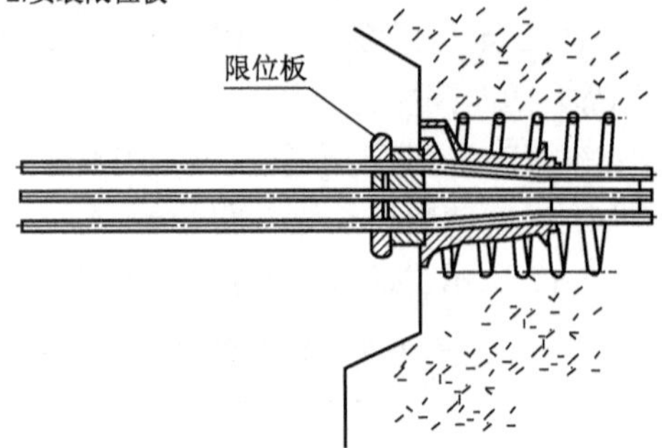

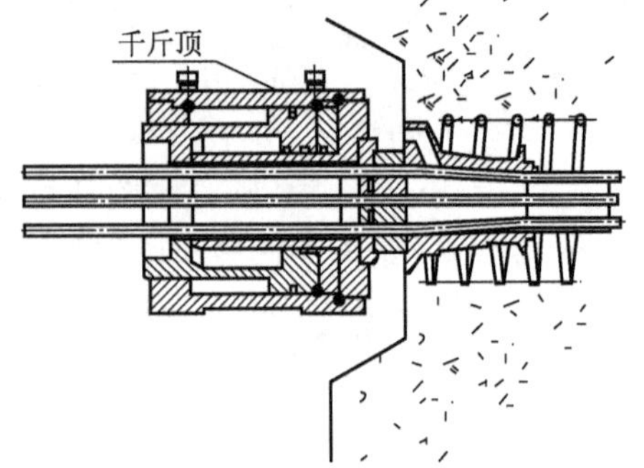

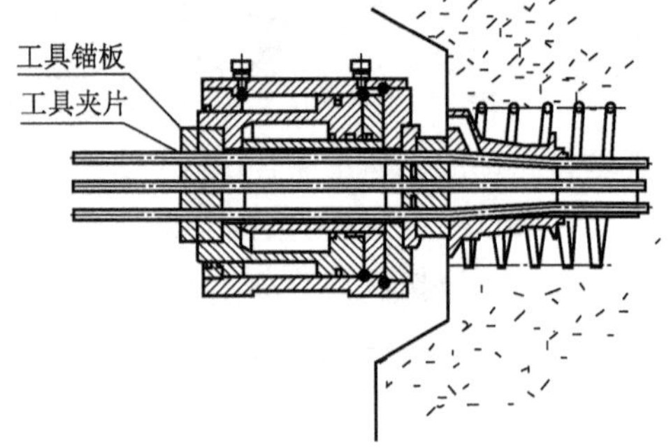

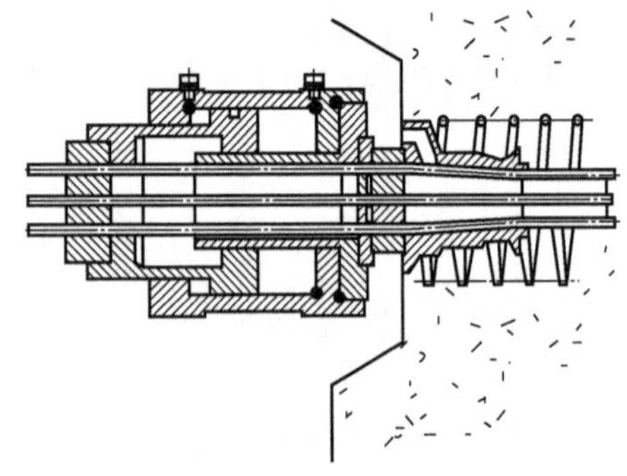

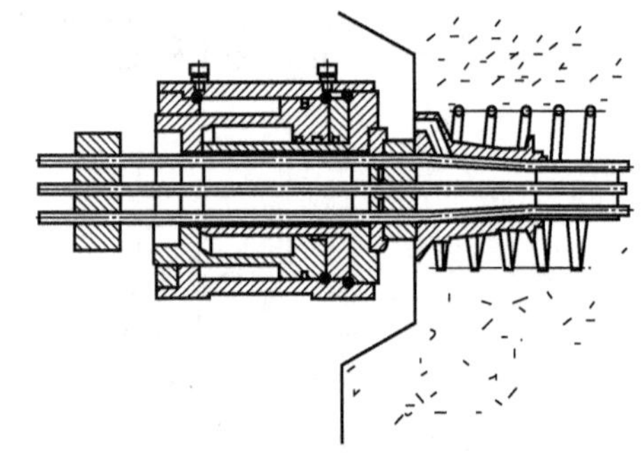

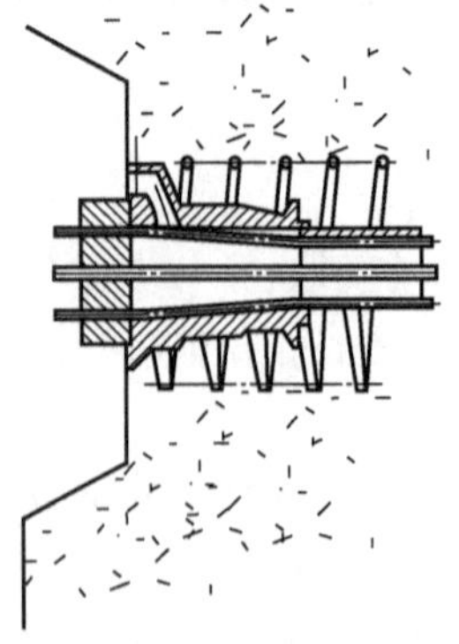

图 5-7-20　普通锚具及张拉设备安装示意图

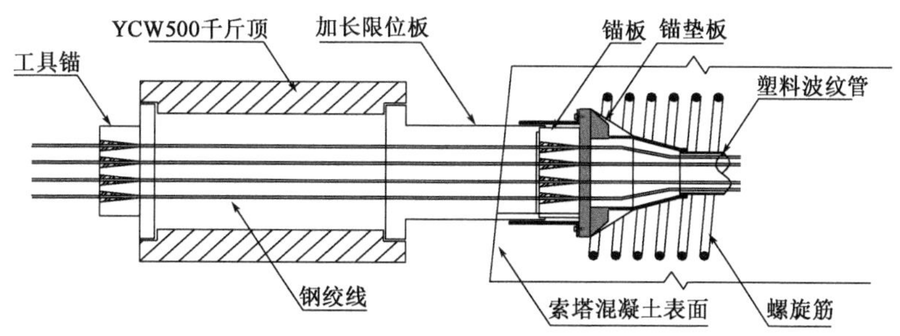

图5-7-21 横隔板预应力深埋锚具及张拉设备安装示意图

4)张拉工艺

当混凝土强度达到设计强度的90%以上、弹性模量达到80%后,方可进行预应力钢束张拉。主梁为三向预应力结构,张拉顺序为:纵向预应力→横隔板预应力→桥面横向预应力→竖向预应力,从中间往两边同步对称张拉。张拉步骤为:张拉到10% δ_{con}→持荷3min→量测引伸量→张拉到20% δ_{con}→持荷3min→量测引伸量→张拉到100% δ_{con}→持荷3min→量测引伸量→回油→量测引伸量。保证张拉到控制吨位量测的引伸量与回油后量测的引伸量之差不大于6mm,否则确定为整体滑丝。同时检查钢绞线尾端标记张拉完毕是否仍为一个平面,如有变化,表明出现滑丝。必须对滑丝进行处理。

预应力张拉采用张拉力与引伸量双控,以张拉力为主,引伸量实际伸长值与理论伸长值控制在±6%以内。

预应力钢束张拉时要尽量避免出现滑丝、断丝现象,应确保在同一截面上的断丝率不大于1%,而且限定一根钢绞线断丝不得超过1丝。

张拉锚固完成后,将多余的钢绞线用砂轮机切除,钢绞线剩余长度3~5cm。钢绞线切除后,及时用高强度等级的水泥砂浆将锚头端部钢绞线间的缝隙进行封堵。

为确保封端密实,还可以在水泥砂浆中掺入一定量的黏胶,同时加强对封端水泥砂浆的养护。

5)预应力管道压浆及封锚

预应力钢束张拉完毕后24h内必须压浆,压浆采用真空辅助压浆工艺,压浆嘴和排气孔可根据施工实际需要设置,压浆前应用压缩空气清除管道内杂质,然后压浆。浆体材料应掺入真空灌浆专用添加剂,要求管道压浆密实,水泥浆水灰比不大于0.4,不允许掺氯盐外加剂,可掺减水剂和膨胀外加剂,具体用量通过试验确定。但外掺剂中不允许含有易引起钢绞线氢脆反应的有害成分,同时要求水泥浆的强度不低于C55。

(1)浆液的主要技术指标

强度:水泥浆的强度应达到主梁混凝土的设计强度;

水灰比:低于本体混凝土,且宜控制在0.4以下;

稠度:控制在14~18Pa·s之间;

泌水率:小于初始体积的2%,泌水应在24h内全部被浆液吸回;

自由膨胀率小于10%。

水泥浆必须通过工地实验室进行配合比试验,验收合格并报审后才能使用。

(2)真空辅助压浆基本操作方法

试抽真空：

封端强度达到15MPa以上，且封端表面无裂纹，就可以进行试抽真空。将灌浆阀、排气阀全部关闭，真空阀打开，启动真空阀抽真空，当真空压力表达到-0.08MPa时，停泵约1min时间，如果压力表读数不变，表示孔道达到且能维持真空。如果不能达到要求的真空度，或者不能维持，则应查明原因，并及时采取措施，直至满足要求。

拌制水泥浆：

为了检查机械完好情况，同时，充分润湿搅拌机内壁，水泥浆搅拌前，加水空转几分钟，然后将积水倒净。

根据配合比及需要的拌浆量，将各原料准确称好，首先将水倒入搅拌机内，同时启动搅拌浆机，然后投入计量好的外加剂并搅拌均匀，最后加水泥，加水泥要慢且均匀，尽量避免浆体中有结块。浆体搅拌完后，按规范要求进行取样试验，将合格的浆液通过过滤网倒入储浆桶。

压浆：

①水泥浆搅拌均匀后，经过一层1.2mm过滤网，送入储浆罐，再由储浆罐引到灌浆泵，在灌浆泵高压橡胶管出口输出浆体，直到输出的浆体与灌浆泵的浆体浓度相同时关闭灌浆泵，然后将高压橡胶管接到孔道压浆管，绑扎牢固。

②关闭灌浆阀，启动真空泵，当真空值达到并维持在-0.06~0.1MPa时，打开灌浆阀，启动灌浆泵，开始灌浆，灌浆过程中，真空泵应保持连续工作。压浆时要保证从低端压进，高端压出。

③待真空端的透明胶管有浆体经过时，关闭通向真空机的真空阀，关闭真空机，水泥浆会流向废浆池，且稠度与灌入的浆体相同时，关闭抽真空端的阀门。

④灌浆泵继续工作，压力达到0.6MPa左右，持压至少5min，完成排气泌水，使管道内浆体密实饱满，完成灌浆，关闭灌浆泵及灌浆阀门。

灌浆量控制：

用单根波纹管的理论体积，减去钢绞线或粗钢筋的理论体积，即为每根波纹管理论灌浆量计算量。在实际施工时，实际压浆量做好记录，与理论压浆量进行对比，其实际灌浆量应不小于理论灌浆量。

清洗：

拆卸外接管路，清洗真空机的空气滤清器及管路阀门，清洗灌浆泵、搅拌机及所有沾有水泥浆的设备和附件。

(3)压浆注意事项

①严格掌握材料配合比，各种原材料的配比误差不能超过1%。

②灌浆时应选用牢固结实的高强度橡胶管，在有压力时不易破裂。

③灰浆进入灌浆泵之前应通过1.2mm的筛子。

④真空泵的放置宜低于整条管道，启动时先将连接真空泵的水阀打开，然后开泵；关泵时先关水阀，后停泵。

⑤浆液自拌制完成至压入孔道的延续时间不宜超过40min，且在使用前和压注过程中应连续搅拌，对因延迟使用所致流动度降低的水泥浆，不得通过额外加水增加其流动度。

(4)封锚施工

压浆完成后,及时进行封锚混凝土施工。封锚施工时,先对钢套管壁及槽口进行清理,然后填塞混凝土,封锚混凝土的强度应符合设计要求。

5.7.8　斜拉索三次张拉施工

对于 1 ~5 号块,在完成梁块预应力张拉后,应利用卷扬机及时安装本梁块的锚固用索。完成斜拉索的成桥索力张拉后,拆除挂篮辅助索。

根据设计说明,斜拉索张拉统一采取梁端单端张拉。每根索需两次张拉。张拉过程中索塔顺桥向两侧的拉索和横桥向对称的拉索须对称同步张拉,同步张拉的不同步索力差值不超出设计规定值。两侧不对称或设计索力不同的拉索,按照设计规定的索力分级同步张拉,各个千斤顶同步索力之差不大于油表读数的最小分格,索力中值误差小于 ±2%。张拉用千斤顶均按两套准备,油压表应选用精度 1.5 级的标准油压表。千斤顶、油泵和油压表在使用前均应配套标定,绘出标定曲线,并配套使用。

张拉设备的标定、校准、保养应按有关规定执行。张拉斜拉索用千斤顶必须配备经过校核的测力传感器(压力环),并与施工控制部门的索力仪测量结果校核。正常情况下,每施工四对斜拉索,必须对张拉千斤顶以及传感器进行标定,并测量一次索塔塔顶偏位;施工到第 10 对及第 20 对斜拉索时采用频谱仪等仪器对索力仪等进行现场校核。斜拉索张拉时,须对称于主塔桥纵横轴线平衡施工,且应严格按设计规定的程序进行。具体施工控制按施工监控细则要求执行。

5.7.9　挂篮移机施工

(1)受力体系转换

待混凝土等强并完成预应力张拉压浆施工后,利用主纵梁牵索机构上千斤顶微张拉斜拉索,同时锚紧锚杯上锚固螺母,从而将斜拉索锚固端从牵索主纵梁转换到已浇筑箱梁上,实现受力体系转换。拆除斜拉索接长杆、止推斜拉杆及主纵梁尾部后锚杆。

(2)底篮下放

利用液压千斤顶在辅助主梁支点处的顶推滚轮组后方顶起辅助主梁,人工将位于辅助主梁前部的顶推滚轮组前移一个梁块并锚固好。卸压液压千斤顶,并将其重新安放于刚移走的顶推滚轮组原位置的前方,顶升辅助主梁,人工将辅助主梁后部的顶推滚轮组前移一个梁块并完成锚固,卸压液压千斤顶。前移辅助主梁滚轮箱示意如图 5-7-22 所示。

安装好下行走系统中主纵梁及次纵梁滚轮架,在底篮后锚及辅助主梁前吊带处,采用反力梁法,利用千斤顶逐步下放底篮 35cm,至主纵梁及次纵梁托放于滚轮架内滚轮上,保持底篮前部呈上扬趋势。待检查确认各滚轮架均合理受力后拆除底篮后锚吊杆,完成下行走移机前准备工作。底篮整体下放如图 5-7-23 所示。

拆除辅助主梁尾部的后锚吊杆,待辅助主梁尾部的上端靠紧固定式顶推滚轮组滚轮后安装好液压缸的顶推销,完成上行走移机前准备工作。

(3)移机前行

利用油漆在两条辅助主梁上画好刻度后,启动液压缸的油泵,逐步向前顶升辅助主梁。在液压缸完成一个前移行程后，拆除液压缸与辅助主梁连接处的顶推销，回缩液压缸至辅助主梁下合适的销孔位处，安装好顶推销，继续顶推前移。如此反复直至挂篮完成一个梁块的前移。挂篮前移示意如图 5-7-24 所示。

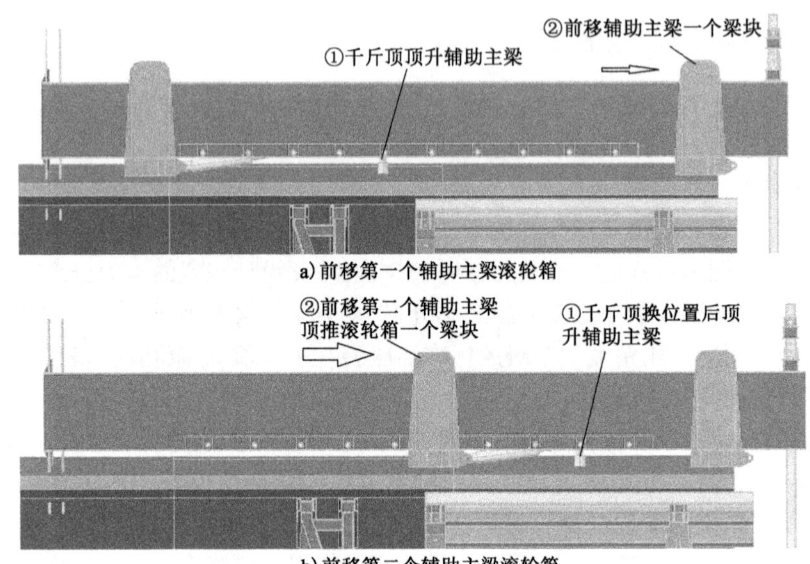

图 5-7-22　前移辅助主梁滚轮箱示意图

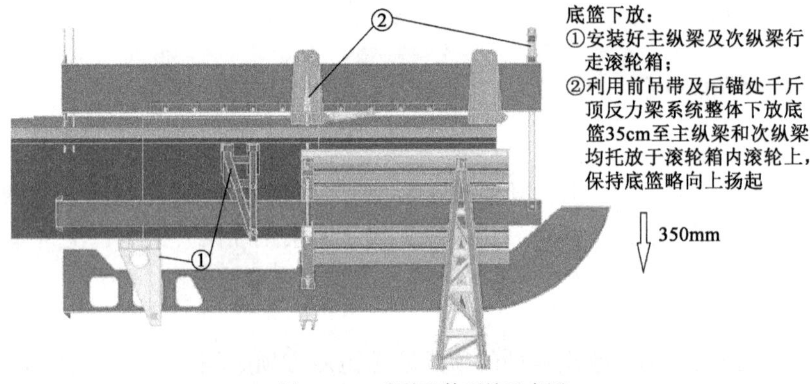

图 5-7-23　底篮整体下放示意图

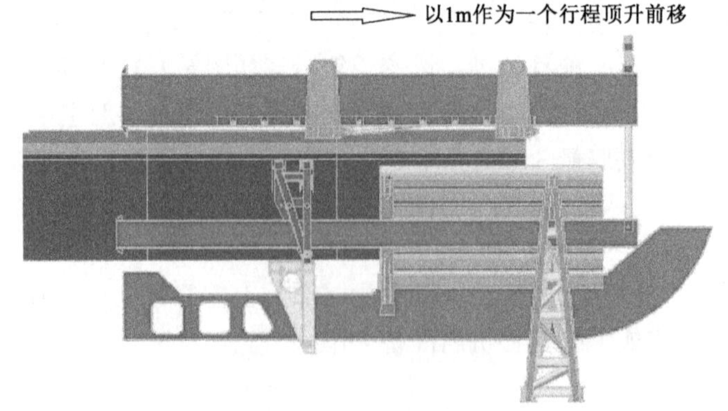

图 5-7-24　挂篮前移示意图

移机过程中两条辅助主梁处须安排专人观测两条辅助主梁的前移刻度值是否相近，若发现偏差，应立即通知现场指挥员及时调整。挂篮移机作业必须定人定岗，在挂篮行走到设计位置前须细心操作，以保证挂篮的准确就位及施工安全。

行走注意事项：

①应制定详细的挂篮行走实施性施工方案，合理安排、调度人力和设备资源，确保挂篮行走安全。

②挂篮中所应用的精轧螺纹钢筋必须进行检验试验和试拉，合格后方可用。

③挂篮要设计安全操作通道，两侧翼缘板、底篮纵梁下方必须悬挂安全网，以防坠落。

④挂篮必须在相应施工块段混凝土浇筑完成，张拉预应力束达到设计张拉强度并压浆后，方可行走。

⑤行走过程中注意检查挂篮各构件受力情况，尤其注意检查下行走系统和辅助主梁下部受力情况，如出现异常情况，立刻停止行走，查明情况并整改后，方可行走。

⑥行走前必须对挂篮行走系统、行走吊带销等进行全部检查验收，验收合格后方能行走。

⑦行走时必须对挂篮每个主桁架后部设置防挂篮自动向前行走的保险装置（可用手拉葫芦来控制自动向前行走），必须采取边行走、边松弛的办法。

⑧行走时必须在前支腿位置设置行走限位装置，防止挂篮行走过快。

⑨行走过程中，注意保持两条辅助主梁同步行走，同时保证一个墩两侧挂篮同步行走。

第6章　潮连西江桥主梁施工技术

6.1　工 程 概 况

6.1.1　箱梁布置及构造

潮连西江桥主梁采用大悬臂单箱五室预应力混凝土箱梁，主梁全长659.02m，采用C55混凝土。主桥最大悬臂长度158.5m，共分25个节段，标准节段长6m。其中1～4号块为过渡段，5～24号块为标准段，25号块为合龙段。箱梁的基本参数见表6-1-1、表6-1-2。

主墩边跨箱梁参数表　　表6-1-1

梁段号	1	2	3	4	5～17	18	19～24	25
梁段体积(m^3)	254	240.4	226.7	216.1	211.5	291.3	211.5	58.2
梁段重量(kN)	6795	6432	6065	5781	5658	7793	5658	1557

主墩中跨箱梁参数表　　表6-1-2

梁段号	1	2	3	4	5～24	25
梁段体积(m^3)	254	240.4	226.7	216.1	211.5	43.7
梁段重量(kN)	6795	6432	6065	5781	5658	1170

标准块箱梁的主要参数如下：

(1)箱梁宽：顶板40.8m，底板21.6m。

(2)梁高：箱梁中心线处为4.0m。

(3)箱梁顶板厚度：中间室的桥面板厚50cm，其他四个室的桥面板厚28cm。

(4)箱梁腹板厚度：边腹板厚25cm，中腹板厚40cm。

(5)底板、斜底板厚度：底板及斜底板厚26cm。

主梁标准横断面见图6-1-1。

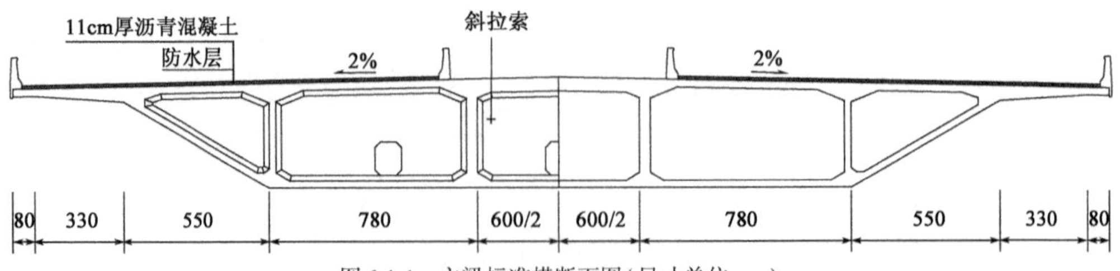

图6-1-1　主梁标准横断面图(尺寸单位：cm)

箱梁纵向通长钢筋顶板采用直径22mm钢筋，底板采用直径16mm、22mm钢筋，钢筋间距均为12.5cm；斜拉索锚块局部受力较大，采用直径25mm钢筋，钢筋间距12cm；横隔板横向、纵向均采用直径 22mm 钢筋；人洞位置设置补强钢筋。为防止张拉预应力造成齿板混凝土开裂，在预应力弯曲部分设置间距 12cm、直径 16mm 的防崩钢筋。

箱梁采用纵向、横向和竖向预应力钢束，形成三向预应力混凝土结构。

(1)纵向预应力钢束

纵向预应力钢束按钢束所属梁段进行分类，包括标准梁段通长束、其他梁段附加束和合龙段的合龙钢束，主梁纵向预应力均采用 ϕ_s15-22 高强度预应力钢绞线。

(2)横向预应力钢束

横向预应力钢束分为桥面板横向预应力钢束和横隔板横向预应力钢束。桥面板横向预应力钢束采用 ϕ_s15-4 高强度预应力钢绞线；横隔板横向预应力钢束采用 ϕ_s15-22 高强度预应力钢绞线。

(3)竖向预应力钢束

箱梁竖向预应力钢束采用 ϕ_s15-3 高强度预应力钢绞线。

6.1.2　斜拉索概述

潮连西江特大桥索塔总高度为 107.928m，桥面以上高度为 81.107m，采用 C50 混凝土。斜拉索顺桥向为辐射型布置，横桥向为中央双索面，索面不呈平面形式，采用空间索面形式。斜拉索采用热挤聚乙烯高强度钢丝拉索，根据索力的不同，采用 PES7-283、PES7-301、PES7-313、PES7-337、PES7-349、PES7-367、PES7-439 七种规格，全桥共设 192(8×24)根斜拉索，最长索长约 174.539m，单根最大重量为 183.3kN。标准梁段斜拉索在梁端的顺桥向索距为 6m，横桥向索距均为 4.6m。潮连西江特大桥采用斜拉箱塔端张拉方式。

6.1.3　气象条件

工程所在地属亚热带季风气候，历年平均温度为 21.8℃。本地全年最热月为 7 月，日均温度为 28.4℃；最冷月为 1 月，日均温度为 13.2℃。台风是该地区影响工程最严重的灾害性天气，台风侵扰多在 7～9 月。

潮连西江桥位于西江水道，属于西江干流；桥位处江面宽约 430m，水深 6～10.5m，水流平缓，流量丰富，河水一日两涨两落，潮差为 1～2m。河流汛期为每年 5～10 月。水流最大流速可达 3m/s，最大流速发生在涨落潮过程中；设计洪水位为 +6.014m。

6.2　施工概述

6.2.1　主要施工设备的选型及布置

1)起重设备

箱梁施工时配置 QTZ160(起重力矩 1600kN·m)塔吊 1 台，用于钢筋、钢绞线等材料上桥面；配置 16t 汽车吊一台，用于钢筋及模板的安装。

QTZ160 塔吊技术性能参数见表 4-2-1，其起重性能参数见表 4-2-2。

2)混凝土生产、运输设备

(1)混凝土生产及泵送设备

箱梁混凝土由搅拌站集中供料,搅拌站共配备2台100m³/h搅拌机,每台搅拌机实际生产能力为60m³/h。能满足箱梁最大浇筑方量节段的混凝土供应。

箱梁混凝土输送设备为2台BSA2109HD地泵,地泵摆放在施工平台上。混凝土由混凝土运输车运送到施工平台后,由地泵泵送至桥面。桥面混凝土的对称、均布浇筑由两台布料机来实现。BSA2019HD地泵主要性能参数详见表6-2-1。

BSA2109HD 地泵主要性能参数表 表6-2-1

理论混凝土输送量(m³/h)	57/95	功率(kW)	200
理论混凝土输出压力(MPa)	9.1/15.2	混凝土坍落度(mm)	80~230
主油缸直径×行程(mm)	ϕ200×2100	理论泵送高度(m)	150m以上
冲程次数(次/min)	15/24		

(2)混凝土泵管

混凝土泵管选用高压泵管,泵管沿桥面中线呈一条线布设至浇筑地点。泵管布设时,水平管每隔3m垫枕木。

3)通水、通电管线布置

箱梁施工电缆及养护用水管先用塔吊拉设至桥面,再沿桥面中线纵向延伸。

6.2.2 施工工艺流程

(1)总体施工工艺

潮连西江桥主梁悬臂浇筑采用菱形挂篮施工,主梁悬臂浇筑总体施工工艺流程见图6-2-1。辅助墩施工时应留3m高,挂篮通过辅助墩后,再施工墩身,安装支座,辅助墩顶的主梁横隔板与墩身通过竖向精轧螺纹钢筋固定,变双悬臂状态为单悬臂状态。

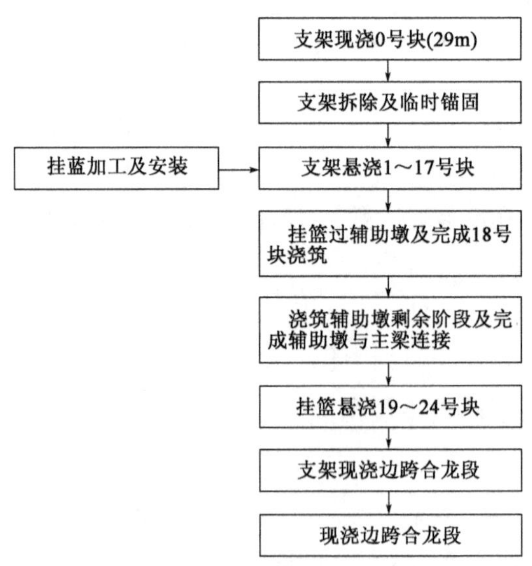

图6-2-1 主梁悬臂浇筑总体施工工艺流程图

(2)标准段主梁施工工艺

主梁标准段悬臂浇筑施工工艺流程如图6-2-2所示。

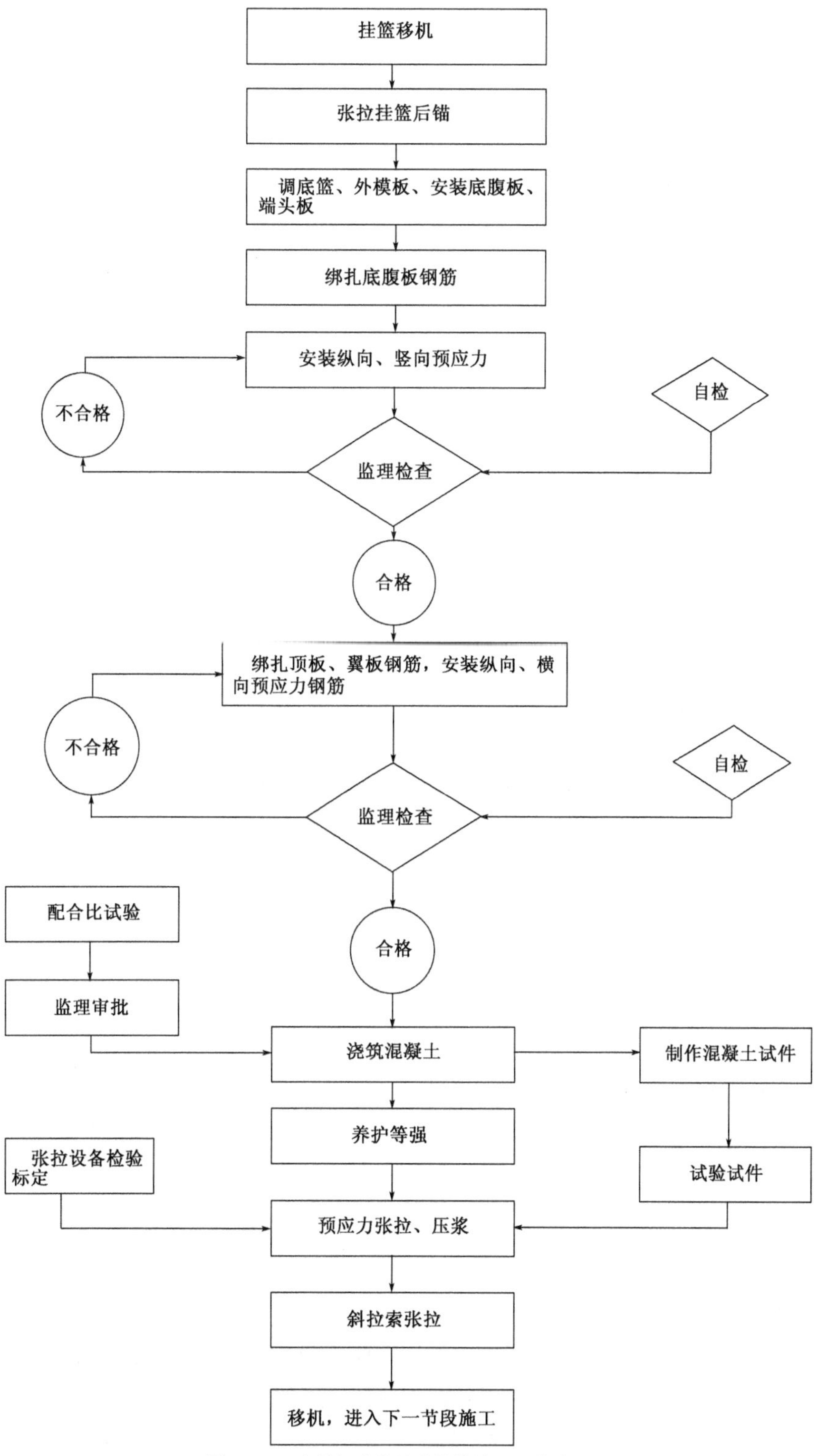

图 6-2-2　主梁标准段悬臂浇筑施工工艺流程图

标准段主梁悬浇长度为6m,构件混凝土体积为211.5m^3,施工时采用全断面一次性浇筑。挂篮就位后,首先应对空挂篮调整立模板高程。斜拉索张拉时,通过索力调整主桥线形。施工期间的索力调整属施工监控范畴,牵引力应在索力容许范围内,以控制主梁端位移为主,设计图纸中的立模板高程未考虑支架、挂篮、爬架的变形,施工中以监控小组提供的数据为准。

6.2.3 施工关键点及保证措施

对称悬臂浇筑施工是施工关键点:无论在浇筑阶段、挂篮移动或拆除阶段,均需保持对称平衡施工,容许不对称重量不得大于一个梁段的底板自重。在大风季节特别需要注意单“T”的稳定性,必要时采取相关措施,确保单“T”的稳定。

预应力施工:预应力钢束管道位置必须按所给管道坐标精确定位,必须保证管道平顺,定位钢筋必须保证焊接牢固。

箱梁施工纵面线形控制:根据施工挂篮重量及临时施工荷载等情况计算施工立模版高程。在施工过程中密切监视箱梁高程与计算值之间的差别,并及时分析原因,在下一段作出适当调整。

6.3 挂篮结构简介

挂篮主要由上承重系统、下承重系统、上行走系统、下行走系统、模板、梯子及工作平台组成,总质量约250t,占标准梁段质量(566t)的44%,挂篮总图如图6-3-1所示。

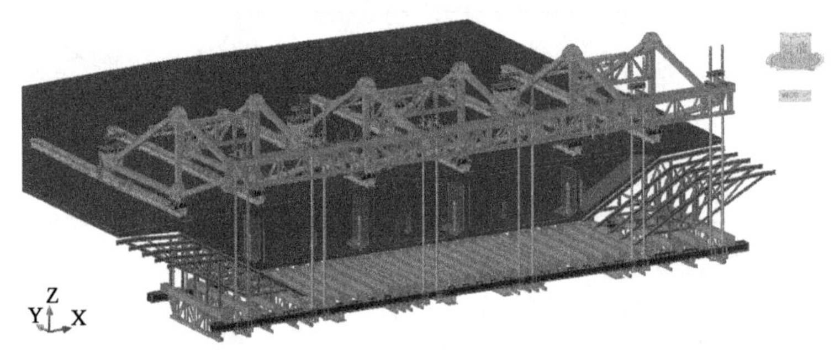

图6-3-1 挂篮总图

6.3.1 上承重系统

上承重系统主要由6片菱形平面桁架(含拉杆、压杆及节点板)、后横联、中横梁、前上横梁、前吊带顶升系统及上后锚系统等组成。上承重系统示意如图6-3-2所示。

菱形桁架由拉杆、压杆以及节点板等组成,分主桁A、主桁B、主桁C三种类型,通过横联连接两片菱形桁架组成空间桁架。桁架各杆件受力明确,且迎风面积减小,增加了抗风力,也增大了桁架可操作的空间。菱形桁架结构如图6-3-3所示。

前吊带顶升系统主要包括吊带、钢销、顶升千斤顶、顶升梁(扁担梁)、承压梁等。挂篮顶升系统的主要受力部件为主吊带,主吊带采用δ40mm厚度的16Mn钢板带拼接而成;通过千斤顶调整吊带的高度,从而使底篮高度达到设计高度,满足箱梁线形的变化。前吊带顶升系统结构示意如图6-3-4所示。

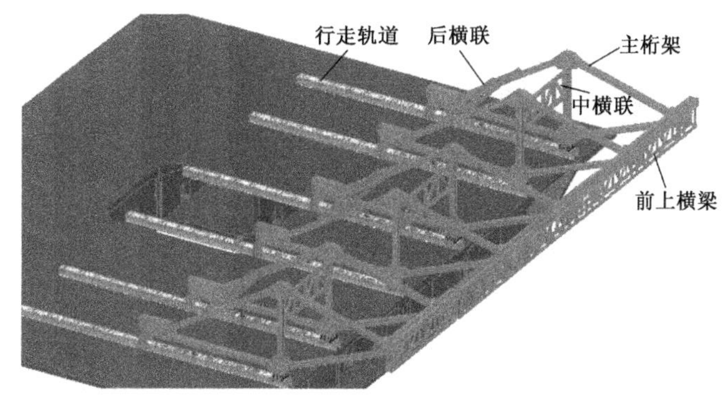

图 6-3-2　上承重系统示意图

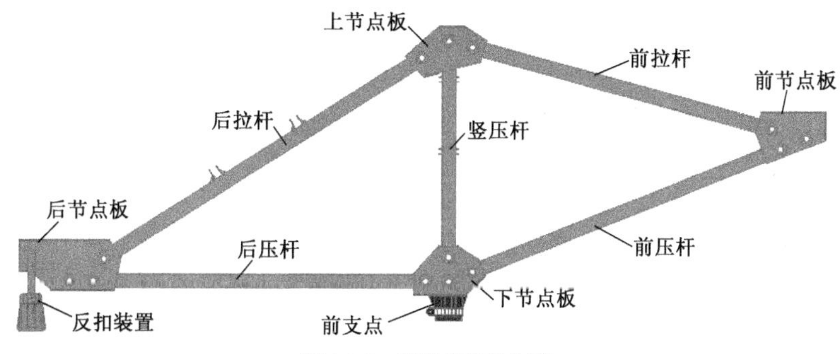

图 6-3-3　菱形桁架结构图

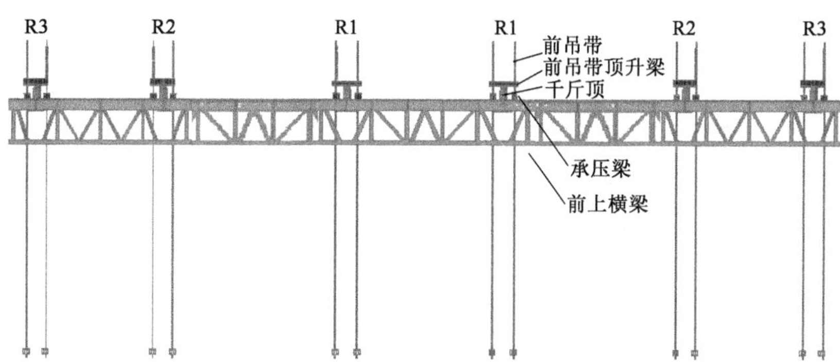

图 6-3-4　前吊带顶升系统结构示意图

上后锚系统是整个挂篮的平衡装置，通过锚固系统锚固防止其倾覆。锚固系统包括主桁锚固系统及轨道锚固系统，主桁锚固系统由后锚反扣装置、锚压梁及锚杆等组成；轨道锚固系统由锚压梁（扁担梁）、锚杆等组成。通过轨道锚固系统将轨道固定在已浇梁段上，然后通过后锚锚固系统反扣锚固在轨道上，从而提供整个挂篮的倾覆平衡力，以保证挂篮的稳定性。

6.3.2　下承重系统

下承重系统主要包括底篮和下后锚点。底篮由前下横梁、后下横梁、中腹板桁架纵梁、底板纵梁、外模桁架、施工过道等组成。前、后下横梁采用 2HM482 × 300 × 11 × 15，中腹板桁架纵梁上弦杆采用 HM482 × 300 × 11 × 15，下弦杆采用[16a，腹杆采用[10a，底板纵梁 HM482 × 300 × 11 × 15，外模桁架采用[20a、[16a、[12.6 组焊而成。底篮系统结构示意如图 6-3-5 所示。

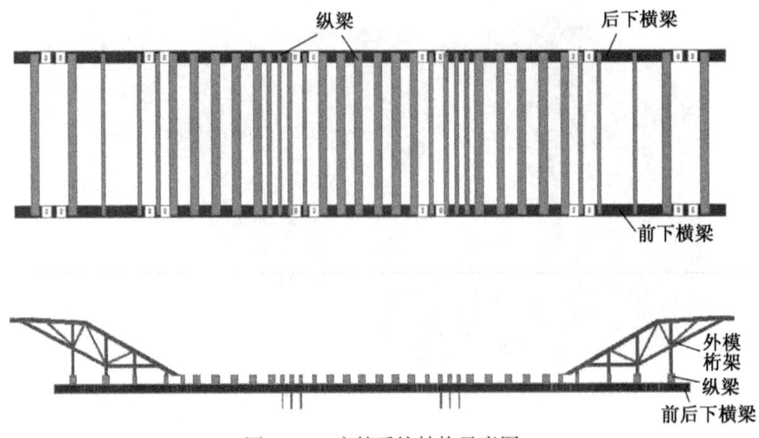

图 6-3-5　底篮系统结构示意图

下后锚点由后吊带、钢销、承压梁及顶升梁组成。后吊带采用 δ40mm 厚度的 16Mn 钢板带拼接而成;除了提供后锚力外,还通过千斤顶调整后吊带的高度,从而使底篮和底模板尾部贴紧已浇梁段梁底,高度达到设计高度,满足箱梁线形的变化,防止梁段间出现错台。

6.3.3　行走系统

行走系统包括上行走系统和下行走系统。

上行走系统主要由行走轨道,行走液压缸、前支点支座、反扣装置等组成。轨道由两条[40型钢制作,在轨道移到位的情况下通过行走液压缸提供行走动力,由液压缸推着前支点支座在轨道上滑移,移动过程中靠后锚反扣装置提供抗倾覆力矩;轨道的移动也是靠液压缸提供动力的。在轨道上开有一系列销孔,当液压缸走过一个行程后,通过拆装液压缸顶推座移动下一个行程移到最终位置。利用液压缸作为动力提高了移动的速度,同时也减轻了劳动强度。

下行走系统主要由移机导梁和导梁吊架组成,挂篮移机前底篮以移机导梁作为承重梁落在吊架的滚轴上,吊架作为导梁的后支点,挂篮移机时前吊带带动底篮前移。行走系统结构示意如图 6-3-6 所示。

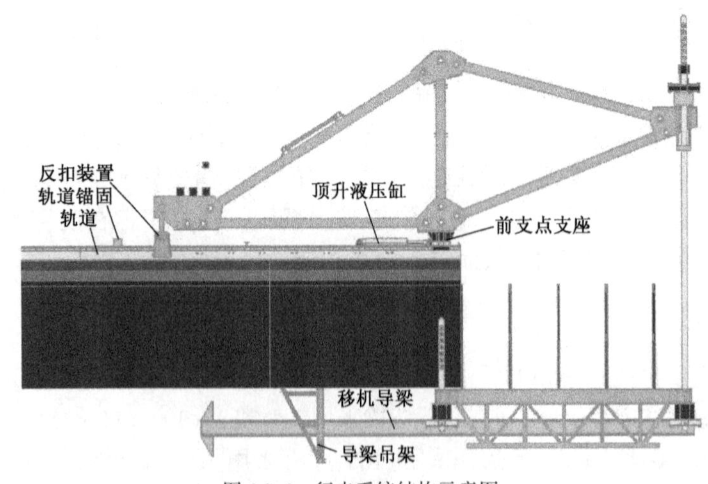

图 6-3-6　行走系统结构示意图

6.3.4 模板系统

模板系统主要由底模板、外侧模板、内模板及内模板支架和端模板组成。

(1)底模板

底模板设计采用标准8cm组合钢模板拼装,底模板直接支撑在底篮的纵梁上,因此不需另设龙骨。

(2)外侧模板

外侧模板采用大块钢模板组拼,以利于混凝土外观质量。外侧模板横肋为双拼[10槽钢,间距为100cm;外侧模板竖肋为劲性弦杆桁架支撑,通过计算采用[20a、[16a、[12.6组焊的桁架,间距为150cm。整个外侧模板通过翼板桁架支撑在挂篮底篮纵梁上,模板在移机后通过调整吊带来调整外侧模板的高程,以达到设计值。

(3)内模板

由于1~4号块段箱梁腹板厚度有变化,导致内箱室尺寸发生变化,此4个块段箱梁内模板采用木模板,顶板模板采用20mm厚胶合板+横肋10×12cm方木+纵肋10×12cm方木,内侧模板和横隔板采用16mm厚胶合板+纵肋10×12cm方木+横肋双拼[10槽钢,内模板采用钢管支架对顶。

5~24号块段为标准块段,内模板采用小块标准钢模板组合,螺栓连接,安装2[10龙骨并固定,在该龙骨上搭设顶板支架,铺设顶板模板(组合钢模板)。

(4)端模板

端模板采用钢模板,根据箱梁截面形式及钢筋位置、波纹管位置制作。

6.3.5 梯子及工作平台

为了便于施工,在底篮的左右两侧及前端设置工作平台设安全护栏,底篮左右两侧工作平台利用翼板桁架下的前、后下横梁段作为承重梁,其上焊接[12槽钢作为分配梁,再在上面铺标准走道板,在外边缘每隔2m焊一条高1.2m的ϕ48的圆管作为竖杆,然后用两条ϕ30的圆管连接成安全护栏。前方工作平台利用伸出底模部分小纵梁,在其上铺标准走道板,在纵梁末端焊接与侧边相同的安全护栏。

6.4 挂篮计算

潮连西江桥悬臂浇筑共计24块段,1~4号块为过渡段,最重块1号块重679.5t,254m^3;5~24号块为标准块,重565.8t,211.5m^3。桥箱梁均采用单箱五室预应力混凝土结构,C55混凝土,标准梁端各参数表现相同。箱梁全断面宽41m,两侧翼板悬臂各9.6m,底板宽21.6m,中心梁高4m,单节箱梁长6m。标准梁段中室顶板厚50cm,其余室顶板厚28cm,底板厚度均为26cm,锚固斜拉索的中腹板厚40cm,边腹板厚25cm,斜腹板厚26cm。在斜拉索锚固处设置横隔板,间距为6m,横隔板厚度为50cm。

标准节段箱梁梁宽40.8m,斜拉索锚固点间距为4.6m,中央索面箱梁横向悬臂达18.1m。

1~4号梁段为过渡段,5~24号梁段为标准梁段,斜拉索横向偏角由1号块的74.348°变化至4号块的84.203°,再变化至24号的88.706°,变化幅度达14.358°,横向索距单侧变化幅度达58.8cm。

所以结合潮连西江桥箱梁及斜拉索特点,挂篮采用菱形后支点挂篮形式。

6.4.1 计算荷载的确立

根据最不利情况,计算取B1节段进行验算。根据施工要求,挂篮的承载力必须大于6795kN,并具有一定的安全系数;空载挂篮(含模板)控制重量为最大重量待浇筑混凝土块件重的0.3~0.5倍。荷载及荷载增大系数根据《公路桥涵施工技术规范》(JTG/T F50—2011)要求确定,荷载及荷载增大系数取值如下:

静荷载增大系数,取1.2;

施工机具及人群荷载,取1.5kPa(验算模板按2.5kPa计);荷载增大系数,取1.4;

施工振捣力:水平向2kPa,侧向4kPa;动荷载增大系数,取1.4;

$V_T = l/500$,允许最大变形(包括吊带变形的总和)为20mm。

说明:

①施工机具、人群荷载和施工振捣荷载(统称为施工荷载)计算按竖直方向共取2.5kPa,模板计算另作考虑。

②按极限应力法设计,强度验算考虑全部标准荷载及荷载增大系数;刚度验算及抗倾覆稳定性验算不考虑荷载增大系数,仅按混凝土、模板及挂篮自重考虑。

主梁节段施工荷载见表6-4-1。

主梁节段施工荷载统计 表6-4-1

序号	荷载名称	数量	单位	单重(kN)	自重荷载(kN)	备注
G1	B1号块	1	节	6794.5	6794.5	254m^3
G2	6m标准节段混凝土	1	节	5658	5658	211.5m^3
G3	外模板(底模板)	140.4	m^2	0.75	105.3	
G4	外模板(侧模板)	141.2	m^2	0.75	105.9	
G5	内模板	363.9	m^2	0.79	287	含水管架
G6	施工平台	100	m^2	0.7	70	
G7	横隔板内模板	166.1	m^2	0.72	120	
G8	人员机具	30		0.6	18	
合计				ΣG_i	7500.7	最重

对于B1块,其末断面Q与初断面R分块如图6-4-1所示。

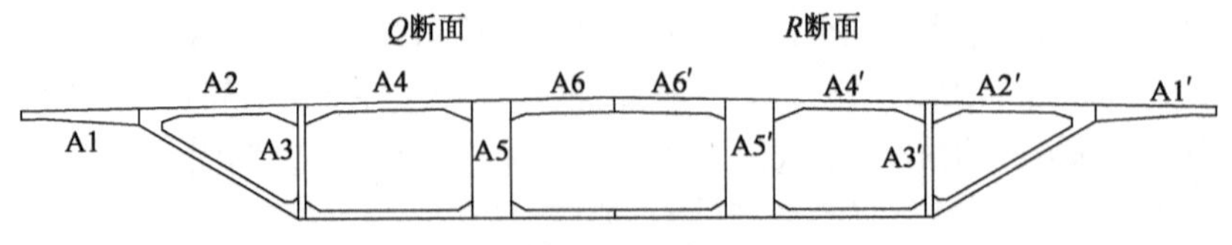

图6-4-1 潮连西江桥B1号块断面分块图

从图6-4-1中可以看出,B1块在从R断面到Q断面变化过程中,A1、A2及A3块面积均保持不变，A4 块断面面积变大，A5 及 A6 块断面面积均变小。潮连西江桥 B1 块底篮纵梁布置如图 6-4-2 所示。

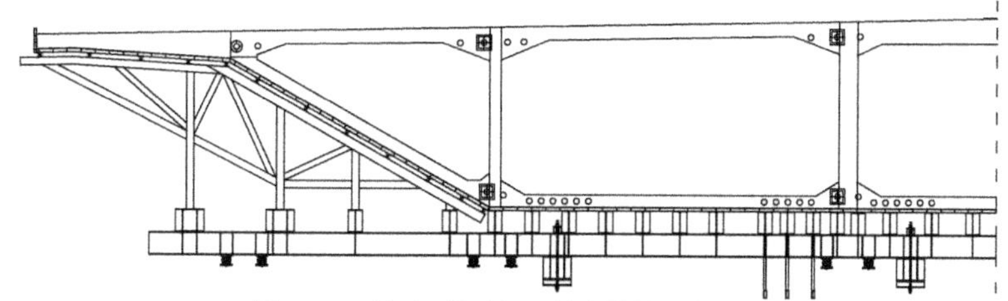

图 6-4-2 潮连西江桥 B1 块底篮纵梁布置图

挂篮布置中，纵梁长度为 8m，待浇筑箱梁后端面距纵梁后锚点间距为 0.6m，底板模板与已浇筑块重叠 0.3m，前部伸出 0.2m。建立受力模型，纵梁受力如图 6-4-3 所示。

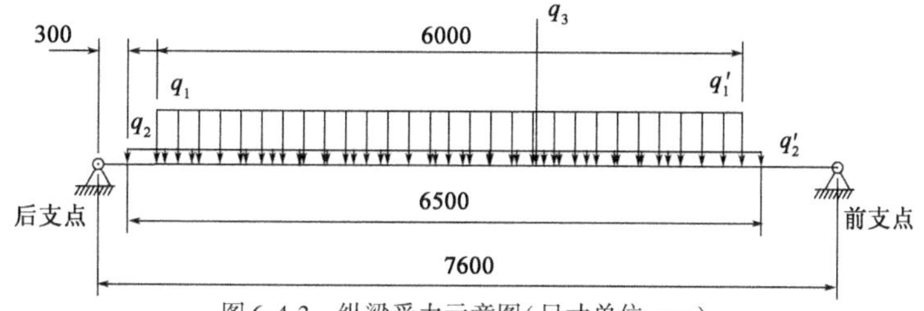

图 6-4-3 纵梁受力示意图（尺寸单位：mm）

A1 块及 A2 块下纵梁承受的荷载见表 6-4-2，A3 ~ A6 块下纵梁承受的荷载见表 6-4-3 ~ 表 6-4-6，汇总表见表 6-4-7。

A1 及 A2 块下纵梁承受的荷载表（翼板斜腹板下桁架片） 表 6-4-2

位置	翼板下均布力（kN/m）分布长度 4.1m			斜腹板下均布力（kN/m）分布长度 6.3m		
	100% 混凝土自重荷载 q_t	模板荷载 q_2	施工荷载 q_s	100% 混凝土自重荷载 q_t	模板荷载 q_2	施工荷载 q_s
桁架片①	5.5 ~ 10.8	1.0	3	11.5	2.6	2.6
桁架片②	10.9 ~ 21.5	1.0	3	31.9	4	2.6
桁架片③	10.9 ~ 21.5	1.0	3	29.8	3.4	2.6
桁架片④	10.9 ~ 21.5	1.0	3	23	2.6	2.6
桁架片⑤	5.5 ~ 10.8	1.0	3	11.5	2.6	2.6

A3 块下纵梁承受的荷载表 表 6-4-3

纵梁位置	实际荷载（kN/m）		
	100% 混凝土自重荷载 q_t	施工荷载 q_s	模板荷载 q_2
纵梁 1	24.44	0.63	0.19

A4 块下纵梁承受的荷载表 表 6-4-4

纵梁位置	实际荷载						
	100% 混凝土自重荷载 q_t			施工荷载 q_s	模板荷载 q_2		
荷载位置	顶底板（kN/m）		横隔板（kN）	顶底板（kN/m）	顶底板（kN/m）		横隔板（kN）
断面	R	Q	$R-Q$	$R-Q$	R	Q	$R-Q$
纵梁	14.5	15.8	31.8	2.3	2.4	2.6	4.6

A5 块下纵梁承受的荷载表　　表 6-4-5

<table>
<tr><td rowspan="2">纵梁位置</td><td colspan="5">实际荷载</td></tr>
<tr><td colspan="2">100%混凝土自重荷载 q_t</td><td>施工荷载 q_s</td><td colspan="2">模板荷载 q_2</td></tr>
<tr><td>荷载位置</td><td colspan="2">顶底板(kN/m)</td><td>顶底板(kN/m)</td><td colspan="2">顶底板(kN/m)</td></tr>
<tr><td>断面</td><td>R</td><td>Q</td><td>$R-Q$</td><td>R</td><td>Q</td></tr>
<tr><td>纵梁</td><td>55.7</td><td>44.0</td><td>1.2</td><td>0.4</td><td>0.3</td></tr>
</table>

A6 块下纵梁承受的荷载表　　表 6-4-6

<table>
<tr><td rowspan="2">纵梁位置</td><td colspan="7">实际荷载</td></tr>
<tr><td colspan="3">100%混凝土自重荷载 q_t</td><td>施工荷载 q_s</td><td colspan="3">模板荷载 q_2</td></tr>
<tr><td>荷载位置</td><td colspan="2">顶底板(kN/m)</td><td>横隔板(kN)</td><td>顶底板(kN/m)</td><td colspan="2">顶底板(kN/m)</td><td>横隔板(kN)</td></tr>
<tr><td>断面</td><td>R</td><td>Q</td><td>$R-Q$</td><td>$R-Q$</td><td>R</td><td>Q</td><td>$R-Q$</td></tr>
<tr><td>纵梁</td><td>19.3</td><td>18.3</td><td>38.6</td><td>2.2</td><td>2.4</td><td>2.3</td><td>4.5</td></tr>
</table>

浇筑混凝土 100%荷载下纵梁受力情况汇总表　　表 6-4-7

<table>
<tr><td colspan="3">部　位</td><td>A6 块</td><td>A5 块</td><td>A4 块</td><td>A3 块</td><td colspan="4">A1 块、A2 块</td></tr>
<tr><td>项目</td><td colspan="2">工况</td><td>型钢纵梁 5 条</td><td>中室腹板纵梁 3 条</td><td>次中室底板纵梁 6 条</td><td>次中室腹板纵梁 1 条</td><td>边室纵梁 4 条</td><td>边室纵梁 3 条</td><td>边室纵梁 2 条</td><td>翼板纵梁 1 条</td></tr>
<tr><td rowspan="4">支反力(kN)</td><td rowspan="2">强度</td><td>前部</td><td>117.7</td><td>175.3</td><td>102.9</td><td>92.3</td><td>132</td><td>124.4</td><td>266.2</td><td>254.5</td></tr>
<tr><td>后部</td><td>116.9</td><td>211.8</td><td>98.6</td><td>100.7</td><td>144.5</td><td>104.5</td><td>285.8</td><td>286.3</td></tr>
<tr><td rowspan="2">纯混凝土</td><td>前部</td><td>76.6</td><td>135.2</td><td>63.2</td><td>69.7</td><td>86.2</td><td>78</td><td>154.2</td><td>138.9</td></tr>
<tr><td>后部</td><td>74.9</td><td>164</td><td>59.3</td><td>76.9</td><td>93.8</td><td>65</td><td>164.2</td><td>156.2</td></tr>
<tr><td>弯应力(MPa)</td><td colspan="2">强度</td><td>96.2</td><td>53.8</td><td>100.1</td><td>96.2</td><td>117.1</td><td>117.3</td><td>122.2</td><td>124.5</td></tr>
<tr><td>剪应力(MPa)</td><td colspan="2">强度</td><td>23.4</td><td>42.2</td><td>20.5</td><td>20.0</td><td>28.8</td><td>24.8</td><td>30.1</td><td>30.1</td></tr>
<tr><td rowspan="2">变形(mm)</td><td colspan="2">强度</td><td>2.3</td><td>5.4</td><td>3.2</td><td>2.6</td><td>6.4</td><td>7.1</td><td>7.6</td><td>7.6</td></tr>
<tr><td colspan="2">纯混凝土</td><td>1.6</td><td>5</td><td>2.3</td><td>2.4</td><td>5.6</td><td>5</td><td>5</td><td>4.9</td></tr>
</table>

6.4.2 移机工况

移机工况分移机初始及移机完成两个状态进行建模求解，移机按 2 倍抗倾覆系数进行验算。底篮下采用两组双拼 HM482×300 型钢作导梁，长 15.5m。导梁前支点通过 40Cr 吊杆与前横梁连接，后支点考虑采用吊架吊挂，导梁可在后支点吊架上滑动。前下横梁由位于主桁 B 和主桁 C 处的 4 根吊带吊住移动。

荷载考虑：1.2×挂篮自重+1.2×模板自重。则：

①移机初始状态：当底篮初始移机时，底篮后吊点(即导梁吊架)尚位于导梁中部，此时导梁吊架受力最大。

②移机完成状态：当底篮走行距离最大时，移机过程基本完成，即后部吊点(即导梁吊架)位于导梁尾部时，底篮次纵梁承受最大弯应力，受力最不利，同时底篮重量靠近于底篮前部，前

部吊带承受的力最大。

1)下行走系统

(1)底篮整体受力验算

整个底篮受力、变形情况如图6-4-4～图6-4-7所示,移机状态挂篮底篮各部分受力情况见表6-4-8。

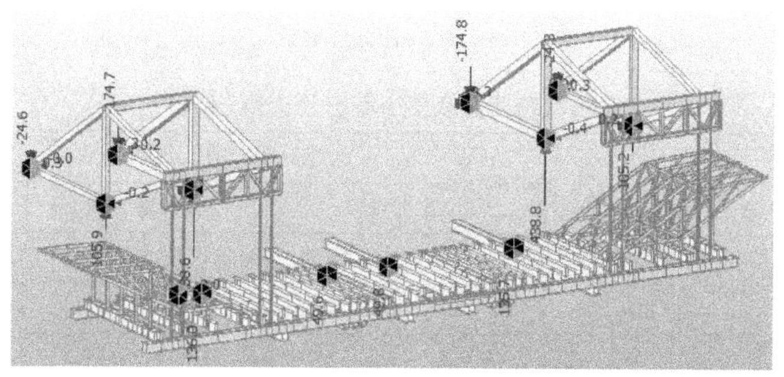

a)初始状态

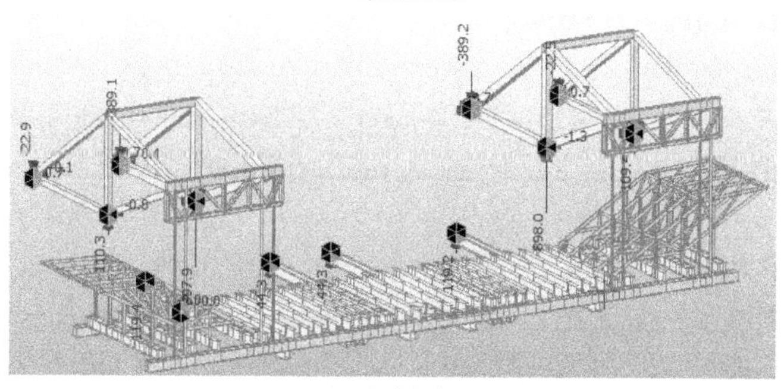

b)完成状态

图6-4-4 底篮支反力图

a)初始状态

b)完成状态

图6-4-5 底篮正应力图

a)初始状态

b)完成状态

图6-4-6 底篮剪应力图

图 6-4-7　底篮变形图

移机状态挂篮底篮各部分受力表(kN)　　表 6-4-8

状　态	支反力			
	前吊点 1	前吊点 2	滚轮箱后锚 1	滚轮箱后锚 2
移机初始	68.2/23.9	11.3/241.8	136	49.8
移机完成	67.6/48.2	30.3/363.1	119.4	44.3

正应力：$\tau_{max}=170\text{MPa}<215\text{MPa}$；

剪应力：$\tau_{max}=28.4\text{MPa}<115\text{MPa}$。

变形：

导梁最大变形 $\delta_{max}=41.8-14.5=27.3(\text{mm})<L/400=15500/400=38.8(\text{mm})$；

下横梁最大变形 $\delta_{max}=63.8-14.5=49.3(\text{mm})<L/400=20500/400=51.3(\text{mm})$。

均满足要求。

(2)吊架吊杆受力验算

根据滚轮箱吊杆受到的最大拉力为 136kN，吊杆共设置 2 根。荷载不均布系数取 1.5，则单根吊杆最大受力 $F=1.5\times136/2=102(\text{kN})$。采用 40Cr，$[\sigma]=\dfrac{\sigma_s}{1.5}=523\text{MPa}$，取公称直径为 40mm，螺距为 7mm 的梯形螺纹杆，则：

螺纹应力截面面积为：

$A_s=0.7854\times(d-0.9382P)^2=0.7854\times(40-0.9382\times7)^2=878(\text{mm}^2)$

参见《机械设计手册》(第二卷)。

$\sigma=\dfrac{F}{A}=\dfrac{102000}{878}=116(\text{MPa})<[\sigma]=523\text{MPa}$，满足要求。

(3)滚轮箱销轴受力验算

根据滚轮箱销轴承受最大力为 136kN。销轴采用 40Cr 材质，公称直径 $d=40\text{mm}$，有：

$\tau=\dfrac{F}{A}=\dfrac{136000/2}{2\times3.14\times20^2}=27.1(\text{MPa})<490.5/2=245.3(\text{MPa})$，满足要求。

查阅《机械设计手册》(第三卷)，常用滚动轴承的基本尺寸与数据表可知，销轴宜选择 NU2310 圆柱滚子轴承。

(4)主桁前吊带受力验算

根据吊带受力最大为 363.1kN，吊带采用 Q345B 材质，宽为 16cm，厚为 4cm，开孔为直径 8cm，孔距为 20cm，在有销孔处两边各贴 1cm 厚钢板，直径为 12cm。

根据底篮吊带计算可知，363.1kN <499.8kN(浇筑 100% 混凝土时主桁架前吊带最大受

力)，所以移机时前吊带强度满足要求。

2)上行走系统

上行走系统主要包含轨道、轨道锚固、液压系统、反扣装置等。

假设挂篮移至梁块最前端(移机完成状态)，即将倾覆状态，根据底篮荷载和挂篮总体布置图建立 MIDAS 模型，可知反扣装置 $R=389.2\text{kN}$。

(1)轨道受力验算

轨道为双拼[40b 槽钢，腹板厚 12.5mm，截面特性为：

$I_x=18640\text{cm}^4$，$W_x=932\text{cm}^3$，$A=83\text{cm}^2$，$S_{z,\max}^*=564.4\text{cm}^3$；

其中，上面板贴 12mm 的钢板，反扣装置接触面采用 16mm 钢板。由 AutoCAD 建立导轨截面面域，如图 6-4-8 所示。

由 AutoCAD 面域查询得：$I_x=42728650\ 5\text{mm}^4$，$y_{\max}=235\text{mm}$。

将锚固于桥面的轨道作简支梁考虑，当反扣装置移至两锚固点中间位置时，情况最不利，如图 6-4-9 所示。

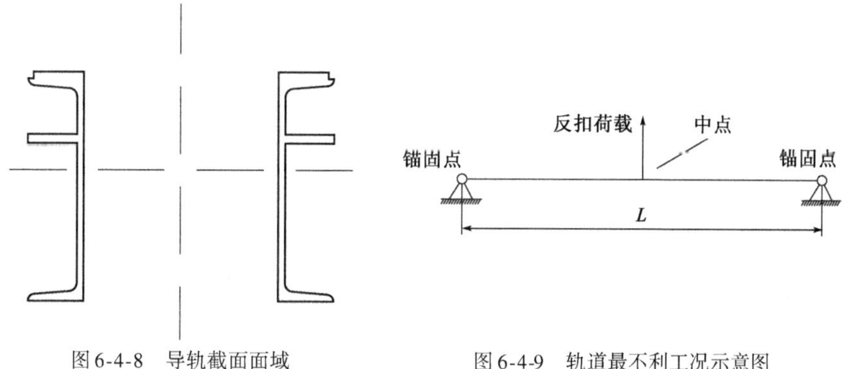

图 6-4-8　导轨截面面域　　图 6-4-9　轨道最不利工况示意图

由条件可知，反扣荷载为 389.2kN，轨道许用应力 $\sigma_{\max}$ 为 170MPa，则：

$$\frac{M_{\max}y_{\max}}{I_x}\leqslant\sigma_{\max}=170\text{MPa}$$

$$\frac{\frac{PL}{4}y_{\max}}{I_x}\leqslant\sigma_{\max}$$

$$L\leqslant\frac{4\sigma_{\max}I_x}{y_{\max}P}=\frac{4\times170\text{MPa}\times427286505\text{mm}^4}{235\text{mm}\times389.2\text{kN}}=3.18\text{m}$$

轨道锚固设计间距 L 取 2m，满足要求。

当锚固间距取 2m 时，计算挠度和剪应力：

$$\tau_{\max}=\frac{QS_{x\max}^*}{2I_xd}=\frac{389.2\times564.4}{2\times18640\times12.5}=47.1(\text{MPa})<110/2=55\text{MPa}$$

故，剪应力满足要求。

挠度：

$$\delta_{\max}=\frac{Pl^3}{48EI}=\frac{389.2\times2^3}{48\times200\times427286505}=0.7\text{mm}<\frac{2000\text{mm}}{500}=4\text{mm}$$

故，挠度满足要求。

(2)反扣装置计算

反扣装置拉杆拟采用2条Q345B材质吊带，宽为16cm、厚为4cm，开孔直径5cm，截面面积A为$8000mm^2$。

①吊带孔边拉应力计算

孔边有应力集中，故按有孔拉板受拉公式计算内侧最大拉应力：

$$\sigma_{拉} = \frac{R\sigma_j}{(b-d)\delta} \leqslant \sigma_s$$

式中，b为吊带的宽度；d为吊带上销孔的孔径；δ为吊带的厚度。

σ_j为应力集中系数，$d/b=0.38$，查表得$\sigma_{j中}=1.5$，$\sigma_{j边}=2.3$。

σ_s为吊带的抗拉强度设计值，吊带的厚度为4cm、6cm，查《钢结构设计规范》(GB 50017—2003)，取$\sigma_s=265MPa$，代入数据：

$$\sigma = \frac{R\sigma_j}{(b-d)\delta} = \frac{389200 \times 1.5}{2 \times (160-50) \times 40} = 44.3(MPa) < \sigma_s/2 = 265/2 = 132.5(MPa)$$

②吊带无孔处拉应力计算

$$\sigma_{中} = \frac{R}{d\delta} = \frac{389200}{2 \times 160 \times 40} = 30.4(MPa) < 132.5MPa$$

满足要求。

③吊带销的抗剪计算

材料选用40Cr，公称直径$d=50mm$，销的抗剪强度：

$$\tau = \frac{Q}{A} = \frac{389200/2}{3.14 \times 25^2} = 99.2(MPa) \leqslant \frac{1}{2}[\tau] = 490.5/2 = 245.3MPa$$

满足要求。

④滚轮销轴抗剪验算

销轴采用40Cr材质，公称直径d为45mm，一个反扣装置设8个滚轮，销轴的抗剪强度：

$$\tau = \frac{F}{A} = \frac{389200/8}{2 \times 3.14 \times 22.5^2} = 15.3(MPa) < 245.3MPa$$

满足要求。

3)液压系统选择

移机时挂篮前支点处最大受力$R_{前支点}$为898kN，桥面纵坡为1.85%。钢—钢摩擦系数μ为0.1~0.15，忽略风力时取大值0.15，移机摩阻力为：

$$f = \mu R_{前支点} + \varepsilon G_{挂篮} = 0.15 \times 898 + 1519 \times 0.0185 = 162.8(kN)$$

由上可知，液压系统的顶推力f应不小于162.8kN。查《机械设计手册》(第四卷)，可选液压系统为：

液压缸选用工作压力25MPa，缸径160mm，活塞杆125mm，行程1000mm，最大推力250kN，顶推速度0.5m/min。

6.4.3 整机强度验算

1)混凝土浇筑工况挂篮强度验算

当完成100%混凝土浇筑时，挂篮承受最大荷载：挂篮自重+1.2×(包括混凝土自重G_3，外模板G_4、G_5，内模板G_6、G_8)+1.4×(施工荷载G_9)。在Midas中分别建立上述模型并施加荷载,可求得各支点反力及各杆件受力值。

前、后下横梁应力、变形验算如图6-4-10～图6-4-12所示,前、后吊带受力验算如图6-4-13、图6-4-14所示,主桁架受力、变形验算如图6-4-15～图6-4-18所示。

由图6-4-10、图6-4-11可知,正应力$\sigma_{max}=94.9MPa<215MPa$;剪应力$\tau_{max}=74.1MPa<125MPa$。

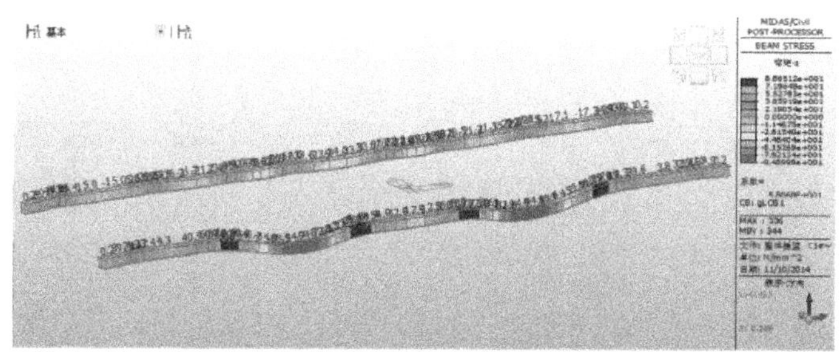

图6-4-10 前、后下横梁正应力图

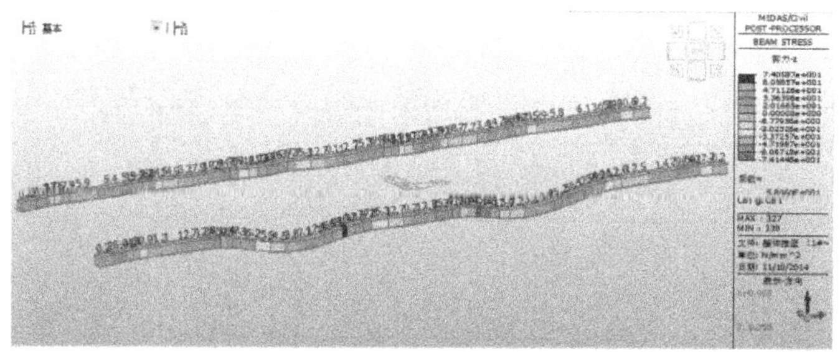

图6-4-11 前、后下横梁剪应力图

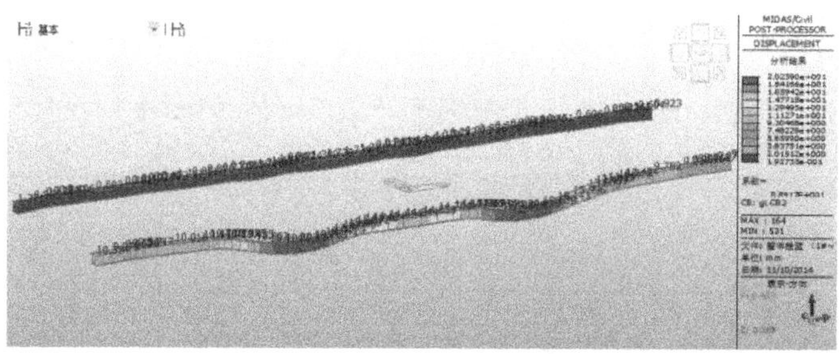

图6-4-12 前、后下横梁变形图

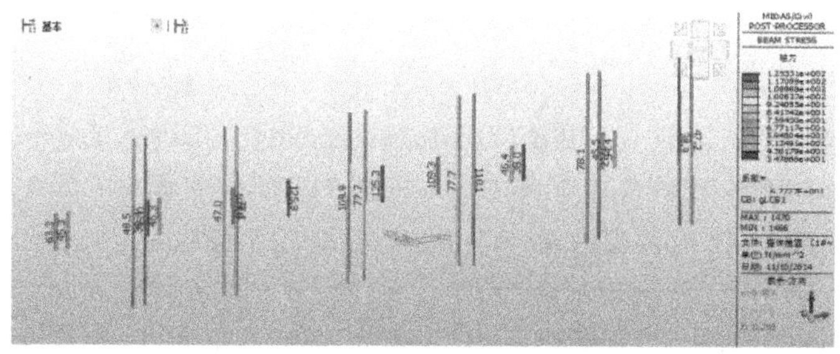

图6-4-13 前、后吊带轴应力图

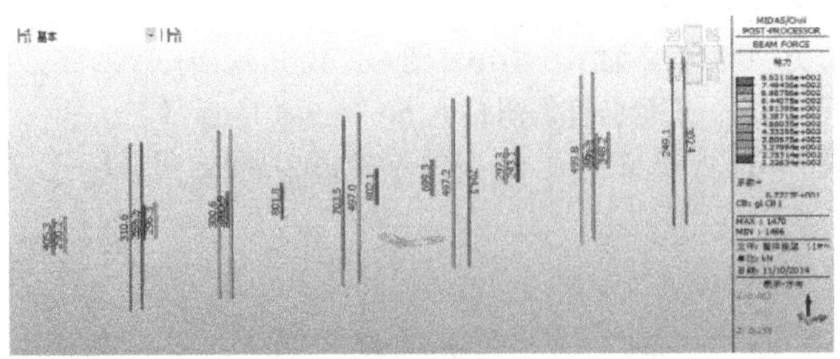

图 6-4-14　前、后吊带轴力图

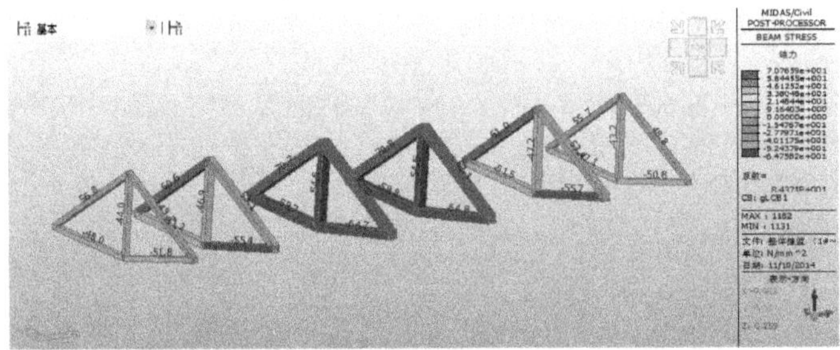

图 6-4-15　主桁架轴应力图

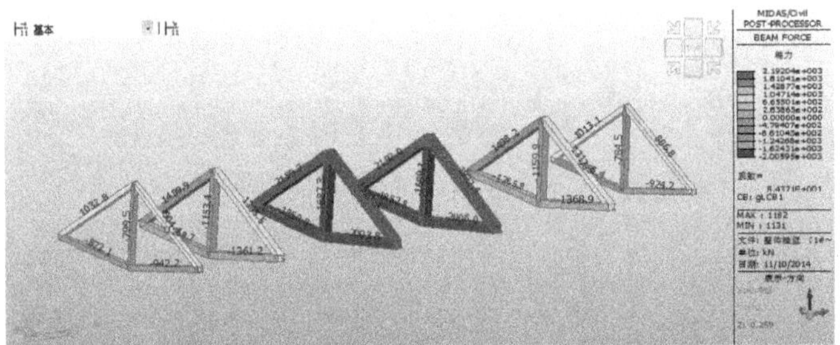

图 6-4-16　主桁架轴力图

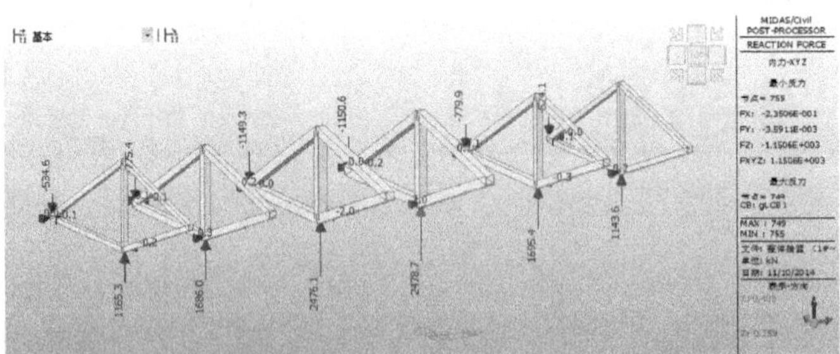

图 6-4-17　主桁架支反力图

由图 6-4-13 可知，前、后吊点轴应力：$\sigma_{max}=125.3\text{MPa}<265\text{MPa}$。

由图 6-4-15 可知，主桁架轴应力：$\sigma_{max}=70.8\text{MPa}<215\text{MPa}$。

2）结果汇总

浇筑混凝土 100% 时挂篮底篮锚固各点受力见表 6-4-9，挂篮主桁架各支点受力见表 6-4-10；浇筑时挂篮各主要杆件应力值见表 6-4-11。

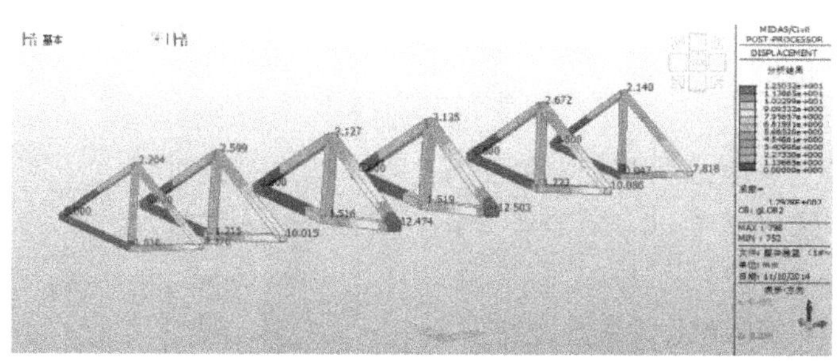

图6-4-18 主桁架变形图

浇筑混凝土100%时挂篮底篮锚固各点受力表(kN) 表6-4-9

位置	R1-a	R1-b	R2-a	R2-b	R3-a	R3-b
底篮前吊带	704.5	497.2	305.3	499.8	302.4	249.1
底篮后吊带	699.3	801.8	243.1	297.3	405.3	290.2

注:底篮前、后吊带从中腹板处、边腹板处、翼板处依次编号为R1、R2及R3;"-a"代表每组吊带最靠近箱梁边端的一根;"-b"代表每组吊带距箱梁边端最远的一根。

浇筑混凝土100%时挂篮主桁架各支点受力表(kN) 表6-4-10

挂篮位置	主桁架后锚		
	主桁A	主桁B	主桁C
前节点	1201.7	805.1	551.5
前支点	2487.5	1695.4	1165.3
后锚点	1150.6	779.9	534.6

浇筑时挂篮各主要杆件应力值 表6-4-11

部位	弯应力(MPa) $[\sigma]=210$MPa	剪应力(MPa) $[\tau]=110$MPa	位移(mm) $[\delta]\leqslant l/500$	轴应力(MPa) $\varphi=0.967$
纵梁	124.5	30.1	19.5	155.3
前下横联	94.9	74.1	19.3	忽略
主桁架	忽略	忽略	13	70.8

3)锚固张拉系统计算

(1)底篮吊带计算

中腹板处前、后吊带:吊带受力最大在中腹板处后吊带,为801.8kN,前、后下横梁吊带采用宽16cm、厚4cm,在有销孔处两边各贴1.5cm厚钢板,开孔为直径8cm,孔距为20cm。销的材料选用40Cr,取$d=80$mm。

边腹板及翼板处前、后吊带:吊带受力最大在边腹板处前吊带,为499.8kN,前、后下横梁吊带采用宽16cm、厚4cm,在有销孔处两边各贴1cm厚钢板,开孔为直径6cm,孔距为20cm。销的材料选用40Cr,取$d=60$mm。

①拉应力计算

孔边拉应力计算:

孔边有应力集中，故按有孔拉板受拉公式计算内侧最大拉应力：

$$\sigma_{拉} = \frac{R\sigma_j}{(b-d)\delta} \leqslant \sigma_s$$

式中，b 为吊带的宽度；d 为吊带上销孔的孔径；δ 为吊带的厚度。

σ_j 为应力集中系数，$d/b=0.38$，查表得 $\sigma_{j中}=1.5$，$\sigma_{j边}=2.3$。

σ_s 为吊带的抗拉强度设计值，吊带的厚度为 7cm、6cm，查《钢结构设计规范》(GB 50017—2003)取 $\sigma_s=250\text{MPa}$，代入数据得：

$$\sigma_{中} = \frac{R\sigma_{j中}}{(b-d)\delta} = \frac{801800\times1.5}{(160-80)\times70} = 213.6(\text{MPa}) < \sigma_s = 250\text{MPa}$$

$$\sigma_{边} = \frac{R\sigma_{j边}}{(b-d)\delta} = \frac{499800\times2.3}{(160-60)\times60} = 190.8(\text{MPa}) < \sigma_s = 250\text{MPa}$$

无孔处拉应力计算：

$$\sigma_{中} = \frac{R}{d\delta} = \frac{801800}{160\times40} = 125.2(\text{MPa}) < 250\text{MPa}$$

$$\sigma_{边} = \frac{R}{d\delta} = \frac{499800}{160\times40} = 78.1(\text{MPa}) < 250\text{MPa}$$

满足要求。

②销孔处平均挤压应力计算

$$\sigma_{中} = \frac{R}{d\delta} = \frac{801800}{80\times70} = 142.3(\text{MPa}) < [\sigma_{挤}] = 250\text{MPa}$$

$$\sigma_{边} = \frac{R}{d\delta} = \frac{499800}{60\times60} = 146.2(\text{MPa}) < [\sigma_{挤}] = 250\text{MPa}$$

③销抗剪计算

材料选用 40Cr，中腹板处销，取 $d=80\text{mm}$；边腹板处销，取 $d=60\text{mm}$。则：

$$\tau_{中} = \frac{F}{A} = \frac{801800}{2\times3.14\times40^2} = 79.3(\text{MPa}) < 453\text{MPa}$$

$$\tau_{边} = \frac{F}{A} = \frac{499800}{2\times3.14\times30^2} = 93.4(\text{MPa}) < 453\text{MPa}$$

满足要求。

(2)主桁销钉计算

①销钉的抗剪计算

主桁架杆件联结采用销钉形式，销钉为 ϕ120mm，材料为 40Cr。

主桁最大轴力杆为后拉杆：$f=2175.2\text{kN}$。

销钉抗剪面为 2 个。

根据《机械工程材料手册》(第 7 版)，40Cr 热处理之后极限抗剪力 $\tau_b=453.2\text{MPa}$。

$$\tau_{\max} = \frac{f_2}{2A} = \frac{1694.4\text{N}}{2\times\frac{\pi d^2}{4}} = \frac{2175.2\text{kN}}{2\times\frac{3.14\times(120\text{mm})^2}{4}} = 96.2\text{MPa} < 453.2\text{MPa}$$

故满足要求。

②销钉联结部分的挤压计算

拉、压杆联结部分挤压计算：

销孔处补强板厚度为30mm，杆件壁厚16mm，直径120mm，最大荷载压杆为前压杆：f_3 = 2175.2kN。计算得：

对于压杆：$\sigma_{max} = \frac{f_3}{t_{总}d} = \frac{2175.2}{2\times(16+30)\times120} = 197(MPa) < 215MPa$

故满足要求。

销钉与结点板：

菱形主桁架杆件通过结点板利用销钉联结，结点板关键受力钢板（墙板）采用Q345b，板厚20mm，销孔处补强板为δ20mm钢板，最大荷载f_2 = 2175.2kN，对结点板计算，得：

$$\sigma_{max} = \frac{f_2}{t_{总}d} = \frac{2175.2}{2\times(20+20)\times120} = 226.5(MPa) < 295MPa$$

故满足要求。

（3）主桁架前支点计算

由主桁架计算可知，浇筑时前支点最大受力为2487.5kN，前支点支座截面如图6-4-19所示。

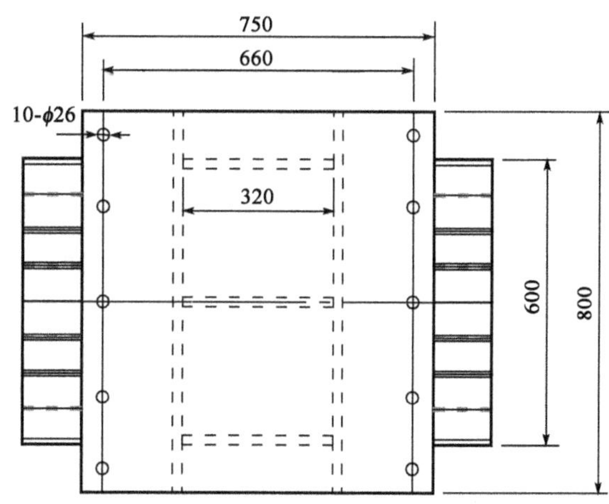

图6-4-19　前支点支座截面（尺寸单位：mm）

验算时取中间4块钢板，按箱形截面验算：

$A = (600\times20+360\times20)\times2 = 38400(mm^2)$

①强度验算：

$$\sigma = \frac{N}{A_n} \leqslant f$$

$$= \frac{2487.5\times1000}{38400} = 64.8(MPa) \leqslant 215MPa$$

②局部稳定性：宽厚比，$\frac{b}{t} = \frac{280}{20} = 14 \leqslant 40$；高厚比，$\frac{h}{t} = \frac{600}{20} = 30 \leqslant 80$。

满足局部承压的规定要求。

③整体稳定性（按压杆稳定来验算）：

$I_x \approx 280^2 \times 20 \times 360 = 5.6 \times 10^8 (\mathrm{mm}^4)$，$I_y \approx 160^2 \times 20 \times 560 = 2.9 \times 10^8 (\mathrm{mm}^4)$

$i_x = \sqrt{\frac{I_x}{A}} = \sqrt{\frac{5.6 \times 10^8}{38400}} = 120.8(\mathrm{mm})$，$\lambda_x = \frac{\mu l}{i_x} = \frac{600}{120.8} = 5.0$

查表得 $\varphi = 0.99$，则：

$$\sigma = \frac{F}{\varphi A} = \frac{2487.5 \times 10^3}{0.99 \times 38400} = 65.4(\mathrm{MPa}) \leqslant [\sigma] = 205\mathrm{MPa}$$

满足整体稳定的要求。

(4)主桁后锚计算

主桁后锚最大受力为1150.6kN，箱梁腹板后锚利用JL32精轧钢。根据《公路钢筋混凝土及预应力混凝土桥涵设计规范》(JTG D62—2004)规定，该精轧螺纹钢抗拉参数为：

抗拉强度：$f_{\mathrm{pk}} = 930\mathrm{MPa}$；抗拉强度设计值：$f_{\mathrm{pd}} = 770\mathrm{MPa}$。

锚固点精轧螺纹钢设计数量为6条，对称布置。

验算抗拉应力：

$$\sigma_{\max} \frac{P}{6 \times \frac{\pi d^2}{4}} = \frac{1150.6}{6 \times \frac{3.14 \times (32)^2}{4}} = 242.2(\mathrm{MPa}) < 770\mathrm{MPa}$$

安全系数：

$$n = \frac{770\mathrm{MPa}}{242.2\mathrm{MPa}} = 3.18 > 2.0$$

故锚筋抗拉强度满足要求。

(5)轨道局部稳定性验算

轨道双拼[40b槽钢，腹板厚12.5mm，其截面如图6-4-20所示，最薄弱部分为腹板下半部分。

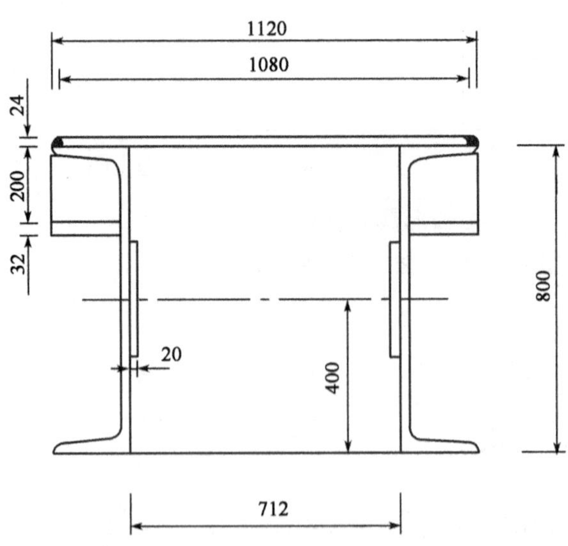

图6-4-20　双拼[40b槽钢截面(尺寸单位：mm)

腹板局部承压：

$$\sigma_c = \frac{\varphi F}{t_w l_z} = \frac{2487.5 \times 10^3}{2 \times 12.5 \times [770 + 5 \times (20.8 + 18)]} = 103.2(\text{MPa}) \leqslant [\sigma] = 170\text{MPa}$$

式中：φ——集中载荷增大系数，取 1；

t_w——腹板厚度；

l_z——集中荷载在腹板的计算高度上边缘的假定分布长度；$l_z = a + 5h_y + 2h_R = 770 + 5 \times (20.8 + 18) = 964(\text{mm})$。

上边缘有较大集中荷载，宜设置支撑加劲肋，间距为 20cm，板厚为 10mm，满足《钢结构设计手册》中横向加劲肋的构造要求。

6.4.4　整机挠度分析

最不利梁块（潮连 B1 号）在浇筑混凝土时整机挠度最大。挂篮浇混凝土 100% 时底篮变形示意如图 6-4-21 所示。

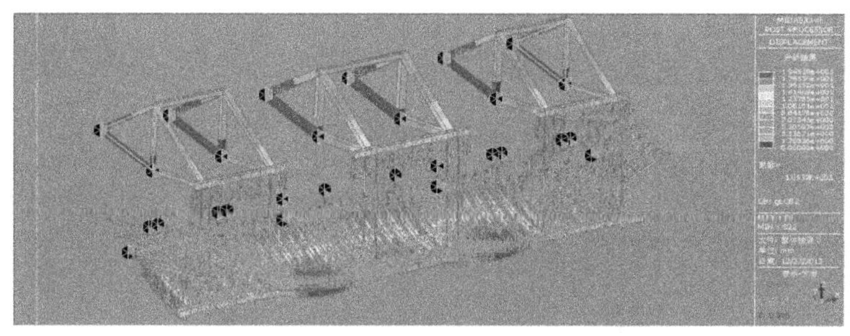

图 6-4-21　挂篮浇混凝土 100% 时底篮变形示意图

荷载组合：挂篮自重 + 模板荷载 + 100% 混凝土荷载。

由图 6-4-21 可知，$\delta = 19.5\text{mm} < 20\text{mm}$，满足要求。挂篮横向变形最大差值为 8.1mm，施工过程中通过预抛高进行高程调节，使箱梁线形满足要求。

6.4.5　模板系统验算

模板系统主要由底模板、外侧模板、内模板及内模板支架和端模板组成。底模板和外侧模板采用标准 8cm 组合钢模板拼装，底模板直接支撑在底篮的纵梁上，外侧模板横肋为双拼[10 槽钢。1～4 号块段箱梁腹板内模板采用木模板，5～24 号块标准块段内模板采用小块标准钢模板组合。

1）底模板验算

底模板采用标准大块钢模板，面板采用 5mm 厚的钢板，在面板上贴横纵交错的钢带作背肋，其间距均为 30cm。钢模下布置 HM482 型钢纵梁，其中底板与横隔板下按 56cm 间距布置，腹板下按间距 31cm 布置，故底模板最不利位置在横隔板处。

（1）荷载分析

①混凝土荷载

主梁高 4m，模隔板下混凝土荷载 $= 26 \times 4 = 104(\text{kN/m}^2)$。

②模板重量

底板模板采用标准大块钢模板。模板重量取 0.75kN/m^2。底板模板重量 + 顶板模板重量取 1.5kN/m^2。

③施工荷载

人员和施工材料、机具等行走运输或堆放的荷载，取 2.5kPa；混凝土振捣荷载，取 2kPa。即施工荷载取 4.5kPa。

混凝土荷载加上底模板自重及施工荷载，并取荷载系数（动荷载 1.4，静荷载 1.2），可得横隔板下计算荷载 $q=(104+0.75)\times1.2+4.5\times1.4=132(\mathrm{kN/m^2})$。

(2)腹板、横隔板下底模验算

①面板计算

强度验算：

作用在横隔板下底模的荷载为 132kN/m^2。

选面板小方格中最不利情况计算，一个小方格尺寸为 300mm×300mm，按三面固定、一面简支计算。

由于$\dfrac{L_x}{L_y}=\dfrac{h}{S}=\dfrac{300}{300}=1$，查《建筑工程模板施工手册》中的表 5-9-17，得最大弯矩系数 $K_{m_x^o}=-0.06$，最大挠度系数 $K_f=0.0016$。

取 1mm 宽的板条为计算单元：

$$q=132\mathrm{kN/m^2}\times1\mathrm{mm}=0.132\mathrm{N/mm}$$

$$M_{\max}=K_{m_x^o}ql_y^2=0.06\times0.132\times300^2=712.8(\mathrm{N\cdot mm})$$

$$W_x=\frac{1}{6}\times1\times5^2=4.17(\mathrm{mm^3})$$

$$\sigma_{\max}=\frac{M_{\max}}{\gamma_xW_x}=\frac{712.8}{1\times4.17}=170.9(\mathrm{N/mm})^2<215\mathrm{N/mm^2}$$

强度满足要求。

挠度验算：

$$F=104+4=108(\mathrm{kN/m^2})=0.108\mathrm{N/mm^2}$$

$$V_{\max}=K_f\cdot\frac{Fl_y^4}{B_0}$$

$$B_0=\frac{Eh^3}{12\times(1-\gamma^2)}=\frac{2.06\times10^5\times5^3}{12\times(1-0.3^2)}=23.58\times10^5(\mathrm{N\cdot mm})$$

则

$$V_{\max}=0.0016\times\frac{0.108\times300^4}{23.58\times10^5}=0.59(\mathrm{mm})$$

$$[v]=\frac{l_y}{500}=\frac{300}{500}=0.6(\mathrm{mm})>0.59\mathrm{mm}$$

挠度满足要求。

②背肋计算

大块钢模板背肋采用截面尺寸为 7.5cm×6mm 的扁钢焊在面层钢板上。小方格为 300mm×300mm。钢模板下布置 HM482 型钢纵梁，其中横隔板下按 56cm 间距布置，按最不利

56cm 间距进行验算。

计算荷载：

背肋所需承受的荷载宽度为 300mm；

荷载：$q = 132\text{kN/m}^2 \times 300\text{mm} = 39.6\text{N/mm}$。

根据《钢结构设计手册》，面板同时参与肋板的受力，面板截面形式如图 6-4-22 所示，其截面特性为：$A_x = 19.5\text{cm}^2$，$I_x = 76.79\text{cm}^4$，$W_x = 11.24\text{cm}^3$，$S_x = 13.98\text{cm}^3$。

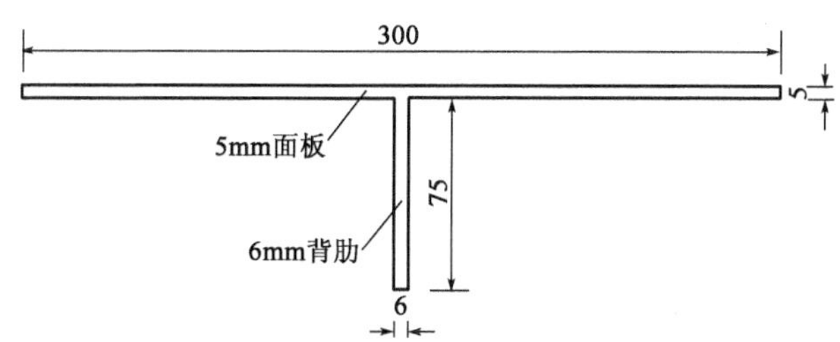

图 6-4-22　面板截面形式（尺寸单位：mm）

强度验算：

偏安全，取简支梁，其下 H45 型钢按跨径 56cm 进行验算，则：

$$M_{max} = \frac{ql^2}{8} = \frac{39.6 \times 560^2}{8} = 1552320(\text{N} \cdot \text{mm})$$

$$Q_{max} = \frac{ql}{2} = \frac{39.6 \times 560}{2} = 11088(\text{N})$$

$$\sigma_{max} = \frac{M_{max}}{W_x} = \frac{1552320}{11.24 \times 10^3} = 138.1(\text{MPa}) < 215\text{MPa}$$

$$\tau_{max} = \frac{Q_{max}S_x}{I_x d} = \frac{11088 \times 13.98 \times 10^3}{76.79 \times 10^4 \times 6} = 33.6(\text{MPa}) < 125\text{MPa}$$

强度满足要求。

挠度验算：

$$f_{max} = \frac{5ql^4}{384EI} = \frac{5 \times 39.6 \times 560^4}{384 \times 2.06 \times 10^5 \times 51 \times 10^4} = 0.69(\text{mm}) < [f] = \frac{680}{400} = 1.4(\text{mm})$$

挠度满足要求。

2）顶板模板验算

顶板模板采用 54mm 厚的组合钢模板，面板采用 4mm 厚的钢板，在面板上贴横纵交错的 5cm×4mm 的扁钢作背肋，其间距均为 30×15cm。纵肋采用 I 10 工字钢，在顶板下间距 120cm。

（1）荷载分析

取中室顶板厚度 50cm，计算混凝土均布荷载：$26 \times 0.5 = 13(\text{kN/m}^2)$。

加上顶模板自重及施工荷载并取荷载系数（动荷载 1.4，静荷载 1.2），可得顶板计算荷载如下：

$$q = (13 + 0.72) \times 1.2 + 4.5 \times 1.4 = 22.8(\text{kN/m}^2)$$

(2)顶板模板验算

作用在腹板、横隔板下底模板的荷载为22.8kN/m^2。

①面板计算

强度验算:

选面板小方格中最不利情况计算,一个小方格尺寸为300mm×150mm,按三面固定、一面简支计算。

由于$\frac{L_x}{L_y}=\frac{h}{S}=\frac{150}{300}=0.5$,查《建筑工程模板施工手册》表5-9-17,得:

最大弯矩系数:$K_{m_x^0}=-0.0836$;最大挠度系数:$K_f=0.00258$。

取1mm宽的板条为计算单元,荷载$q=22.8\text{kN/m}^2\times1\text{mm}=0.0228\text{N/mm}$。

$$M_{\max}=K_{m_x^0}ql_y^2=0.0836\times0.0228\times300^2=171.5(\text{N}\cdot\text{mm})$$

$$W_x=\frac{1}{6}\times1\times4^2=2.67(\text{mm}^3)$$

$$\sigma_{\max}=\frac{M_{\max}}{\gamma_x W_x}=\frac{171.5}{1\times2.67}=64.2(\text{N/mm}^2)<215\text{N/mm}^2$$

强度满足要求。

挠度验算:

$$F=13+4=17(\text{kN/m}^2)=0.017(\text{N/mm}^2)$$

$$V_{\max}=K_f\cdot\frac{Fl_y^4}{B_0}$$

$$B_0=\frac{Eh^3}{12\times(1-\gamma^2)}=\frac{2.06\times10^5\times4^3}{12\times(1-0.3^2)}=12.07\times10^5(\text{N}\cdot\text{mm})$$

则

$$V_{\max}=0.00258\times\frac{0.017\times300^4}{12.07\times10^5}=0.29(\text{mm})$$

$$[v]=\frac{l_y}{500}=\frac{300}{500}=0.6(\text{mm})>0.29(\text{mm})$$

挠度满足要求。

②背肋计算

大块钢模板背肋采用截面尺寸为5cm×4mm的扁钢焊在面层钢板上。小方格为300mm×150mm。钢模板下布置Ⅰ10工字钢,按120cm间距布置进行验算。

计算荷载:

背肋所需承受的荷载宽度为300mm;荷载:$q=13\text{kN/m}^2\times150\text{mm}=1.95\text{N/mm}$。

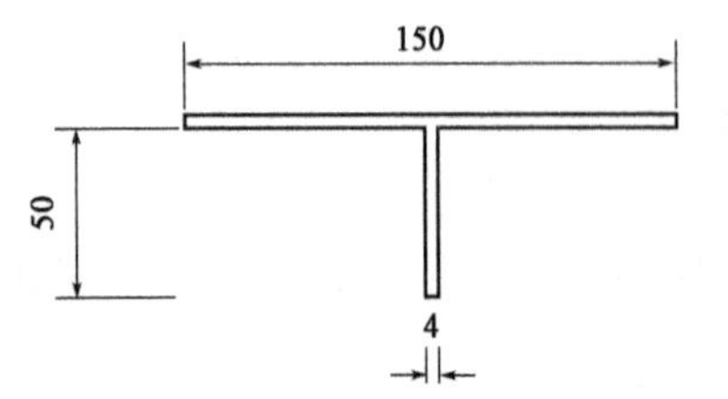

图6-4-23 面板截面形式(尺寸单位:mm)

根据《钢结构设计手册》,面板同时参与肋板的受力,面板截面形式如图6-4-23所示,其截面特性为:$A_x=8\text{cm}^2$,$I_x=15.18\text{cm}^4$,$W_x=3.35\text{cm}^3$,$S_x=4.1\text{cm}^3$。

强度验算:

偏安全取简支梁,其下Ⅰ10工字钢按跨径120cm进行验算。

$$M_{max}=\frac{ql^2}{8}=\frac{1.95\times1200^2}{8}=351000(\mathrm{N\cdot mm})$$

$$Q_{max}=\frac{ql}{2}=\frac{1.95\times1200}{2}=1170(\mathrm{N})$$

则有：

$$\sigma_{max}=\frac{M_{max}}{W_x}=\frac{351000}{3.35\times10^3}=104.8(\mathrm{MPa})<215\mathrm{MPa}$$

$$\tau_{max}=\frac{Q_{max}S_x}{I_x d}=\frac{1170\times4.1\times10^3}{15.18\times10^4\times4}$$
$$=7.9(\mathrm{MPa})<125\mathrm{MPa}$$

强度满足要求。

挠度验算：

$$f_{max}=\frac{5ql^4}{384EI}=\frac{5\times1.95\times1200^4}{384\times2.06\times10^5\times15.18\times10^4}=1.69(\mathrm{mm})<[f]=\frac{1200}{400}=3(\mathrm{mm})$$

挠度满足要求。

(3)顶板下纵肋验算

钢模板下布置Ⅰ10 工字钢，按 120cm 间距布置。纵肋下采用钢管脚手架，纵向间距 120cm。

作用在顶板模板的荷载为 $13\mathrm{kN/m^2}$。

将工字钢简化为跨径 $L=120\mathrm{cm}$ 的等跨连续梁，取三等跨进行计算。

$$M_{max}=0.1ql^2=0.1\times(13\times1.2)\times1.2^2=2.25(\mathrm{kN\cdot m})$$

$$\sigma_{max}=\frac{M_{max}}{W}=\frac{2.25\times10^6}{49\times10^3}=45.9(\mathrm{MPa})<[\sigma]=215\mathrm{MPa}$$

$$Q_{max}=0.6ql=0.6\times(13\times1.2)\times1.2=11.2(\mathrm{kN})$$

$$\tau=\frac{3}{2}\cdot\frac{Q_{max}}{A}=\frac{3}{2}\cdot\frac{11.2\times10^3}{1430}=11.8(\mathrm{MPa})<[\tau]=125\mathrm{MPa}$$

$$f_{max}=0.677\times\frac{ql^4}{100EI}=0.677\times\frac{(13\times1.2)\times1200^4}{100\times209\times10^9\times245\times10^4}=0.71(\mathrm{mm})<\frac{750}{400}=1.88\mathrm{mm}$$

$$f_{max}=\frac{5ql^4}{384EI}=\frac{5\times13\times1.2\times1200^4}{384\times2.06\times10^5\times245\times10^4}=0.83(\mathrm{mm})<[f]=\frac{1200}{400}=3(\mathrm{mm})$$

满足要求。

(4)顶板钢管架验算

混凝土荷载、模板自重荷载、纵肋自重作用在立杆上，立杆间距为 120cm×120cm，立杆所受荷载为 $13\mathrm{kN/m^2}$。

钢管采用外径 ϕ48mm，壁厚 3.5mm 钢管。钢管截面面积 $A=4.89\mathrm{cm^2}$，强度设计值$[\sigma]=205\mathrm{MPa}$，则单根立杆受力为 $13\times1.2\times1.2=18.72(\mathrm{kN})$。

$$\sigma=\frac{N}{A}=\frac{18.72\times10^3}{4.89\times10^2}=38.28(\mathrm{MPa})<[\sigma]=205\mathrm{MPa}$$

满足要求。

3)外侧模板验算

(1)计算荷载

选择横隔板位置加以验算,荷载组合为:新浇筑混凝土自重+振捣混凝土时产生的水平荷载,则

$$q = 1.2q_1 + 1.4q_2$$

q_1 的取值:混凝土高度3.8m,$q_1 = \gamma \cdot h = 26 \times 3.8 = 98.8(\mathrm{kN/m^2})$。

q_2 的取值:根据《路桥施工计算手册》,振捣混凝土时对侧面模板的压力为4.0kPa,即 $q_2 = 4.0\mathrm{kPa}$。

综上所述,混凝土对垂直模板产生的最大侧压力为(梯形荷载):

$$q = 1.2q_1 + 1.4q_2 = 1.2 \times 98.8 + 1.4 \times 4 = 124.2(\mathrm{kPa})$$

(2)面板计算

①强度验算

作用在外侧模板处的最大荷载为124.2kN/m²。

选面板小方格中最不利情况计算,一个小方格尺寸为300mm×300mm,按三面固定、一面简支计算。

由于$\frac{L_x}{L_y} = \frac{h}{S} = \frac{300}{300} = 1$,查《建筑工程模板施工手册》表5-9-17,得

最大弯矩系数 $K_{m_x^0} = -0.06$,最大挠度系数 $K_f = 0.0016$。

取1mm宽的板条为计算单元,荷载 $q = 124.2\mathrm{kN/m^2} \times 1\mathrm{mm} = 0.124\mathrm{N/mm}$,则:

$$M_{max} = K_{m_x^0} q l_y^2 = 0.06 \times 0.124 \times 300^2 = 669.6(\mathrm{N \cdot mm})$$

$$W_x = \frac{1}{6} \times 1 \times 5^2 = 4.17(\mathrm{mm^3})$$

$$\sigma_{max} = \frac{M_{max}}{\gamma_x W_x} = \frac{669.6}{1 \times 4.17} = 160.6(\mathrm{N/mm^2}) < 215\mathrm{N/mm^2}$$

强度满足要求。

②挠度验算

$$F = 99.8 + 4 = 103.8(\mathrm{kN/m^2}) = 0.104\mathrm{N/mm^2}$$

$$V_{max} = K_f \cdot \frac{F l_y^4}{B_0}$$

$$B_0 = \frac{E h^3}{12 \times (1 - \gamma^2)} = \frac{2.06 \times 10^5 \times 5^3}{12 \times (1 - 0.3^2)} = 23.58 \times 10^5(\mathrm{N \cdot mm})$$

则

$$V_{max} = 0.0016 \times \frac{0.104 \times 300^4}{23.58 \times 10^5} = 0.57(\mathrm{mm})$$

$$[v] = \frac{l_y}{500} = \frac{300}{500} = 0.6(\mathrm{mm}) > 0.57(\mathrm{mm})$$

挠度满足要求。

(3)背肋验算

大块钢模背肋采用截面尺寸为7.5cm×6mm的扁钢焊在面层钢板上。小方格尺寸为300mm×300mm。模板背楞间距75cm。

①计算荷载

背肋所需承受的荷载宽度为300mm,荷载:$q=124.2\text{kN/m}^2\times300\text{mm}=37.26\text{N/mm}$。

根据《钢结构设计手册》,面板同时参与肋板的受力,面板截面形式如图6-4-24所示,其截面特性为:$A_x=19.5\text{cm}^2$,$I_x=76.79\text{cm}^4$,$W_x=11.24\text{cm}^3$,$S_x=13.98\text{cm}^3$。

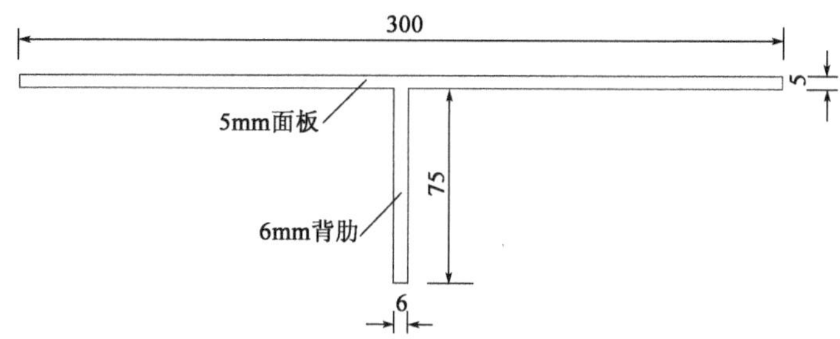

图6-4-24　面板截面形式(尺寸单位:mm)

②强度验算

偏安全取简支梁,按跨径70cm进行验算:

$$M_{\max}=\frac{ql^2}{8}=\frac{37.26\times700^2}{8}=2282175(\text{N}\cdot\text{mm})$$

$$Q_{\max}=\frac{ql}{2}=\frac{37.26\times700}{2}=13041(\text{N})$$

则有:

$$\sigma_{\max}=\frac{M_{\max}}{W_x}=\frac{2282175}{11.24\times10^3}=203(\text{MPa})<215\text{MPa}$$

$$\tau_{\max}=\frac{Q_{\max}S_x}{I_x d}=\frac{13041\times13.98\times10^3}{76.79\times10^4\times6}=39.6(\text{MPa})<125\text{MPa}$$

强度满足要求。

③挠度验算

$$f_{\max}=\frac{5ql^4}{384EI}=\frac{5\times23.14\times700^4}{384\times2.06\times10^5\times51\times10^4}=0.69(\text{mm})<[f]=\frac{700}{400}=1.75(\text{mm})$$

挠度满足要求。

4)内侧模板验算

(1)面板计算

内侧模板所受最大侧压力q为77.12kPa,顶板模板采用54mm厚的组合钢模,面板采用4mm厚的钢板,在面板上贴横纵交错的5cm×4mm的扁钢作背肋,其间距均为30×15cm。竖肋外侧布置横肋双拼[8槽钢,间距90cm。

根据《公路桥涵施工技术规范》(JTG/T F50—2011),采用内部振捣器,混凝土浇筑速度小于6m/h时,混凝土侧压力为:

$$p_{\max} = 0.22\gamma t_0 K_1 K_2 v^{1/2}$$

式中:$p_{\max}$——新浇筑混凝土对模板的最大侧压力(kPa);

γ——新浇筑混凝土重度(24kN/m^3);

t_0——混凝土的初凝时间(10h);

v——混凝土的浇筑速度(m/h);

K_1——外加剂影响修正系数,掺缓凝剂时,取1.2;

K_2——坍落度影响修正系数,110~150mm时,取1.15。

则混凝土侧压力:

$p_{\max} = 0.22\gamma t_0 K_1 K_2 v^{1/2} = 0.22 \times 24\text{kN/m}^3 \times 10\text{h} \times 1.2 \times 1.15 \times (2.0\text{m/h})^{1/2} = 103.0\text{kPa}$

混凝土有效压头高度为:

$$h = \frac{p_{\max}}{\gamma} = \frac{103.0\text{kPa}}{24\text{kN/m}^3} = 4.3\text{m}$$

根据速度和温度的比值,求混凝土的有效高度进行比较,求较小$p_{\max}$,即$p_{\max} = \gamma h$;

当$V/T \leqslant 0.035$,$h = 0.22 + 24.9V/T$;当$V/T > 0.035$,$h = 1.53 + 3.8V/T$;

混凝土入模温度一般在25~30℃,$V/T < 0.035$,取$T = 25$℃;$V/T > 0.035$,$h = 1.53 + 3.8V/T = 1.8$(m)。

$p_{\max} = \gamma h = 24\text{kN/m}^3 \times 1.8\text{m} = 43.2\text{kPa}$;

故计算侧模板计算时,荷载取$p_{\max} = 43.2\text{kPa}$。

倾倒混凝土时产生的水平荷载$p_1 = 2.0\text{kPa}$,则:

$p = 1.2p_{\max} + 1.4p_1 = 1.2 \times 43.2\text{kPa} + 1.4 \times 2.0\text{kPa} = 54.6\text{kPa}$

①强度验算

选面板小方格中最不利情况计算,一个小方格尺寸为300mm×150mm,按三面固定、一面简支计算。

由于$\frac{L_x}{L_y} = \frac{h}{S} = \frac{150}{300} = 0.5$,查《建筑工程模板施工手册》表5-9-17,得:

最大弯矩系数:$K_{m_x^0} = -0.0836$;最大挠度系数:$K_f = 0.00258$。

取1mm宽的板条为计算单元,荷载$q = 54.6\text{kN/m}^2 \times 1\text{mm} = 0.0546\text{N/mm}$,则:

$$M_{\max} = K_{m_x^0} q l_y^2 = 0.0836 \times 0.0546 \times 300^2 = 410.8(\text{N} \cdot \text{mm})$$

$$W_x = \frac{1}{6} \times 1 \times 4^2 = 2.67(\text{mm}^3)$$

$$\sigma_{\max} = \frac{M_{\max}}{\gamma_x W_x} = \frac{410.8}{1 \times 2.67} = 153.9(\text{N/mm}^2) < 215\text{N/mm}^2$$

强度满足要求。

②挠度验算

$$V_{max}=K_f\cdot\frac{Fl_y^4}{B_0}$$

$$B_0=\frac{Eh^3}{12\times(1-\gamma^2)}=\frac{2.06\times10^5\times4^3}{12\times(1-0.3^2)}=12.07\times10^5(\text{N}\cdot\text{mm})$$

则

$$V_{max}=0.00258\times\frac{0.0546\times300^4}{12.07\times10^5}=0.93(\text{mm})$$

$$[v]=\frac{l_y}{500}=\frac{300}{500}=0.6(\text{mm})<0.93\text{mm}$$

考虑荷载附加了安全系数，挠度满足要求。

(2)横肋验算

横肋采用双拼[8 槽钢，间距90cm。横肋上布置对拉螺杆，纵向间距75cm。

双拼[8 槽钢截面特性为：$I=396\text{cm}^4$，$W=79.4\text{cm}^3$，$S=47\text{cm}^3$，$d=10.6\text{mm}$。

内侧模板所受最大侧压力为 $q=54.6\text{kPa}$，将槽钢简化为跨径 $L=75\text{cm}$ 的等跨连续梁，取三等跨进行计算。

$$M_{max}=0.1ql^2=0.1\times(54.6\times0.9)\times0.75^2=2.76(\text{kN}\cdot\text{m})$$

$$\sigma_{max}-\frac{M_{max}}{W}-\frac{2.76\times10^6}{79.4\times10^3}=34.8(\text{MPa})<[\sigma]=215(\text{MPa})$$

$$Q_{max}=0.6ql=0.6\times(54.6\times0.9)\times0.75=22.1(\text{kN})$$

$$\tau=\frac{Q_{max}S}{Id}=\frac{22.1\times10^3\times30.2\times10^3}{202\times10^4\times10}=33.1(\text{MPa})<[\tau]=125\text{MPa}$$

$$f_{max}=0.677\times\frac{ql^4}{100EI}=0.677\times\frac{(54.6\times0.9)\times750^4}{100\times2.06\times10^5\times396\times10^4}=0.13(\text{mm})<\frac{750}{400}=1.88\text{mm}$$

满足要求。

最大支点反力 $=1.1ql=1.1\times(54.6\times0.9)\times0.75=40.5(\text{kN})$

(3)对拉螺杆计算

由横肋计算，求得最大支点反力为40.5kN，即为对拉螺栓最大拉力。

采用普通螺栓，查《钢结构设计手册》，对拉螺栓选取8.8级，$d=18\text{mm}$，有效截面面积 $A_e=192.5\text{mm}^2$，$[\sigma]=400\text{MPa}$。

$$\sigma=\frac{N}{A_e}=\frac{40.5\times10^3}{192.5}=210.6(\text{MPa})<[\sigma]=400\text{MPa}$$

满足要求。

6.5　挂篮加工

所用挂篮为一大型钢结构，加工时须考虑加工条件、运输条件、现场拼装条件及加工质量等因素。经对现场施工条件充分分析后决定采用如下加工方案：承重系统、行走系统、提升系统部分等主要结构采用工厂分块加工，工地现场拼接的形式。分块尺寸按运输要求、起吊安装要求确定，质量不大于8t。底篮系统纵梁桁架及翼板桁架分片加工，底篮系统纵梁与前后下横梁现场安装时采用焊接连接,其他构件按单件加工,在现场组拼。

6.5.1 总则

钢结构的制造、安装和验收所使用的计量器具,必须由二级以上的计量机构检验合格后方可使用。

钢结构制造和验收除应符合本规定外,尚应符合国家现行的有关强制性标准的规定。

6.5.2 钢结构制造的准备工作

准备工作包括编制钢结构制作工艺的技术文件及工艺装备设计,其中编制钢结构制作工艺的技术文件包括:

(1)绘制施工详图。

(2)制定焊接工艺及焊接质量管理细则具体包括:焊接方法的确定;焊接材料的选用;根据不同焊接接头特点确定坡口形式、角度等参数,确定焊接工艺参数及焊接顺序;防止和减少焊接变形的措施。

6.5.3 引用规范和标准

规范:

《建筑钢结构焊接技术规程》(JGJ 81—2002);

《铁路钢桥制造规范》(TB 10212—1998);

《钢结构工程施工质量验收规范》(GB 50205—2001);

《钢结构高强度螺栓连接技术规程》(JGJ 82—2011);

《中华人民共和国船舶检验局焊工考试规则 1993》;

《钢结构制作安装施工规程》(YB 9254—1995);

《钢结构、管道涂装技术规程》(YB/T 9256—1996);

标准:

《碳素结构钢》(GB/T 700—2006);

《低合金高强度结构钢》(GB/T 1591—2008);

《焊缝无损检测　超声检测技术、检测等级和评定》(GB/T 11345—2013);

《钢熔化焊 t 形接头角焊缝超声波检验方法和质量分级》(DL/T 542—1994)。

6.5.4 材料与制造

钢材:

(1)Q235 钢应符合《碳素结构钢》(GB/T 700—2006)中 B 级的规定。

(2)钢材表面锈蚀等级不超过《涂覆涂料前钢材表面处理　表面清洁度的目视评定　第 1 部分　未涂覆过的钢材表面和全面清除原有涂层后的钢材表面的锈蚀等级和处理等级》(GB/T 8923.1—2011)的 A、B 级;当表面有锈蚀、麻点、划痕等缺陷时,其深度不得大于钢材负偏差的 1/2。

(3)质量证明书上的炉号、批号应与实物相符。

焊接材料：

(1)焊条、焊丝、焊剂应符合现行国家标准的规定，并有出厂质量证明书。使用前制造单位对焊接材料进行抽样复验，合格后方可使用。

(2)采用的焊接材料应与结构钢材的性能相匹配，在保证焊接接头强度和韧性的前提下，尽量采用低组配，手工焊应采用低氢型焊条。

(3)焊接材料应通过焊接工艺评定试验选用，并经业主认可。

(4)二氧化碳保护气体的纯度不低于99.5%，含水率小于0.005%。

切割：主体结构的板材应采用精密(数控、自动、半自动)切割，构件外露边，应对焰切起始侧倒角，倒角半径为0.5~2.0mm。切割面硬度不超过HV350；切割面表面粗糙度25~50mm。

零件矫正：零件矫正宜采用冷矫，零件矫正允许偏差按《铁路钢桥制造规范》(TB 10212—1998)表4.3.3要求。

零件加工：箱型梁零件加工尺寸允许偏差按《铁路钢桥制造规范》(TB 10212—1998)表4.4.4-2要求。

制孔：螺栓孔直径允许偏差为0~+0.5mm，不圆度允许偏差为1.5mm，螺栓孔中心线倾斜度不大于板厚的3%，且单层板不大于2mm，多层板叠合不大于3mm；同一组钻孔内，相邻两孔间的孔距偏差为±0.7mm，任意两孔的孔距偏差为±1.0mm。

组装：

(1)依据图纸、工艺和质量标准，并结合构件特点提出相应的组装措施。

(2)应考虑焊接的可能性，确定一次或多次组装，凡需进行多次组装时，应对前一次的焊接变形进行修整，合格后再进行下一次组装。

(3)应考虑焊接收缩余量或采取预防变形措施。

(4)凡隐蔽部位组装后，应经质量检验员确认合格，才能进行焊接或外部再组装。

(5)板的接料必须在杆件组装前完成，其拼接料长度不宜于小于1000mm，宽度不得小于200mm，接料中心线距钉孔中心组不宜小于150mm。

(6)工字梁及箱形梁的组装允许偏差：$L_1-L_2\leqslant3.0$mm(对角线差)；旁弯$f\leqslant5.0$mm。

(7)加劲肋间距允许偏差为1.0mm。

焊接：

(1)焊工应经考试并取得合格证后，方可从事结构焊接工作。

(2)焊接工作宜在车间内进行，环境湿度应小于80%，焊接环境温度不应低于5℃，主要杆件应在组装后24h内焊接完成。

(3)定位焊应在焊道内进行，焊接长度为50~100mm，焊脚尺寸不得大于设计焊脚的1/2，定位焊不得有裂纹、夹渣等缺陷。

(4)受力方向的焊缝加强处需磨平，焊趾处不留横向痕迹。

(5)横向对接焊缝应一次连续施焊完毕，同一位置连续补焊不得超过两次。

(6)纵向焊缝施焊时应一次连续施焊完毕，如遇特殊情况而中途停焊，焊前、焊后需进行处理，同一位置连续补焊不得超过3次。

(7)埋弧自动焊缝必须在距设计焊缝端部100mm以外的引板上起、熄弧。

(8)返修焊缝应按原焊缝质量检验，同一部位的返修焊不宜超过两次。

焊接检验:

(1)应在焊接完成24h后进行焊缝外观及内部质量检验,无损探伤应在外观探伤合格后进行。

(2)主要承载焊缝按Ⅰ级检测,次要焊缝按Ⅱ级检测,构造焊缝按Ⅲ级检测,探伤检测方式以超声波为主,按《焊缝无损检测 超声检测技术、检测等级和评定》(GB/T 11345—2013)执行。

Ⅰ级:探伤100%;检验等级:B。

Ⅱ级:探伤20%;检验等级:B。

Ⅲ级:外观检查。

(3)焊接接头力学性能试验应以拉伸和冷弯为主,焊接试板试件数量应符合以下规定:拉伸2件;侧弯2件;冲击(焊缝、热影响区)各3件。

试装:

结构完成加工后,应在厂内按设计要求进行试拼装。

(1)试装时,钉孔内冲钉数不得少于孔数的10%,拼装螺栓不少于20%。

(2)试装的主要尺寸应满足:

梁高偏差:±2mm;平联对角线差:3mm;梁全长:±8mm;支点高低差(挂钩处):3mm;主梁中心距:±3mm;旁弯:±5mm。

预处理涂装及摩擦面处理:

(1)钢结构表面预处理按《涂覆涂料前钢材表面处理 表面清洁度的目光评定 第1部分 未涂覆过的钢材表面和全面清除原有涂层后的钢材表面的锈蚀等级和处理等级》(GB/T 8923.1—2011)执行,采用喷砂除锈等级为Sa2(1/2)。

(2)涂装采用环氧富锌涂料(H06-4),涂层厚80μm。

(3)高强度螺栓连接处的摩擦面处理方法与涂装相同。

6.6 挂篮安装

挂篮的安装总体分为两部分,即梁上部分和梁下部分,梁下部分是将底篮系统、底模板及侧模板加以拼装,梁上部分主要是将承重系统、行走系统及锚固系统加以拼装,提升系统和底篮两侧翼板桁架及侧模板则在底篮提升后安装。

挂篮总的拼装顺序为:测量定位放样—安装底篮前后下横梁—安装底篮纵梁—安装底模—安装桥面行走系统及承重系统—垂直提升整个底篮系统并锚固—安装底篮两侧翼板桁架及侧模板。

菱形主桁架作为主承重结构,在安装前需对其进行超载试验。另外,挂篮整体安装完毕后需进行加载预压。

6.6.1 主桁架对拉试验

为了确保挂篮施工安全,减少挂篮的非弹性变形,获取弹性变形参数,得出压重与挂篮本身的变形关系,为挂篮施工和线性控制提供挂篮弹性挠度计算的可靠依据。对挂篮的一些关键部件(吊带等)做超载试验,以满足挂篮的承载要求;对挂篮的主要承载部件(菱形桁架)采用两片对拉的方式做超载试验。挂篮主桁架对拉试验示意如图 6-6-1 所示。

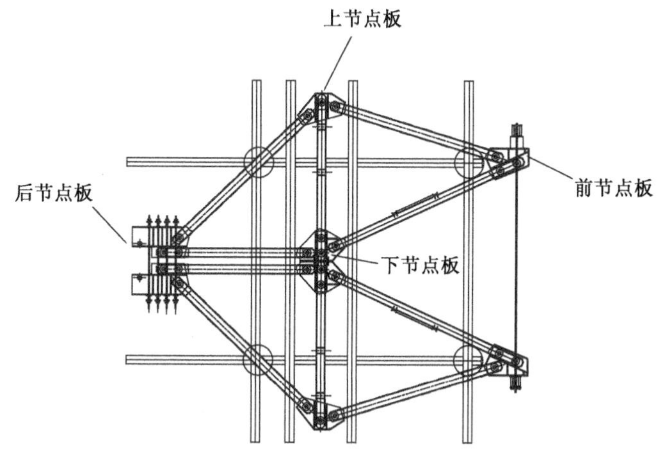

图 6-6-1　挂篮主桁架对拉试验示意图

6.6.2　底篮系统安装与吊装

1)底篮系统拼装

潮连西江桥 C3、C4 墩选择在挂篮平台上拼装底篮系统,挂篮工作平台尺寸 39m×9m,底篮尺寸 36m×8.2m,可满足底篮的拼装要求。

拼装平台形成后,将底篮各构件运抵现场,利用平台旁的浮吊按各构件的位置吊装就位,然后通过千斤顶或葫芦微调平面位置,满足要求后进行螺栓连接及焊接,焊接要求同相关加工要求,完成后按要求进行检验,合格后方可使用。底篮拼装具体程序如下:

(1)在挂篮平台上放样底篮前、后下横梁的平面位置,在前、后下横梁的轴线上各安装 5 组贝雷作为底篮系统的调平垫块,贝雷组安装完成后对其进行统一调平。

(2)在贝雷组上根据之前的前、后下横梁的放样精确安装前、后下横梁,安装过程中可以通过千斤顶或葫芦进行微调。前、后下横梁经过复测后,吊装导梁安装在前、后下横梁下面,并通过高强螺栓与前、后下横梁进行固定。

(3)在前、后下横梁上先放样纵梁的位置,利用浮吊将所有纵梁安装到位,通过焊接固定在前、后下横梁上。

(4)在纵梁上放样挂篮底模的轮廓线,分块将底模铺设在挂篮底篮纵梁上,分块底模间通过螺栓进行整体拼接。底篮吊装前,先对底模进行点焊初步固定,待底篮吊装到位后,再重新复测定位。

(5)安装挂篮底篮的走道和护栏等防护设施。由于翼板桁架及模板是在底篮提升到位后才安装,所以需在翼板处的底篮空洞地方满挂白色安全网防护。

2)底篮系统吊装

挂篮底篮在现场待浇梁段1号段正投影面水面搭设拼装平台进行组拼成形,采用卷扬机整体提升底篮到位。底篮提升时,考虑采用2台8t卷扬机、共8点起吊,前后各4点,吊点选择在前后下横梁上。底篮与底模板质量共约90t,计算时按起重规定选取安全系数。底篮吊装具体程序如下:

(1)底篮吊装前需做好所需设备材料、人员配置、卷扬机安装、底篮吊装钢丝绳绑扎等的准备工作,然后对吊点、钢丝绳、滑轮组、卷扬机等的位置,按图纸复核检查,对有偏移的进行调试。

(2)底篮吊装提升前需进行试吊,主要是利用卷扬机将底篮缓缓吊升50cm,停止起吊,观察制动系统性能是否异常,观测底篮平衡状况、底篮横梁挠度、底篮横梁与钢丝绳绑扎处变形情况、钢丝绳磨损情况。试吊完毕,各观测人员将结果汇总,设计人员根据结果汇总确定是否需要加固等。

(3)底篮吊装时,对2台卷扬机设置编号,分别为1号和2号卷扬机。起吊前指定2人各负责1台卷扬机的操作,另设置1名专职指挥员、2名牵拉缆风绳人员、1名安全员。操作卷扬机要听从指挥,统一同步起吊。

(4)待底篮提升接近吊杆和吊带时,停止继续提升。作业人员从已浇筑箱梁上通过爬梯下至后下横梁上和前下横梁的各个吊点处,然后将各个吊带和吊杆穿过底篮上的吊杆和吊带的锚固梁。如果吊杆位置不能对中,应利用手拉葫芦来调节吊杆和吊带的位置,使其对中,然后插入连接销并安装保险销。

6.6.3 行走系统及承重系统安装

(1)在0号块梁顶按设计布置行走轨道并锚固,轨道底均需经过找平,尤其控制同一片主桁架对应的轨道水平,轨道底设置枕木分散受力,控制各排轨道间的间距。

(2)利用塔吊安装行走小车及中支点。

(3)在梁顶分片组装菱形主桁架,然后整片起吊与行走小车及中支点连接,同时安装后锚设施并锚固;由于部分主桁架自身质量(最重约13t)较重或位置离塔吊较远,导致塔吊起重能力不足,考虑先安装主桁架的后三角部分杆件,再安装前拉杆和前压杆。

(4)安装桁架片间的横联桁架。

(5)待安装完成后,对挂篮连接部位质量进行全面检查。

6.6.4 锚固系统、翼板桁架及侧模安装

行走系统和承重系统安装就位后安装锚固系统,先将主桁架后端、轨道利用锚杆锚固,然后安装提升系统,检查底篮提升系统,全部完好方可开始起吊底篮。提升时由专人统一指挥,要求全部提升系统缓慢均匀地同步进行,在底篮脱离地面约30cm时停止提升,技术人员观察变形情况、焊接情况、吊点情况,静置半小时后未发生异常情况则可继续提升,若出现异常则立即下放,处理后再提升。

当挂篮提升就位之后，先将底篮后锚杆锚固，再将前吊带完成转换，即可完成挂篮底篮的整体提升转换工作。

锚固系统完成后进行翼板桁架及侧模板的安装，严格控制安装尺寸，安装完成后进行相关焊缝质量检测。

6.6.5　工作平台安装

在挂篮的四周及工作通道均设工作平台，工作平台长度应能满足钢筋外伸后人员能正常通过的要求，在工作平台的外侧焊接标准栏杆并用安全网封闭，以确保操作人员安全。

6.6.6　挂篮加载预压

在挂篮正式投入梁段施工之前，必须对其进行整体静载模拟试验，以检验其钢结构强度和设计刚度是否满足相关要求，并取得原始数据。

菱形挂篮的整体试验拟采用混凝土预制块加水箱堆载进行，挂篮加载预压试验示意如图 6-6-2所示。

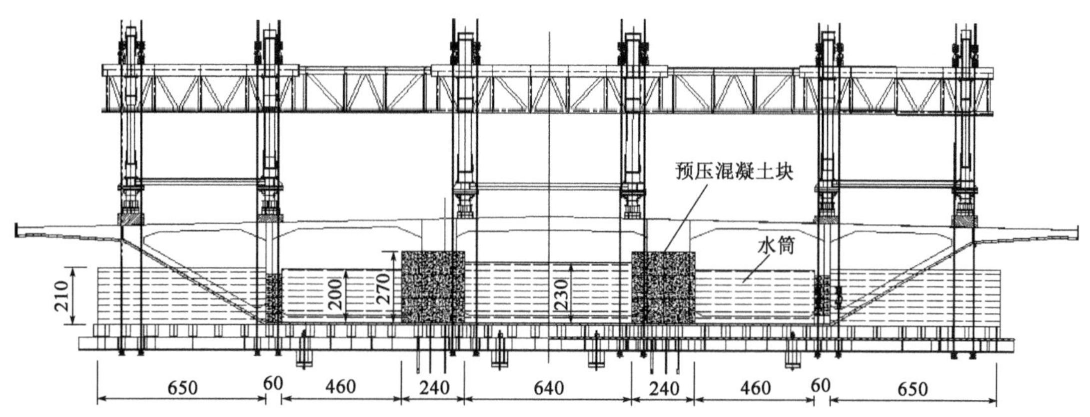

图 6-6-2　挂篮加载预压试验示意图（尺寸单位：mm）

预压荷载为悬浇块段荷载的 120%，采取分级施加的方式（至少为 3 级，为底板、腹板、顶板的总重），荷载可采取模拟等代的方式施加，应尽量与箱梁的实际重力作用相吻合。

观测记录：变形观测时需记录各点的三向坐标，然后与原坐标比较得出变形值。

注意事项：

（1）挂篮必须做好后锚系统，后锚精轧螺纹钢张拉端螺母必须紧固，挂篮后锚使用的精轧螺纹钢必须符合相关技术标准要求。

（2）挂篮预压前必须进行仔细检查并通过验收，应详细检查挂篮后锚系统（含挂篮主桁架后锚以及底篮后锚）、主桁架系统、顶升系统、行走系统的安装正确性和稳固性。

（3）要组织人员认真检查挂篮预压过程中以下内容：

①检查后锚是否按设计要求进行，其数量是否小于设计值，其预紧力是否满足要求，螺纹钢连接器是否规范，后锚墩筋是否倾斜、有弯折现象。

②所有精轧螺纹钢、吊带上下是否垂直，后锚受力是否平衡，吊带受力是否均衡，各销接位置销子是否牢固，销子是否安插保险销，保险销是否安插到位、是否完好。

③下垫枕梁是否按要求支垫密实,支垫枕梁是否按设计要求设置,主桁架枕梁是否水平,在轨道前端支腿位置是否设置止滑器以防止挂篮受意外荷载移动。

(4)在挂篮预压时,其最大偏载量不得超过临时固结最大允许偏载或设计允许要求。中边跨挂篮的不平衡质量不超过25t;同一挂篮横向两端预压加载应同时对称进行,其不平衡质量不超过10t。

(5)在预压过程中,必须设专人检查整个挂篮的受力情况,仔细检查各部位情况,有不良状况应立即停止试验,并向有关领导即时汇报,经分析研究后,再确定下一步方案,确保预压过程中的挂篮安全性。

附　　录

附表1　桩基护筒偏位数控

桩号	倾斜度	实测坐标		设计坐标		差值(m)	
		X	Y	X	Y	X	Y
1	1/400	2500607.3	496588.969	2500607.32	496588.956	-0.02	0.013
2	1/630	2500609.69	496582.545	2500609.687	496582.581	0.003	-0.036
3	1/315	2500612.042	496576.212	2500612.054	496576.206	-0.012	0.006
4	1/315	2500614.439	496569.825	2500614.421	496569.832	0.018	-0.007
5	1/400	2500616.789	496563.435	2500616.788	496563.457	0.001	-0.022
6	1/270	2500613.272	496591.145	2500613.226	496591.149	0.046	-0.004
7	1/200	2500615.611	496584.767	2500615.593	496584.774	0.018	-0.007
8	1/300	2500617.959	496578.442	2500617.96	496578.399	-0.001	0.043
9	1/300	2500620.334	496571.998	2500620.327	496572.025	0.007	-0.027
10	3/1000	2500622.659	496565.682	2500622.694	496565.65	-0.035	0.032
11	1/230	2500619.164	496593.343	2500619.132	496593.342	0.032	0.001
12	1/250	2500621.532	496586.942	2500621.499	496586.967	0.033	-0.025
13	1/300	2500623.904	496580.607	2500623.866	496580.592	0.038	0.015
14	1/200	2500626.303	496574.2	2500626.273	496574.218	0.03	-0.018
15	1/300	2500628.631	496567.845	2500628.6	496567.843	0.031	0.002
16	1/350	2500625.015	496595.548	2500625.038	496595.535	-0.023	0.013
17	1/350	2500627.412	496589.175	2500627.405	496589.16	0.007	0.015
18	1/390	2500629.784	496582.805	2500629.772	496582.785	0.012	0.02
19	1/350	2500632.117	496576.421	2500632.139	496576.411	-0.022	0.01
20	1/370	2500634.524	496570.027	2500634.506	496570.036	0.018	-0.009
1	1/500	2500963.556	496721.244	2500963.554	496721.233	0.002	0.011
2	1/460	2500965.902	496714.883	2500965.921	496714.858	-0.019	0.025

续上表

桩号	倾斜度	实测坐标		设计坐标		差值(m)	
		X	Y	X	Y	X	Y
3	1/333	2500968.304	496708.522	2500968.288	496708.483	0.016	0.039
4	1/430	2500970.688	496702.114	2500970.655	496702.109	0.033	0.005
5	1/400	2500973.016	496695.696	2500973.022	496695.734	-0.006	-0.038
6	1/300	2500969.448	496723.395	2500969.46	496723.426	-0.012	-0.031
7	1/400	2500971.828	496717.036	2500971.827	496717.051	0.001	-0.015
8	1/100	2500974.156	496710.695	2500974.194	496710.676	-0.038	0.019
9	1/250	2500976.586	496704.332	2500976.561	496704.302	0.025	0.03
10	1/300	2500978.969	496697.943	2500978.928	496697.927	0.041	0.016
11	1/200	2500975.391	496725.657	2500975.366	496725.619	0.025	0.038
12	1/350	2500977.78	496719.254	2500977.733	496719.244	0.047	0.01
13	1/250	2500980.09	496712.899	2500980.1	496712.869	-0.01	0.03
14	1/400	2500982.459	496706.508	2500982.467	496706.495	-0.008	0.013
15	1/300	2500984.831	496700.143	2500984.834	496700.12	-0.003	0.023
16	1/330	2500981.249	496727.855	2500981.272	496727.812	-0.023	0.043
17	1/210	2500983.654	496721.477	2500983.639	496721.437	0.015	0.04
18	1/400	2500985.995	496715.096	2500986.006	496715.062	-0.011	0.034
19	1/500	2500988.351	496708.706	2500988.373	496708.688	-0.022	0.018
20	1/220	2500990.748	496702.357	2500990.74	496702.313	0.008	0.044

附表2　浇筑下部2m块各测点温度测试数据(℃)

时间		测点						
		1(20)	2(22)	3(24)	4(31)	5(32)	6(37)	7(38)
11-09	20:00	30.6	30.2	30.1	31.2	31.3	30.9	30.8
	22:00	30.8	30.3	30.3	31.5	31.6	31.1	31.0
11-10	3:00	30.6	28.5	32.4	23.9	37.8	26.5	28.2
	4:00	30.1	26.0	28.1	29.0	32.6	30.8	26.0
	5:00	29.8	28.7	32.8	29.8	32.4	28.5	27.7
	6:00	30.4	26.9	31.9	35.5	31.1	29.3	28.6
	7:00	38.6	27.5	42.7	37.7	31.6	40.8	47.9

续上表

时间		测点						
		1(20)	2(22)	3(24)	4(31)	5(32)	6(37)	7(38)
11-10	8:00	34.0	26.7	36.2	32.7	31.7	34.7	40.5
	9:00	33.7	28.0	35.4	23.2	31.2	32.9	37.3
	10:00	28.0	27.6	33.8	21.4	30.9	31.9	38.2
	11:00	29.3	27.8	29.5	18.4	30.7	29.5	31.6
	12:00	29.6	26.4	27.9	19.8	31.4	29.3	29.8
	12:30	29.7	30.1	24.2	19.9	32.9	28.3	26.0
11-11	18:00	30.5	39.8	43.1	21.9	27.0	27.2	30.0
	19:00	30.4	40.2	43.1	21.0	27.1	27.2	30.0
	20:00	30.2	39.9	42.7	20.5	26.9	27.0	29.6
	21:00	30.3	39.8	42.2	20.1	26.7	26.8	29.3
	22:00	30.4	40.7	42.7	20.6	27.4	27.6	29.8
	23:00	31.2	41.0	42.5	20.6	27.5	27.5	29.7
11-12	0:00	31.5	41.5	42.5	20.6	27.8	27.7	29.8
	1:00	31.1	41.2	41.7	20.0	27.4	27.3	29.2
	2:00	30.6	41.3	40.9	19.4	27.0	26.8	28.5
	3:00	30.6	40.0	40.5	19.1	26.7	26.8	28.3
	4:00	30.3	39.4	39.8	18.7	26.7	26.5	27.8
	5:00	30.3	39.2	39.2	18.3	26.5	25.9	27.5
	6:00	31.9	40.6	40.6	19.8	28.5	28.2	29.0
	7:00	31.7	40.0	39.8	19.3	27.9	27.9	28.5
	8:00	31.6	39.8	39.4	19.1	27.9	27.9	28.3
	9:00	32.0	40.0	39.5	19.9	27.9	28.0	28.4
	10:00	32.8	40.8	40.3	20.2	28.5	28.8	29.1
	11:00	32.8	40.7	41.8	20.0	28.7	28.9	29.0
	12:00	33.2	41.0	40.4	20.4	29.4	29.3	29.3
	13:00	33.1	40.9	40.0	20.1	29.1	29.2	29.0
	14:00	32.6	40.6	39.4	19.8	29.4	29.1	28.5
	15:00	31.8	39.8	38.7	18.8	28.5	28.2	27.7
	16:00	31.2	38.9	37.6	18.1	28.0	27.8	27.0
	17:00	31.3	38.9	37.5	18.1	27.9	27.7	26.8
	18:00	29.8	37.5	36.1	16.7	26.6	26.3	25.4
	19:00	26.7	34.4	33.1	18.4	23.8	23.2	22.0
	20:00	23.9	35.7	35.6	15.5	20.9	20.3	19.0
	21:00	24.3	35.4	34.6	15.9	21.1	20.7	19.4

续上表

时间		测点						
		1(20)	2(22)	3(24)	4(31)	5(32)	6(37)	7(38)
11-12	22:00	24.0	35.6	34.2	15.4	20.8	19.9	18.8
11-13	9:00	20.8	35.7	34.5	11.1	17.1	15.6	14.3
	10:00	22.1	35.4	34.5	12.5	18.3	17.3	15.6
	11:00	23.8	34.8	32.1	14.0	20.3	17.7	16.9
	12:00	23.7	35.1	33.4	13.8	19.8	17.6	16.6
	13:00	23.4	35.7	33.1	13.6	20.2	17.7	16.4
	14:00	26.4	36.8	34.1	16.4	22.9	21.2	19.2

附表3 浇筑上部3m块各传感器实测数据(℃)

时间		测点						
		表2	表3	表4	1	2	3	4
11-26	11:00	28.3	28.9	28.9	21.3	29.9	29.3	29.3
	12:00	30.5	30.8	31.0	31.1	32.7	31.7	31.8
	13:00	31.2	31.7	31.0	32.4	31.2	32.4	35.9
	14:00	32.5	33.0	32.2	31.7	32.4	36.3	38.9
	15:00	32.7	33.8	32.3	33.7	30.1	35.0	36.9
	16:00	31.3	30.8	28.5	41.2	32.1	34.7	34.9
	17:00	28.3	28.5	28.5	34.1	32.0	33.0	33.2
	18:00	26.3	25.3	27.2	31.3	31.4	32.9	33.0
	19:00	27.0	26.7	29.6	30.8	30.3	33.4	35.6
	20:00	26.0	25.0	29.4	31.5	29.1	33.4	35.4
	21:00	25.7	24.9	19.7	32.4	39.6	34.3	32.1
	22:00	25.4	24.9	19.5	28.5	27.3	33.0	32.5
	23:00	25.8	26.3	26.2	23.5	37.1	34.7	33.3
11-27	0:00	25.3	25.5	24.9	25.5	34.4	34.5	34.9
	1:00	23.9	24.0	24.9	24.9	36.7	37.0	36.6
	2:00	24.2	23.8	26.9	26.8	32.1	34.9	41.6
	3:00	25.1	30.0	30.9	28.6	36.7	37.0	38.3
	4:00	24.4	30.1	25.4	30.5	39.2	41.8	35.2
	5:00	24.3	29.7	24.9	35.0	46.7	45.4	37.8
	6:00	21.1	28.8	32.6	33.2	50.1	47.5	40.5
	7:00	40.8	40.8	34.3	29.6	47.3	48.5	41.5

续上表

时间		测点						
		表2	表3	表4	1	2	3	4
11-27	8:00	43.3	42.1	36.9	28.5	52.2	51.9	44.1
	9:00	38.7	50.4	40.4	28.9	53.5	54.9	46.4
	10:00	57.1	63.0	39.7	26.9	55.3	56.2	48.6
	11:00	58.9	61.3	36.6	22.1	53.8	55.1	45.8
	12:00	49.5	52.5	34.3	17.8	51.1	50.4	43.0
	13:00	41.2	46.0	33.7	14.8	47.0	49.9	39.3
	14:00	36.9	39.0	31.3	12.7	46.4	41.8	34.1
	15:00	36.3	36.4	28.9	10.5	40.8	35.9	33.8
	16:00	38.6	36.2	27.8	9.3	35.3	31.8	29.7
	17:00	37.6	39.6	29.2	10.0	33.3	30.0	28.6
	18:00	40.7	43.1	29.0	9.9	31.0	27.4	25.7
	19:00	42.9	45.5	28.0	9.3	28.3	24.8	22.3
11-28	9:00	38.7	43.6	27.9	11.2	23.4	17.1	34.3
	10:00	40.4	46.4	28.2	9.7	23.2	19.2	32.1
	11:00	41.6	47.9	30.3	12.2	26.7	21.6	33.0
	12:00	40.8	47.0	30.8	12.4	28.6	21.8	32.7
	13:00	41.1	47.2	30.9	13.1	28.9	22.4	35.6
	14:00	42.3	48.6	32.5	15.3	31.0	24.4	33.8
	15:00	42.4	51.2	32.4	16.3	31.6	25.4	33.1
	16:00	40.6	46.9	32.0	14.4	31.5	23.7	31.2
	17:00	38.8	44.8	32.7	12.5	34.3	21.9	29.4
	18:00	35.4	41.4	29.7	9.4	31.1	18.9	26.3
	19:00	34.7	40.8	25.5	9.1	24.3	18.4	25.7
	20:00	33.4	40.0	24.7	8.6	23.7	18.1	25.5
11-29	8:00	27.4	35.8	22.3	9.8	24.4	19.7	24.4
	9:00	27.1	35.5	21.9	10.4	25.2	19.6	24.6
	10:00	28.7	37.1	23.8	12.4	27.3	21.8	26.9
	11:00	28.7	37.1	21.4	12.7	28.6	22.5	27.5
	12:00	30.6	39.0	26.8	15.8	30.3	25.5	30.4
	13:00	28.1	36.8	24.9	14.2	28.7	24.2	29.1
	14:00	30.4	38.8	25.1	16.7	32.6	27.0	31.7
	15:00	30.5	38.2	26.1	16.7	31.2	26.8	31.2
	16:00	30.7	38.1	25.6	16.7	32.0	26.9	31.1
	17:00	28.7	35.9	25.0	14.5	29.2	24.8	28.7
	18:00	26.9	33.6	22.1	12.3	27.6	22.6	26.5
	19:00	26.7	33.4	20.8	12.2	28.0	22.4	26.3
	20:00	26.7	33.5	19.9	12.2	28.5	22.4	26.3

续上表

时间		测点						
		表2	表3	表4	1	2	3	4
11-30	9:00	25.6	30.1	21.7	13.3	26.7	23.3	22.8
	10:00	26.8	31.5	22.7	15.2	28.7	25.2	24.4
	11:00	27.8	32.4	24.0	16.9	30.2	26.8	25.9
	12:00	29.6	34.0	27.3	19.3	31.9	29.4	28.3
	13:00	29.8	34.2	27.8	20.6	33.0	30.6	29.2
	14:00	29.0	33.6	27.4	21.0	33.4	31.1	29.5
	15:00	29.9	34.4	28.5	21.7	33.5	31.5	29.8

时间		测点						
		5	6	7	8	9	10	11
11.26	11:00	28.9	30.0	28.9	28.2	28.5	30.5	28.5
	12:00	31.7	34.4	31.3	31.2	31.7	33.2	30.7
	13:00	35.8	38.1	30.0	30.2	32.3	30.2	34.3
	14:00	42.2	37.9	31.4	31.7	33.7	33.2	34.3
	15:00	40.1	36.5	32.6	32.7	32.4	32.3	36.0
	16:00	37.6	34.8	31.7	29.2	30.5	34.9	32.9
	17:00	36.1	35.5	28.0	31.9	32.7	33.2	30.5
	18:00	34.8	36.2	24.9	30.8	32.2	33.1	29.4
	19:00	39.0	35.6	26.9	29.4	35.2	35.1	26.4
	20:00	39.5	34.0	26.3	28.2	34.9	33.0	26.9
	21:00	33.9	34.7	26.7	28.3	32.6	34.6	24.5
	22:00	33.9	36.3	26.1	28.7	32.6	30.2	27.4
	23:00	35.5	38.5	27.5	28.2	39.3	28.9	26.4
11-27	0:00	37.5	41.2	29.2	25.5	37.9	27.2	29.1
	1:00	39.5	43.8	27.8	25.2	34.6	24.0	36.9
	2:00	46.8	34.9	31.2	27.8	36.5	27.9	36.4
	3:00	43.6	36.0	34.9	30.3	41.9	30.7	31.0
	4:00	42.9	41.5	37.2	34.4	43.0	36.3	32.9
	5:00	45.0	45.2	35.4	33.8	43.7	39.4	35.5
	6:00	45.8	42.3	35.7	35.6	35.5	39.9	48.1
	7:00	48.9	45.1	37.9	37.3	45.1	38.6	45.4
	8:00	51.3	47.1	37.4	43.0	49.0	36.9	48.4
	9:00	54.0	49.5	40.7	41.7	51.0	37.7	51.2
	10:00	56.5	49.4	36.7	40.6	51.6	41.5	56.3
	11:00	55.8	45.9	35.5	33.5	52.3	40.1	52.5
	12:00	54.3	48.3	28.2	23.0	45.5	34.5	51.3
	13:00	53.9	49.0	26.6	23.3	43.2	32.5	47.9
	14:00	49.3	56.1	26.5	16.3	43.4	27.5	45.4
	15:00	42.8	52.1	19.2	17.9	39.2	24.0	42.5
	16:00	36.9	49.2	15.1	14.7	37.4	20.6	37.4

续上表

时间		测点						
		5	6	7	8	9	10	11
11-27	17:00	33.0	48.7	13.7	15.6	34.8	20.3	32.3
	18:00	29.5	53.3	12.7	17.6	32.3	17.9	29.4
	19:00	26.3	52.4	11.7	18.9	29.8	16.1	25.9
11-28	9:00	25.4	32.8	13.8	16.5	27.2	9.2	17.1
	10:00	26.1	34.4	17.4	17.3	29.2	11.2	19.7
	11:00	24.9	36.4	20.1	20.0	28.7	13.4	24.1
	12:00	26.0	36.0	20.1	19.7	29.0	13.2	23.6
	13:00	27.6	36.1	20.7	20.2	30.1	13.4	25.7
	14:00	29.8	38.1	22.4	22.2	32.2	15.1	26.2
	15:00	31.3	33.5	22.0	22.4	32.8	15.8	26.8
	16:00	30.6	32.3	20.1	20.1	31.6	13.6	26.0
	17:00	29.3	30.9	18.1	18.0	30.1	11.6	23.7
	18:00	27.4	28.4	14.6	14.3	27.8	8.3	20.5
	19:00	27.4	28.4	13.7	13.6	27.5	7.6	19.5
	20:00	28.5	28.1	13.0	13.0	27.9	6.9	18.7
11-29	8:00	34.8	25.5	11.5	12.5	30.7	4.6	19.9
	9:00	35.1	25.6	12.7	12.0	30.6	4.7	19.9
	10:00	37.7	28.3	14.0	14.6	32.8	6.7	22.2
	11:00	38.3	20.1	13.8	11.6	35.8	8.3	23.3
	12:00	41.1	23.1	18.1	17.7	38.8	9.8	25.6
	13:00	39.7	22.2	17.0	16.6	37.6	8.4	24.3
	14:00	42.3	25.6	20.0	19.5	39.9	10.9	26.8
	15:00	41.9	21.2	22.4	15.3	40.3	9.8	25.8
	16:00	41.6	21.1	22.8	20.4	39.9	10.6	26.5
	17:00	39.3	18.6	19.8	19.2	37.5	8.2	24.2
	18:00	37.0	18.9	17.7	15.5	35.4	6.0	22.0
	19:00	36.7	18.6	17.4	15.3	35.2	5.8	21.7
	20:00	36.7	18.7	17.4	15.3	35.1	5.8	21.7
11-30	9:00	34.4	21.4	16.5	15.1	34.7	5.1	23.8
	10:00	36.4	23.3	16.2	15.4	35.7	6.9	26.3
	11:00	38.2	24.6	17.9	16.9	37.2	8.6	27.9
	12:00	40.8	26.9	20.3	19.5	39.7	11.2	30.6
	13:00	41.8	28.3	21.5	20.6	40.5	12.3	31.8
	14:00	42.3	29.1	19.8	23.9	41.2	13.8	32.4
	15:00	42.6	29.9	22.2	21.5	41.2	13.2	32.8

续上表

时间		测点						
		12	13	14	15	16	17	18
11-26	11:00	29.0	28.0	28.0	27.5	27.5	28.4	25.3
	12:00	30.1	31.1	31.2	29.5	30.5	30.8	30.8
	13:00	32.4	30.4	30.5	30.9	32.2	31.7	30.1
	14:00	37.8	30.3	30.4	32.5	33.3	32.7	32.7
	15:00	37.3	32.9	34.3	32.1	32.0	36.3	41.7
	16:00	39.7	32.2	33.5	30.3	23.2	37.4	38.5
	17:00	36.4	30.0	31.9	31.7	29.8	35.3	34.5
	18:00	38.2	30.0	31.2	33.4	29.3	31.8	33.1
	19:00	37.4	28.0	31.0	35.4	25.8	33.0	35.3
	20:00	36.1	28.0	29.9	37.0	25.6	27.9	34.7
	21:00	37.2	30.6	29.8	37.0	26.8	31.0	32.5
	22:00	35.3	29.9	29.9	37.7	26.2	27.8	41.6
	23:00	35.7	30.4	29.7	34.9	36.5	31.9	40.5
11-27	0:00	36.6	30.9	30.0	32.7	39.4	31.0	34.3
	1:00	43.4	27.7	25.3	31.9	40.8	32.2	34.7
	2:00	48.9	29.6	26.7	30.8	39.3	34.4	35.7
	3:00	45.4	29.2	27.8	27.4	49.1	30.1	37.6
	4:00	45.5	30.2	31.0	24.0	56.0	38.8	37.1
	5:00	45.0	31.7	34.3	25.2	52.2	43.8	33.8
	6:00	44.9	32.9	37.0	19.9	53.2	55.2	35.0
	7:00	44.7	34.0	37.3	39.6	46.4	49.9	36.1
	8:00	51.5	36.3	39.0	58.6	47.2	49.9	37.9
	9:00	54.4	36.8	40.4	58.2	58.9	49.8	39.4
	10:00	52.8	37.8	39.5	59.8	56.0	52.1	39.6
	11:00	55.0	34.7	36.1	65.2	51.9	46.7	38.5
	12:00	52.7	30.6	33.0	54.6	51.7	44.1	41.9
	13:00	51.4	26.7	27.5	55.9	49.9	40.4	52.4
	14:00	50.5	23.2	22.3	55.0	52.1	17.4	51.6
	15:00	48.2	17.9	18.5	52.9	53.1	23.1	43.1
	16:00	45.1	13.2	15.7	45.3	34.1	14.5	31.8
	17:00	42.8	11.7	15.2	44.4	23.8	15.9	28.4
	18:00	39.9	10.1	14.4	43.4	19.3	15.9	25.9
	19:00	36.8	8.5	13.1	42.6	16.4	14.1	24.1

续上表

时间		测点						
		12	13	14	15	16	17	18
11-28	9:00	27.1	7.9	14.2	46.4	14.7	12.4	20.5
	10:00	27.8	8.4	13.8	48.8	12.8	13.9	22.4
	11:00	29.5	11.3	16.9	51.9	15.4	16.5	24.1
	12:00	28.6	11.9	18.3	52.3	17.1	17.6	23.9
	13:00	28.0	12.7	18.0	51.5	15.3	16.7	24.2
	14:00	29.4	14.9	20.9	53.0	17.1	18.5	26.0
	15:00	30.2	16.0	22.9	54.1	18.2	19.6	27.1
	16:00	28.4	15.2	21.1	51.8	16.5	17.7	24.2
	17:00	26.6	14.1	19.0	51.6	23.9	21.1	22.1
	18:00	23.6	10.9	15.2	47.1	20.3	12.9	19.1
	19:00	22.9	10.1	16.1	44.0	22.1	18.0	18.8
	20:00	22.5	8.9	14.0	40.1	20.2	16.5	18.1
11-29	8:00	23.7	7.4	12.0	38.9	18.5	13.3	21.5
	9:00	23.7	7.7	11.6	37.3	17.7	12.8	21.5
	10:00	25.5	9.3	13.9	39.4	20.2	15.2	23.4
	11:00	26.1	9.7	13.2	39.9	20.8	17.2	23.3
	12:00	30.4	13.1	17.3	41.4	23.2	21.2	25.4
	13:00	29.4	11.8	16.0	41.8	21.6	21.0	23.5
	14:00	33.0	15.4	19.0	42.4	23.9	24.1	26.0
	15:00	32.9	18.0	21.7	41.9	22.5	20.6	26.3
	16:00	31.9	14.3	18.2	39.3	21.7	21.8	25.1
	17:00	30.0	13.3	15.4	37.4	19.5	20.0	22.3
	18:00	27.6	10.8	13.5	37.1	16.7	17.3	21.2
	19:00	27.4	10.5	13.2	36.9	16.4	17.0	21.2
	20:00	27.5	10.5	13.1	36.9	16.4	17.1	21.3
11-30	9:00	27.4	7.0	11.6	33.4	25.4	18.6	27.8
	10:00	28.1	8.8	12.0	35.2	27.6	20.7	25.8
	11:00	28.7	10.5	13.0	37.0	29.7	22.6	28.1
	12:00	30.2	13.0	14.5	32.4	33.9	26.4	30.9
	13:00	30.2	14.2	15.6	33.4	35.7	27.8	32.3
	14:00	31.0	16.7	18.1	31.4	34.4	26.7	33.1
	15:00	30.1	15.3	16.2	32.9	35.9	28.5	32.8

续上表

时间		测点						
		19	20	21	24	36	37	38
11-26	11:00	28.0	30.7	29.6	27.1	31.2	33.4	25.8
	12:00	28.7	33.5	31.7	29.6	33.5	30.5	28.3
	13:00	30.7	34.0	32.4	30.1	34.1	31.1	29.0
	14:00	34.3	35.6	34.0	31.0	35.6	32.5	30.6
	15:00	33.1	34.8	32.1	28.6	35.7	32.6	31.1
	16:00	30.6	33.2	31.2	28.3	32.6	29.5	28.0
	17:00	30.6	29.9	28.3	25.5	29.0	27.0	25.0
	18:00	32.0	28.1	26.7	23.5	27.2	25.3	23.3
	19:00	28.6	27.5	26.4	22.7	26.4	24.6	22.6
	20:00	26.5	25.9	25.1	21.1	25.2	23.4	21.3
	21:00	31.8	25.5	24.9	21.3	25.2	23.3	21.3
	22:00	29.0	25.5	25.0	21.1	25.3	23.2	21.5
	23:00	27.7	25.3	24.9	21.3	25.3	23.5	21.6
11-27	0:00	32.4	24.9	24.6	21.1	24.1	23.5	21.3
	1:00	33.6	23.8	23.7	19.9	23.0	22.4	20.3
	2:00	38.8	23.5	23.5	19.8	23.1	22.3	20.3
	3:00	35.0	23.0	23.4	21.6	24.3	22.8	20.8
	4:00	36.2	22.6	23.2	21.4	24.4	22.3	20.5
	5:00	44.6	22.2	23.2	21.3	24.7	22.4	20.3
	6:00	47.8	21.8	23.2	21.7	25.6	22.8	20.5
	7:00	49.1	21.2	23.1	20.7	26.2	22.5	20.2
	8:00	52.0	22.0	24.5	22.0	29.2	24.1	21.6
	9:00	55.5	23.6	26.3	24.1	33.2	26.1	23.3
	10:00	57.1	24.3	27.2	25.8	36.3	27.1	24.7
	11:00	54.1	21.7	25.0	22.3	35.4	24.8	21.7
	12:00	51.0	18.8	22.4	20.0	33.6	22.2	19.7
	13:00	25.3	17.2	20.9	17.3	33.6	20.3	18.4
	14:00	21.4	20.3	20.0	16.7	33.9	19.2	17.3
	15:00	26.7	16.3	18.6	15.3	33.7	17.7	15.9
	16:00	24.2	14.1	17.9	14.6	34.0	17.0	15.5
	17:00	22.3	14.9	18.7	15.6	35.7	17.8	16.7
	18:00	19.6	14.8	18.8	15.9	36.8	17.8	17.0
	19:00	16.6	13.9	18.3	15.6	37.1	17.3	16.7

续上表

时间		测点						
		19	20	21	24	36	37	38
11-28	9:00	13.3	13.1	20.2	17.6	35.2	17.9	18.6
	10:00	15.6	16.3	23.3	20.0	37.5	20.5	21.1
	11:00	17.6	18.3	23.9	22.3	39.3	22.3	23.0
	12:00	17.7	18.7	23.6	21.9	39.7	22.8	23.8
	13:00	18.0	19.3	23.7	23.6	40.0	23.4	24.4
	14:00	19.8	21.2	25.7	25.7	41.4	25.0	25.9
	15:00	21.0	22.0	29.0	26.8	41.8	25.9	26.7
	16:00	19.7	20.1	26.9	26.6	40.1	24.0	25.2
	17:00	18.3	18.1	24.4	24.9	37.9	21.7	23.0
	18:00	15.2	15.0	21.2	21.9	34.8	18.5	20.0
	19:00	14.3	14.7	21.3	21.4	34.4	18.0	19.5
	20:00	13.3	14.0	20.4	21.0	33.8	17.4	19.1
11-29	8:00	12.9	14.8	19.1	22.3	34.8	18.3	20.4
	9:00	13.0	14.1	19.1	22.3	34.6	18.3	20.2
	10:00	15.1	20.9	20.3	24.5	36.4	20.1	22.1
	11:00	16.5	18.5	22.0	25.1	37.1	20.9	23.0
	12:00	19.6	19.8	24.5	28.1	39.3	23.7	25.5
	13:00	18.5	18.4	21.7	26.6	37.5	22.0	23.9
	14:00	21.4	21.2	26.9	29.2	39.6	24.4	26.4
	15:00	21.4	23.0	24.5	26.5	40.2	24.9	26.6
	16:00	21.4	20.3	23.7	28.2	38.6	23.5	25.6
	17:00	19.3	18.3	21.3	26.1	37.6	21.7	24.1
	18:00	16.6	16.0	18.9	23.9	34.9	19.6	21.9
	19:00	16.3	15.7	18.6	23.7	34.7	19.3	21.6
	20:00	16.2	15.6	18.9	23.7	35.0	19.6	21.9
11-30	9:00	16.6	19.0	26.5	25.0	33.1	18.0	20.3
	10:00	18.6	16.7	22.4	26.8	35.1	20.1	22.3
	11:00	20.1	18.6	25.9	25.2	36.5	21.5	23.7
	12:00	22.7	21.1	32.3	26.6	38.9	24.0	26.1
	13:00	23.9	22.9	31.7	27.7	40.0	25.3	27.4
	14:00	25.0	23.7	29.3	28.3	40.3	25.6	27.9
	15:00	25.3	23.2	31.1	28.7	40.6	25.9	28.1

参考文献

[1] 王伯惠,上官兴.中国钻孔灌注桩新发展[M].北京:人民交通出版社,1999.

[2] 梅子广,黄生根,郝世龙,等.超长大直径钻孔灌注桩施工质量控制[J].施工技术,2013,42(1):54-58.

[3] 秦溱,段树梅.桥梁下部施工技术[M].北京:高等教育出版社,2011.

[4] 单位中国建筑科学研究院.普通混凝土配合比设计规程[M].北京:中国建筑工业出版社,1997.

[5] 冷发光,等.《普通混凝土长期性能和耐久性能试验方法标准》GB/T 50082—2009 简介[J].施工技术,2010,39(2):6-9.

[6] 中华人民共和国国家标准.GB 50017—2003 钢结构设计规范[S].北京:中国建筑工业出版社,2003.

[7] 中华人民共和国行业标准.JTG D62—2004 公路钢筋混凝土及预应力混凝土桥涵设计规范[S].北京:人民交通出版社,2005.

[8] 中华人民共和国行业标准.JTG/T F50—2011 公路桥涵施工技术规范[S].北京:人民交通出版社,2011.

[9] 中华人民共和国国家标准.GB 50204—2015 混凝土结构工程施工质量验收规范[S].北京:中国建筑工业出版社,2015.

[10] 电力工业部中南勘测设计研究院.水工建筑物抗震设计规范[M].北京:中国电力出版社,2001.

[11] 中华人民共和国国家标准.GB 50009—2012 建筑结构荷载规范[S].北京:中国建筑工业出版社,2012.

[12] 闻邦椿.机械设计手册.第3卷 机械零部件设计,轴系、支承与其他[M].5版.北京:机械工业出版社,2010.

[13] 徐灏.机械设计手册.第4卷[M].北京:机械工业出版社,1991.

[14] 杨嗣信.建筑工程模板施工手册[M].2版.北京:建筑工业出版社,2004.

[15] 铁道部山海关桥梁工厂.铁路钢桥制造规范[M].北京:中国铁道出版社,1999.

[16] 金宇飞,许遵言,丁杰.焊缝超声检测——GB/T 11345 标准应用指南[M].北京:中国标准出版社,2016.

[17] 洪栋煌.涂装前钢材表面处理系列国际标准综述[J].上海涂料,2004(04).

[18] 邹小燕,黎世彬.《斜拉桥热挤聚乙烯高强钢丝拉索技术条件》的编制及应用[J].公路,2002(11):49-52.